安徽师范大学中国诗学研究中心资助项目

安徽诗人研究文存

张孝祥研究文存

丛书主编　刘运好

本书主编　彭国忠　任　群

黄山书社

图书在版编目(CIP)数据

安徽诗人研究文存．张孝祥研究文存／刘运好丛书主编；彭国忠，任群本书主编．—合肥：黄山书社，2024.4

ISBN 978-7-5737-0899-1

Ⅰ．①安…　Ⅱ．①刘…　②彭…　③任…　Ⅲ．①张孝祥（1132-1170）—诗歌研究　Ⅳ．①I207.22

中国国家版本馆CIP数据核字（2023）第192071号

安徽诗人研究文存·张孝祥研究文存

ANHUI SHIREN YANJIU WENCUN ZHANG XIAOXIANG YANJIU WENCUN

丛书主编　刘运好

本书主编　彭国忠　任　群

出 品 人　葛永波
策　　划　胡传志　汤吟菲
责任编辑　刘　春
装帧设计　观止堂_未　氓
责任印制　李　磊
出版发行　黄山书社
地　　址　安徽省合肥市蜀山区翡翠路1118号出版传媒广场7层　邮编：230071
印　　刷　安徽新华印刷股份有限公司
版　　次　2024年4月第1版
印　　次　2024年4月第1次印刷
开　　本　700 mm × 1000 mm　1/16
字　　数　330千字
印　　张　23
书　　号　ISBN 978-7-5737-0899-1
定　　价　96.00元

服务热线　0551-63533706

销售热线　0551-63533761

官方直营书店（https://hsss.tmall.com）

目　录

总 序

一

安徽地处江淮腹地，江淮文化是安徽历史文化的灵魂。穿越历史的隧道，我们可以发现安徽的历史文化何其辉煌！这里有著名的繁昌人字洞，通过已经发掘的石器，确认了200万年至250万年前早期的人类遗存，将人类在亚洲出现的历史至少提前了30万年，推翻了20世纪初古生物学家马修《气候和演化》所鼓噪的中亚高原是人类摇篮的结论；也有著名的蒙城尉迟寺遗址，是国内目前保存完整、规模宏大、以大汶口文化晚期为主的原始社会聚落，从发掘的实物看，当时养殖、制陶、酿酒等技术都相当发达，这证明安徽农耕文明至迟在公元前5000年左右就已经高度成熟，这在农耕文明史上意义何其重大！当人类蹒跚地走进“轴心时代”，安徽又诞生了老子、庄子，与齐鲁的孔子及西方的苏格拉底、柏拉图，古天竺的释迦牟尼，共同创造了人类文明的高光时刻。

江淮文化在空间分布上主要集中于皖北与皖南。皖北文化以春秋战国的道家为核心。以老庄为代表的皖北道家文化圈与以孔孟为代表的齐鲁儒家文化圈，遥相呼应，双峰并峙，成为耸立于世界文化之林的独特文化景观。儒道思想互补、圆融，不仅有效地化解了人与自然、人与秩序的存在悖论，而且科学地构筑了主体存在与群体聚合、生命自由与社会秩序的互相联结的辩证理论体系。儒道既深刻影响了中华民族的文化心理、自然观念、伦理秩序、政治结构的和谐共生的关系，也对整个人类处理人和自然之间、不同国家之间、强权种族之间，如何和谐相处、规避丛林法则、构建人类命运共同体，贡献了独特的理论架构。

皖南文化以宋代之后的“徽学”为核心，形成了以朱熹为翘楚的新安理学和以戴震为领袖的徽州朴学。朱子不仅将“涵养”“致知”“力行”作为行为准则，凸显修身养性的重要意义，而且以“正心”“诚意”作为修身、齐家、治国、平天下的必要条件，推崇“一心兴邦”的黜私为公的家国情怀。实际上，张载提出的“为天地立心，为生民立命，为往圣继绝学，为万世开太平”，是整个新安理学最为激荡人心的至理名言，也成为中国知识分子历史担当的宏伟理想。在理学笼罩朝野、难与争锋之时，“朴学”也悄然兴起，至清代而蔚为大观。理学谈义理，朴学重考据。从宋代的程大昌到明清之际的黄生、姚际恒，再到乾隆时期的江永、汪绂，徽州朴学成就斐然，戴震则集其大成。朴学从考据学立场出发，重新阐释了儒家“理”“天道”“性”“才”“道”“诚”“权”等一系列哲学范畴，弥合了“灭人欲，存天理”的人为对立，建构了一个情理和谐的宇宙境界和人生境界。无论从学术文化还是从人生境界上说，理学与朴学都构成互补而非对立的关系。皖北的道家和皖南的徽学是支撑“皖学”的两大核心。

二

江淮是吴楚和中原的联结点。兼有中原的理性和吴楚的浪漫，是江淮文化的基本品格。因此不唯学术理性造就了“皖学”的辉煌，浪漫情调也催生了江淮文学的繁荣。只是因为“天下文章莫大乎桐城”——“桐城派”响亮的名头，既给江淮文学戴上令人景仰的桂冠，极大地提升了江淮文学的地位，也部分转移了人们对江淮文学全面审视的视线。以安徽为核心的江淮文学岂是一个桐城派所能代表的！

遥远的历史且不说吧。在汉代，汉代淮南王刘安组织文人撰写《淮南子》，融贯诸子，漫然包容，汪洋博洽，绚丽多彩；梁孝王刘武修建梁园（菟园），孕育了枚乘、邹阳、庄忌和司马相如等一流的汉代辞赋家。如果说辞赋由梁园而鼎盛，尔后辐射京师，造就一代之文学——汉赋，大约也不算言过其实。至魏晋时期，最为辉煌的建安文学也是扎根于江淮沃野的。“三曹”是那个时代文学的标志。鲁迅在《魏晋风度及文章与药及酒之关系》一文中推崇曹操文章清峻、通脱，是“改造文章的祖师”；说曹丕的时代是一个“文学自觉”的时代，因为他以“气”为主，所以华丽、壮大；也称赞曹植“文章做得好”。建安文学不仅是“汉魏风骨”的代表，也是中国文学史发展的转关。此后的正始文学，“嵇志清峻，阮旨遥深”（《文心雕龙·明诗》）。我们常识性的误解是，正始文学以竹林七贤为代表。其实，“阮旨遥深”是曹植后期文学的直接延伸，“嵇志清峻”才是正始文学的独特风格。这一风格恰恰形成于围绕在嵇康周围的嵇喜、刘伶、郭遐叔、郭遐周及以《思旧赋》垂名的向秀等人组成的文学群体。皖籍作家是构成这一文学群体的核心。

唐宋以降，虽然没有出现李白、杜甫那样的双子星座，苏轼、辛弃疾那样的巅峰对决，但是不仅李白、辛弃疾流寓江淮，创作大量诗词，构成安徽诗路的绚丽彩虹，而且也出现了后世诗名不彰、当时声誉极隆的“五言长城”刘长卿，元白新乐府运动的积极倡导者、参与者李绅、张籍，及晚唐“诗旨未能忘救物”（杜荀鹤《自叙》）的现实主义诗人杜荀鹤。宋代则有其诗被陆游称之与欧阳修文、蔡襄书“三者鼎立，各自名家”（《梅圣俞别集》序）的梅尧臣，“文章如大海之起涛澜，泰山之腾云气，倏散倏聚，倏明倏暗”（《张于湖先生集》序）的张孝祥，以及因编撰《江西宗派图》而在文学批评史上声名鹊起的吕本中等。如果以籍贯论，宋代还出现了一位与李清照齐名的歙州词人朱淑真，其《断肠集》至今读来也令人肠断。元、明两代皖籍诗人创作呈现下降趋势，至清代而复振。除了享誉中外的桐城派，其中元代方回虽以《瀛奎律髓》闻名于世，然其诗也“格力苍坚，在江湖诸集之上”（《四库全书简明目录》卷十七），成就显然超越了宋末江湖诗派。明末清初被称为“江左三大家”之一的龚鼎孳、王夫之推崇曰“诗体整健”的钱澄之，以及清代被誉为“南施北宋”的施闰章等，都是有口皆碑的名家。有清一代无论是学术还是文学，几乎集中于江南地区，成为“徽学”的重要研究对象之一。这种现象至现代而大放异彩，仅就新文化运动的旗手陈独秀、学术成就卓著而以《尝试集》开拓新诗天地的胡适而言，就足以振聋发聩了。

面对如此辉煌的安徽文化，如何从学术原典及其学术研究的视角，进一步加以发掘、研究，就非常必要了。《安徽诗人研究文存》也由此而产生。

三

为了落实中共中央办公厅、国务院办公厅《关于实施中华优秀传统文化传承发展工程的意见》以及《安徽新时代古籍工作实施意见》，深入发掘安徽文化底蕴，深化安徽诗人研究，强化安徽文化的认同感与归属感，安徽师范大学中国诗学研究中心由胡传志教授策划，刘运好教授任总主编，约请全国知名专家、学者，组织编写了《安徽诗人研究文存》。

《安徽诗人研究文存》以皖籍诗人研究为收录对象，共收录关于曹操、曹植、嵇康、刘长卿、张籍、梅尧臣、吕本中、张孝祥、方回、钱澄之、胡适等十余人的研究论文。论文收录范围，始于1921年，迄于2021年，以中国学者研究论文为主体，也酌情收录中国学者发表于海外期刊、海外学者发表于中国期刊的论文。所选学术论文必须以问题为核心，“研究综论”“会议纪要”“文坛掌故”之类，一律不予收录；重要学术著作中具有学术论文性质的相关章节也酌情收录。收录文章必须兼顾思想性与学术性两个方面：第一，有明显意识形态问题，或背离社会主义核心价值观的论文、专著章节，一律不予收录；有特定时代标记，但并无政治倾向问题的论文、专著章节，可酌情收录。第二，收录的论文、专著章节注重以下三点：（1）创新性。所选文章必须具有学术创新的特点，观点新、材料新、视角新，或三者皆备，或必具其一。（2）示范性。所选文章必须具有学术示范意义，蕴涵丰富的学术信息以及新的学术生长点。（3）时段性。所选文章在充分注重创新性、示范性的前提下，必须从学术史的角度，兼顾论文发表时段。对于不同诗人的不同研究现状，由分册主编斟酌处理，保留编选者的学术个性。

每一诗人的研究文存独立成册，有前言、正文、主要论文（论著）索引三个部分。（1）前言，由分册主编撰写，虽各有特点，却也要斟酌以下三点：其一，从文学史视角，对所研究的诗人作简要评价；其二，从学术史视角，对历代研究成果略加评说；其三，从前瞻性视角，对所研究的诗人提出若干有学术意义的理论话题。（2）正文，即所选论文、专著章节。体例上遵循以下四点：其一，论文尊重原著，原则上不作修改、删节；论著节选必须是构成独立论文的形式。对于原文表达的语病、引文谬误、错别字等则径改。其二，论文标题一仍原著，论著节选若原文没有标题，可由分册主编增设标题；为了保持全书格式相对统一，所选论文一律不设“内容提要”“关键词”，只录全文。其三，论文注释，早期论文保留原来注释形式，但相对统一，若引古籍须标明作者、著作名称及卷数、篇名，如“《淮南子》卷一《原道训》”；若引期刊须标明期刊名、出版日期或期别，如“《燕京学报》第19期”，一律采用脚注形式。新时期以后论文，无论发表于何种期刊，注释一律采用《文学遗产》论文规范格式。其四，注明文章来源，期刊注明刊名，著作节录注明节录之章节（名称）、出版社及出版年份。（3）主要论文（论著）索引，突出“主要”，不必求全。此外，为了协调丛书各分册规模，便于读者阅读，所选篇幅控制在30万字左右。

相对于辉煌的安徽文化及其深厚的学术研究而言，《安徽诗人研究文存》仅仅是尝鼎一脔。这是一个需要不断努力、不断深化的理论命题。

出于各种原因，截至出版时，我们未能与本套丛书的全部著作权人取得联系。敬请作品的著作权人或与著作权有关的权利人与安徽师范大学中国诗学研究中心联系，以便奉上稿酬和样书。

刘运好

2023年5月

前　言

◎彭国忠

今年是张孝祥八百九十周年诞辰，我们编选这样一本研究论文集，纪念这位南宋著名的文学家，这位向来以词为人称道的人，还是非常有意义的。

从20世纪初中国进入现代学术研究开始，关于张孝祥的研究就多方面展开，并取得一定成就，各种研究专著、论文、年谱、资料汇编、文集整理不断涌现，但当我们回过头来反视这一个世纪的研究成就时，发现其实我们并没有走多远，一些方面甚至还停留在原点，基本问题悬而未决，尤其是张孝祥的生平，包括他的婚姻、子嗣，耗费了学者大量宝贵的光阴，令人不由感喟。但真理愈辩愈明，这些争论也确实取得了一定进展，使某些人在某些问题上悄然改变看法。孟子曰："余岂好辩哉，余亦不得已也。"此言亦为余发。

一、张孝祥名和字带来的困惑

我们现在研究张孝祥，只关注这么一个张姓、名孝祥、字安国、号于湖居士的人，多数学者不会考虑宋代有几个张孝祥或者张安国的问题，一是不知道宋代还有别的张孝祥或者张安国，二是认为没有多大意义。殊不知这已经影响到对这一个张孝祥的认识和研究。因此，进入研究之前，我们就有必要区分几个不同的张孝祥或者张安国。综合考察，宋代不少于七个张安国，除词人张孝祥外，另外六个分述如下：

现在所知宋代最早的张安国，是北宋初人。胡宿撰有《朱逵杨若冲并可大理寺丞张安国可卫尉寺丞制》，考胡宿生卒年（996—1067），知这个张安国绝对不是词人张孝祥。

北宋中期有张安国，无为人，是王安石的门客，深得王安石器重，任扬州司法参军时，得王安石荐，为光禄寺丞，权检正中书刑房公事。王安石又向神宗荐其可为宰辅。根据司马光《涑水记闻》记载，张安国与王安石之子王雱交往。当时有“谏议大夫程师孟，尝请于介甫（王安石）说：‘公文章命世，师孟多幸，生与公同时，愿得公为墓志，庶传不朽，惟公矜许。’介甫问：‘先正何官？’师孟曰：‘非也，师孟恐不得常侍左右，自欲豫求墓志，俟死而刻之耳。’介甫虽笑不许，而心怜之。及王雱死，有习学检正张安国者，被发藉草，哭于柩前，曰：‘公不幸，未有子，今郡君妊娠，安国愿死，托生为公嗣。’京师为之语曰：‘程师孟生求速死，张安国死愿托生。’”王安石诗文集中，有一首诗，题为《寄张谔招张安国金陵法曹》，又有《祭张安国检正文》，知张安国最终官职即为习学检正，前于王安石而卒。王安石卒于元祐元年（1086），其时词人张孝祥尚未出生，这个张安国不可能是词人张孝祥。

北宋末南宋初年，还有一个张安国。郭印有一首《送张安国赴天彭司录》，天彭在四川，司录原是北周公府、总管府的属官，掌文书之职，《宋史·礼志》载景德二年（1005）应光禄寺丞钱易言，“诏应三馆、秘书阁、尚书省二十四司、诸司寺监朝臣内殿起居外，并赴文德殿常参。其审刑院、大理寺、台直官、开封府判官推官司录两县令、司天监、翰林天文、监仓场库务等仍免”。可知宋代中央审刑院、大理寺、台直官、开封府皆设有司录职掌文书，《职官志》中又有“三京司录”“两府司录”“开封府司录”，河南应天府官员设置，司录仅次于牧、尹、少尹，排在第四；政和时，改签书判官厅公事为司录，建炎初复旧；又有“京府、诸州司录事”之设等，知司录自中央各部至地方州府皆有设置。郭印绍兴年间曾任永康军通判，后知忠州，乾道间为朝请大夫，汪应辰荐其充监司郡守，似乎与张孝祥同时，但他比张孝祥年长许多，乾道间已八十余岁。考张孝祥生平仕历，除初登仕途为镇东军签判这样的属官外，别无掾属经历，而镇东军治所在绍兴，张孝祥平生无任天彭司录之可能，故此张安国亦非词人张孝祥。

李弥逊有《张安国换给承节郎制》，承节郎是武阶，文官张孝祥不可能承授武阶。考李弥逊生卒年（1089—1153），当其去世时，张孝祥尚未进士及第，更不可能有此承节郎之授予。这个张安国，不是词人张孝祥，也与郭印诗中的张安国不是同一人。

《宋史·曹友闻传》载，北兵入川，“前军统制屈信率所部突阵，还所掠四州人畜。至秦填，遣左军统制杜午迎击，力不能敌。友闻令诸军乘高据险，身冒矢石，为士卒先。信与统制张安国领兵出战。兵退，制置使檄捍七方关”。这个统制张安国，也不是词人张孝祥。

还有绍兴三十二年（1162）辛弃疾南归时，杀害耿京的叛徒张安国，更不是词人张孝祥。

宋代有四个张孝祥。除词人张孝祥外，还有三个如下：

张元幹《芦川归去来集》卷末汪藻《跋张孝祥所辑先人手泽》云：“仲宗尊祖追远之志，叙事记久之文，余不复赞。其赠言皆百世之士，后之观仲宗者，可以知其为人矣。宣和甲辰四月六日，鄱阳汪藻书。”仲宗，张元幹字。张元幹与张孝祥有交集，但这个跋语的署时是宣和六年（1124）四月六日，其时张孝祥尚未出生，故此张孝祥不是词人张孝祥。

袁燮《武翼大夫沈君墓志铭》载沈氏有“女三人，进士刘应运、张孝祥、陈士豪，其婿也”，而沈氏嘉定六年（1213）正月九日卒，寿六十三，当生于绍兴二十一年（1151），张孝祥已经二十岁，即使其像词人张孝祥那样十六岁生女，其女三岁那年，词人张孝祥去世，故这位沈氏之女不可能是词人张孝祥之室，这个张孝祥也不可能是词人张孝祥。

清代许鸿磐《方舆考证》卷五二：“两湖山在万年县西南，接余干、安仁二县界，其下有团湖坪，宋张孝祥与元兵载，死于此。”这个张孝祥，很可能与《宋史·曹友闻传》中统制张安国是同一个人，因张孝祥字安国而附会成张孝祥，也不可能是词人张孝祥。

以上七个张安国、四个张孝祥，除极少数如胡宿、王安石同时代之张安国易于区别外，其他几人，都极易产生混淆。如郭印《送张安国赴天彭司录》、李弥逊《张安国换给承节郎制》，皆为《张孝祥资料汇编》所收录，当为失误。张孝祥主张抗金反对和议，这就易与统制张安国混淆。

“张孝祥词继承苏轼开创的词风，既有超旷飘逸之作，又有雄豪悲壮之声。在超旷、雄豪两方面为辛弃疾‘稼轩体’的出现做好了准备。《于湖词》是东坡词和‘稼轩体’之间的过渡和桥梁。”（陶尔夫、刘敬圻《南宋词史》，黑龙江人民出版社1992年版，第109页）所谓“苏辛之间之津梁”已是学界共识，问题是：张孝祥与辛弃疾同时，仅比辛弃疾年长八岁，当绍兴三十二年（1162）辛弃疾擒缚叛徒张安国献行在建康时，张孝祥亦由宣城赴建康，并在留守张浚席上赋《六州歌头》（长淮望断），有学者说，辛弃疾与陆游、范成大、陈康伯、周必大、虞允文等人“相识当始于本年”（蔡义江、蔡国黄《辛弃疾年谱》，齐鲁书社1987年版，第41页），那么，同样主张抗金、同为豪放词人的张孝祥、辛弃疾二人何以未会面？同是“归正人”的韩玉，到建康只见张孝祥（见王之望《论差拨萧琦人马及韩玉不赴新任札子》），同为归正人的辛弃疾，甚至与张孝祥终生无交集，即使文字亦无交往，这与张孝祥之字偶然与被辛弃疾擒缚之叛徒相合有无关系？

民国《江苏通志稿·金石》载黄尚文撰《张殿撰八字题记跋》称："绍兴改元，岁次辛亥，四月上休日，昭武黄尚文摄事延陵，谒于嘉贤吴季子之祠。有僧悟觉者出殿撰张公所书八字以示予，曰：'此公所以遗我者也，秘之箧□，今十有六年矣。恐其湮没，不传于世，当以刻之于石，子其为我跋之。'予惟公方蜚英腾茂，为时名卿，每恨未遂望履幕下，一觇紫芝眉宇。今获观公字制，飘逸遒劲，气概豪迈，因以想闻其风采。况书，心画也，心正则笔正。公笔法劲正，挺然有不可摇之势，则胸中所蕴可知矣。刻之琬琰，将与宣圣十字并传无穷，其可缓乎？从事郎、权监镇江府延陵镇邵武黄尚文谨跋。"此张殿撰谓谁？其人能书，又为时名卿，与张孝祥颇为接近，所以，《全宋文》收此文，加编者按语："张殿撰，张孝祥。所谓'八字题记'乃'登临之胜，遥碧远明'。"可是，张孝祥生于绍兴二年（1132），此跋撰于绍兴元年，且称十六年前张公遗之，必定有误，要么张殿撰不是指张孝祥，要么署时错误。考绍熙二年（1191）为辛亥，但其十六年前，张孝祥去世六年，不可能遗书僧悟觉，要么就是跋中所记十六年有误。总之，目前《全宋文》之按语，以张殿撰为张孝祥，依据不足。

二、张孝祥婚姻与子嗣问题

张孝祥婚姻较为复杂，而且与当时的政治有一定关系。先是，在绍兴二十四年（1154）拒婚于曹泳，《宋史》本传载："唱第后，曹泳揖孝祥于殿厅，以请婚为言，孝祥不答，泳憾之。"曹泳是秦桧上客，秦熺妇兄，当时权户部侍郎。现在所知，时氏是张孝祥正妻，他自称："某于时氏，既外诸孙，又娶仲舅之女"（《赠时起之》）；隆兴二年（1164）时氏离世，张孝祥撰《亡妻时氏宿告文》《起灵》《葴》，这是张孝祥亲笔为妻室所撰，然他何时娶时氏，时氏生产儿女如何，一概未知。《宋史·喻樗传》说喻樗善鉴识人，"初，樗二女方择配，富人交请婚，不许。及见汪洋、张孝祥，乃曰：'佳婿也。'遂以妻之"。则喻樗女亦为张孝祥室，然何时娶、生子如何，亦未知。至于袁燮《武翼大夫沈君墓志铭》载张孝祥为沈氏婿，前文已证其误。

1971年3月，江苏江浦县（今属南京浦口区）黄悦岭发现《宋故运判直阁寺丞张公埋铭》及《宋故夫人章氏祔葬埋铭》，由是揭开张孝祥婚姻的另一面。《张公埋铭》称："公讳同之，字野夫，世为和州乌江人，盖唐司业籍之后。曾祖儿，累赠金紫光禄大夫，妣冯氏，安定郡夫人。祖祁，朝请大夫直秘阁，妣孙氏、李氏恭人，时氏硕人。父孝祥，显谟阁直学士，朝奉郎，赠朝散大夫，累赠通议大夫，妣时氏硕人。"据此，张孝祥正室确为时氏，张同之为张孝祥儿子。但《埋铭》又称：张同之迁朝奉郎，复迁一官后，"言于朝，愿回授本生母李氏。朝廷许之"。庆元二年（1196）张同之"遇疾，卒于官舍，享年五十"，知张同之生于绍兴十七年（1147）。则时氏非张同之生母，其生母为李氏。问题接着出现：张同之生母与张孝祥有无关系？是什么关系？宛敏灏先生根据张同之《埋铭》，结合张孝祥《念奴娇》（风帆更起）、《木兰花慢》（送归云去雁）（紫箫吹散后）等词，推测张同之生母李氏为张孝祥发妻，在绍兴十七年张孝祥十六岁时，两人生下张同之，当时，张孝祥刚"领乡书"（《宋史》本传），也就是应乡试中举，获得次年参加省试的资格；因多种原因，张孝祥另娶表妹时氏为妻，于绍兴二十六年（1156）重阳前一日，由建康送别李氏回原籍桐城县（今安徽省桐城市），赋《念奴娇》为别，词下阕云：

船过采石江边，望夫石下，酌水应怀古。德耀归来，虽富贵、忍弃平生荆布。默想音容，遥怜儿女，独立衡皋暮。桐乡君子，应念我憔悴如许。

词中所用夫妻之典事如“德耀”指梁鸿妻孟光，以及望夫石、儿女字样，显然指向一个为他生下儿女，却又被“抛弃”的女子。这个女子，不可能是时氏，因为那是正妻；也不可能是喻樗女，因为对方回去要经过采石矶这个地点、家在桐乡。应该说，宛先生的推测合乎情实事理，解决了张孝祥生平研究的大问题。

然而，有人对宛先生的说法大加讥讽，连篇累牍地撰文否定，认为：“《埋铭》称李氏为张同之生母，又没有列入张孝祥时氏硕人之后，显然不应是张孝祥之妻。但张同之既生于其父娶妻时氏之前，则李氏的地位，或者为其父侍妾，但这种可能性不大。因为李氏既为侍妾，不论她后来是否长期在张孝祥身边，都不会影响张同之所谓张孝祥之子的地位，然而事实并不是这样。另一种可能则李氏与张孝祥并无夫妻之名实，而张同之也并非张孝祥的亲生子。二者只能居其一，而后者可能性更大。”并言之凿凿地说：“李氏很可能与张孝祥并没有恋人情人之类的密切关系，她只是张同之的生母。张孝祥选择了同姓或异姓的子弟为自己的继承人，在宋代当时都属正常。”（以上均见辛更儒《张同之事迹考释》）。

首先，张同之不可能是张孝祥同姓子弟。我们知道，宋人对其本生父母很重视，范仲淹早年丧父，随母改嫁朱氏，后中进士为官后，归宗复姓。张孝祥外祖父有二子，长子时歙之季子三岁随母改嫁庐陵伍氏，从伍姓，后张孝祥守临川，“告以家世，为更其名曰起之，而字之曰子家”（张孝祥《赠时起之》）。故张同之不可能来自异姓子弟。

其次，张同之不可能来自张孝祥同姓子弟。张孝祥本人曾经过继于其伯父张邵为子，周必大《敷文阁待制赠少师张公神道碑》便加以记载："其在北方，太夫人命犹子孝祥后公。公归，有子，而钟爱孝祥异甚，已而魁多士，掌书命，为时名臣。"宋人文字中，记载同宗同姓过继之事甚多，如《宋会要辑稿·礼三六》之一五：熙宁二年（1069）十一月二十一日，"诏同修起居注、直史馆蔡延庆许归后本宗。先是，延庆言：'先臣赠太尉齐是臣之伯父，臣祖父以齐未有继嗣日，令臣出继。今齐有子延嗣为光禄寺丞，而臣所生父哀反无继嗣。'乃下礼官议，而礼官言延庆当归后本宗故也"。情形与张孝祥接近，皆是过继于伯父为子，不同在于蔡延庆过继后，伯父自己生子，而其父反无子，故奏请再为其生父子嗣，朝廷最后准许其"归后本宗"。如果张同之是张孝祥同姓子弟，《埋铭》肯定会记载的。故张同之也不可能来自同姓。

再次，张同之不可能出自张孝祥妾产。根据《埋铭》，张同之出生时，张孝祥年仅十六岁，尚在读书应举，以如此年龄娶妾生子，而非娶妻生子，这在士大夫家，是绝对不可能的。

复次，张孝祥如果不是张同之本生父，既然张同之迁官后，"言于朝，愿回授本生母李氏"，那么，依礼，当同时奏请"回授"本生父母；即使感其母生养之劳优先回授，后亦当回授其本生父，因为此后张同之"以今上登极恩迁朝散郎"，后淮西大饥，张同之极力赈荒，"上嘉其劳，赐诏褒宠，特授朝请郎，再任"，庆元元年（1195）"除直秘阁，移江南西路转运判官"，也就是有多次机会奏请"回授"其生父，而《埋铭》并无任何记载，这说明张孝祥就是张同之本生父，无须张同之"回授"。《宋会要辑稿·仪制一〇》之一四载：

> 太宗淳化四年二月七日，右仆射、同中书门下平章事李

昉上言："臣先臣赠太子太师，诏追封陈国太夫人张氏，是臣叔父母。曾任工部郎中、集贤殿直学士超、陈留郡谢氏是臣所生父母。臣当未生之时，臣叔未有继嗣，臣母谢氏指腹谓叔妣曰：'儿生是男，当与表叔妣为子。'襁褓之内，固不自知。臣叔父母鞠育之恩，慈爱兼备，至于成立，叨预官常。将临壮室之年，始识所生之自……今郊祀覃恩，泉壤被泽，臣所生父母望与追荣。"即日诏封超为太子太师，谢氏为郑国太夫人。

又如洪咨夔撰有《中奉大夫赵善瑹转一官回授故本生父不下赠承事郎制》《中奉大夫赵善瑹转一官回授故本生母梅氏赠孺人制》，可见，利用郊祀大典、皇家寿诞等推恩天下之机，士大夫向朝廷奏请回赠父母，在宋代是普遍现象；如果其父本非官身，一般同时回赠父母；如果其父有官，单独回赠其母；如果其父有官，但职位较低，会根据其子职位回赠其父或母高一级职衔，如《宋会要辑稿·仪制一〇》载张孝祥母时氏本因父张祁之官封孺人，借皇太后寿诞奏请加封时氏："（绍兴）二十九年正月二十六日，试起居舍人兼权中书舍人张孝祥言：'丙辰诏书，以皇太后圣寿方增，新岁八十，均福海内，凡通籍于朝者皆驰恩其父母。非常之庆，千载一时，人子之心，孰不鼓舞。臣备数朝列，奉承双亲，尤极欣幸。缘父祁见任右承议郎，母时氏以视父官方封孺人，乞特许依臣官叙，引用今来恩诏加封。庶沾君父锡类之仁，俯为臣子家庭之宠。'诏特依所乞。"回赠次序，视具体情况而异，或先现任父母，或先本生父母；而回赠父母，先于士大夫之妻，如《宋会要辑稿·仪制一〇》载《中兴会要》：绍兴二十八年"十二月二十八日，主管台州崇道观张坚言：'见任左奉议郎，合依赦封赠父并嫡母。已陈乞外，内妻丁氏初遇大礼，亦合封叙。缘坚嫡母亡殁已久，所生母李氏见任，于法未应陈乞。今若先封妻，于人子之心实有不安。乞将妻合得封号回授于所生母。’从之”，就是例证。张同之生父若非张孝祥，必然会奏请回赠其生父，断无仅回赠生母之理。

有人说宛先生据《念奴娇》诸词推测张孝祥因登第后拒婚曹泳，深恐触怒秦桧一党，于绍兴二十六年（1156）重阳前自建康送李氏回乡学道，另娶时氏为妻，“完全是没有任何理据的凭空猜想。因为张同之果系张孝祥早年所生，在宋代尤其是南宋时期，士大夫并不以买妾、改嫁以及非婚生为耻而加以排斥的社会风气下，没有理由以此为讳”。并举陆游中年纳妾杨氏，生女定娘，昵称女女，夭折后即作墓志哀之；其第六子子布生时，其夫人王氏已年四十八岁，应为杨氏所生，而陆游爱之珍之与诸子无别之例（辛更儒《南宋爱国词人张孝祥子张同之事迹》），此诚欺人之论。我们当然知道宋人接受女子再婚，而夫死愿意守节者也会获得称赞甚至朝廷褒奖。与张孝祥同时之张九成（1092—1159）撰《龚夫人墓志铭》，自述其绍兴三年（1133）再娶婺州浦江马氏，马氏先嫁义乌青口吴氏，吴氏去世后，马氏守志不嫁，其父母悯其年少，子幼小，曰：“吾老矣，汝不再适，吾死不瞑目。”遂再嫁张九成。临出嫁时，其前婆婆即龚夫人叮嘱她：“汝今所嫁之夫，名士也。吾闻其名久矣，恨未及识也，汝谨事其夫如平日所以事吾者。”故马氏与张九成再婚次日，即泣告前婆婆高节懿行，并表示“恐吾姑思念妾甚”。婚后两年，马氏去世，张九成不时想起马氏之言。绍兴二十六年（1156），张九成为永嘉守，“上章求间，得遂所请，专往谒吴氏，求龚夫人相见，所以偿吾妻马氏之志也。上堂参拜，瞻其颜色，望其仪容，蔼然肃然，真贤妇人也”。绍兴二十八年（1158），龚夫人去世，马氏与前夫之子克忠使其子日休请张九成作铭，张九成接受，在铭文中称赞龚夫人“和而克庄，宽而不弛，是为夫人之贤行，可以列之女史而不愧”。在整个事件中，无论再婚女马氏，还是其父母，还是其前婆母，还是当事人张九成，对再婚之事无任何反对。张九成是理学家杨时的弟子，自身亦是理学家，绍兴二年（1132）被宋高宗擢为状元，次年即娶一个再婚女，颇能说明当时社会对再婚的态度。

我们也知道宋人并不讳言无嗣、继嗣问题，欧阳修《右监门卫将军夫人李氏墓志铭》："归于世坚也，凡若干年，而世坚卒，无子。夫人自誓不嫁，宗族敦迫，其守益坚。"范镇为宋敏求志墓，言："郑国太夫人，杨文庄公之女。文庄无嗣，岁时奉祀展墓无阙者。"郑国太夫人是范镇祖母，其父无嗣。范祖禹《定国军节度观察留后追封东阳郡王墓志铭》明言"夫人郭氏，再娶王氏，皆无出，终以无嗣"，铭文中又说"王虽无子，宗不绝世"。刘跂《士补之墓志铭》："兄才早世无嗣，补之谨事寡嫂，为之立后。"刘克庄《赵通判墓志铭》说："中散公有五男，君第三子也，中散公念朝散兄无嗣，命君出继，事后母李尤孝敬。"魏了翁《魏府君纯甫墓志铭》开篇即交代其家族内无嗣、续嗣情形："昔我祖父生七子男，其第三处士府君和孙，以后同姓乡贡府君邦达；六曰承事府君孝璹，以后舅氏。既而伯、仲、季皆早世无嗣，我祖妣高孺人命承事以季子了翁为仲朝散府君某后，命处士以仲子仲翁与七季父乡贡府君孝璹之幼子越翁偕为季父某后。"他的祖父生七子，以第三子续嗣于同姓魏邦达，第六子也就是魏了翁生父续嗣于母舅，伯父、二伯父、四伯父去世早，祖母命第六子之季子也就是魏了翁续嗣于仲父，再以第三子之次子仲翁、第七子之幼子越翁续嗣于四伯父，后来仲翁所娶张氏生子辄夭，仅存三女，待仲翁四十八岁卒后，张氏以夫弟之子为嗣："君取张氏，生子男辄夭，仅存者三女。君卒后长女亦夭，嫂张氏以君之同产弟德翁之子某为君后。"连这种复杂的无嗣、续嗣情况都清楚地加以交代，如若张同之是续嗣子，在其墓志中，有必要遮掩吗？

但是，笼统地说“南宋时期，士大夫并不以非婚生为耻而加以排斥”，就令人迷茫了。所谓“非婚生”，要有所区别，一种是妾生，而张孝祥与张同之的父子关系显然不在此，而在张同之出生时，张孝祥才十六岁，正在读书，那一年正“领乡书”。宋代一直重视读书人的品德，早在宋真宗大中祥符七年（1014）九月二十四日下诏：“进士刘溉未阶片善，来干有司，失士行以躁求，挟状词而恐动，具招显过，合置严刑。尚屈法以申恩，使迁善而远罪。止从配隶，盖亦务宽。顾询美等，以告戒不明，过误有犯，欲其耻格，亦令罪归。”（《宋会要辑稿·选举一四》之二五）举人失士行、犯过错，皆不得进解；不服从反而“干有司”如刘溉者，按法当严刑处置。宋太宗淳化三年（992）三月二十一日颁布的诏书中，除应举人须取本贯文解、不是工商杂类外，还规定“身有风疾、患眼目、曾遭刑责之人，并不在解送之限”。曾遭刑责不得解送，也是对品德之要求，并规定“如违，发解官当行朝典，本犯人连保人并当驳放”（《宋会要辑稿·选举一四》之一五）。后来，宋廷还颁布《令所解举人察访行迹诏》《举人文辞可采操检不修者州郡无得荐送诏》（俱见《宋大诏令集》）等，明确规定操检不修者州郡不得荐送。同时，还申令地方官察访约束，如太平兴国六年（981）颁布《诫饬士庶子弟甥侄等诏》，勒令州县长吏“伺察部内有轻薄无赖、孝悌有亏、货鬻田园、追随蒱博，宗族所共弃、乡党所不容者，并当严加诱掖，俾之悛改。其闻义不服、为恶务滋者，即须条具姓名以闻，当议于刑辟，吏不率者以告”（《宋大诏令集》卷一九〇）。宋徽宗政和八年（1118）八月二十一日《天下学校诸生添治内经等御笔手诏》，规定犯十恶、奸盗、违反八行之人不得入学：“自今应入学人，并令所在州县勘会保明，不经刑责，不犯十恶、奸盗及违八行之人，许入州县学教养，并依见行学法。”（《宋大诏令集》卷二二四）民间对犯奸盗等不良子弟也有惩治措施，如范氏义庄规定："诸房闻有不肖子弟因犯私罪听赎者，罚本名月米一年；再犯者除籍，永不支米。奸盗、赌博、斗殴、陪涉及欺骗善良之类，若户门不测者非。除籍之后，长恶不悛，为宗族乡党善良之害者，诸房具申文正位，当斟酌情理，控告官府，乞与移乡，以为子弟玷辱门户者之戒。""旧规诸位辄取姓以为己子，冒请月米者勿给。今乃有将己子与人，破荡他人家业，却欲归宗请米。如有似此之人，仰掌庄申文正位，不得支行。"（范之柔庆元二年《续订义庄规矩》）在朝廷明令申禁、地方官员伺察举报、民间也加以防范约束的社会环境下，十六岁生子，如果被人知晓、检举，失士行、轻薄、操检不修，哪一条都可以对上，这也就意味着张孝祥不得被乡里荐送参加省试，功名前途彻底葬送。所以，张氏家族才对此事讳莫如深。隐瞒、遮蔽多年，当张孝祥二十三岁高中状元时，少年时的不检点可能暂告一段落，但面临的是秦党曹泳请婚更加严峻的局面，如果允婚，其早年未婚生子之事必然瞒不住；不允婚，势必得罪秦党。而秦党早就伺隙以动，张扶甚至凭空捏造出张孝祥父张祁犯嫂之事（《建炎以来系年要录》卷一六九）以弹劾，如果张孝祥十六岁生子这样的事实被他们侦知，必将成为秦党打击张邵、张祁等人的利器。当此政治形势下，不婚不正常，而与曹泳家以及其他任何一家结亲，外泄都是必然的，只有像张孝祥继母时氏母家这样的关系，才是可靠的，所以，张孝祥的婚姻不是小事，而安排他娶舅氏女时氏为妻，是出于整个张氏家族利害考虑。到绍兴二十五年（1155）秦桧病逝，张孝祥婚姻子嗣问题带来的政治危机方始解除，乾道三年（1167），张孝祥知潭州，作有《送仲子弟用同之韵》诗，时张同之已经二十一岁，公开陪侍张孝祥身侧。

三、相关诗文考释

在张孝祥婚姻子嗣中，一个非常重要的地点，也是揭开张孝祥与李氏关系、涉及张同之身世的关键证据，《念奴娇》词中桐乡，到底在哪里？有人认为宛先生根据张孝祥词中桐乡，说张孝祥年轻时与来自桐城的李氏恋爱而生张同之，是“望文生义，附会李氏为桐城人，岂不知所谓桐乡乃指浙西的嘉兴府崇德县，其得名乃因其地有梧桐乡，与舒州之桐城县无关”。并说张孝祥“时氏夫人恰为崇德人，《于湖集》卷一五《赠时起之》文即谓：‘居崇德者，则某之外王父也……某于时氏，既外诸孙，又娶仲舅之女。’则《念奴娇》词显为怀念时氏的寄内之作”（辛更儒《南宋爱国词人张孝祥子张同之事迹考释》）。果真如此吗？北宋梅尧臣《桐城县学记》开篇即言：“宛陵梅尧臣持丧之前一月，著作佐郎、知桐城县洪君亶绝江三百里，置书求记其县之新学。以君之勤，不敢辞。予按桐城，古桐乡也。汉大司农朱邑微时为啬夫，子今能祠之，盖其民知所善而易化。自汉已来，凡为县者，孰以道而化之哉？”而《宋史·律历志十四》有“舒州桐乡县丞李如箎作《乐书》，评司马光、范镇所论律”，而李如箎《东园丛说》自序末署款云：“绍熙壬子三月下浣，桐乡丞括苍李如箎自序。”赵彦丞《谢除知舒州表》云：“上蕲水之吏书，三周岁籥；畀桐乡之新组，再剖州符。”无须再举他例，此三例足证桐乡就是桐城。再者，寄内之作，会说“忍弃平生荆布”这样的话吗？望文生义的到底是谁？附会的又是谁？

张孝祥有《过昭亭哭二弟墓》诗，云“两儿二弟俱冥漠，顾影伶俜欲语谁”，由眼前二弟之墓想到两个儿子也早夭，不禁悲从中来，感叹身边无人可以倾诉。此本是一时感叹之语，某人却将其上升到张孝祥一生，言“张孝祥从绍兴三十二年到乾道四年始终感叹‘顾影伶俜欲语谁’‘乘除乃天定’”（辛更儒《南宋爱国词人张孝祥子张同之事迹考释》），将一时之感慨当作终生之遗憾，亦令人佩服其善于解读。张孝祥之前，唐杜甫《新安吏》诗有“肥男有母送，瘦男独伶俜”句，宋代陈师道《放怀》诗云：“杖藜矜矍铄，顾影怪伶俜。”张孝祥同时而寿命长的诗人陆游《饱食》诗云：“饱食无功愧汗青，灯前顾影叹伶俜。”伶俜，只是孤独、孤单貌，本无涉有子无子，某人一定要作无子解，是不是过于勉强？我们总不能说陈师道、陆游都无子吧。

某人根据张孝祥《吴伯承生孙交游共为之喜凡七人分韵我亦从来识英物试教啼看定何如某得啼定字》之“定”韵诗中“儿孙忽成行，乘除乃天定。我女才三岁，此事当退听”，认为张孝祥“羡慕吴铨生孙，子孙繁衍，有‘我女才三岁，此事当退听’之叹……这表明，此时的张孝祥仅有一女在室，年才三岁……这也表明，此时的张孝祥心目中并没有子嗣”。然后进一步否定张同之为张孝祥亲生子：“此年秋，年已二十二岁的张同之忽然来到湖南潭州，他的来历，由于资料缺乏而不详，然而这时他已经被确定为张孝祥的嗣子，此年张孝祥已经三十七岁，明年六月即病逝于芜湖。晚年方始立嗣，恐怕就是我们仅知的事实。”（辛更儒《张孝祥集编年校注》）却不知道张孝祥是以玩笑口吻表达对对方生孙的祝贺，犹如说：从啼声听出你的孙子定是英物，我的女儿刚刚三岁，恰可与你的孙子订婚，这事我就退让一步（指自己女儿与对方孙子订婚，自己显然比对方低一辈）。所以接下来两句是“剩欲便款门，积雨道苦泞”，意思是说结成亲家，以后道路积雨泥泞，我就轻叩你家的门进去歇息了。之所以说自己的女儿，不说儿子，因为对方生的是孙子，这样才能结秦晋之好。如果对方的是孙女，就会说自己的儿子了。比如黄庭坚与苏轼之间的一桩“公案”，苏轼作诗说“效庭坚体”，作为晚辈、学生的黄庭坚如何敢承受？立即作诗自白，就是著名的

《子瞻诗句妙一世乃云效庭坚体盖退之戏效孟郊樊宗师之比以文滑稽耳恐后生不解故次韵道之（子瞻送杨孟容诗云我家峨眉阴与子同一邦即此韵）》，不但明确说“我诗如曹郐，浅陋不成邦。公如大国楚，吞五湖三江。赤壁风月笛，玉堂云雾窗。句法提一律，坚城受我降”云云，最后四句说：“小儿未可知，客或许敦庞。诚堪婿阿巽，买红缠酒缸。”阿巽是苏迈的女儿，苏轼的孙女，当时大约三四岁（参任渊、史容、史季温《黄庭坚诗集注》），黄庭坚说自己的儿子人夸敦厚，可以娶您家阿巽为妻，（如果您允许）我就买红彩缠酒壶。“买红缠酒缸”是唐宋时期的订婚礼仪，“今人定婚者，多以红彩缠酒壶云”（《黄庭坚诗集注》）。黄庭坚的意思是我不如您，我的儿子不错，将来娶您的孙女为妻，那显然还是表示自己比苏轼低。张孝祥这首诗可能受到黄庭坚诗的影响，因为试题中所分韵“我亦从来识英物，试教啼看定何如”十四字，即出自苏轼诗歌《贺陈述古弟章生子》，也是为祝贺他人生子而作。张孝祥平生景仰苏轼并取法于苏轼，对黄庭坚亦多有称赞；吴铨生孙，其年辈又长于张孝祥，当此相同情境下，用黄庭坚与苏轼事与诗，借用其构思，赋诗为贺，应该是很恰当的。此本人之常情，带有玩笑意味，目的是称赞对方，却被某人当作张孝祥无子的证据。如果有人以此推断黄庭坚没有女儿，不知是否成立？

张孝祥去世后，芜湖知县沈端节赋三诗哀悼，其一有句云：“宁有故人怜阿鹜，但余息女类文姬。”某人解读说：“这一联的意思，是说张孝祥身后，仅余侍妾和幼女在室。”自我申述理由为：“阿鹜应为阿骛，三国时魏荀攸之妾；文姬为蔡邕之女。”似乎可以坐定张孝祥无子之说。其实，亦是一知半解。既然知道阿骛是荀攸妾，为何不知荀攸卒时，有儿子年幼？《三国志·魏书·朱建平传》：朱建平善相术，“初，颍川荀攸、钟繇相与亲善。攸先亡，子幼。繇经纪其门户，欲嫁其妾。与人书曰：‘吾与公达曾共使朱建平相，建平曰：“荀君虽少，然当以后事付钟君。”吾时啁之曰：“惟当嫁卿阿骛耳。”何意此子竟早陨没，戏言遂验乎！今欲嫁阿骛，使得善处。追思建平之妙，虽唐举、许负何以复加也！’”这个典故的使用，反而证明张孝祥去世时有子，但年幼。某人又抓住沈端节诗中文姬不放，因为蔡邕无嗣，以此证明张孝祥身后无子。其实，如果按照这个思路理解，沈端节这一联诗，上句说张孝祥有子年幼，下句又说他无子只有女，岂不是自相矛盾？考其实，沈端节之意在于借文姬之典，说张孝祥有女，堪承其业。《后汉书·列女传·董祀妻》云：“陈留董祀妻者，同郡察邕之女也，名琰，字文姬。博学有才辩，又妙于音律。”兴平年间，天下丧乱，文姬为胡骑所得，归于匈奴左贤王，在胡中生二子。曹操痛蔡邕无嗣，遣使以金璧赎归，重嫁给董祀。文姬向曹操陈情，免除董祀之罪，“操因问曰：‘闻夫人家先多坟籍，犹能忆识之不？’文姬曰：‘昔亡父赐书四千许卷，流离涂炭，罔有存者。今所诵忆，裁四百余篇耳。’操曰：‘今当使十吏就夫人写之。’文姬曰：‘妾闻男女之别，礼不亲授。乞给纸笔，真草唯命。’于是缮书送之，文无遗误”。当然，诗中是否有感叹张孝祥之女像文姬的其他遭遇，不得而知，但可以确定不是说张孝祥身后无子只有女。

“芝兰玉树”的典故几乎人尽皆知，出自《晋书·谢安传》，说谢玄“少颖悟，与从兄朗俱为叔父安所器重。安尝戒约子侄，因曰：‘子弟亦何豫人事，而正欲使其佳？’诸人莫有言者。玄答曰：‘譬如芝兰玉树，欲使其生于庭阶耳。’”可见，它指称的对象不论是儿子和侄儿，还是单表儿子，都是多数，不是单个人；同时，它不是泛泛指称所有子侄或者子嗣，而是优秀的子弟。初唐杨炯《唐恒州刺史建昌公王公神道碑》，分述其长子师本、次子师表、次子师元、次子师楚诸人职衔政绩后，总以“芝兰有秀，羔雁成行”，唐中宗李显《授韦嗣立黄门侍郎制》云：“芝兰并秀，见谢砌之阶庭；麒麟齐驱，有刘山之昆季。”齐驱、昆季，最见芝兰之本义。张孝祥去世后，韩元吉为文祭悼，有“委涧藻之莫收，乏芝兰之或莳”之句，本是说张孝祥卒后，留下女儿年幼尚未婚配，而儿子或者子侄辈也缺少优秀的人才。不想某人背弃大道，逞其私智，说“前一句言其遗文尚未结集，后一句则言其门庭无子”。如果张孝祥真是门庭无子，作为其妹夫之兄长的韩元吉就不会用“乏芝兰之或莳”，而是像鲁迅先生《中国小说史略》第十七篇那样，说：吴承恩“为有明一代淮郡诗人之冠，而贫老乏嗣，遗稿多散佚”。乏嗣，更为明确。同时，说“前一句言其遗文尚未结集”，亦暴露出某人望文生义的一贯做法。《诗·召南·采蘋》：“于以采蘋，南涧之滨。于以采藻，于彼行潦。”小序以为是“大夫妻能循法度也。能循法度，则可以承先祖，共祭祀矣”。《正义》：“作《采蘋》诗者，言大夫妻能循法度也。谓为女之时所学所观之法度，今既嫁为大夫妻，能循之以为法度也。言既能循法度，即可以承事夫之先祖，供奉夫家祭祀矣。此谓已嫁为大夫妻，能循其为女时事也。经所陈在父母之家作教成之祭，经、序转互相明也。”说得已经非常明白。韩元吉悼文中前一句“涧藻”即出自《采蘋》，“委涧藻之莫收”显然是年龄小，尚未婚配。何以知道只是说其幼小的女儿？《采蘋》原诗结云：“谁其尸之？有齐季女。”季女，少女。这是人之常情。此两句悼文，是感叹张孝祥卒后，还留有年幼的女儿和未成长优秀的儿子或子侄。典故运用之妙，于此可见。当一个人去世时，人们总是同情他留下的遗憾，或未尽之事，比如有老母待赡养、有幼子在襁褓，等等。而对有自理能力的子女则不提，而不提并不意味没有。倘按照某人对第二句的解读思路，是不是要把第一句理解为张孝祥连女儿都没有？

张孝祥是南宋著名词人，诗、词、文、书法皆善，有人还题过他的绘画《平沙落雁》，在政治上积极抗战，屡向朝廷陈建，多被采纳，去世时孝宗帝有“用才不尽”之叹；在地方为官，亦多所建树，陆九渊称张孝祥知抚州为他“自省事以来五十年”所见最好的四位太守之一，“贤而可称”，“殆如晨星之相望，可谓难得矣”（《与杨守书》）。但限于文献，仅仅关于其婚姻子嗣即存在种种疑点，关于其文学创作，留下的空间更大。本书所选，只代表张孝祥研究的一个时间段，反映张孝祥研究目前所达到的水平。张孝祥研究大有可为，我们寄希望于后来者。

壬寅七月晦日于沪上观天居

于湖先生张孝祥

——安徽两宋词人小识之六

◎宛敏灏

孝祥字安国，学者称为于湖先生。（见宋陆世良所作传。又宋陈应行《于湖先生雅词序》云："于湖者，公之别号也。"）本贯和州乌江县。（据《陆传》。《宋史》本传亦称为历阳乌江人。按：乌江今和县镇名。）杨慎、毛晋谓为蜀之简州人。（《词品》云："蜀之简州人，四状元之一也，后卜居历阳。"《于湖词跋》云："蜀之简州人也，后卜居历阳，故陈氏称为历阳人。"）误也。考孝祥为唐诗人张籍七世孙，（《宋史》本传及《陆传》并同。）籍，和州乌江人，见《唐书·韩愈传》及元辛文房《唐才子传》。唯《全唐诗》云："苏州吴人，或曰和州乌江人。"然籍遗迹之在和者犹多可考，宋贺铸《百福寺》诗注云："与县廨邻，按县谱即唐诗人张司业籍之故居也，籍绘像今存。"宋吴龙翰亦有《过和州报恩寺》，诗序云："唐籍故居也。"清陈廷桂《历阳典录》谓百福寺或南渡后改为报恩寺。又载："文昌读书堂在乌江东一里，今只知桃花坞为文昌公主读书处，鲜有能及此者。"附录孝祥诗，序谓："读书堂在乌江，即唐文昌公主读书处。自五代至今皆世守之，渡江后为史氏之所有。"《于湖集》并有《代总得居士回张推官》云："某家世历阳之东鄙，自先祖始易农为儒。或云唐末远祖自若湖徙家，盖文昌之后。”是张氏迁和，固已久矣。

绍兴初金人寇和州，随父祁渡江居芜湖升仙桥西，时仅数岁。（按：孝祥生于绍兴二年即一一三二年。）豫章王德机一见而奇之，遂许以女。（据《陆传》。按《于湖集》中有《亡妻时氏宿告文》，是曾娶时氏也。）幼敏悟，读书一过目不忘，下笔顷刻数千言。十六领乡书，再举冠里选。绍兴二十四年，廷试擢进士第一。策问师友渊源，秦埙、曹冠皆力攻程氏之学，孝祥独不攻，知贡举汤思退已定埙魁多士，孝祥次之，曹冠又次之。高宗读埙策皆秦桧语，于是擢祥第一而埙第三，谓其议论坚正，词翰俱美。秦桧已怒，既知为祁子，祁与胡寅厚，桧素憾寅。且唱第后曹泳揖孝祥于殿廷，以婚请，孝祥未答，泳亦憾之。于是风言者诬祁有反谋，诏系狱。会桧死得释。（以上据《宋史》本传，按周密《齐东野语》卷一二《张才彦》：名邵，祁兄。条载其经过甚详，惟与本传略异。兹节录于下：……初，总得［按祁号总得居士］为小官时，尝为……胡明仲寅论荐。其后……明仲斥久矣。绍兴二十四年……安国由乡荐得捷集英，考官置第七，秦埙为冠。埙试浙漕、南宫，皆第一。先胪传一夕，进御安国卷，纸既厚，笔墨复精妙，上览之喜甚，擢为首选，实以抑秦，秦不能堪，啧曰：“胡寅虽远斥，力犹能使故人子为状元邪！”已而廷唱，上又称其诗。安国诣谢，秦问：“学何书？”曰：“颜书。”又曰：“上爱状元诗，常观谁诗？”曰：“杜诗。”秦色庄，笑曰：“好底尽为君占却。”［中述才彦忤秦见疑事。］……才彦居四明，杜门绝交不出，惧祸佯狂。祁，出使未还，妻李卒于家已累年，至是妄言吾妻死非命，且指总得为辞。……语转上闻，于是逮总得赴大理狱，鞫杀嫂事，囚系甚苦。其年十月，秦死。逼岁，安国叫阍……始得释去。……）

孝祥初授承事郎，签书镇东节度判官，桧死，转秘书省正字。故事，殿试第一人次举始召，孝祥第甫一年，得召对。劝帝总揽权纲，以尽更化之美。又言官吏忤故相意，并缘文致，有司观望，锻炼而成罪，乞令有司即改正。复请取已修《日历》，详审是正，黜私说以垂无穷，从之。迁校书郎，敕兼国史实录院校勘。会芝生太庙，百官表贺，时储位尚虚，独上《原芝》篇以讽，乞早定大计。迁尚书礼部员外郎，寻为起居舍人，权中书舍人。孝祥尝陵拂汪澈，至是澈为御史中丞，首劾孝祥奸。遂罢，提举江州太平兴国宫。寻除知抚州事，年未三十，莅事精确，老于州县者所不逮。

孝宗即位，除集英殿修撰，知平江府事，植善锄强，庭无滞讼。张浚自蜀还朝，首荐孝祥，召赴行在。入对，痛陈国家萎靡之弊，谓靖康以来，唯和战两言，遗无穷祸，要先立自治之策以应之，二相当同心勠力以副恢复之志。复乞博采度外之士，以备缓急之用。孝宗嘉之。除中书舍人，迁直学士院兼都督府参赞军事，俄兼领建康留守，以汤思退言改除敷文阁待制，留守如旧。及张浚罢，被劾为党，落职。后思退穷，仍复集英殿修撰，知静江府、广南西路经略安抚使，治有声绩，复以言者罢。俄起知潭州，权荆湖南路提点刑狱公事。为政简易，时济之以威。寻复待制，徙知荆南、荆湖北路安抚使。筑寸金堤以免水患，置万盈仓以储漕运，内修外攘，百废俱兴。乾道五年，偶不豫，遂力请祠侍亲，疏凡数上，孝宗深惜之，进显谟阁直学士致仕，归芜湖。六年（一一七〇年）冬，疾复作，遂卒。（据《陆传》。《齐东野语》谓当暑送虞雍公饮芜湖舟中，中暑卒。）年三十九。《宋史》谓孝祥出入张浚、汤思退之门，两持和战之说，议者惜之。然孝祥方第，即上疏言岳飞之冤，请表其忠义，致益为秦桧所忌。后复力赞张浚，终为汤思退所不悦，故《陆传》有云："或者因公召对要先立自治之策以应之等语，谓公出入二相之门，两持其说，岂知公者哉！"

孝祥曾祖补，祖几，父祁，弟孝章，子太平、同之，孙永通。补及几俱不显。祁字晋彦，以兄邵使敌恩补官，负气尚义，工诗文，赵鼎、张浚皆器遇之。累迁直秘阁，为淮南转运通判。谍知敌亮谋叛盟，屡以闻于朝，且为备甚密。言者以张皇生事论，罢之。明年，敌果大入寇。晚年隐居芜湖，筑堂曰归去来，莳花种竹，以寿终。孝章字平国，早卒。太平于孝祥卒时方髫年，从诸父徙宣城。伯父邵，字才彦，徙居四明。曾登宣和三年上舍第，建炎三年使金，绍兴十三年始还，屡濒于死，后官至敷文阁待制，卒年六十一，累赠少师。《宋史》有传。叔父郯，字知彦，迁萧山。少用兄邵出使恩授右迪功郎，累迁至朝奉大夫，遂请老。淳熙十六年卒，年八十有七。邵子孝曾后亦以出使殁于金。郯子孝伯登隆兴元年进士，累官至参知政事。孝伯子即之，字温夫。以能书闻天下，金人尤宝其翰墨，《宋史》有传。按：孝祥亦善书也。

孝祥著有文集四十卷，见《书录解题》，《四库》亦著录。通常易见者有商务印书馆《四部丛刊》影宋本。前有门人谢尧仁及从弟孝伯序。尧仁序称："其文章如大海之起涛澜，泰山之腾云气，倏散倏聚，倏明倏暗，虽千变万化，未易诘其端而寻其所穷。"又言帅长沙时，有送至《水车》诗石本，因问此诗可及何人。尧仁谓活脱似东坡，但苏家父子更有《画佛入灭》《次韵水官》《赠眼医》《韩幹画马》等数篇，此诗相去却尚有一二分劣。孝祥又问使更读书十年何如，尧仁答以不消十年，吞此老有余矣。《四库提要》谓读书不十年一语，实隐寓微词。观集中诸作，大抵规摹苏诗，颇具一体，而根柢稍薄，时露竭蹶之状。然其纵横兀傲，亦自不凡。故《桯史》载王阮之语称其平日气吐虹霓，陈振孙亦称其天才超逸云。按孝伯序又言："每见于诗、于文、于四六，未尝属稿。和铅舒纸，一笔写就，心手相得，势若风雨。孝伯从旁抄写，辄笑谓曰：'录此何为？'间从手掣去。良由天才超绝，得之游戏，意若不欲专以文字为事业者。”读此可想见孝祥之天资高迈也。

《于湖词》，《宋史·艺文志》及陈振孙《书录解题》并载为一卷。毛晋刊三卷，跋称恨未见全集，盖其第一卷仅就《花庵词选》所载二十四首录入，更摭四首益之。其后已见全集，遂删其重复，另编二卷续后也。又陶氏所刻为六卷，卷端有汤衡及陈应行序，并注宫调，自为最佳，唯校双照楼刊宋本《于湖全集》乐府三卷，尚少四十五首。各本题注，亦互有详略。江宁唐圭璋君近辑《全宋词》即以陶刻一百七十三首为主，而以集本补之。复据赵本补二首，《永乐大典》补一首，共得二百二十五首。按《四库》著录者即毛本，《提要》云：“又《耆旧续闻》载孝祥十八岁时即有《点绛唇》（流水泠泠）一词，为朱希真所惊赏，或刻孙和仲，或即以为希真作，皆误。今集不载是篇，或以少作而佚之欤？”今检《耆旧续闻》原书，则“流水泠泠”一词，实朱翌作，《提要》误也。《续闻》又云：“正如《咏折扇词》云：宫纱蜂趁梅……余尝亲见稿本于公家（指朱翌），今《于湖集》乃载此词，盖张安国尝为人题此词于扇。”是陶刻载《生查子》（宫纱蜂趁梅）一首亦非。

孝祥诗文，皆追摹苏轼，其词亦近似。当时宋室南渡，国难日深，故多悲歌慷慨之作，声调宏迈，语气振拔，今人读之兴奋。毛晋谓“《歌头》诸曲骏发踔厉，寓以诗人句法”。《四库提要》亦称其忠愤慷慨，有足动人者，非过誉也。兹录数首于次：

六州歌头

长淮望断，关塞莽然平。征尘暗，霜风劲，悄边声。黯销凝。追想当年事，殆天数，非人力，洙泗上，弦歌地，亦膻腥。隔水毡乡，落日牛羊下，区脱纵横。看名王宵猎，骑火一川明。笳鼓悲鸣，遣人惊。　念腰间箭，匣中剑，空埃蠹，竟何成！时易失，心徒壮，岁将零。渺神京。干羽方怀远，静烽燧，且休兵。冠盖使，纷驰骛，若为情？闻道中原遗老，常南望、羽葆霓旌。使行人到此，忠愤气填膺。有泪如倾。

按：《朝野遗记》载安国在建康留守席上赋此诗，魏公为之罢席而入。魏公，张浚也。陈亦峰《白雨斋词话》评此词云：淋漓痛快，笔饱墨酣，读之令人起舞，惟“忠愤气填膺”一句提明转浅转显，转无余味。或亦耸当道之听，出于不得已耶？

念奴娇 过洞庭

洞庭青草，近中秋，更无一点风色。玉界琼田三万顷，着我扁舟一叶。素月分辉，明河共影，表里俱澄澈。悠然心会，妙处难与君说。　应念岭海经年，孤光自照，肝胆皆冰雪。短发萧骚襟袖冷，稳泛沧溟空阔。尽吸西江，细斟北斗，万象为宾客。扣舷独啸，不知今夕何夕。

按：《四朝闻见录》载张于湖尝舟过洞庭，月照龙堆，金沙荡射，公得意命酒唱歌所作词，呼群吏而酌之曰：“亦人子也。”其坦率皆类此。又王壬秋评此词云：飘飘然有凌云之气，觉东坡《水调》，犹有尘心。

水调歌头 闻采石战胜

雪洗虏尘静，风约楚云留。何人为写悲壮？吹角古城楼。湖海平生豪气，关塞如今风景，剪烛看吴钩。剩喜燃犀处，骇浪与天浮。　忆当年，周与谢，富春秋。小乔初嫁，香囊未解，勋业故优游。赤壁矶头落照，肥水桥边衰草，渺渺唤人愁。我欲乘风去，击楫誓中流。

读此词，可见其热肠郁思也。于湖词之婉约者，如《醉落魄》云：

轻黄淡绿，可人风韵闲装束。多情早是眉峰蹙。一点秋波，闲里觑人毒。　桃花庭院光阴速，铜鞮谁唱大堤曲。归时想是樱桃熟。不道秋千，谁伴那人蹴。

《雨村词话》谓此词“毒”字险而稳，人不敢下云。集中又有《菩萨蛮》回文数首，虽见技巧，俗体究无甚可取。贺寿恶词亦屡见，此实宋人通病，惜安国亦未能免也。

（原载《学风》第7卷，1937年第2期）

张孝祥年谱

◎宛敏灏

张孝祥字安国，别号于湖。

据《宋史》卷三八九《张孝祥传》、涵芬楼景宋本《于湖居士文集》附录《宣城张氏信谱传》（宋光宗绍熙五年历阳陆世良撰）及陶刻《景宋本于湖先生长短句》、建安陈应行《于湖先生雅词序》（序撰于孝宗乾道七年）。

《于湖居士文集》卷一五《自赞》："于湖，于湖，只眼细，只眼粗；细眼观天地，粗眼看凡夫。"

原籍和州乌江县。

《史传》："历阳乌江人。"

《谱传》："本贯和州乌江县。"

《文集》卷三七《代总得居士回张推官》："承喻宗盟，深悉雅意。某家世历阳之东鄙，自先祖始易农为儒。或云唐末远祖自若湖徙家，盖文昌之后。文昌讳籍，见于《唐书》，乌江人也。"

按：秦置历阳县及乌江亭。宋和州治历阳，乌江是其属县。今安徽和县东北四十里有乌江镇。至于若湖，据陈廷桂《历阳典录》卷五说："若湖在赤埭、黄埭之间。"又说："州东北十五里曰赤埭，更五里曰黄埭。旧时若湖浩淼，直接江涛，故筑此以备水涝。云赤、黄者，以土色别之也。"

根据上述，安国籍贯原无可疑。不过宋人著述中记载已不甚一致。虽然陆游的《朝议大夫张公墓志铭》（《渭南集》卷三七）和叶绍翁的《四朝闻见录》（乙集）等都说他是乌江人，但刘甲《蜀人物志》谓为温江人；王象之《舆地纪胜》又以为简州人。到了明代，杨慎《词品》卷四云：“蜀之简州人，四状元之一也，后卜居历阳。”毛晋跋《于湖词》又说：“蜀之简州人也，后卜居历阳，故陈氏（振孙）称为历阳人。”两书流传较广，影响自大，因而至今尚有沿袭其错误者。

寓居芜湖。

《谱传》：“绍兴初年，金人寇和州，随父渡江，居芜湖升仙桥西。”

《四朝闻见录》：“寓居芜湖，捐已田百亩汇而为池，园种芙渠、杨柳，鹭鸥出没，烟雨变态。扁堂曰‘归去来’。”

按：安国别号于湖，当即因迁居芜湖关系。汉置芜湖县，故城在今芜湖县东。晋太康二年分丹阳县置于湖县，《括地志》谓在芜湖县东四十里的咸保圩，当即其地。至芜湖今治实移治于三国吴黄武初。陆游《入蜀记》中所称之芜湖，即今芜湖市所在。两地名相混已久，如《通鉴》注谓“芜湖即于湖”。“于”“芜”二字音近，南北朝人著述中已有错乱。自宋以来，盖已视于湖与芜湖为古今名。唯安国所寓之地在芜湖今治而非于湖故城。

归去来堂遗址，当在今芜湖市赭山南麓陶塘上。塘原名镜湖，新中国成立后已辟为公园。安国有《蝶恋花·怀于湖》词，下阕云：

> 春到家山须小住，芍药樱桃，更是寻芳处。绕院碧莲三百亩，留春伴我春应许。

“家山”两字，说明他已把芜湖看作故乡。

安国除寓居芜湖外，也在宣城住过（见《文集》卷二八《题王朝英梅溪竹院》）；又曾“寓居鄮郭余十年”（见《文集》卷三五《与明守赵敷文书》）。按：鄮县故治在今浙江鄞县，其伯父邵迁寓于此，盖尝往依。

唐诗人张籍七世孙。父祁，亦能诗。其他亲属以文章翰墨著者有伯父邵，诸兄弟孝忠、孝伯及从侄即之。

《谱传》：“唐司业张籍七世孙。”

《文集》附录《张安国传》：“籍之七代孙。”

自籍以下至即之等，具详本谱后附张氏世系表及说明。

孝祥俊逸，文章过人（《史传》）。**廷试擢进士第一，时年二十有三**（《谱传》）。

《史传》：“读书一过目不忘，下笔顷刻数千言。年十六，领乡书，再举冠里选。绍兴二十四年，廷试第一。”

《于湖集》孝伯序：“每见于诗、于文、于四六，未尝属稿。和铅舒纸，一笔写就，心手相得，势若风雨。孝伯从旁抄写，辄笑谓曰：‘录此何为？’间从手掣去。良由天才超绝，得之游戏，意若不欲专以文字为事业者。一日，谓孝伯曰：‘汝作一月工夫，我只消一日，明日便有用处。’夫所谓用者，岂章句而已哉！”

少年气锐，刚正不阿。议论风采，卓然绝人。

按：《谱传》记其与汪澈同馆职，澈畏祸务在磨棱；安国少年气锐，欲悉情状，往往陵拂之（引见绍兴二十九年谱）。

又谓：“公性刚正不阿，秦埙同登第，官礼部侍郎，一揖之外，不交一言。”

传末说：“惟公起布衣，被简遇，入司帝制，出典藩翰，议论风采，文章政事，卓然绝人。历事中外，士师其道，吏畏其威，民怀其德，所至有声。”

《四朝闻见录》：“真文忠公尝语余曰：‘于湖生平虽跌

宕，至于大纲大节处，直是不放过。’”

惜从政之初，见忌于秦桧；后又不悦于汤思退。**虽早负才畯，莅政扬声，但旅进旅退，终未得大用以卒**。

《宋史》本传论曰：“张孝祥早负才畯，莅政扬声。”

《谱传》：“奈何筮仕之初，见忌于桧，既而不悦于汤，旅进旅退。……卒不能究其所施，赍志以没，惜哉！”

按：《史传》言：高宗“抑埙而擢孝祥，秦桧已怒；既知孝祥乃祁之子，祁与胡寅厚，桧素憾寅”。《谱传》又谓：“先是，岳飞卒于狱，时廷臣畏祸，莫敢有言者。公方第，即上疏……表其忠义……秦相益忌之。”

又《史传》：“孝祥登第，出汤思退之门，思退为相，擢孝祥甚峻……及受（张）浚荐，思退不悦……张浚主复仇，汤思退祖秦桧之说力主和，孝祥出入二人之门而两持其说，议者惜之。”《谱传》则谓：“自渡江以来，大议惟和与战，魏公（浚）主战，汤相主和。公始登第，出思退之门。及魏公志在恢复，公力赞相，且与敬夫（浚子栻）志同道合，故魏公屡荐公，遂不为思退所悦。或者因公召对‘要先立自治之策以应之’等语，谓公出入二相之门，两持其说，岂知公者哉！”按：安国的政治态度甚明显：方第即请表岳飞忠义，与秦埙同朝而“不交一言”。当张浚罢制福州，安国旋亦因之落职；到思退贬窜，安国才复集英殿修撰。这显然不是出入两相之门而两持其说的结果。其入对谓：“靖康以来，惟和战两言，遗无穷祸，要先立自治之策以应之。”所谓先立自治之策，据《文集》卷一八《论先尽自治以为恢复札子》所述主要内容是“益务远略，不求近功”；要“尽舍拘挛，扫除积弊，去其所以害治者，而行其所当为者……多择将臣，激厉士卒，审度盈虚……不见小利而动，图功于万全”。这是针对当日金人执宋使臣，恐赵构不忍一朝之忿轻举妄动而发的。

至于团结内部，一致对外，实安国的一贯主张。他不仅对张、汤二相，希望他们“同心勠力”以成“恢复之志”；当宋金采石会战以前，诸将不和，他也会遣使致书李显忠，除责以“不闻太尉出骑要击”外，主要是力劝显忠要和王权、成闵、戚方等互相团结并配合作战。同时，他又代任信孺写信给王权，要求权主动交欢李显忠、成闵两将。两书今存《文集》卷二四，读此可见安国调停将帅意见的苦心。

平生忠愤激切之怀，不能自已者，往往发之于词。

《于湖词》汤衡序云：“尝获从公游，见公平昔为词，未尝著稿，笔酣兴健，顷刻即成，初若不经意，反复究观，未有一字无来处。如《歌头·凯歌》《登无尽藏》《岳阳楼》诸曲，所谓骏发踔厉，寓以诗人句法者也。”

按：《于湖集》谢尧仁序谓安国“雄略远志，其欲扫开河、洛之氛祲，荡洙、泗之膻腥者，未尝一日而忘胸中”。今观安国存词之抒发此种思想感情者，如“洙泗上，弦歌地，亦膻腥”（《六州歌头》）；“我欲乘风去，击楫誓中流”（《水调歌头·闻采石战胜》）；“休遣沙场虏骑，尚余匹马空还”（《木兰花慢·送张魏公》）；“万里中原烽火北，一尊浊酒戍楼东”（《浣溪沙·荆州约马举先登城楼观塞》）；“君王自神武，一举朔庭空”（《水调歌头·凯歌上刘恭父》）；“好把文经武略，换取碧幢红旆，谈笑扫胡尘”（同调《送谢倅之临安》）；“虏马秋肥雕力健，应看名王宵猎”（《念奴娇·张仲钦提刑行边》）；“欲吐平生孤愤，壮气横秋……长望东南气王，从教西北云浮。断鸿万里，不堪回首，赤县神州”（《雨中花慢》）；“看东南佳气郁葱葱，传千亿”（《满江红·玩鞭亭》）。凡此皆忠愤填膺，足以唤醒当时聋聩。

于湖词尚有一部分思飘兴逸之作，但时亦似有寓意者。如宋魏了翁跋《念奴娇·过洞庭》真迹云：“洞庭所赋，在集中最为杰特。方其吸江酌斗、宾客万象时，讵知世间有紫微青琐哉！”（《鹤山集》）似乎安国已经忘情物外。但清宋翔凤读此词则别有体会。他说安国尝陈靖康以来惟和战两言遗无穷祸，要先主自治之策以应之，可谓知恢复之本计，其《念奴娇》“悠然心会，妙处难与君说”为惜朝廷难与畅陈此理（《乐府余论》）。又如《西江月·丹阳湖》云：“世路如今已惯，此心到处悠然。寒光亭下水如天，飞起沙鸥一片。”似亦托物寄情，抒写抑郁不平之气。所以谢尧仁序《于湖集》说：“乐府之作，虽但得于一时燕笑咳唾之顷，而先生之胸次笔力皆在焉。”

又工诗文，兼长书法。尝有志于理学，盖受交游张栻、朱熹等影响。

《于湖集》谢尧仁序：“于湖先生，天人也。其文章如大海之起涛澜，泰山之腾云气，倏散倏聚，倏明倏暗，虽千变万化，未易诘其端而寻其所穷，然从其大者目之，是亦以天才胜者也。故观先生之文者，亦但当取其镠辖斡旋之大用，而不在于苛责于纤末琐碎之微。先生气吞百代而中犹未慊，盖尚有凌轹坡仙之意……是时，先生诗文与东坡相先后者已十之六七，而乐府……今人皆以为胜东坡，但先生当时意尚未能自肯，因又问尧仁曰：‘使某更读书十年，何如？’尧仁对曰：‘他人虽更读百世书，尚未必梦见东坡，但以先生来势如此之可畏，度亦不消十年，吞此老有余矣。’”

王质序云：“岁丁丑，某始从公于临安。间谓某曰：‘吾有志于文章，将须成于子，其请为我言之。’某谢不能。公益切，某不得已而为之言：‘文章之根本皆在六经，非惟义理也，而其机杼物采、规模制度无不具备者也。’……岁己丑，某下峡过荆州，公出其文数十篇，于是超然殆不可追蹑，非汉、唐诸子所能管摄也。”质序又记与安国论文于荆州之杞梓堂，安国曰：“善哉！始吾所志未为极也。如子所言，则六经是师，三代是慕，而后可也。苟未死，当无负于子！”

总观谢、王两序，似安国初意在凌轹东坡，晚乃惑于王质摹古之说而未尝致力。所以质有“后四月而公亡……使某之言徒发而不见其验”之叹。

《四库总目提要》：“今观集中诸作，大抵规摹苏诗，颇具一体，而根柢稍薄，时露竭蹶之状。尧仁所谓读书不十年者陷寓微词，实定论也。然其纵横兀傲，亦自不凡云。”

《史传》：“尤工翰墨，尝亲书奏札，高宗见之，曰：‘必将名世。’”

陆游《跋张安国家问》：“紫微张舍人书帖为时所贵重，锦囊玉轴，无家无之。”（《渭南集》）

朱熹《跋张安国帖》：“其作字多得古人用笔意，使其老寿，更加学力，当益奇伟。”（《朱子大全》）

曹勋《跋张安国草书》：“安国此字，尤为清劲，如枯松折竹，架雪凌霜，超然自放于笔墨之外。”（《松隐集》）

杨万里《跋张安国帖》：“张安国书甚真而放如此，然学之者皆未尝见公之足于户下者也。”（《诚斋集》）

按：安国嗜书，屡见于诗。《题蔡济忠所摹御府米帖》云“平生我亦有书癖”；《广右无笔，刘子思携一束来，择其尤者作字但如此，它日中州有笔当爱惜也》云“不嫌夜艾剪银烛，为君一扫千兔秃”。今庐山玉渊潭镵石“玉渊”两大字犹存。

安国于理学无所成就。惟帅长沙时，曾与张栻等讲性命之学。《四朝闻见录》云：“惜其资禀太高，浸淫诗酒，既与南轩、考亭先生为辈行友，而不能与之相琢磨，以上续伊、洛之统。”按：安国与张栻、朱熹所以深相契合，主要应于政治见解相同的关系。

今存《于湖居士文集》四十卷。词集之单行者有《于湖先生长短句》五卷，《拾遗》一卷。

《于湖集》四十卷，见《书录解题》。《四库》著录及涵芬楼借慈溪李氏藏宋刊本景印者，卷数均合。据卷首谢尧仁及张孝伯序乃王大成所校辑，尧仁应孝伯请而为之序。宋宁宗嘉泰元年（1201）刊于南昌。此本所存以诗为最多，文次之，词又次之，共得千篇以上。

查王质《雪山集》卷五亦有《于湖集序》，而此本不载。序谓："岁癸巳，公之弟王臣官大冶，道永兴，某谓王臣曰：'公之文当亟辑，世酣于其歌词，而其英伟粹精之全体未著，将有以狭公者。'王臣既去一年，以公之文若干篇若干册示某。"因知此为其从弟孝忠（王臣）辑于大冶任所者，如刊于癸巳之次年，则为孝宗淳熙元年甲午（1174），约早于孝伯嘱王大成辑本二十余年。此本今未见。

又明焦竑等曾辑刊《张于湖集》八卷。其书不仅搜罗未备，分类亦有欠妥处，如卷三于乐府外别立歌词一目，录有所谓"长淮歌词"，实即《六州歌头》。

今传《于湖居士文集》卷三一至三四为乐府。吴昌绶双照楼景印宋全集本《于湖居士乐府》四卷即自此出。陶湘涉园景印宋单行本《于湖先生长短句》五卷、《拾遗》一卷，卷端有汤衡及陈应行序，目下并各注宫调，盖出乾道间刻本（南京图书馆所藏李子仙影宋抄本《张于湖雅词》与此本同，但抄写时有讹舛），较全集本少四十五首。两宋本互有短长，然俱较《宋六十名家词》本《于湖词》三卷为胜。因毛晋初仅就《花庵词选》等辑刊一卷，以备一家，后见乾道单行本又取其不重复者另编两卷以续之。唐圭璋辑《全宋词》系以陶刻一百七十四首为主，而另据全集及《花庵词选》《永乐大典》《校辑宋金元人词》等校补，共得二百二十三首，其混入或伪托者皆删去而别为附录。

宋高宗（赵构）绍兴二年壬子——1132年　一岁

《谱传》："绍兴甲戌，廷试擢进士第一，时年二十有三。”依此推算当生于本年。

伯父邵三十七岁，叔父郯三十岁，父祁生卒年待考，本年为三十四五岁。

《文集》卷一八《辞免知潭州奏状》：“伏念臣父母年七十，气血素弱，近复多病。”安国起知潭州在孝宗乾道三年丁亥（1167），如张祁年正七十，则本年为三十五岁，交游中之较长者：曾几（吉父）四十九岁，朱翌（新仲）三十五岁，胡铨（邦衡）三十一岁，庞谦孺（祐甫）二十六岁，虞允文（彬甫）二十三岁，王十朋（龟龄）二十一岁，韩元吉（无咎）十五岁，刘珙（共甫）十一岁，杨万里（廷秀）九岁，陆游（务观）八岁，范成大（致能）七岁，王佐（宣子）七岁，王明清（仲言）六岁。

绍兴三年癸丑——1133年　二岁

张栻（敬夫）生。

绍兴七年丁巳——1137年　六岁

从弟孝伯生。

孝伯，郯子。其《张于湖先生集序》云：“于湖先生长孝伯五岁。”

绍兴十一年辛酉——1141年　十岁

随父渡江居芜湖。

《谱传》：“绍兴初年，金人寇和州，随父渡江，居芜湖升仙桥西。时公甫数岁。”

按：绍兴十一年正月乙卯，金兀术犯寿春（今安徽寿县），进陷庐州（今合肥），并遣兵入无为郡（今无为县）、和州剽掠。淮南之人避乱过江。丁卯，刘锜趋东关（在今淮南铁路线上）依山据水以遏金人之冲，江南稍安。二月，兀术自庐趋和，游骑至江。癸酉，王德自采石（今属马鞍山市）渡江克复和州，兀术退昭关（属含山）。乙亥，金人复来争和州，张浚败之。癸未，王德等得含山及昭关。丁亥，刘锜等大败兀术军于柘皋（在今巢县境内），乘胜收复庐州（参考《建炎以来系年要录》卷一三九及《宋史纪事本末》卷七一）。据此安国随父渡江，当在本年正月。

岳飞父子遇害。

绍兴十三年癸亥——1143年　十二岁

伯父邵自金归。

按：邵以建炎三年（1129）使金，武臣杨宪为副。挞揽囚邵，明年送交刘豫使用之。杨宪降。豫知邵不屈，复送还金，拘于燕山僧寺，后益北徙至会宁府。至是以和议成，始得南归，盖拘留幽燕凡十五年。事具《宋史》本传。

绍兴十七年丁卯——1147年　十六岁

领乡书。

《史传》："读书一过目不忘，下笔顷刻数千言。年十六，领乡书。"

《谱传》："幼敏悟，书再阅成诵，文章俊逸，顷刻千言，出人意表……年十六领乡书。"

绍兴十九年己巳——1149年　十八岁

居建康，从蔡清宇为学。

《文集》卷二九《汪文举墓志铭》："余年十八，时居建康，从乡先生蔡君清宇为学。"

伯父邵以敷文阁待制提举江州太平兴国宫（《宋史·张邵传》）。

绍兴二十年庚午——1150年　十九岁

作《寿芝颂》。

《文集》卷一《寿芝颂代总得居士上郑漕》，原注时年十九作。

绍兴二十三年癸酉——1153年　二十二岁

再冠贤书，与从弟孝伯会于临安。

《史传》："再举冠里选。"《谱传》同。

孝伯序《于湖集》云："垂髫奉书追随，未尝一日相舍。别去余十年，先生再冠贤书，会于临安，时绍兴癸酉也。"

绍兴二十四年甲戌——1154年　二十三岁

廷试擢进士第一。

《史传》："绍兴二十四年，廷试第一。"

《谱传》："绍兴甲戌，廷试擢进士第一。"

按：虞允文、杨万里、范成大俱同榜进士。

上疏请表岳飞忠义。

《谱传》："先是，岳飞卒于狱，时廷臣畏祸，莫敢有言者。公方第，即上疏言岳飞忠勇天下共闻，一朝被谤，不旬日而亡，则敌国庆幸而将士解体，非国家之福也。"

又云："今朝廷冤之，天下冤之，陛下所不知也。当亟复其爵，厚恤其家，表其忠义，播告中外，俾忠魂瞑目于九原，公道昭明于天下。帝特优容之。时公尚在期集所，犹未官也。秦相益忌之。"

授承事郎，签书镇东军节度判官（《史传》）。

《文集》附录《初补承事郎授镇东签判诰》："兹亲策多士于庭，尔以正对发明师友渊源之义，深契朕心。擢冠群英，佥言惟允，授尔京秩，赞画辅藩，此我朝待抡魁彝典也……可补承事郎，特差签书镇东军节度判官厅公事。奉敕如右，牒到奉行。绍兴二十四年十一月十日。"

绍兴二十五年乙亥——1155年　二十四岁

转秘书省正字。召对，乞总揽权纲，改正迁谪士大夫罪名。

《谱传》："转秘书省正字。故事，殿试第一人次举始召，公第甫一年得召对，劝帝总揽权纲以尽更化之美。又言官吏忤故相意，并缘文致，有司观望，锻炼而成罪，乞令有司即改正之。”《史传》同。按《论总揽权纲以尽更化》及《乞改正迁谪士大夫罪名》二札子今存《文集》卷一六。

父祁被诬系狱，会桧死得释。

《史传》：“考官已定（秦）埙冠多士，孝祥次之，曹冠又次之。高宗读埙策皆秦桧语，于是擢孝祥第一，而埙第三……先是，上之抑埙而擢孝祥也，秦桧已怒，既知孝祥乃祁之子，祁与胡寅厚，桧素憾寅，且唱第后，曹泳揖孝祥于殿庭，以请婚为言，孝祥不答，泳憾之。于是风言者诬祁有反谋，系诏狱。会桧死，上郊祀之二日，魏良臣密奏散狱释罪。”

按：《文集》卷二一《洪帅魏参政》：“某乡持末学，辄冒首科，触宰路之虞罗，陷亲庭于狴犴。飙回雾塞，方蔽群俭；地辟天开，俄登众辅。乃圣主类郊之二日，辱明公造膝之一言。可但释累于诏狱之冤，且复育材于儒馆之邃。”所述与《史传》符合。又《宋史·高宗本纪八》亦载，二十五年十月“乙酉命大理鞫张祁附丽胡寅狱。……十一月……乙丑……释张祁”。惟《齐东野语》谓因邵“惧祸佯狂”妄言其妻死于非。于是逮祁，鞫之杀嫂事，“其年十月，秦死。逼岁，安国叫阍……始得释去”。

伯父邵起知池州（《宋史·张邵传》）。

绍兴二十六年丙子——1156年　二十五岁

迁校书郎，兼国史实录院校勘，转承事郎。

《史传》仅称迁校书郎，《谱传》并载兼国史实录院校勘，俱无年月。

按：绍兴二十七年正月二十日转宣教郎诰（《文集》附录），诰首已作“敕承事郎守秘书省校书郎兼国史实录院校勘”，故推断俱在本年。查校书郎赐对日有《请删定列圣图书》及《乞不施行官员限三年起离僧寺寄居》两札子，今存《文集》卷一六。

芝生太庙楹，百官表贺，独上《原芝》篇以讽。

《史传》："芝生太庙，孝祥献文曰《原芝》，以大本未立为言，且言：'芝在仁宗、英宗之室，天意可见，乞早定大计。'"

《谱传》："会连岁芝生太庙楹，百官表贺，时储位尚虚，公独上《原芝》篇以讽之。"

按：《高宗本纪八》：绍兴二十五年五月，"太庙仁宗室柱生芝九茎"。又二十七年二月壬寅，"太庙仁宗、英宗两室柱芝草生"。惟《于湖集》卷一三所载《原芝》篇首称绍兴二十四年芝产于太庙楹，即二年复生其处，校书郎张某作《原芝》云云，与此相差一年。兹从《原芝》篇。

伯父邵卒，代诸父撰文致祭。

邵卒于本年六月。十月初六日甲戌，安国代诸父撰文以祭。见《文集》卷三〇。

绍兴二十七年丁丑——1157年　二十六岁

转宣教郎，寻除秘书郎。

转宣教郎及除秘书郎两诰今并载《于湖集》附录。转宣教郎系正月二十日，授秘书郎系三月十六日。其《除秘书郎诰》末谓："可依前奉议郎，特授秘书郎，兼国史实录院校勘。"知前此又曾除奉议郎。

王质始从游。

王质《于湖集序》云："岁丁丑，某始从公于临安。"王序今《于湖集》不载，见《雪山集》。

按：质字景文，先世郓州人，后徙兴国。《宋史》卷三九五《本传》云："博通经史，善属文。游太学，与九江王阮齐名。"又谓："与张孝祥父子游，深见器重。孝祥为中书舍人，将荐质举制科，会去国不果。著论五十篇，言历代君臣治乱，谓之《朴论》。"

《雪山集》有四库辑本，其中犹存与安国父子唱和之作十余首。

绍兴二十八年戊寅——1158年　二十七岁

除起居舍人。

《文集》卷一八载其《辞免除起居舍人奏状》云："今月六日，准尚书省札子，奉圣旨，除臣起居舍人，日下供职。臣闻命震惊，罔知所措。伏念臣顷以诸生，荷陛下亲擢，俾冠多士。触怨蹈祸，复蒙陛下脱臣父子于九死之中。兹又骤自省闼，进侍殿陛。凡昔再生，与今超用，一出圣意，不缘他人。论报之心，虽臣躯命，非臣敢有，岂宜辄为辞避！实以臣齿少人微，尘窃科第，甫及五年，备数南宫，已惧颠踬。况秉笔柱下，专记言动，非辩智闳达，莫宜此选……"据"尘窃科第，甫及五年"一语，除起居舍人当在本年。

又《史》《谱》两传俱称："迁尚书礼部员外郎，寻为起居舍人。"其《除礼部尚书郎诰》云："可依前朝请郎，特授礼部尚书员外郎。"是除起居舍人前曾除朝请郎及礼部尚书郎。又《文集》附录有《除著作郎诰》仅存"敕朝奉郎张孝祥。承明、金马，汉家著作之所也"数语，按：其除朝奉郎及著作郎或亦在此时。

建议取已修日历，详审是正。

《史传》："又言：'王安石作《日录》，一时政事，美则归己。故相信任之专，非特安石。臣惧其作《时政记》，亦如安石专用己意，乞取已修《日历》详审是正，黜私说以垂无穷。'从之。"按：《乞修日历札子》今载《文集》卷一六，注系"起居舍人兼修玉牒实录院检讨官日"，故置于此。

作《游无穷斋记》《跋周德友所藏后湖帖》。

两篇分别见《文集》卷一三及卷二八，俱本年三月作。

王十朋（龟龄）举进士第一，时年四十七。

绍兴二十九年己卯——1159年　二十八岁

权中书舍人。

按：《史》《谱》两传俱载“权中书舍人”，未及年月。依其叙述次第，约在除起居舍人以后，提举江州太平兴国宫以前。兹查《文集》卷一九有《沈该落职制》，该于本年六月己酉以贪冒罢。见《高宗本纪》，《宰辅表》同。故推定其权中书舍人约在本年以前，其罢官亦不能更早于本年六月。

《论王公衮复仇议》（《文集》卷一六）原注“兼权中书舍人日”。

按：公衮字吉老，王佐宣子之弟。

为汪澈劾罢，提举江州太平兴国宫。

《史传》：“初，孝祥登第，出汤思退之门，思退为相，擢孝祥甚峻。而思退素不喜汪澈，孝祥与澈同为馆职，澈老成重厚，而孝祥年少气锐，往往陵拂之。至是澈为御史中丞，首劾孝祥奸不在卢杞下，孝祥遂罢，提举江州太平兴国宫。”

《谱传》：“初，公与汪澈同馆职，修先朝实录。澈老成畏祸，务在磨棱；公少年气锐，欲悉情状，往往陵拂。澈谓曰：‘蔡中郎失身于董卓，故不为君子所与。’公曰：‘顾自立何如？’思退闻之，不悦于澈之言。至是澈为御史中丞，乃首劾公等奸不在卢杞下，遂罢，提举江州太平兴国宫祀。”

按：两传俱未载明罢官年月，据《文集》卷一八《再除中书舍人辞免奏状》有“伏念臣去国六年，分甘永弃，叨蒙收召，使服故官”等语，其提举江州太平兴国宫不能更迟于本年，参阅隆兴二年谱。

绍兴三十年庚辰——1160年　二十九岁

知抚州，莅事精确。

《史传》：“寻除知抚州。年未三十，莅事精确，老于州县者所不及。”

《谱传》：“寻除知抚州事。临川猾卒趋劫库兵，一时鼎沸，官吏屏迹。公单骑驰赴军中，喻列校曰：‘汝曹必欲为乱，请先杀太守。’佥曰：‘不敢，惟所给未敷耳。’公即手喻众卒，听命者待以不死，随取金帛以次支给，摘发数卒，叱之曰：‘倡乱者罔赦！’立命斩之。众校俯伏不敢仰视，阖城宴然。事闻，帝极嘉奖。时年未三十，莅事精确，虽老于州县者所不逮也。”据“年未三十”语知抚州至迟应在本年。按：致乱原因为“所给未敷”，不宜以此为“莅事精确”例证。

抚州有卖假药者，出榜禁戒。

事见《袁氏世范》，《文集》节附。

作《重入昭亭赋二十韵》（《文集》卷三）**及《庚辰二月夜雪》**（《文集》卷五）。

父祁为淮南转运判官。

按：祁屡以金主亮谋叛盟于朝，言者以张皇生事论罢。但明年敌果大举入寇。

王质（景文）、沈瀛（子寿）举进士。

王质，参阅绍兴二十七年谱。沈瀛，归安人。著有《竹斋词》，见《彊村丛书》。《于湖集》卷二有《和沈教授子寿赋雪三首》。

绍兴三十一年辛巳——1161年　三十岁

去临川。秋冬在宣城。

《文集》卷七《去临川书西津渔家》云：“作客临川又一年，却寻归路浅滩船。宦游到处真聊尔，别恨何须更黯然。夹道长红惭父老，绕城浓碧记山川。无端此地成留滞，定自从渠有宿缘。”卷六《去年正月三日，雪霁，入昭亭，访应奄、如庵二老，今年在临川，追怀昔游，用寄卍庵韵》结句云：“一梦经年归去好，宦情全薄此情深。”据二诗知安国知抚州仅一年。又卷一五有《龙舒净土文序》略谓：“友人龙舒王虚中……绍兴辛巳秋，过家君于宣城，留两月，始见其《净土文》……是岁十月旦，历阳张某序。”

春正月，《题龚深之侍郎太常奏稿后》（《文集》卷二八）。

《辛巳冬闻德音》（《文集》卷六）。

鞑靼奚家款附多，王师直到白沟河。守江诸将遥分阃，绝漠残胡竞倒戈。翠跸春行天动色，牙樯宵济海无波。小儒不得参戎事，剩赋新诗续雅歌。

《水调歌头·闻采石战胜》。

雪洗虏尘静，风约楚云留。何人为写悲壮？吹角古城楼。湖海平生豪气，关塞如今风景，剪烛看吴钩。剩喜燃犀处，骇浪与天浮。　忆当年，周与谢，富春秋。小乔初嫁，香囊未解，勋业故优游。赤壁矶头落照，肥水桥边衰草，渺渺唤人愁。我欲乘风去，击楫誓中流。

《宋史·高宗本纪九》：绍兴三十一年十一月，虞允文督建康诸军，以舟师拒金主亮于东采石，战胜却之。此词当是时作。

按：韩元吉《南涧诗余》亦有《水调歌头·和庞佑父见寄》。

绍兴三十二年壬午——1162年　三十一岁

在建康留守席上赋《六州歌头》歌阕，张浚为罢席而入（《朝野遗记》）。

长淮望断，关塞莽然平。征尘暗，霜风劲，悄边声。黯销凝。追想当年事，殆天数，非人力，洙泗上，弦歌地，亦膻腥。隔水毡乡，落日牛羊下，区脱纵横。看名王宵猎，骑火一川明。笳鼓悲鸣，遣人惊。　念腰间箭，匣中剑，空埃蠹，竟何成！时易失，心徒壮，岁将零。渺神京。干羽方怀远，静烽燧，且休兵。冠盖使，纷驰骛，若为情？闻道中原遗老，常南望、羽葆霓旌。使行人到此，忠愤气填膺。有泪如倾。

按：绍兴三十一年十一月诏以张浚判建康府，浚十二月到建康。三十二年正月金主雍遣使来聘，二月宋亦遣洪迈使金。据“冠盖使，纷驰骛”等语，推知此词约作于本年正、二月间。

春，自建康还宣城。《题王朝英梅溪竹院》（《文集》卷二八）。**撰《宣州修城记》**（《文集》卷一三）。

孝宗（赵昚）隆兴元年癸未——1163年　三十二岁

转朝散大夫，复集英殿修撰，知平江府。

《文集》附录有《转朝散大夫诰》，系隆兴元年三月一日下。诰旨称“敕朝奉大夫、新除仪司郎官张孝祥”，当是孝宗新即位时（按：孝宗于本年六月丙子即位）所除官。又《史传》：“孝宗即位，复集英殿修撰，知平江。”《谱传》亦云：“孝宗即位，除集英殿修撰，知平江军府事，提举学事，赐紫金鱼袋。”按：此应在转朝散大夫后，故诰首未及。因知其知平江军府事不能更早于隆兴元年三月。

治平江有善政，上疏乞不催两浙积欠。

《史传》：“知平江府。事繁剧，孝祥剖决，庭无滞讼。属邑大姓并海囊橐为奸利，孝祥捕治，籍其家得谷粟数万。明年，吴中大饥，迄赖以济。”

《谱传》：“平江乃临安藩屏，寄任匪轻，公扶植善类，锄抑强暴，判决如流，庭无滞狱。属邑大姓煮海囊橐为奸利，怙势作威，祸延郡邑，公捕治，籍其家，得粟数万斛。明年，吴中饥，乞赖以济。”

《乞不催两浙积欠札子》，见《文集》卷一七，注“知平江府日”。

作《乐斋记》（《文集》卷一三）；**《送王寿朋归雪川序》**（卷一五）；**《题真山观》**（卷二八）。

从弟深伯、王阮（南卿）举进士。

阮，德安人。《宋史》卷三九五有传。韩侂胄欲诱以美官，阮不容。侂胄怒，批旨予祠，于是归隐庐山。岳珂《桯史》云：王阮，"德安人，仕至抚州守，尝从张紫微学诗"。阮著有《义丰集》（《四库》著录）。

隆兴二年甲申——1164年　三十三岁

以张浚荐召赴行在，入对。除中书舍人，直学士院兼都督府参赞军事，俄兼领建康留守。改敷文阁待制，留守如旧，寻被劾落职。

《史传》："张浚自蜀还朝，荐孝祥，召赴行在。孝祥既素为汤思退所知，及受浚荐，思退不悦。孝祥入对，乃陈：'二相当同心勠力，以副陛下恢复之志。且靖康以来惟和战两言，遗无穷祸，要先立自治之策以应之。'复言：'用才之路太狭，乞博采度外之士以备缓急之用。'上嘉之。除中书舍人，寻除直学士院兼都督府参赞军事。俄兼领建康留守，以言者改除敷文阁待制，留守如旧。会金再犯边，孝祥陈金之势不过欲要盟。宣谕使劾孝祥落职，罢。"

《谱传》："张魏公还朝，乃首荐公，召赴行在。入对，劝帝辩邪正，审是非，崇根本，壮士气，因痛陈国家委靡之弊。且靖康以来，惟和战两言遗无穷祸，要先立自治之策以应之。又陈二相当同心协力，以副陛下恢复之志。复陈用才之路太狭，乞博采度外之士以备缓急之用。上嘉之。除中书舍人，迁直学士院，俄兼都督府参赞军事。时魏公欲请帝幸建康以图进兵，复荐公领建康留守。汤思退言改除敷文阁待制，留守如旧。及魏公罢判福州，宣谕劾公为党落职。"

按：《升中书舍人直学士院诰》今载《于湖集》附录，诰首“敕朝奉大夫、充集英殿修撰、知平江府事提举学事张孝祥”，末谓“可依前朝奉大夫，升中书舍人，直学士院”。据此，《史传》谓“寻除”直学士院有误。

又其《再除中书舍人辞免奏状》（见《文集》卷一八），首有“去国六年，分甘永弃，叨蒙收召，使服故官”等语。安国曩罢中书舍人提举江州太平兴国宫，不能更早于绍兴二十九年（1159）。张浚罢相判福州，系在隆兴二年（1164）四月丁丑（见《宋史·宰辅表》），故安国被劾落职，可能亦在是年内。惟据《文集》卷二八《题单传阁记后》，此年九月尚在知建康府任。至其入对似在隆兴二年春仲。今《文集》卷一七犹存《论治体札子》注明“甲申二月九日”，内容正“痛陈国家委靡之弊”，谓“再岁于兹，大勋未集”。卷一八《论用才之路欲广札子》亦有“孜孜汲汲，二年于兹，而成功泯然未有端绪”等语。依此推断，由知平江府事再除中书舍人当在隆兴二年二月，核与“去国六年”一语时间正合。其时知平江才一年，故辞免奏状曾要求“许臣依近降指挥，终满平江今任”。

今存奏议《缴驳成闵按劾部将奏》（《文集》卷一七）。

《赴建康画一利害》《论萧琦第宅及水灾赈济札子》《辞免参赞军事兼知建康府奏状》（以上卷一八）。

《同胡邦衡夜直》（《文集》卷六）。

诗有“先生义与云天薄，老去心如铁石坚。梦了琼崖身益壮，烟销金坞臭空传”等句。按：指胡铨于绍兴十八年（1148）窜海南事。

书吴波亭额（《芜湖县志》卷三六）。

张浚卒于八月。

乾道元年乙酉——1165年　三十四岁

正月十日，书《满江红·于湖玩鞭亭》词。

《吴礼部诗话》：“于湖玩鞭亭，晋明帝觇王敦营垒处。自温庭筠赋诗后，张文潜又赋《于湖曲》以正‘湖阴’之误。词皆奇丽警拔，脍炙人口。徐宝之、韩南涧亦发新意。张安国赋《满江红》云：‘千古凄凉，兴亡事、但悲陈迹。凝望眼、吴波不动，楚山丛碧。巴滇绿骏追风远，武昌云旆连天赤。笑老奸遗臭到如今，留空壁。 边书静，烽烟息。通轺传，销锋镝。仰太平天子，圣明无敌。蹙踏扬州开帝里，渡江天马龙为匹。看东南佳气郁葱葱，传千亿。’虽间采温、张语而词气亦不在其下。尝见安国大书此词，后题云：‘乾道元年正月十日。’笔势奇伟可爱。”

七月，至桂林。时复集英殿修撰，知静江府、广南西路经略安抚使。史称治有声绩。

《谱传》：“思退窜，仍复集英殿修撰，知静江府、广南西路经略安抚使，治有声。”

《史传》：“复集英殿修撰，知静江府、广南西路经略安抚使，治有声绩。”按《宋史·宰辅表》，汤思退以隆兴二年十一月辛卯罢。据《文集》卷三〇《邑帅蒋公墓志铭》云：“乾道元年，余守桂林。”桂林，宋静江府治。又卷一四《仰山庙记》：“乾道元年，张某来守桂林……其七月，某至郡。”今《文集》卷一八犹存《辞免知静江府奏状》，知安国当时曾以“郴贺之间，俶有兵事，靖治之略，必惟其人”为理由，请求“收还成命，别畀通材”。

中秋，作《水调歌头》。

《文集》卷三一《水调歌头·桂林中秋》云：“今夕复何夕，此地过中秋。赏心亭上唤客，追忆去年游。千里江山如画，万井笙歌不夜，扶路看遨头。玉界拥银阙，珠箔卷琼钩。 驭风去，忽吹到，岭边州。去年明月依旧，还照我登楼。楼下水明沙静，楼外参横斗转，搔首思悠悠。老子兴不浅，聊复此淹留。”另有《水调歌头·桂林集句》，见同卷。

撰《太平州学记》（《文集》卷一三）。

《隐静修造记》（《文集》卷一三）。

《入桂林歇滑石驿题碧玉泉》七绝一首（《文集》卷一〇）。

《题真山观》，十一月七日作（《文集》卷二八）。

乾道二年丙戌——1166年　三十五岁

六月，罢静江府。

《史传》："复以言者罢。"

《邕帅蒋公墓志铭》（《文集》卷三〇）："乾道元年，余守桂林，初识浔州守蒋君德施……其明年，余免归江东，君与邦人送余于兴安，置酒击鲜，乳洞之下。时方六月，洞中极寒，水如冰雪，余与君褰裳脱履，篝火入之。凌兢石间，题名赋诗，火尽乃出。"

《文集》卷七有《张仲钦朝阳亭（亭在建康）》七律一首；又次韵二首，序云："明年，余为桂州，仲钦以常参官十六人荐，为广西提点刑狱公事。又明年，余罢去，仲钦直秘阁，实代余。盖仲钦尝游朝阳岩而乐之，于余之行也，仲钦置酒岩上，诸侯宾客咸集。顾不可以无语，乃赓建康之诗以记余与仲钦事契如此，为岭表异日雄观云。"据此则代安国将为其故友张仲钦。

按：张维字仲钦，延平人。与安国交甚密，《于湖集》有关仲钦之作颇多。维亦有次韵朝阳亭诗，题云："留守舍人张公安国闻维筑亭，为榜曰朝阳，既去而亭成，每为赋诗，次韵。"《宋诗纪事》曾据景定《建康志》辑录。

诸诗虽系酬应之作，然安国有"伏枥壮心犹未已，须君为我请长缨"句，亦所见其怀抱。

七夕，抵衡阳。

《文集》卷四《丙戌七夕入衡阳境独游岸傍小寺》诗云："七年暑中行，道路万里赊。今夕已七夕，我犹在天涯……"据此知安国迁守州郡，多以暑季。又《文集》卷四有《福岩》五古，注“丙戌七月”；卷八有《滑石》《兴安》《炎关》《丙戌七月望日自南台游福岩书留山中》《和万老》《再和》等五律；卷一〇有《明年重过（滑石驿）次韵六言》，诸诗当皆一时旅途中所作。

中秋前数日过洞庭，赋《念奴娇》。

词云：“洞庭青草，近中秋，更无一点风色。玉界琼田三万顷，着我扁舟一叶。素月分辉，明河共影，表里俱澄澈。悠然心会，妙处难与君说。　应念岭海经年，孤光自照，肝胆皆冰雪。短发萧骚襟袖冷，稳泛沧溟空阔。尽吸西江，细斟北斗，万象为宾客。扣舷独啸，不知今夕何夕。”

据“岭海经年”语断为乾道年归江东道经洞庭作。至乾道三年（1167）系以六月赴潭州任，时间不合。

九日，在蕲州。

《文集》卷五《书怀》：“七夕在衡阳，九日在蕲州。秋风浩如海，我行尚扁舟。破帽不堪落，菊花空满头。醉眼忽瞠若，悠然过沧洲。”

《仰山庙记》，乾道二年二月。

《棠阴阁记》，乾道丙戌五月朔日。

按：张维曾提点广西狱事，同官桂林，安国名其阁曰“棠阴”。

《游朝阳岩记》，丙戌五月晦。

按：安国与张维等于丙戌上巳游水月洞，爱其山水之胜。僧遂即其上为亭。五月晦复来游，因名亭曰“朝阳亭”，岩曰“朝阳岩”，洞曰“朝阳洞”。

《千山观记》。

观在桂林西峰，乾道丙戌安国就超然亭故基作。记谓“观成而余去，乃书记其极”，则记当作于六月。

《衡州新学记》。

《三河记》，乾道丙戌十月。

以上《文集》卷一四。

《西江月·桂州同僚饯别》（《文集》卷三四）。

词云："窗户青红尚湿，主人已作归期。坐中宾客尽邹枚，盛事它年应记。　别酒深深但劝，离歌缓缓休催。扁舟明日转清溪，好月相望千里。"

又《文集》卷八有《罢归》《罢归呈同官（二首）》《赠江清卿》等篇，据诗意均去桂林时所作。

蔡勘（定夫）举进士。

勘，莆田人。《于湖词》有《浣溪沙·烟水亭蔡定夫置酒》一首，据谢尧仁序，谓侍郎莆阳蔡公曾屡劝张同之刊于湖文集而竟不果。

乾道三年丁亥——1167年　三十六岁

起知潭州，权荆湖南路提点刑狱公事。

《史传》："俄起知潭州。"

《谱传》："改知潭州，权荆湖南路提点刑狱公事。"按：《除秘撰改知潭州权荆南提刑诰》今载《文集》附录。

《文集》卷一五《送野堂老人序》："乾道丁亥六月，余来长沙。"

卷三〇《邕帅蒋公墓志铭》："乾道元年，余守桂林……其明年，余免归江东……又明年，余帅长沙。"

卷一四《万卷堂记》："欧阳文忠公之诸孙曰汇字晋臣者，居庐陵之安成，筑屋其居之东偏，藏书万卷，扁之曰'万卷堂'。乾道丁亥冬，晋臣自庐陵冒大雪过余于长沙……"

按：《文集》卷一八今存《辞免知潭州奏状》略谓："父母年七十，气血素弱，近复多病。顷赴广西，不曾迎侍，道里悠远，日以忧戚。臣弟年幼，侍旁无人，自臣来归，方获宁养。今兹新任，复隔重湖，垂白之亲，又难远涉，进退皇惑，莫知所措。”因此要求“于江、淮间易一小郡，父获就养，不违定省”。

赴任过江州，与王质游庐山。

《雪山集》卷五《于湖集序》云：“岁丁亥，追游庐山之间。”盖赴潭州道经江州时事。

为政简易，时以威济之，湖南遂以无事（《史传》）。

《谱传》：“为政简易，时济之以威，湖南遂得以无事。有妇不宜于夫，夫商而归，妇为具食，食已即死，其舅姑以为妇杀之无疑，涉三狱而妇不伏。公亲鞫之，妇泣曰：‘实无此志。顾食有鱼肉，以铗承之，铗固在也。’公命取铗，复鱼肉以饲犬，犬毙。因询土人，谓湖外有蜈蚣盈尺，一遇食即杀之。公命索妇所，果得蜈蚣盈尺，仍取鱼肉饲犬，复毙，事立为之平反。妇誓祝发以报，众大悦服。”

孟冬，筑敬简堂为讲学所，朱熹、张栻各为诗文以记。

《谱传》：“会敬夫、定夫扶魏公柩至州境，不能入蜀，公为营葬于属县宁乡之西。遂与敬夫讲性命之学，日夕不辍，筑敬简堂以为论道之所，而四方之学者至焉。公自篆“颜渊问仁”章于中屏，晦庵、南轩各为诗文以记之。”

张栻《敬简堂记》云：“历阳张侯安国，治长沙既逾时，狱市清净，庭无留民。以其闲暇辟堂为燕息之所，而名以敬简……”朱熹曾为书此记，安国与熹书云：“《敬简堂记》遂烦挥翰，真可以托不朽。”

朱熹《敬简堂分韵得月字》云：“煌煌定方中，农隙孟冬月。君侯敞斋屏，华榜新未揭……”

朱熹为衡岳之游，邀晤于长沙。

《文集》卷四〇有与朱编修书七篇，其一云：“知且为衡岳之游，倘遂获奉从容，何喜如之！不胜朝夕之望。”次书略谓：“某昨日方从钦夫约，遣人迓行李，奉告乃承已至近境，欣慰可量。”其第三书云：“风雨留人，尊候复何如？《登台》诗强勉不工，《出师表》同上。老兄游山，亦须待稍晴，未可以遽。”《登台》诗当即《文集》卷九《酬朱元晦登定王台之作》，诗云：“海内朱公子，端能为我来。谈谐渺今古，欢喜到舆台。日月何曾蔽，风云会有开。登临一杯酒，莫作楚囚哀。”

熹旋离长沙，安国有《南乡子·送朱元晦行，张钦夫、邢少连同集》词云：“江上送归船。风雨排空浪拍天。赖有清尊浇别恨，凄然。宝蜡烧花看吸川。　楚舞对湘弦。暖响围春锦帐毡。坐上定知无俗客，俱贤。便是朱、张与少连。”

按：朱亦次韵一首，有“珍重使君留客意”“明日回头江树远”等语。别后安国又有复熹书云：“怀亲遽归，苛留不得，至今慊然。”

《次韵南轩喜雨》（《文集》卷一二）。

《题苏翰林诗后》，乾道丁亥三月望（《文集》卷二八）。

《题陈择之克斋铭》，乾道丁亥七月（《文集》卷二八）。

《寿芝堂记》，乾道丁亥十二月望（《文集》卷一四）。

沈端节（约之）任芜湖丞，加意民瘼，后除知县（见《芜湖县志·名宦》）。

端节，吴兴人，所著《克斋词》一卷，见《宋六十名家词》。《于湖集》卷二三有《与芜湖沈知县书》、卷三三有《浣溪沙·用沈约之韵》。

朱翌（新仲）卒，年七十。

庞谦孺（祐甫）卒，年五十一。

乾道四年戊子——1168年　三十七岁

春夏在长沙。

二月，作《送张定叟》；六月，作《同张钦夫过陈仲思所居，次仲思（按应作“钦夫”）韵》。二诗见《文集》卷五。

复待制，徙知荆南、荆湖北路安抚使（《谱传》）。**遂去潭**

州，张栻赠序勉以讲学。秋八月到荆州。

按：《史传》作“徙知荆南、湖北路安抚使”，应脱一“荆”字。

张栻《送张荆州序》：“客问于某曰：‘张荆州之行，子将何以告之？’某应之曰：‘吾将告之以讲学。’客笑曰：‘若是哉，吾子之迂也。荆州早岁发策大廷，天子亲擢为第一，盛名满天下。入司帝制，出典藩翰；议论风采，文章政事，卓然绝人。上流重地，暂兹往牧，所以寄任之意甚重，而天下士亦莫不引领以当世功名属于公也。夫以位达而名章，任重而望隆，吾子顾以讲学告之，不亦迂乎！’”（《南轩集》卷一五，绵竹南轩祠咸丰重刊本《宋张宣公全集》，《丛书集成》据《正谊堂全书》排印《张南轩先生文集》卷三）。

按：《于湖居士文集》附录题误作“张南轩赠学士安国公归芜湖序”。兹据“上流重地，暂兹往牧”等语，定在送安国自长沙赴荆南任时。

其以八月到任，集中凡数见，如：

《文集》卷一四《金堤记》：“乾道四年……秋八月，某自长沙来。”

卷三〇《邕帅蒋公墓志》：“乾道元年，余守桂林……其明年，余免归江东……又明年，余帅长沙……明年八月，余帅荆州。”

安国在长沙时已数请免，当徙知荆南曾再辞。《文集》卷一八有《辞免知荆南奏状》略谓：“顷缘亲疾，屡丐免归。”对于“上流重地”，希望“别选名臣，使当一面；遂臣之私，赋以祠禄”。

筑金堤，置万盈仓。

《史传》：“筑守金堤，自是荆州无水患，置万盈仓以储诸漕之运。”

《谱传》："荆州当虏骑之冲，自建炎以来，岁无宁日。公内修外攘，百废俱兴，虽羽檄旁午，民得休息。筑守金堤以免水患，置万盈仓以储漕运，为国为民计也。"

《文集》卷一四《金堤记》略云："蜀之水既出峡，奔放横溃，荆州为城，当水之冲。有堤起于万寿山之麓，环城西南，谓之金堤……乾道四年，自二月雨，至于五月，水溢数丈，既坏吾堤，又啮吾城……越两月而后水平。秋八月，某自长沙来，以冬十月鸠材庀工作新堤，凡役五千人，四十日而毕。已决之堤，汇为深渊，不可复筑。别起七泽门之址，度两阿之间，转而西之，接于旧堤，穹崇坚好，悉倍于旧。……筑堤余材，裒之作小亭于堤之半，取少陵'江湖深更白，松竹远微青'，扁之'青白亭'，而刻文于壁间。五年三月，张某记。"

又《荆南重建万盈仓记》略云："余至官三月，既筑溃堤，间与僚吏周视官寺，盖无有不敝坏者，而仓为急。会朝廷赐以峡州所买之木，即檄统制官董江、节度判官赵谦、摄掌书记汪琳，撤旧屋而新之，合为屋一百五十盈，揭之曰'万盈仓'。外峻墙垣，内谨扃钥，台门高广，厅事深明，面势位置，称其为大有司也。自湖之南北，江之东西，举无与吾仓为俪者。……既成，而余以亲疾丐祠去，前所谓官寺之当葺者，仅能毕甲仗库，若学宫、军帑，则已鸠工而未成也。乾道五年三月旦，历阳张某记。"

约马举先登城楼观塞，赋《浣溪沙》。

词云："霜日明霄水蘸空。鸣鞘声里绣旗红。淡烟衰草有无中。　万里中原烽火北，一尊浊酒戍楼东。酒阑挥泪向悲风。"

题杨冠卿《客亭类稿》后。

《文集》卷二八有《题杨梦锡〈客亭类稿〉后》云："余官荆南，梦锡自交、广以《客亭类稿》来，精深雄健，视昔时又过数驿，读之终篇，使人首益俯焉。"此文当作于本年秋后或明年初夏以前。冠卿字梦锡，绍兴九年生，江陵人。《四库》著录的《客亭类稿》，系《永乐大典》辑本。冠卿有《菩萨蛮·春日呈安国舍人》及《水调歌头·归自浮罗舟过于湖哭张安国》各一首。

乾道五年己丑——1169年　三十八岁

请祠侍亲。三月，进显谟阁直学士致仕。

《谱传》："乾道五年己丑，偶不豫，遂力请祠侍亲，疏凡数上。帝深惜之，进显谟阁直学士致仕。"

《史传》："请祠，以疾卒，孝宗惜之，有用才不尽之叹。进显谟阁直学士致仕，年三十八。"

王质《于湖集序》（《雪山集》卷五）："岁己丑，某下峡过荆州，公出其文数十篇，于是超然殆不可追蹑，非汉、唐诸子所能管摄也。是岁，公没于当涂之芜湖……（下言会于荆州之杞梓堂与安国论文，安国言：'苟未死，当无负于子！'言已泣下，初莫谕其故，后四月而安国亡。）"

按：《史传》语意欠明了，王质序直谓卒于本年。兹从陆世良所撰《谱传》，以世良生同乡，徙同邑，又尝从游，且应安国孙永通之请而作传，见闻当较确。参阅下年谱。

《文集》附录《升显谟阁直学敕黄》云："尚书省牒：朝议大夫，敷文阁待制，荆南、荆湖北路安抚司张孝祥。牒奉敕：依前朝议大夫，升显谟阁直学士致仕。牒至准敕。乾道五年三月三日。"

去荆州，"荆南士民哭送登舟"（《谱传》）。

《鹧鸪天·荆州别同官》（《文集》卷三二）云："又向荆州住半年，西风催放五湖船。来时露菊团金颗，去日池荷叠绿钱。　斟别酒，扣离弦，一时宾从最多贤。今宵拚醉花迷坐，后夜相思月满川。"

《荆南宴交代方阁学》（《文集》卷二七）。

阻风石首，赋诗寄荆州僚旧。

《风雨石首呈同行寄荆州僚旧》（《文集》卷七）云：“昨日离筵酒未醒，今朝风雨暗江亭。近人积水春全绿，隔岸荒山夜却青。野吏衣冠行木偶，客船灯火散疏星。宽程且作三旬约，要看庐山紫翠屏。”

《江行再用前韵》云：“泽畔行吟我独醒，归程不计短长亭。西风送浪头头白，芳草随人段段青。昨夜疏篷犹窘雨，今朝严鼓欲侵星。无人去唤华容宰，画我江行作小屏。”

《浣溪沙》（《文集》卷三三）云：“方船载酒下江东。箫鼓喧天浪拍空。万山紫翠映云重。　拟看岳阳楼上月，不禁石首岸头风。作笺我欲问龙公。”

四月，至黄州，谈献可来迎。

《文集》卷一五《史警序》：“余自荆州得请还湖阴，未至黄州二十里，扁舟溯浪来迎者，故人谈献可也。……同舟至蕲阳而别……献可，蕲水人，献可名也，字亦云。乾道己丑四月既望。”又《文集》卷一四有《黄州开澳记》，作于本年四月八日。

《浣溪沙·亲旧蕲口相访》云：“六客西来共一舟。吴儿踏浪剪轻鸥。水光山色翠相浮。　我欲吹箫明月下，略须停棹晚风头。从前五度到蕲州。”

又：“已是人间不系舟。此心元自不惊鸥。卧看骇浪与天浮。　对月只应频举酒，临风何必更搔头。暝烟多处是神州。”

归芜湖，徜徉山水，关怀地方人民疾苦。

《谱传》：“既归芜湖，凡缙绅之士，莫不晋接，宗戚渡江而贫窘者，公辄赈之。新观澜亭以集同志，讲论之余，徜徉山水，寺观台榭，吟咏殆遍，而悉为之题识。芜湖都水陆之冲，舟车辐辏，民甚苦之，屡借公为之庇。会邵宏渊拥兵还镇，所过市肆皆空，芜民甚恐。转运公与渊有识，公作书以逆之，至则自籴米数百斛，父子着紫衣乘使者车犒师江上，众得饷，扬帆而去，遂秋毫无犯。丞袁益之迎至江浒，士民夹道，指目夸艳。”

张栻撰《于湖画像赞》。

赞云：“是于湖君，英迈伟特。遇事卓然，如箭破的。谈笑翰墨，如风无迹。惟其胸中，无有畛域。故所发施，横达四出。虽然，此固众人之所识也。今方袖手于湖之上，尽心以事其亲，而益究其所未及，则其所致，又孰知其纪极者耶？已丑夏，广汉张某书于湘中馆。”（《南轩集》卷三六，正谊堂本卷七）

按：《谱传》谓：“进显谟阁直学士致仕。南轩为文以饯之，（删去一句）荆南士民哭送登舟，仍绘小像祀于湘中驿，南轩为之赞。”此段文字颇有舛误：①张栻《和张荆州所寄》注云：“共父（刘珙）、安国皆欲相招，未能往也。”诗中有“敬简堂前杨柳春”“壮岁宁容便乞身”等句，当系乾道五年寄自长沙，其时已知安国请祠。似此当无在荆州饯送事。②绘小像祀于湘中驿者，可能是潭州而非荆州士民。③据《像赞》“今方袖手于湖之上”语，应作于安国归抵芜湖以后。

乾道六年庚寅——1170年　三十九岁

偕王阮游庐山，题诗万杉寺。

岳珂《桯史》：“紫微罢荆州，侍总得翁以归，偕之游庐山。暇日出诗卷相与商榷，自谓有得。山南有万杉寺，本仁皇所建，奎章在焉。紫微大书二章，其一曰：‘老干参天一万株，庐山佳处着浮图。只因买断山中景，破费神龙百斛珠。’其二曰：‘庄田本（集作“总”）是昭陵赐，更着官船载御书。今日山（集作“残”）僧无饭吃，却催官（集作“积”）欠意何如！’阮得此诗，独怃然不满意，曰：‘先生气吞虹霓，今独少卑之，何也？’紫微不复言，送之江津。别去才两旬而得湖阴之讣矣。紫微盖于此绝笔。”按：安国甚可能于去年东下时便道游庐山，兹以有“绝笔”语姑置于此。

冬，疾复作，遂卒。

《谱传》："庚寅冬，疾复作，遂卒。卒之日，商贾为之罢市，两河之民，惶惶如失所恃。帝闻之，惜其有用才不尽之叹。"

《史传》："孝宗惜之，有用才不尽之叹。"

按：芜湖在长江南岸青弋江口，习惯称青弋江两岸为河南、河北，所谓"两河之民"疑指此。

张栻为文以祭。

芜湖知县沈端节（约之）挽之以诗。

王十朋、王质等亦有挽章，不备录。

葬建康钟山。

乾道七年辛卯——1171年　安国卒后一年

建安刘温父为编词集，汤衡、陈应行先后撰序。

淳熙元年甲午——1174年　安国卒后四年

从弟孝忠为编印文集于大冶。

光宗（赵惇）绍熙元年庚戌——1190年　安国卒后二十年

子太平例授登仕郎（《谱传》）。

绍熙五年甲寅——1194年　安国卒后二十四年

陆世良为安国撰传。

宁宗（赵扩）嘉泰元年——1201年　安国卒后三十一年

从弟孝伯再为编印《于湖居士文集》于南昌。

至于明清两代，芜湖地方纪念安国者有以下数事：

（一）明嘉靖二十二年癸卯（1543）

榷使许用中重修芜湖状元祠。

按：祠在今芜湖市长街与二街间状元坊巷内，门首有"状元第"及"张氏总祠"题额。

（二）清乾隆五十五年庚戌（1790）

芜湖知县陈圣修因邑人黄钺（左田）之请，重立于湖祠于来佛亭旁，并题“归去来”堂额。

（三）清道光八年戊子（1828）

五月十八日，观察谢崧（骏生）移祀安国于赭山之滴翠轩。

按：滴翠轩在今芜湖市赭山南麓广济寺西，传为山谷（黄庭坚）读书处。旧名桧轩。

（四）清道光十二年壬辰（1832）

芜湖赵竹轩重修滴翠轩，谢崧录戊子旧作《移祀张于桧轩》诗以代记。

按：滴翠轩已几度重建，此诗石刻今仍存壁间。

附：张氏世系表及说明

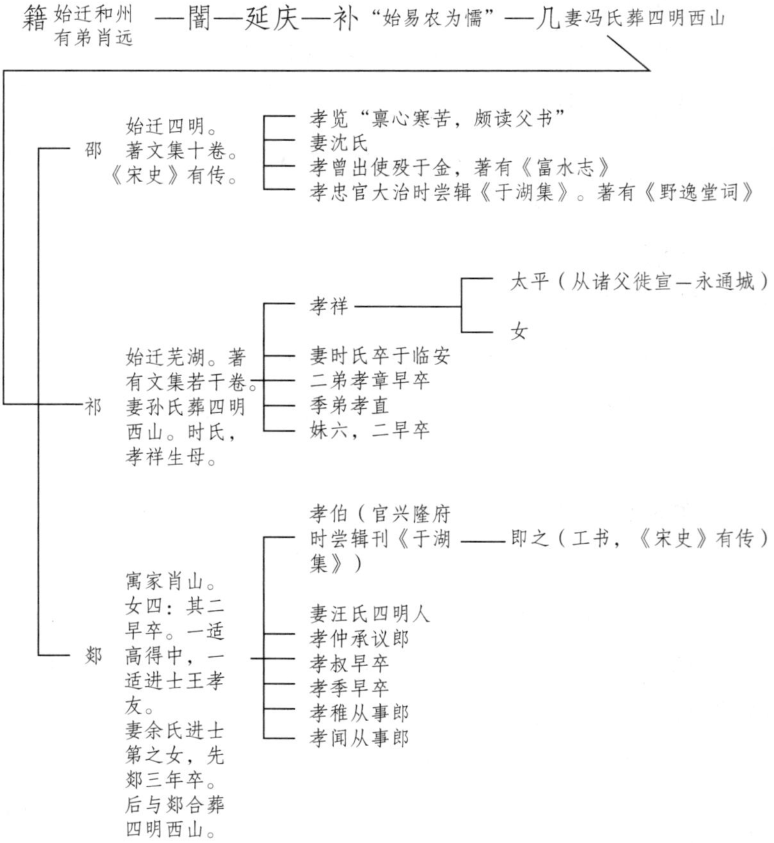

①张籍

籍，《唐书》无传，事迹附载《韩愈传》中。元辛文房《唐才子传》卷五："籍，字文昌，和州乌江人也。"

按：韩愈《张中丞传后序》前称吴郡张籍而后谓统大历中于和州乌江县见于嵩。似原为吴籍而迁居和州。其遗迹在和者方志等多有记载。

籍子闇，见《和州志·乡贤·张籍传》。

②张祁

祁字晋彦，晚号总得翁（或称总得居士、总得老人）。负气尚义，工诗文，赵鼎、张浚都很器重他。与胡寅友善，秦桧以恨寅遂并疑祁。安国登第后，祁被诬有反谋下狱，至桧死才得释放（参看绍兴二十五年谱）。当其为淮南转运判官时，知金将背盟，积粟阅兵，为备甚密，竟以张皇生事论罢。

以上从张籍到张儿，五世皆可考。虽然闇与延庆是否父子关系未明见记载，但既难证明张籍不止一子，故仍可根据至籍为七世来推断。

③安国母、妻、弟妹及后裔

据安国《葴》文及《与明守赵敷文书》，皆言皇妣孙夫人。但《文集》卷一五《赠时起之》又谓"某于时氏，既外诸孙，又娶仲舅之女"。盖祁原配孙氏而安国生母为时氏。《葴》谓"皇妣孙夫人，实葬四明，吾父母之命将以汝从之"，知安国殡妻时其母尚健在。

《谱传》："公甫数岁，豫章王德机一见而奇之，遂许以女焉。"《宋史·喻樗传》：有二女择婿，"及见汪洋、张孝祥，曰'佳婿也'，皆妻之。二人后亦得状头"。但据《赠时起之》及《亡妻时氏宿告文》则安国实娶仲舅之女。依"将殡于宝林之佛寺"及"吾官于朝""时节视汝"等语推之，当在孝宗隆兴间殁于临安。

弟孝章（字平国）、孝直。《文集》卷二五载《代总得居士保安第三弟设醮青》词，有“伏念臣第三男臣孝直鲜于福植，幼也多艰”等语。其《辞免知潭州奏状》以父母年老为辞，谓“臣弟年幼，侍旁无人”，此幼弟疑即指孝直。又《文集》卷六有《过昭亭哭二弟墓》诗云：“两儿二弟俱冥漠，顾影伶俜欲语谁。”昭亭在宣城，孝章盖早卒。《谱传》谓“孝章以文学著”，恐未确，因下文“公之诸兄弟也”，可能系孝忠之误。

又《谱传》谓：“子太平，公易箦时方髫年，从诸父徙宣城……孙永通。”安国殁时太平方幼，当非时氏出，据沈端节挽诗“但余息女类文姬”句知尚有女。永通以下无可考，仅知即之有从孙曰士倩。

④其他亲属因篇幅所限，从略。

（原载《安徽史学通讯》1959年第1期）

《张孝祥年谱》补正

◎宛敏灏

原谱已载本刊上期，兹补正数事于次：

（一）关于孝祥卒年系从《宣城张氏信谱传》。按《宋史》本传谓："请祠，以疾卒（《于湖集》附录《张安国传》作'会以疾终卒'），孝宗惜之，有用才不尽之叹。进显谟阁直学士致仕，年三十八。"末二语如仅指致仕之年，原与《谱传》符合。然须移置"请祠"句下始更明确。

王质《于湖集序》（《雪山集》卷五）云："岁己丑，某下峡过荆州，公出其文数十篇……是岁，公没于当涂之芜湖。"又说："往会于荆州之杞梓堂……后四月而公亡。"依此应卒于乾道五年，三十八岁。但《雪山集》另藏《余过荆州张安国已请祠先行》诗一首，有"元戎十乘公先启，野渡孤舟我自横"及"倘能黄鹤楼前见，安得春江尾柁行"等句，明明说没有见着面。两者殊矛盾。

又张栻祭文中有"去年此时，送公湘滨，岂期今兹，哭公失声"等语，如"去年"不能解为泛指"往年"，而系确指乾道四年秋八月安国离长沙时，则不仅卒年须提一岁，时间亦是"秋"而非"冬"。此与周密《齐东野语》卷一三所谓"当暑送虞雍公，饮芜湖舟中，中暑卒"之时间又不符合。

诸说皆有疑问；惟《谱传》"乾道五年己丑，偶不豫，遂力请祠侍亲……庚寅冬，疾复作，遂卒"记载最为肯定明了，故暂依其说而注明有关材料于此。

（二）孝祥墓在钟山，系据宋董道辅《绍熙庚戌中秋后三日拜于湖先生墓》（诗见景定《建康志》、《历阳典录》及《于湖集》附录）。清朱绪曾亦有《访宋显谟学士张公孝祥墓》诗，注谓“去太平门十八里”（见《续金陵诗征》）。

（三）孝祥知平江，系以“隆兴元年五月到，二年二月赴召”。见范成大《吴郡志》卷一一。

（四）第64页第8行“乾道年”应为“乾道二年”。其他排印脱误，恕不一一订正。

（原载《安徽史学通讯》1959年第6期）

南宋词人张孝祥生卒年考

◎姜书阁

在南宋初期，词风介于豪放词派苏（轼）、辛（弃疾）两大家之间的爱国词人张孝祥是很值得重视的。他的《六州歌头》（长淮望断）、《水调歌头》（雪洗虏尘静）、《满江红》（千古凄凉）、《念奴娇·过洞庭》（洞庭青草）等篇，历来选家多加采录，评者也称为绝唱，真是“热肠郁思”（清人陈廷焯《白雨斋词话》卷一），“骏发踔厉”（宋人汤衡《张紫微雅词序》），“读之泠然洒然”，使人感觉到其“自在如神之笔，迈往凌云之气”（以上两句均见宋人陈应行《于湖先生雅词序》）。我们对于这样一位具有深厚爱国主义思想和激昂豪宕、淋漓酣畅的词笔的大作家，确实应该进行深入的研究。可惜，关于他的生卒年，竟长期“没有确定的说法”[①]，更不要谈别的了。

近人关于张孝祥的生卒年，据我所知，至少有下列几种说法，而且说者几乎都是存疑的，附有问号“？”，未加肯定。它们是：

1.1130？—1167年？[②]；

---

① 胡云翼《宋词选》（1962年中华版与1978年上海古籍新版同），第225页注。有的文学史注明“生卒年不详”（如复旦大学的）；有的则避而不谈他的生卒年（如郑振铎的《插图本中国文学史》和刘大杰的《中国文学发展史》）。

② 陆侃如、冯沅君《中国诗史》（下），第692页。

2.1129？—1166年？①；

3.1132—1170年②；

4.1132？—1169年？③。

这些说法都是根据什么资料推算的呢？无疑是参酌现存的张孝祥三种传记而来：

1.《宋史》卷三八九《张孝祥传》；

2.《于湖居士文集》附录《张安国传》（无撰者姓名）；

3.历阳居士陆世良《宣城张氏信谱传》（见《于湖居士文集》附录）。

第一、二两种所载事实几乎完全相同，唯第一种略详，它们可能是出于同一个来源。第三种事迹较多，间有与前二种不同处。这三种传记都没有记载张孝祥的生年，至于卒年，则只有第三种说“庚寅冬，疾复作，遂卒”，但没有说卒时年岁若干，故不能推出生年；其他二种却都有“以疾卒……进显谟（阁）直学士致仕，年三十八”的说法。

如果仅就上述三种传记的记载结合起来推算，假定三十八岁只是“致仕”之年而非卒年，则其生卒年当如前举第三说，即生于1132年（高宗赵构绍兴二年壬子）、卒于1170年（孝宗赵昚乾

---

① 北京大学《中国文学史》（二）第461页，又中国科学院文学研究所《中国文学史》1962年第1版（二）第631页所写，也与此完全相同。

② 吉林大学《中国文学史稿》（“唐宋部分”）第369页。又中国科学院文学研究所《中国文学史》1979年修订本（二）第631页；1979年《辞海》修订稿《文学分册》第88页，亦同。

③ 游国恩、王起、萧涤非、季镇淮、费振刚主编《中国文学史》（三）第645页写作“（1132？—1169？）”，生卒年均带问号，表示存疑。1964年第一版与1979年新版，均同。又胡云翼选注《唐宋词一百首》第75页注及其所选注的《宋词选》第224页，均采是说，但他似乎并未肯定下来，所以声明道：“这里依据《于湖居士文集》附录的《宣城张氏信谱传》所载。”而《信谱传》所载实是第三说（1132—1170年）。只有唐圭璋编的《全宋词》（三）第1686页才是“绍兴二年（1132年）生”和“乾道五年（1169年）卒”，未附有表示存疑的问号。

道六年庚寅）。但是，这样算他就共活了三十九岁，而非一切记载所公认的卒时年三十八岁，显然是不对的。

如果他的卒年即在致仕之年，而不是“庚寅冬”，只相信陆世良《宣城张氏信谱传》（以下简称《信谱传》）的一半，即以其所说的“乾道五年己丑，致仕”，定此时为三十八岁，那末，其生卒年便当为前举之第四说，即生于1132年（绍兴二年壬子）、卒于公元1169年（乾道五年己丑）。是否可以设想：他卒于“庚寅冬”（1170），而且只活了三十八岁呢？不行。因为这样就得把生年推迟到1133年（绍兴三年癸丑），而那是与《信谱传》前面所明确记载的“绍兴甲戌，廷试擢进士第一，时年二十有三”，显然抵触。按“廷试第一”，即世所称的“状元及第”，那是天下皆知的，状元的年岁不可能有误。尤其张孝祥是高宗赵构亲自把秦桧的孙子秦埙（考官原定为第一）改列第三，而特擢为状元的，史所谓“上之抑埙而擢孝祥也，秦桧已怒”，并曾“风言者”诬孝祥父张祁“有反谋，诏系狱”，为当时一有名的冤案，更不可能误记。所以其他二传虽只说“绍兴二十四年，廷试第一”，未言其时年几何，这一“时年二十有三”的记载仍是无可置疑的。依此上推孝祥的生年，就只能是1132年，即绍兴二年壬子。

至于前举的第一和第二两种附有问号的生卒年说法，从这三篇传记里都是找不到丝毫根据的；而从其他资料中，却只能证明它们是完全错误的。

从这三篇传记和我们所见到的其他有关记载来看，张孝祥致仕之年确为三十八岁，这是从来没有任何人怀疑过的。《信谱传》虽未明言其致仕时的年岁，但以其所载甲戌（绍兴二十四年，1154）廷试时年二十三下推至乾道五年己丑（1169）致仕，计算起来（即自1154年至1169年，共为十五年，加上廷试前的二十三年），亦为三十八岁。

这里有必要再进一步考订落实他致仕究竟是在哪一年，《信谱传》所说的乾道五年“己丑”是否确实可信？其他两篇传记仅言于“徙知荆南、荆湖北路安抚使”之后，“请祠”，继乃“致仕”，而不言其年代。唯云：是时，他“筑守（一作‘寸’）金堤，自是荆州无水患，置万盈仓以储诸漕之运”，而“请祠”即在此二事完成之后。《于湖居士文集》卷一四载有孝祥所作《金堤记》及《荆南重建万盈仓记》，可借以考知他于乾道四年八月自长沙（原任“知潭州权荆湖南路提点刑狱公事”）徙来荆州；十月，即“鸠材庀工作新堤……四十日而毕”；然后，“周视官寺……而仓为急……撤旧屋而新之……揭之曰‘万盈仓’。……既成，而余以亲疾丐祠去”。两文末均署“乾道五年三月”，是孝祥“请祠”（“丐祠”亦“请祠”也，实即“致仕”）即在是时无疑。又《文集》附录“宋官诰八道”，其最后一道即《升显谟阁直学士敕黄》，全文云：

> 尚书省牒：朝议大夫，敷文阁待制，荆南、荆湖北路安抚司（使）张孝祥。牒奉敕：依前朝议大夫，升显谟阁直学士致仕。牒至准敕。乾道五年三月三日。

从这里可证孝祥“请祠”与奉准“致仕”均在乾道五年（己丑，1169）三月。他离开荆州亦在三月末或四月初。他与朱编修书（按：当指朱熹）数通[①]，已明言之：一则曰：“比已专介请祠，力致恳诸公。倘遂得之，不旬月去此矣。”再则曰：“最后乞致仕，乞寻医，且欲不俟报，弃官而归。……今复得祠禄矣。近制不必俟代者，已治舟楫，载衣囊，五七日便可离此。”

① 见《文集》卷四〇“尺牍”，总标题《朱编修》，实共七函。所以知为与朱熹书者，盖以书中屡提“吾元晦”或直称“元晦”也。

事实上他果于三、四月间启程，顺长江东下，四月上旬或中旬到了黄州。署名“乾道五年四月八日，张某记”的《黄州开澳记》[①]有云：“余来适丁其成……故乐记所以。”可为佐证。又署明“乾道己丑（按：己丑即乾道五年）四月既望”的《史警序》[②]则云：“余自荆州得请还湖阴（按：即今芜湖），未至黄州二十里，扁舟溯浪来迎者，故人谈献可也。握手问无恙，命酒相劳苦。略赤壁，泊黄冈，望武昌西山。……同舟至蕲阳而别，因书以冠诸篇首。”可见孝祥于四月十五日以后舟过蕲阳。以行程计之，如中途不再停泊逗留，四月底以前定可到达芜湖[③]。

如以上所考，知张孝祥于1154年（绍兴二十四年甲戌）廷试第一，时年二十三岁；又知他于1169年春夏之交致仕，由荆州还抵芜湖，时年三十八岁。依此两条明证上溯计之，则其生于1132年（绍兴二年壬子），已可确定无疑。其实，另外也还可以找一个更明确的证据，那就是孝祥自己的一首五言古诗《赠震山主》[④]，诗开头便写道“震公住山年，与我共壬子”，分明说他的出生跟震公“住山”（即佛门所说的“僧腊”的开始）同是在“壬子”年。壬子到甲戌恰为二十三岁，正是他廷试中状元的年

---

① 见《文集》卷一四。按《文集》中“记”类共十二篇，大体似按时间顺序排列，最后三篇是《金堤记》《荆南重建万盈仓记》（以上两篇均于文末题“乾道五年三月，张某记”）和《黄州开澳记》（题“乾道五年四月八日，张某记”），此下遂无“记”类。

② 见《文集》卷一五。按《文集》中“序”类共七篇，此《史警序》亦为最后一篇，末署“乾道己丑四月既望”。

③ 按张孝祥为历阳乌江（今安徽和县东北苏皖交界上之乌江镇）人。绍兴初年，金人寇和州，随父祁渡江，居芜湖升仙桥西。致仕后，当仍归芜湖故居，其友张栻有《赠学士安国公归芜湖序》可证。又《文集》卷八有五言律诗题为《罢归》，曰：“亲老难为住，恩深许放归。北行湘水阔，南望瘴烟微。兵卫收门戟，征尘上客衣。遥知六七月，喜气满庭闱。”第一、二两句说他以亲老请致仕还乡侍养，蒙恩赐准；中四句说他准备归程时的情形与思想；末两句是他预计在六、七月以前定能回到故居，和全家团聚，侍奉老亲。此诗尤定证我本文的各项有关论断。

④ 见《文集》卷五。

龄；壬子到己丑，也恰为三十八岁，正是他致仕还芜湖时的年龄。

至于张孝祥的卒年，根据已经肯定的生年和三十八岁“致仕”来算，前举第一、第二两说所存疑的年代（即“1167年？”和“1166年？”）就根本不能成立，因为要是那样计算起来，他便只有三十六岁甚至只有三十五岁的寿命了。现在需要研究的，仅有第三和第四说，也就是要考订他到底是卒于“致仕”之年（己丑）呢？还是卒于“致仕”之次年（庚寅）？

据《宋史·张孝祥传》及《于湖居士文集》附录的《张安国传》，虽其辞句均比较含糊，但一般只能理解为：他“请辞”获准，遂“致仕”，“会以疾卒”，时年三十八。然而《信谱传》明明写着“乾道五年己丑，偶不豫，遂力请祠侍亲……进显谟阁直学士致仕……庚寅冬，疾复作，遂卒”，则是三十八岁致仕，三十九岁逝世，显与第一、第二两篇传记不同。究竟哪一说正确可靠呢？首先要看它们的取材哪一个比较直接一些。

《信谱传》作者陆世良虽云：孝祥之孙永通“委予以传，以余尝得侍公，且生则同乡，徙则同邑，知公之深也”，但他是在孝祥卒后二十五年——光宗赵惇绍熙五年甲寅（1194），“摭实所闻而次序之”，以成此传，其可靠性已大大减低了。《宋史》本传，其材料来源今不可考，而大体与《文集》附录的《张安国传》相同，主要事迹、仕履、年代，无或歧异。今《四部丛刊·初编》所收《于湖居士文集》系影印慈溪李氏藏宋本，原为孝祥之弟孝伯[①]所主编，附录之《张安国传》纵不出孝伯手，亦

① 宋本《于湖居士文集》前有二序：一为谢尧仁撰，一即孝伯所撰。此序末署：“嘉泰元年（按：宁宗赵扩嘉泰元年为1201年）十月旦，弟华文阁直学士、朝请大夫、知隆兴府、充江南西路安抚使孝伯谨书。”《宋史》无孝伯传，不知其生卒年；否则，此序首云“于湖先生长孝伯五岁”，倒可据以推定其兄孝祥的生年了。孝伯于宁宗嘉泰三、四年，曾先后除同知枢密院事兼参知政事，虽为时不久，却是拜过相的，事见《宋史》卷二一三《宰辅表》及卷三八《宁宗本记》，可惜均语焉不详。

必经其审阅、订定、认可，故列于“附录”之首，可靠性自当较陆氏于二十五年以后“摭实（拾？）所闻而次序之”的《信谱传》为大。抑不止此，《文集》卷首冠以自称“门下士”谢尧仁的《张于湖先生集序》，其中叙述孝祥帅长沙日，两人谈宴论诗，情真意切；继云：“次年，公自江陵得祠东下，方欲践此言（按：指谈宴论诗时孝祥所言‘使某更读书十年’之语），未几，则已闻为驭风骑气之举矣！”可见他致仕东归后，“未几”，便与世长辞，其间并未逾年。又孝祥挚友张栻（字敬夫，号南轩，抗金名将张浚之子。张浚便是曾荐孝祥于孝宗赵昚，任以为建康留守的荐主）有《祭于湖先生文》，虽未明言孝祥去世年月，但其中写道：

> 方自荆州归，栻以书抵君，谓及此闲暇，专意承志，实进德修业之要。君深以为然。孰谓曾不数月，乃有此闻。

如前所述，孝祥于乾道五年（1169）三月请祠致仕，四、五月间即还抵芜湖，既然“自荆州归”后，“曾不数月，乃有此闻”（逝世讣闻），则不出当年便即辞世，已可断言，又如何会迟至一年半以后的“庚寅冬”方卒呢？《信谱传》中“庚寅冬，疾复作，遂卒”，显然是不确实的。

把张孝祥的卒年定为乾道五年己丑（1169），有没有充分可靠的正面材料作证据呢？有。

张孝祥下一科（绍兴二十七年丁丑科，1157）状元王十朋字龟龄，与孝祥交谊甚笃，《文集》中存有二人唱和的诗甚多[①]；

① 约略数一下，大概有八首。《文集》中存诗系按“古诗”“律诗”“绝句”，分体编录，在时序上似有错乱，难于据以考订。唯以孝祥诗与王十朋的《梅溪王先生文集》中诗参读，大致可断定于湖《文集》卷五所录《王龟龄赋喜雨诸贤毕和某客行半月未尝晴也故于末章云》二首“五古”为其最后的诗作，时间当在乾道五年（1169）四月间。

再查一下王十朋的《梅溪王先生文集》，也有相应的酬答之作。《梅溪集》[①]所收诗作完全是严格地按照写作时间先后顺序编列的。其《后集》第十八卷所收，大致可判定为王十朋自乾道五年（1169）六月至十月的作品，其中恰有一首《悼张舍人安国》的五言律诗：

天上张才子，少年观国光。高名一枝桂，遗爱六州棠。出世才成佛，修文遽作郎。长沙屈贾谊，宣室竟凄凉！

诗写得很平常，但已概括了张孝祥的一生经历：少年高才，中了状元，先后做过六个州的行政长官，最后在两湖一带做官，未能调到中枢大用，便遗恨以死。就此诗前后各篇的时间推算，它必定是作于乾道五年十月[②]。按是年十月二十二三日恰为1169年11月22、23日，立冬。那么，如果说孝祥卒于乾道己丑冬十月以前，便是有根有据的了。因为此时王十朋正知泉州，远从两千余里外的芜湖或建康[③]递来讣闻，至少也要半月二十天吧？（当然，南宋迁都临安以后，江南及沿海一带驲递频繁，朝廷官文书的递送也许会快些，“讣闻”似不可能随官文书急递，两千多里路就需要一个月或者更长的时间。）无论如何，卒时当在是年九、十月以前，则毫无疑问。

此外，还有与张孝祥同时代的另一位有名的爱国词人韩元

① 指《四部丛刊·初编》所收《梅溪王先生文集》，系影印明正统刊本。

② 此诗之前有一首《去年》云“去年今日别吾家”，而卷一七《解舟》言“辞故乡”乃在乾道四年（1168）九月二十九日，则《去年》必作于乾道五年（1169）九月二十九日，可知。此诗之后，紧接着是《黄花》，有云“温陵地虽温，十月初黄花”（按：温陵即今福建泉州，当时王十朋正知泉州）；再下为《飞蚊》云“九月不肃霜，十月犹飞蚊”。以此可见这首《悼张舍人安国》定是十月间所作。

③ 《文集》附录沈约之《吊于湖墓在秣陵》（按：秣陵即建康，今之南京），似张孝祥并非死于芜湖故居；否则，何以不葬于芜湖，而置墓于秣陵？乍读似不可解，观本文以下考订，便可明了。秣陵与芜湖相距甚近，故驲递所需时日相差不大。

吉（字无咎），原是孝祥为中书舍人时的知交，后来孝祥曾把自己的妹妹名叫法善的嫁给了韩元吉之兄元龙为继室（韩元吉《南涧甲乙稿》卷二二《安人张氏墓志铭》叙及此事），可见他们之间的关系极为亲密。孝祥死后三年，乾道八年（1172），韩元吉又曾为胡元功所编刻的《张安国诗集》作序（见《南涧甲乙稿》卷一四），更可证他们相契之深。元吉《南涧甲乙稿》卷一八有《祭张舍人》文云：

> 呜呼！安国之才……触炎歊而遽疾，卧空舟而倏逝；委盖棺于朋友，付弱女于诸婢。……

据此，似孝祥于是年致仕还芜湖不久，一次在船上中暑致疾，遂以不起。祭文末又云“望孤坟于钟山，尤（犹）仿像于一醉也”，则似孝祥或死于自芜湖往建康的船上，死后即葬于建康。无论如何，可以断定他是卒于是年夏约六月至八月间。关于他因中暑而死于舟中，并非仅据韩元吉这篇祭文而推测得之，当时似为世所周知。周密《齐东野语》卷一三“张才彦”条（按：张孝祥伯父名邵，字才彦）末云：“安国更八郡，有德爱，以当暑送虞雍公（按：指抗金名将虞允文），饮芜湖舟中，中暑卒，年才三十余。士论惜之。”可为《祭文》所述之佐证。

通过以上考订，可以作出明确结论：

张孝祥生于1132年（宋高宗赵构绍兴二年壬子），卒于1169年（宋孝宗赵昚乾道五年己丑）[①]，享年三十八岁。

（原载《长沙水电师院学报》1990年第2期）

---

① 这一结论在年代上与前所举的第四说相符，但论据不同。胡云翼自注谓依据《信谱传》，可能他只看了“乾道五年己丑……致仕”，而没有注意下边道“庚寅冬……遂卒”。其实，依据《信谱传》便只能得出第三说的结论，并不能得到第四说的卒年。

张孝祥若干事迹考略

◎韩酉山

张孝祥（1132—1169），是我国南宋初期一位有才华有成就的爱国诗人。他的诗、词、散文均为时人所推重，在文学史上具有相当重要的地位。但是，由于我们对他的生平事迹了解不够，往往影响到对他的思想和作品的深入研究。本文试就下列若干问题作简略考述，希望能对张孝祥的研究略有补益。谬误之处，请读者批评指正。

一、关于张孝祥的籍贯

张孝祥的籍贯问题，在宋元时期似无异说。如《于湖居士文集》所附之《张安国传》①《宣城张氏信谱传》②、《宋史·张孝祥传》以及其他一些志、传、笔记，均称孝祥及其诸父为“历阳乌江人”或“和州乌江人”（今安徽和县）。至明代，毛晋编《宋六十名家词》，不知何所依据，在他所作的《于湖词后记》中说，孝祥乃“蜀之简州人也，后卜居历阳”。后来有一些文学史著，亦沿用了这种说法。对此，近人多有辨证。现略举几

① 《张安国传》与《宋史·张孝祥传》内容大致相同，似为《宋史·张孝祥传》的蓝本。

② 《宣城张氏信谱传》末署“绍熙五年甲寅，历阳居士陆世良书于芜湖介清堂”。作者自称与孝祥“生则同乡，徙则同邑”，受孝祥后人之托而作此传。据《和州志》《芜湖县志》记载，确有陆世良其人。传中所记之事，多数与史实相符，也有一些与史实大相悖谬。不知是好事者伪托，还是后人对原作有篡改。待考。

例，以证毛氏之非。

（一）孝祥一向自称历阳人。在他所作的诸多记、序、题跋中均署“历阳张某”。在《代总得居士（其父张祁之号）回张推官》中说：“某家世历阳之东鄙，自先祖始易农为儒。或云唐末远祖自若湖徙家，盖文昌之后，文昌讳籍，见于《唐书》，乌江人也。”①据光绪二十七年（1901）刊本《和州志》记载：“若湖在赤埭、黄埭之间。……今名渔湖，水由赤埭石跋河入江。”②“赤埭坝，州东北十五里；黄埭坝，州东北二十里。”③张籍祖籍吴郡，其先人迁居乌江，盖居于若湖之滨，于唐末其后人又迁至后来居住的地方。孝祥父子自称张籍之后裔，应该是可信的，则其籍贯为和州乌江也应该是可信的。又致胡帅（昉）书云：“公易镇淝水，某家在历阳，于公为部中民。”④致蒋乌江书云：“平昔未遂识面，而今兹乃得公为吾父母国之宰，抑何幸耶！”⑤孝祥若非世居和州乌江，怎么可能用这样的口气说话呢?

（二）宋孝宗乾道八年（1172），韩元吉为其从兄元龙之妻张氏（即孝祥之妹）所作墓志铭说：“夫人张姓，讳法善。世为和州清旷人。”⑥孝祥在秘书省供职期间，即与韩元吉相往还。其妹法善年二十四，尚待字闺中，孝祥就是委托韩元吉做的媒人，嫁给韩元龙做了继室，足见其二人关系之深。因此，韩元吉在为法善作墓志铭时，是不至搞错她的籍贯的。

（三）宋光宗元年（1190），陆游受张孝伯（孝祥叔父张郯之子）之托，为张郯作墓志铭，亦称郯为“和州乌江人”，且上溯至其四世祖延庆⑦。陆游与张氏父子叔侄关系也都很好，又在蜀

① 《于湖居士文集》卷三七。
② 光绪二十七年（1901）刊本《直隶和州志》卷四。
③ 同上书卷六。
④ 《于湖居士文集》卷三七。
⑤ 同上。
⑥ 韩元吉《南涧甲乙稿》卷二二《安人张氏墓志铭》。
⑦ 陆游《渭南文集》卷三七《朝议大夫张公墓志铭》。

中生活多年，如张氏曾祖居简州，墓志铭中是不会不着痕迹的。

（四）宋理宗宝庆年间罗濬等人纂修的《四明志》，称孝祥伯父张邵为“历阳人”[①]；宋理宗景定年间，李幼武纂集的《宋名臣言行录续录》，称张邵为“和州乌江人”[②]。这些都是距孝祥生活年代不甚久远的史籍，记载也应该是可信的。

（五）清道光刊本陈廷桂撰写、善贵补纂的《和州志》卷一二，关于文昌读书堂的记载，录有孝祥咏读书堂诗一首，小序云：“读书堂在乌江，即唐文昌公读书处。自五代至今，皆世守之，渡江后乃为史氏所有。”诗中有云：“吾家文昌读书处，好在溪山落君手。”这也足以说明孝祥乃世居和州乌江，同蜀之简州没有任何关系。

二、关于张孝祥的家世

孝祥的家世，有以下三个问题还有待进一步弄清楚。

（一）孝祥是否为张籍之七世孙。孝祥自称张籍后裔，并未说明几世几代，而《张安国传》《信谱传》则肯定孝祥为“唐司业张籍之七世孙”。后来有一些著作，便加以附会。我对这种说法表示怀疑。籍生于唐代宗永泰年间（766年前后），卒于唐文宗大和年间（830年前后），而孝祥则生于宋高宗绍兴二年（1132），从籍之卒年至孝祥之生年，相距有三百多年。如果孝祥是籍之七世孙，那么，在他们中间的五代，平均岁差有六十多，这在事实上是不可能的。根据现有资料，我们所可知道的，新旧《唐书·韩愈传》所附之张籍事迹，均不载其下世系，唯《和州志·张籍传》说过“籍子闓”，再下就没有记载

① 清咸丰四年（1854）甬上徐氏烟屿校刊本《宋元四明六志》卷二一，《宝庆志》卷九。
② 清同治七年（1868）临川桂氏重刊本《宋名臣言行录续录》卷五。

了[①]；陆游的《朝议大夫张公墓志铭》说张郯的“曾大父讳延庆，大父讳补……父几”，延庆之上也没有记载。这显然是当时张孝伯也没有搞清楚的问题，所以在墓志铭中才没有上溯到张籍。因此，我认为在闇与延庆之间尚有若干代，现无法考查，而孝祥作为籍之后代诸孙，在十世以上。

（二）孝祥的诸父共有兄弟几人？在《宋史》和地方志上，我们所能见到的，只有以下三人：

伯父邵，字才彦。宣和三年（1121）登上舍第，建炎初，为衢州司刑曹事；建炎三年（1129），金人南侵，邵以直龙图阁、假礼部尚书充金国军前通问使，留金十五年，绍兴十三年（1143）南归。官至敷文阁待制，知池州。绍兴二十六年（1156）卒，年六十一，赠少师。史称：“邵负气，遇事慷慨，常以功名自许，出使囚徙，屡濒于死。”[②]很有一些民族气节。子三人：孝览、孝曾、孝忠。

父祁，子晋彦，号总得居士。以兄奉使恩补官，建炎中为明州观察推官，绍兴中知楚州，改蒋州，后至直秘阁、淮南转运判官兼淮西提刑。《和州志》说他“负气尚义，工诗文，赵鼎、张浚皆器遇之”；祁在淮南时，“谍知亮（金主完颜亮）谋叛盟，屡闻于朝，且峙粟阅兵为备御计。言者以张皇生事论罢之”[③]。子三人：孝祥、孝章、孝直[④]。

叔父郯，字知彦。亦以兄奉使恩补官，历任开化尉兼主簿、平江府西比较务、录事参军、全椒令、枢密院编修官、建康府通判等，积九迁至朝奉大夫致仕，后以子遇郊祀恩，积四封至朝议大夫。淳熙十六年（1189）卒，年八十七。子六人：孝

① 清道光刊本陈廷桂撰、善贵补纂《直隶和州志》卷一八。
② 《宋史·张邵传》。
③ 清道光刊本《直隶和州志》卷一八《张祁传》。
④ 张祁有子三人，孝祥、孝章见《直隶和州志·张祁传》，孝直见《于湖居士文集》卷二五《代总得居士为保安第三弟设醮》。

伯、孝仲、孝叔、孝季、孝稚、孝闻[①]。

其实，并不只这三人。孝祥在致严守朱新仲书中说："某伯父凡三人，长尚书（即张邵，因邵曾假礼部尚书使金——引者注），次尝得官矣。建炎俶扰，尚书奉大母冯夫人渡江，诸弟悉从；次伯父既娶，独顾松楸不忍去，以死……二十九盖次伯父行也。"[②]又在致明守赵敷文（伯圭）书中说："某顷寓居鄮郭余十年，王母冯夫人殁，葬西山，皇妣孙夫人以妇从姑，而世父待制公（即张邵，邵官至敷文阁待制——引者注）、季父莆田丞公以子从母，皆葬其下。"[③]由此可知，除邵、祁、郯三人外，孝祥还有两位伯父，次伯父行第二十九，曾做过官，其家南迁时，因不舍祖茔，留和州故里，卒于建炎间；三伯父名字、事迹均无考；还有一个叔父盖名邴[④]，曾任莆田丞，有一子名孝严[⑤]，其他事迹亦无考。

据此可知，孝祥诸父至少弟兄六人，其父张祁在六人中排行第四。

综合（一）（二）两点，从张籍到孝祥这一代的世系，应大致如上。

（三）孝祥的生母是谁？考其父张祁尝三娶：首娶孙氏，卒于鄞县，事见孝祥致明守赵敷文书。次娶李氏，韩元吉在《安人张氏墓志铭》中说，法善"妣李氏，某官文渊女也"。李文渊，官至右朝请大夫，尚有一女嫁方滋[⑥]。三娶时氏，孝祥在《赠

① 陆游《朝议大夫张公墓志铭》。

② 《于湖居士文集》卷三五。

③ 《于湖居士文集》卷三五。

④ 《宋名臣言行录续录》卷五"张邵"条云："邵使金，二弟祁、邴皆补官。"邴可能是莆田丞之名。

⑤ 陆游《朝议大夫张公墓志铭》云："初，待制诏命，以遗恩诸侄。仲兄秘阁祁不取，以予公之子，初不告也。公闻亦固辞，而乞官孤侄孝严。"孝严可能是莆田丞之子。

⑥ 见《南涧甲乙稿》卷二一《方公墓志铭》。

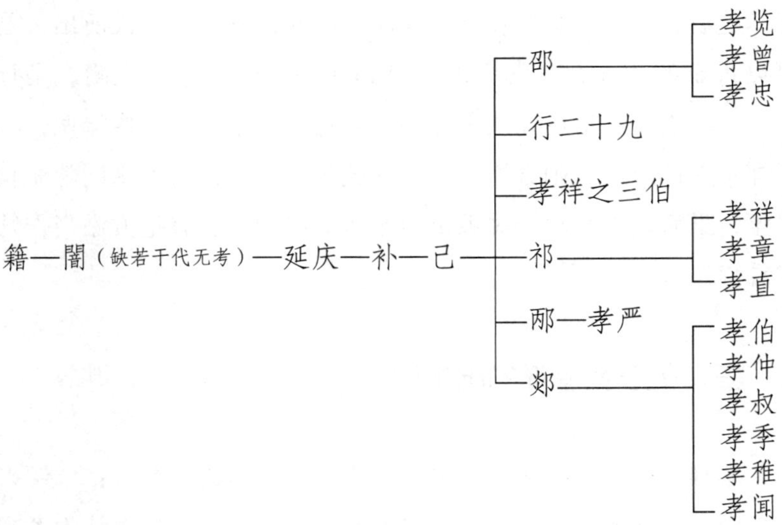

时起之》中说："某于时氏，既诸外孙，又娶仲舅之女。"[①]有人断定孝祥乃时氏所出，其根据即孝祥《赠时起之》一文。我以为这种断判是不正确的。其一，据李心传《建炎以来系年要录》记载，绍兴二十九年（1159）正月，孝祥请封时氏为恭人，后汪澈弹劾他的罪名之一，即其"继母才以父官封孺人"，"辄乞用已官职躐封恭人"[②]。其中明言时氏为孝祥之继母。汪澈与孝祥同在国史实录院供职多时，恐非妄言。其二，孝祥之妹法善乃李氏所出，卒于乾道八年（1172）九月，年三十九，少孝祥二岁[③]。时氏乃娶于李氏之后，亦足以证明孝祥非时氏所出。其三，孝祥的《设九幽醮荐所生母》开头说："终身之恨，弗逮于慈容。"说明孝祥幼年丧母，对其生母的音容没有留下什么印象。下文又有"或已注南斗之生，则冀福龄之延永；或犹滞酆都之对，则祈罪苦之蠲除"[④]等语，意思是，如已在南斗注籍超生，则希望给她大福大寿；如果还留在酆都听审，则请求蠲除她的罪苦。时氏卒于

① 《于湖居士文集》卷一五。
② 李心传《建炎以来系年要录》卷一八三。
③ 见《南涧甲乙稿》卷二二《安人张氏墓志铭》。
④ 《于湖居士文集》卷二五。

孝祥之后，根本不会存在这个问题。因此，孝祥非时氏所出，是可以肯定的。那么，孝祥的生母到底是谁呢？据我推测，是孙氏，也非李氏。这可以从孝祥同方滋的关系中看出一些端倪，如孝祥系李氏所出，则方滋为孝祥的姨父。而孝祥与方滋同朝做官多年，虽敬之为父执，关系也很亲密，但始终没有把方滋当作姨父看待。

三、关于张孝祥的出生地

孝祥出生何地，诸传亦语焉不详。唯《信谱传》云："绍兴初，金人寇和州，随父渡江，居芜湖升仙桥西。"显然认为孝祥出生祖籍和州，于绍兴初年迁居芜湖。1980年上海古籍书店出版的新校本《于湖居士文集》前言，也采用了这种说法。现据有关材料证明，这种说法也没有根据。

（一）张祁南迁不在绍兴初，而在建炎初。孝祥的《代诸父祭伯父文》中，在历数张邵的经历时说："擢第以归，谓当亲荣，陟岵告凶，衔哀茹辛。终丧筮仕，浙河之溃，携我诸季，奉先夫人。"[①]这同上文我们引用的孝祥致严守朱新仲书中所说的"建炎俶扰，尚书奉大母冯夫人渡江，诸弟悉从"的情况完全一致。张邵于建炎元年（1127）为衢州司刑曹事，建炎三年（1129）使金，显然是在使金之前，就举家南迁。在其诸弟中，除孝祥的次伯父"独顾松楸不忍去"者外，其余诸人皆一道南迁，根本不存在绍兴初年张祁由和州迁居芜湖的事。

（二）孝祥出生于明州鄞县（今浙江鄞县），并非出生于和州乌江。据宋宝庆《四明志》卷九关于张邵的事迹记载说："邵于建炎二年（'二'应为'三'之误）使金国……绍兴十三年始得归，与时宰忤，投闲于鄞，没葬桃源乡乌石山。……侄

① 《于湖居士文集》卷三〇。

孝祥，字安国，生鄞县方广院之僧房。”[1]《宝庆志》的成书年代相距孝祥卒年只有五十多年，所记之事应属可信，惜其记载过于简略，没有说明孝祥出生于鄞县的具体原因。比《宝庆志》稍晚一些，在景定年间成书的《宋名臣言行录续录》记载了这个问题。《续录》卷五“张邵”条云：建炎三年（1129），“九月，公改承奉郎召对，会遣泛使，公毅然请行。假礼书特转五官，除直龙图阁。武臣杨宪副之。二弟祁、邴皆补官，仍添差祁明州观察推官，奉母以居”。此后，在元仁宗延祐年间袁桷等人纂修的《四明志》（简称《延祐志》）记载得就比较完整。《延祐志》云：“张邵，字才彦，其先和州乌江人。宣和三年（1121）登上舍第，建炎初假礼部尚书使金，补其弟祁为明州观察推官，奉母居于鄞，卒葬之雷峰，因家焉。而祁子孝祥生于雷峰。”[2]光绪三年（1877）重修之《鄞县志》，所记与之大致相同。按《宝庆志》鄞县图志记载，方广寺在县西桃源乡，距城五十二里。旧号泗州院，唐咸通十一年（870）建，宋治平二年（1065）赐名方广院。雷峰盖即方广院所在地名。据此可知，张氏举家南迁，开始可能因张邵官而居于衢州；后张邵使金，张祁居长，应承担起奉养老母和照顾家小的责任，因而，在他补为明州观察推官之后，又举家迁入鄞县（明州志），寄居于桃源乡之方广院。据孝祥的《乞不施行官员限三年起离僧寺寄居札子》所说：“往者中兴之初，西北士人渡江，尝有指挥，许于僧寺安下。”[3]张氏寄居方广院，当然也是作为南渡官员按照朝廷规定安置的。所以，孝祥也就出生在那里。前引孝祥致明守赵敷文（伯圭）书有云“某顷寓居鄮郭余十年”，“故家视四明犹乡里”。鄮，古县名，汉置隋废，故城在鄞县东；鄞县西连四明山，属四明山区。“鄮郭”“四明”即鄞县或明州东代称。孝祥

---

① 《宋元四明六志》卷二一，《宝庆志》卷九。

② 《宋元四明六志》卷六五，《延祐志》卷四。

③ 《于湖居士文集》卷一六。

说他“寓居鄮郭余十年”，在他三十八年的一生中，十二岁以后的行踪大体上是清楚的，没有可能有那样长的时间在鄞县居住，只有在十二岁以前才有这个可能，这就是从出生到离开鄞县这一段时间。又在上史参政（浩）书中说：“生长四明，丘墓所寄，阡陌相连，实同党里。”[①]史浩，鄞县人，隆兴初为参知政事。孝祥在这里说得更加明白，他之所以认为史浩“实同党里”，是因为自己就生在那里，长在那里，那里有他家的先人坟墓，有同史家阡陌相连的田产。看来，张祁居官明州时，在鄞县还置有一些产业，否则，何来“丘墓所寄，阡陌相连”之类的事情？张邵出使前并没有在明州做过官，后来投闲四明十余年，大约就是接受了这份产业。

（三）孝祥迁居芜湖，约在绍兴十三年（1143）。这年张邵由金南归，“以母年七十谒告归鄞”[②]。张祁或因宋金和议成，江北不很吃紧，可以隔江照管和州故居；或因迁官，就近择居，迁到芜湖居住，具体原因不清楚。孝祥之从弟孝伯在《张于湖先生集序》中说：“于湖先生长孝伯五岁，垂髫奉书追随，未尝一日相舍。别去余十年，先生再冠贤书，会于临安，时绍兴癸酉也。”[③]“垂髫奉书追随”，应为寓居鄞县时事。绍兴癸酉，即绍兴二十三年（1153）。这年秋天，孝祥会试漕司，名列第一，到临安准备参加进士考试，孝伯在临安准备入太学读书，两人再次见面。孝伯说他们分别了十年多，当是绍兴十三年孝祥随父迁居芜湖时与孝伯分别的。

四、关于甲戌首选始末

绍兴甲戌（即绍兴二十四年，1154），孝祥年二十三，廷

① 《于湖居士文集》卷三五。

② 光绪三年（1877）刊本《鄞县志》卷三七《张邵传》。

③ 《于湖居士文集》卷首。

试，高宗亲擢进士第一。妙年高第，本是人生一大乐事，可是，在这前前后后，经过不少周折。

当时，秦桧把持朝政，为了通过考试扶植亲党，使尽阴谋诡计。其孙秦埙以恩荫已官至敷文阁待制，秦桧要他参加本科考试，并要取得第一。上年八月，秦埙会试两浙漕司，秦桧即指使亲党告知即将主持考试的平江府观察推官萧燧说："丞相有孙就举，将以属君。"不料遭到萧燧的拒绝。秦桧一怒之下，撤去萧燧，从学士院直接派去一个张教授主考，秦埙自然名列第一①。礼部复试，又因秦桧亲党把持，秦埙再列第一。后经廷试，高宗阅卷，觉察到其中有弊，亲擢孝祥第一，抑秦埙为第三。此事《建炎以来系年要录》记载较为详细：

> （绍兴二十四年三月甲寅朔）辛酉，上御射殿，策试正奏名进士。先是秦桧奏以御史中丞魏师逊、权礼部侍郎兼直学士院汤思退、右正言郑仲熊同知贡举。吏部郎中权太常少卿沈虚中，监察御史董德元、张士襄等为参详官。师逊等议以敷文阁待制秦埙为榜首，德元从誊录所取号而得之，喜曰："吾曹可以富贵矣！"遂定为第一。榜未揭，虚中遣吏逾墙而白秦熺。及廷试，桧奏以士襄为初考官，仲熊覆考，思退编排，而师逊详定。虚中又密奏乞许有官人为第一。至是策问诸生以师友之渊源，志念所欣慕，行何修而无伪，心何治而克诚。（此下秦埙、张孝祥、曹冠三人对策，从略）上读埙策，觉其所用皆桧、熺语，遂进孝祥为第一，而埙为三。赐孝祥以下三百五十六人及第至同出身。②

---

① 《建炎以来系年要录》卷一六六。

② 同上书卷一六六。

这科进士榜中，有一大批都是秦桧的亲党。所以，吕中《皇朝大事记》说："进士榜中悉以亲党居之，天下为之切齿，而士子无复天子之臣矣！"[①]孝祥能擢为进士第一，也算是侥幸中得来。

当然，在这次金殿对策中，孝祥确实显露出自己的出众才华，博得了高宗的赏识。如他的策论中就有这样一段精彩的话："今朝廷之上，盖有大风动地，不移存赵之心；白刃在前，独奋安刘之略。忠义凛凛，易危为安者，固已论道经邦，燮和天下矣！臣辈委质事君，愿以是为标准，志念所欣慕者，此也。"[②]文情并茂，气势飞动，表现出一个爱国的青年知识分子昂扬奋发的精神境界，非一般应试策论可比。高宗当即下了"议论确正，词翰爽美，宜以为第一"[③]的批语。宋叶绍翁《四朝闻见录》还有这样的记载："高宗酷嗜翰墨。于湖张氏孝祥廷对之顷，宿酲犹未解，濡笔答圣问，立就万言，未尝加点。上讶一卷纸高轴大，试取阅之，读其卷首，大加称奖。而又字画遒劲，卓然颜、鲁，上疑其为谪仙，亲擢首选。"[④]

但是，这不仅没有给孝祥招福，反而招来了横祸。廷试刚完，秦桧就开始谋划陷害张氏父子。《张安国传》云："先是，上之抑埙而擢孝祥也，秦桧已怒，既知孝祥乃祁之子，祁与胡寅厚，桧数憾寅。……于是风言者诬祁有反谋，诏系狱。"《四朝闻见录》还记载了廷唱后，秦桧与孝祥的一段对话：

> ……张正谢毕，遂谒秦桧，桧语之曰："上不惟喜状元策，又且喜状元诗与字，可谓三绝。"又叩以诗何所本，字何所法，张正色以对："本杜诗，法颜字。"桧笑曰："天下好事，君家都占断。"盖嫉之也。[⑤]

---

① 《建炎以来系年要录》卷一六六夹注。

② 同上书卷一六六。

③ 见《张安国传》。

④ 《四朝闻见录》乙集"张于湖"条。

⑤ 《四朝闻见录》乙集"张于湖"条。

周密的《齐东野语》，除记载了上述内容外，还说：高宗首选孝祥，实以抑秦，秦不能堪，嗜曰："胡寅远斥，力犹能使故人之子为状元邪！"[①]胡寅是当时著名的学者，曾官至中书舍人，与张祁交好，因反对秦桧的投降政策，遭到打击，后又以"讥讪朝政"罪被远斥新州。秦桧把孝祥中状元的事同胡寅联系起来，就暗示他要对张氏父子进行政治陷害。加之后来孝祥拒绝了秦桧亲党曹泳（时知杭州临安府）的请婚；在期集所时又上疏为岳飞辩诬，说："岳飞忠勇天下共闻，一朝被谤，不旬日而亡，则敌国庆幸而将士解体，非国家之福也。""今朝廷冤之，天下冤之，陛下所不知也。当亟复其爵，厚恤其家，表其忠义，播告中外。俾忠魂瞑目于九原，公道昭明于天下。"[②]更加引起了秦桧及其亲党的不满。于是便有次年九月张祁被诬下大理寺鞫治的冤狱。当时，秦桧指使右正言张扶构陷张祁的主要罪名，就是勾结胡寅，参与"反谋"，说胡寅"虽在谪籍，犹可以造张祁父子之大福，使举世不敢言祁"[③]。若非这年十月秦桧死去，张氏父子还不知要遭多大的灾难。后来，孝祥在致魏良臣的书中说："伏念某乡持末学，辄冒首科，触宰路之虞罗，陷亲庭于狴犴。"[④]说的就是他中了状元，触犯秦桧，反而因福得祸，殃及乃父的事。

五、关于己卯落职

绍兴己卯（即绍兴二十九年，1159）六月，孝祥由起居舍人权中书舍人正式除中书舍人。但就在这年八月，因殿中侍御史汪

---

① 《齐东野史》卷一三"张才彦"条。

② 《宣城张氏信谱传》。

③ 《建炎以来系年要录》卷一六九。

④ 《于湖居士文集》卷二一《洪帅魏参政》。

澈的弹劾而落职，并且株连了一大批人落职、放罢。这是孝祥在政治上遭受的一次沉重打击，而且被闲置多年，直至绍兴三十二年（1162）闰二月才重新起知抚州。但此事诸传记载都十分简略，只说汪澈劾孝祥“奸不在卢杞之下”，不免给人留下许多疑窦。现查有关资料，其情况大致如下。

《建炎以来系年要录》卷一八三，绍兴二十九年八月壬子下记：

> 殿中侍御史汪澈言：“中书舍人张孝祥轻躁纵横，挟数任术，年少气锐，浸无忌惮。孝祥继母才以父官封孺人，孝祥辄乞用己官职躐封恭人。父亡即随子官，著令也；孝祥盖有无父之心焉。交游郭世模，受财夺官久矣，孝祥曲为经营，与之改正，复齿仕列，此以私意而坏陛下之法令也。黄文昌浮薄沽名之士，孝祥则宛转吹嘘，致被召命；张松驵侩胥吏之子，孝祥则强令刘岑辟倅扬州；江续之狡猾贪饕，孝祥则爱其奉己，为之提携，遂得登闻鼓院；韩元龙资浅望轻，孝祥以姻亲为之维持，欲得总领，此以诡计而误陛下之除命也。又养侠士左鄯辈，刺探时事，交通权贵，踪迹诡秘。方登从班，而所为已如此，若假以岁时，植党连群，其为邦家之虞，当不在卢杞之下。望早折其萌，速从窜殛。”诏孝祥与外任，世模改正，指挥勿行，鄯押归本贯，续之、元龙并放罢。既而，孝祥乞宫观，乃以孝祥提举江州太平兴国宫。

从汪澈的劾章来看，孝祥的落职，似为罪有应得。但究其事实真相，除江续之其人其事不大清楚者外，其他诸款多属歪曲事实，构陷成罪。（一）关于请封继母事，因是年正月，皇太后行八十寿庆，《庆寿诏书》规定：“凡通籍于朝者，皆驰恩其父母。”即按官职大小，给其父母以一定的封赠。时孝祥之父张祁为承务郎，知蒋州，不在封赠之列；孝祥因“引用恩诏”请求按自己的官职加封其继母为恭人。奏札是经过宰执进呈给皇帝的，后又经皇帝的特别恩准，是不应引常例加孝祥以欺君、无父之罪的。（二）关于为郭世模改正“受财夺官”案件一事，史书不见记载。而据《于湖居士文集》中现存的两封向明州守姜师仲荐举郭世模的书信来看，可能有其事。至于郭世模其人，是与孝祥“相从十五年如一日”的早年同窗，能诗善文，当时的著名学者如吕本中、曾几等人亦相与往还，“目之为小友”。孝祥说他“长不满五尺，胸次浩然，常欲轩轾天下士。闻不平事，攘臂啮齿，椎床唾壁，终日咄咄”[①]。时赵鼎遭秦桧打击，死于贬所，世模颇为不平；秦桧死，世模作《广招》，告慰赵鼎亡灵。看来，郭世模是一个愤世嫉俗的正直之士，曾为当路所不容，以致加罪夺官。孝祥设法为之改正复官，亦在情理之中。（三）关于黄文昌召命一事，据《建炎以来系年要录》所记，是年二月，浙西提刑邵大受辟黄文昌为崇德令，文昌力辞。原因是，前不久，已差范彤充任，范彤尚未到职，又改辟文昌，文昌不愿挤掉范彤，所以力辞不就。后有命召赴行在，另予差遣。这个召命可能得力于孝祥。就黄文昌这一行动本身来说，应该受到称赞，也应该给予另外的差遣，不能认为是“浮薄沽名”的举动，更不能据以加罪孝祥。（四）关于张松通判扬州一事，汪澈说张松乃“驵侩胥吏之子”，可能认为张松出身微贱，不配做这样的高官。不论材力，专看门第，这本身就是一种门阀观念。张松其人，刘岑说他“敏给精干，材力有余。往年梁扬祖在虔、洪，颇得松力。若使治兵训民，必有可观”[②]，因

① 《于湖居士文集》卷一五《广招后序》。

② 《建炎以来系年要录》卷一八三。

而请增张松为扬州通判。且张松其时已位至朝奉大夫，出判扬州，算不得有多大升迁。这中间可能经过孝祥的推荐，至于说“强令刘岑辟倅扬州”，未免言过其实。（五）韩元龙是孝祥的妹夫，确为姻亲，但其升迁并非孝祥之力。元龙因知天台县有治绩，绍兴二十七年（1157）三月，权礼部侍郎贺允中以其“长于治县”荐之于朝，这是在孝祥为起居舍人之前的事。绍兴二十九年（1159）二月元龙入为司农寺主簿，迁司农寺丞，后又往浙西核实常平米，与孝祥也没有多大关系。所谓“欲得总领”即主持一路漕司，孝祥没有那样大的权力，很难给予维持。这纯属没有根据的揣测之词。（六）关手左鄗其人，生平事迹不详，盖即孝祥文集中提到的左举善。孝祥初居官临安，一时名士从游者甚多，左举善即其中之一。王明清《玉照新志》说：“绍兴乙卯（应为‘己卯’），张安国为右史，明清与仲信兄、左郑（盖即‘鄗’之误）举善、郭世模从范、李大正正之、李泳子永，多馆于安国家。”[①]这些人经常在一起谈古论今，游山玩水，吟诗作画。左举善亦能诗善画，《于湖居士文集》现存有《次韵左举善木樨》[②]一诗，曾几的《茶山集》有《书左举善秀才乞米图》[③]一诗，即可资证明。看来左举善是一个交游甚广的风流名士，并非如汪澈所说的“刺探时事，交通权贵，踪迹诡秘”的任侠之辈。总之，汪澈以上述诸事弹劾孝祥，且加之以“当不在卢杞之下”的罪名，不能不认为是一桩冤案。

那么，汪澈为什么要弹劾孝祥呢？据有关史籍记载，汪澈虽曾受知万俟卨，并由卨荐之入朝做官，但“自奉清约”，不附秦桧亲党。其弹劾孝祥，在很大程度上是为了发泄他在国史实录院供职期间和孝祥之间结下的私怨。《宋史·张孝祥传》云：

① 王明清《玉照新志》卷四。

② 《于湖居士文集》卷一〇。

③ 曾几《茶山集》卷八。

初，孝祥登第，出汤思退之门，思退为相，擢孝祥甚峻。而思退素不喜汪澈，孝祥与澈同为馆职，澈老成重厚，而孝祥年少气锐，往往陵拂之。至是澈为御史中丞，首劾孝祥奸不在卢杞下，孝祥遂罢。

又《信谱传》云：

初，公与汪澈同馆职，修先朝实录。澈老成畏祸，务在磨棱；公少年气锐，欲悉情状，往往陵拂。澈谓曰："蔡中郎失身于董卓，故不为君子所与。"公曰："顾自立何如？"思退闻之，不悦于澈之言。至是澈为御史中丞，乃首劾公等奸不在卢杞下，遂罢。

参照两传来看，孝祥与汪澈之间的矛盾，是由对待修史的不同态度而引起的。一个"少年气锐，欲悉情状"，一个却"老成畏祸，务在磨棱"，因而发生了龃龉。孝祥是在汤思退权礼部侍郎和任考官时擢高第，与思退有师生之分；思退也有意拉拢孝祥，"擢孝祥甚峻"，汪澈因讥之以"蔡中郎失身于董卓"。汤思退听到这句话，当然很不高兴，甚至影响到汪澈的升迁。汪澈也因之积怨在胸，于是便有了这次的报复行动。

（原载《江淮论坛》1981年第2期）

张孝祥是否因忤秦桧而下狱？

◎刘　强

宋高宗绍兴二十四年（1154）进士考试，秦桧指使亲信在礼部复试时，营私舞弊，将其孙秦埙列为第一名，而孝祥屈居第二。后经廷试，高宗觉察到其中有弊，亲擢孝祥第一，抑秦埙为第三，桧党曹泳（时知临安府）欲拉拢新贵，于殿处请婚，孝祥不屑与投降派同流合污，断然拒绝。秦桧一伙因此而忌恨他。后来孝祥又昂然上疏请为岳飞平反，要求朝廷“表其忠义，俾忠魂瞑目于九原，公道昭明于天下”。此举使秦桧一伙更加恼火；兼知孝祥乃右承议郎张祁之子，祁与胡寅厚，桧数忤寅，于是便将孝祥父子视为异己，欲加谋害。次年九月，桧指使党羽风言诬张祁“私犯兄嫂”，伤风败俗；并与胡寅等“谋反”，下大理寺鞫治[①]，以实现他剪除异己、欲陷海内众贤的歹毒阴谋。然而，后来孝祥是否因株连而下狱呢？有关史料众说纷纭，大相悖谬，令人费解。

宋陈振孙《直斋书录解题》云：“秦（桧）忌恶之，以他事下其父子大理狱。……”这是最早言及孝祥下狱的史著。然而，《解题》中叙述孝祥生平及张祁下狱的时间有明显的错误，疑其系道听途说，不甚确切。明毛晋编《宋六十名家

① 见李心传《建炎以来系年要录》卷一六九。胡寅曾官中书舍人，因反对秦桧的投降政策被贬谪新州。

词》，作《于湖词跋》，沿用陈氏之说，甚至把孝祥说成“蜀之简州人”，这就更加谬误。

1979年人民文学出版社再版的《中国文学史》（游国恩本），依然采用这一说法，曰：“张孝祥高宗时举进士第一，曾因事忤秦桧下狱。”其他不少报纸杂志及古典文学普及读物也作了同样介绍。然而，其可靠性是值得商榷的。早在1962年就有人提出过质疑①，我又查考了距孝祥卒年最近的史籍及其本人的有关文字，认定他并未下狱，本文试就此作简略考述，望能对张孝祥的研究略有裨益。

宋李心传编撰的《建炎以来系年要录》，成书在宋理宗端平年间，比陈氏《解题》要早，详尽记述了张祁冤狱始末，其内容大致如下：

当时秦桧老病日侵，存心在他死之前，除去海内贤臣大夫，以巩固其投降路线。绍兴二十五年（1155），潭州郡丞汪召锡密告知泉州赵令衿（太祖五世孙），曾观桧家庙，口诵“君子之泽，五世而斩”，桧即谪令衿至汀州；继闻赵鼎（故丞相，因政见不同被桧劾罢，绝食而殁）之子赵汾饮饯令衿，密传书信。桧认为时机已到，便与曹泳等阴谋策划，大兴冤狱。先暗嘱侍御史徐嘉劾奏赵汾与赵令衿秘密谋反，高宗诏逮汾与令衿下狱鞫治；桧又使右正言张扶进谗，言张祁是赵鼎、胡寅之徒，且与兄（张邵）嫂有私，“若不治之，则轻儇之徒”，于是诏系狱，时绍兴二十五年九月乙酉。桧又嗾狱吏拷掠赵汾、张祁，令其自诬与张浚、李光、胡寅、胡铨等五十三人共谋大逆。至十月中旬，狱吏将捏造的赵汾供状呈上，桧已病重不能言语和持笔书判，张浚等五十三人方才未遭杀身大祸。这五十三人中便有张孝

① 1962年第1期《合肥师范学院学报》载宛敏灏的《张孝祥和他的〈于湖词〉》指出：孝祥“登第后初补承事郎，签书镇东节度判官，到桧死不足一年，并无迁黜”。但这种论述未免过于简略，稍欠说服力。

祥。但他们仅仅是被列在黑名单上，秦桧来不及书判就一命呜呼了，可见孝祥等并未下狱。《要录》言及此案时说："但五十三人不能尽得其名，惜哉！……"知其事而不得其名，证明了这是一起流产了的阴谋，并未成为事实，否则这五十三人被捕下狱，问成死罪，一定有案牍可查，何以不得其名？

李心传记述此事，都注明了引文出处和资料来源，其依据有三点：（一）据朱熹所撰《赠太保张公（浚）行状》修入。朱熹与张浚、孝祥为同时代人，所撰史实似可信。《行状》与《要录》记述大体相同，无甚出入，云"桧故使徐嘉、张扶论赵汾、张祁交结事"，"又捕赵鼎子汾下大理狱，备极惨酷，考掠无全肤，令自诬与公及李光、胡寅等谋大逆，凡一时贤士五十三人，桧所恶者，皆与狱上，秦桧病笃，不能书判以死。时绍兴二十有五年也"。（二）据有关知情者的叙述。《要录》曰："臣（李心传自称）尝见前校书郎魏了翁言，在馆中时，闻今敷文阁直学士吴猎言：秦桧病时，大理寺官以赵汾等狱案上省，桧夫人王氏却之，语家吏曰：'太师病势如此，且休将这般文字来激恼他。'如是者再三。桧死，事遂已。……臣又尝见蜀之老士人有为薛仲邕馆客者，言仲邕时持案牍入桧卧内，是时已拟定刑名，只取桧一押字，会其疾笃乃已。所谓五十三人，赵令衿、胡铨、汪应辰、张孝祥之徒皆是也。臣按此时仲邕以枢密院编修官兼权检详，仲邕乃曹泳甥，与秦桧有连，故得出入卧内也。"（三）据朝廷有关案牍奏报，如赵汾、张祁下狱的日期，诏示都有案可查。而张浚、孝祥等却无，可见他们并没被拘捕。

另外，《要录》还记录了张祁平冤狱及孝祥在桧死后出任秘书省正字的情况：十一月，"乙丑。……上因语及大理寺官多是观望，廷尉天下之平，如此朕何所赖？赵令衿、赵汾被罪事起莫汲……如近日张祁坐狱，皆是曹泳以私憾诬致其罪，卿等速治之"。又十二月"丙子……左承事郎张孝祥为秘书省正字。故事，殿试第一人，次举始召。先是秦桧以孝祥父祁为胡寅所厚，命有司按以反谋，系诏狱。上祀郊之二日，魏良臣密启释出之。因有是命”。这些文字都只说张祁诏狱，而未提及孝祥，可算又是一证。

据笔者查考有关张浚、胡寅、胡铨、李光等在“狱案”名单上的人，史籍上除记载了他们被秦桧所忌，“欲杀之”的阴谋外，也均未坐实下狱之事。

且张孝祥在写给参政魏良臣的信中说道：“伏念某乡持末学，辄冒首科，触宰路之虞罗，陷亲庭于狴犴。……乃圣主类郊之二日，辱明公造膝之一言。可但释累于诏狱之冤，且复育材于儒馆之邃。”就很清楚地说明他因忤秦桧，累及其父下狱，而并不是指他自己。在致淮西吴漕文中，他自称：“某晚出寒乡，误蒙拔擢，为郎满岁，遽躐殿坳……”则又证实了他自绍兴二十四年（1154）十一月初补承事郎，至绍兴二十五年（1155）十二月出任秘书省正字，的确一直在任上，并无黜谪。

综上所述，孝祥虽未下狱，但已入秦桧罗织罪名、制造冤狱的黑名单，十分危险。故李心传作《建炎以来朝野杂记》，说：“安国既登第，独不附秦（桧），安国几为所杀，由是见重于当时焉。”时人若不明了详细内幕情况，是很容易误认为他已下狱的，所以有孝祥父子同时被逮鞫治的讹传，这也是可以想见的。

然而史实毕竟是史实，不可随意杜撰。根据以上考述，我是不能同意《中国文学史》（游国恩本）的说法的。若有谬误之处，乞以指正。

（原载《安徽大学学报》1984年第3期）

张孝祥被诬入狱之说不可信

◎曹济平

南宋前期爱国词人张孝祥是否被诬入狱的问题，过去有些词学论著和中国文学史持肯定的意见，如刘大杰《中国文学发展史》（中册）说张孝祥“为秦桧所忌，因以入狱”。游国恩等主编的《中国文学史》也认为孝祥“因事忤秦桧下狱”。

1962年，宛敏灏先生发表不同看法，认为“孝祥生平未尝入狱”①。但没有考辨孝祥“入狱”之说的史料来源及沿讹，也没有引起人们的注意，因此近来撰写的某些论著（包括重印的《中国文学史》等），仍主前说，而在学术界影响较大的则是修订本《辞源》（第二册，1980年版）采用被诬入狱之说，其张孝祥条目云：

> （孝祥）高宗朝进士第一。曾被秦桧诬陷入狱。桧死后，任建康留守……

这里有两个问题值得商榷：一、张孝祥被秦桧诬陷入狱的问题；二、孝祥是否在秦桧死后任官的问题。

先说第一点。据史料，被秦桧诬陷入狱的不是张孝祥，而是他的父亲张祁。时间在绍兴二十五年（1155）。

按《宋史·张孝祥传》云：“绍兴二十四年，廷试第一。……

① 见《张孝祥和他的〈于湖词〉》，《合肥师范学院学报》1962 年第 1 期。

考官已定埙冠多士，孝祥次之，曹冠又次之。高宗读埙策皆秦桧语，于是擢孝祥第一，而埙第三……先是，上之抑埙而擢孝祥也，秦桧已怒，既知孝祥乃祁之子，祁与胡寅厚，桧素憾（胡）寅……于是风言者诬祁有反谋，系诏狱。会桧死，上郊祀之二日，魏良臣密奏散狱释罪。”

这与《宋史·高宗本纪》所载绍兴二十五年（1155）十月“命大理鞫张祁附丽胡寅狱，十一月释张祁”以及李心传《建炎以来系年要录》卷一七〇所云“先是秦桧以孝祥父祁为胡寅所厚，命有司按以反谋，系诏狱。上祀郊之二日，魏良臣密启释出之”完全相符合。再看张孝祥在《洪帅魏参政》启中所说：“某乡持末学，辄冒首科，触宰路之虞罗，陷亲庭于狴犴。……乃圣主类郊之二日，辱明公造膝之一言。可但释累于诏狱之冤，且复育材于儒馆之邃。”亦与史传所载相吻合。既然史传明载张祁被诬入狱，怎么又扯到了张孝祥的身上呢？这与所谓的胡寅狱案有着十分密切的关系。

查《宋史·胡寅传》，仅云：“桧既忌寅，虽告老犹愤之，坐与李光书讥讪朝政落职。”根本没有谈到兴狱事。最早提及的是熊克《中兴小纪》（卷二六），绍兴二十五年（1155）冬十月，“又江西转运判官张常先笺注宗元所与浚诗，亦兴狱株连及浚。又捕故相赵鼎之子汾，下大理狱，令自诬与浚及李光、胡寅等有异谋，凡五十三人。狱上而桧病笃，不能书矣”。这段记载与《宋史·张浚传》所云“张常先使江西，治张宗元狱，株连及浚，捕赵鼎子汾下大理，令自诬与浚谋大逆，会桧死乃免”的说法相一致。

有关张祁、胡寅狱事记载较详细的是李心传《建炎以来系年要录》。在该书卷一六九“绍兴二十五年冬十月”载：“乙酉。右正言张扶言：谨按右承议郎张祁，本农家子，缘其兄邵奉使，遂叨一命。乃私犯其嫂，以至有娠，于蓐中阴杀以灭口。胡寅从而庇之。……前此孝祥新第而归，终不敢往见，且寅之为人，凶悖险诈……虽在谪籍，其势力犹可以造张祁父子大福。……臣身任言责，岂敢避忌……伏望付于有司，正其罪名，以快天下公论，诏大理寺根治。”姑且不论张扶所言是否属实，从内容来看，也不过是一张“告状”，并没有构成入狱的事实。再看同卷同月辛卯所载，事情就更为明显：“桧秉政十八年，富贵且极，老病日侵，将除异己者，故使徐嘉、张扶论赵汾、张祁交结事，先捕汾下大理寺，拷掠无全肤，令汾自诬与特进永州居住张浚、责授建宁军节度副使昌化军安置李光、责授果州团练副使致仕新州安置胡寅谋大逆，凡一时贤士五十三人，桧所恶者皆与狱上，而桧已病不能书矣。”按李心传在此条下注云：“臣又尝见蜀之老士人有为薛仲邕馆客者，言仲邕时（以枢密院编修官兼权检详）持案牍入桧卧内，是时已拟定刑名，只取桧一押字，会其疾笃乃已。所谓五十三人，赵令衿、胡铨、汪应辰、张孝祥之徒皆是也。”

从以上文献史料可以看出三点：一是明载张祁曾被诬入狱；二是诬陷张浚、胡寅等五十三人谋反事，因秦桧病笃而未能形成大狱。但是，后来的通行本南宋陈振孙《直斋书录解题》刻成“下其父子大理狱”了。查《直斋书录解题》卷一八《于湖集》题解原文：“中书舍人历阳张孝祥撰。甲戌多士出思陵亲擢，秦相孙埙遂居其下，秦忌恶之，以他事下其父子大理狱。”此处按文意，应理解为把张孝祥父亲及其儿子下狱，显然是与史实不相符的。父子的“子”字，疑为“于”字之误。后人未加详审，以致沿讹。可见，此说实不可信。

第二点，由于误认孝祥被诬入狱，因此对他任官时间说在秦桧死后，亦不确。据宋官诰《初补承事郎授镇东签判诰》云：“敕赐进士及第张孝祥。……可补承事郎，特差签书镇东军节度判官厅公事。奉敕如右，牒到奉行。绍兴二十四年十一月十日。”这就证明孝祥最初任官在秦桧生前，而不是在死后。

（原载《文学遗产》1984年第3期）

关于张孝祥生平和创作几个问题的考辩

◎彭国忠

辛更儒在《文史》第40辑、2000年第3辑先后发表《〈于湖居士文集〉附录张孝祥事迹及版本真伪考》（简称《真伪考》）、《宛敏灏〈张孝祥词笺校〉辨正》（简称《辨正》）两篇文章，阐述了他对张孝祥生平事迹的一些看法。他所提供的材料和观点，有些在一定程度上可补充、纠正宛敏灏著作中的不足，如关于张孝祥知抚州的仕历等。但是，这两篇文章的主体内容重复，有些还相互矛盾；第二篇文章专以宛先生的《张孝祥词笺校》为鹄的，由于辛氏不能客观地对待宛先生和他的观点，连宛先生本来正确的地方也强加指责，本文就此略陈己见。

一、关于张孝祥绍兴间仕历

辛氏《辨正》称宛先生关于张孝祥绍兴间仕历的说法皆误，且属于“纰缪之甚”，其实，只要两相对比一下，即可发现辛氏所言并非事实。

宛先生：绍兴二十四年，廷试擢进士第一……补承事郎、签书镇东军节度判官，括号注引《文集》附录《初补承事郎授镇东签判诰》，时间为该年十月十日。辛氏引《系年要录》卷一六六补充策试时间及进士人数；又引《宋会要辑稿·选举二》之十八，言张孝祥授职时间是该年四月十五日。按：辛氏所引

《系年要录》不足以证明宛先生是错误的。至于《宋会要辑稿》的记载不同，实亦有辩。盖南宋以来，官制混乱，秦桧当权时尤甚，当时的宋人每多感慨，洪迈《容斋三笔》卷四云："自南渡以来，典故散失，每除书之下，先以省授之，而续给告，以是迁延稽滞。"并记载其父皓使金归，得朝廷嘉奖，除徽猷阁直学士，刘才邵当制，直至洪皓出知饶州，将近一个月，"犹未受告"。洪皓之使归，当时得到朝野关注，其除命尚且如此滞迟，其他人可想而知。故张孝祥授职之诰在十月方下，没有什么可怪的。而且，官诰明确用了"补承事郎"之字，而非"授"或"除"，其间的意味颇堪品玩。

宛先生：绍兴二十五年，转秘书省正字。辛氏先据《系年要录》卷一七〇言时间为该年十二月丙子（三日），次引《南宋馆阁录》卷八，时间为次年正月，为弥缝两个记载之间的不合，于后者特加括号注"此为到任时间"，即是说，除官时间仍是二十五年。如此，辛氏充其量只是将时间具体到月日，年份与宛先生之说无异，则何以反说宛说为"纰缪之甚"？

宛先生：绍兴二十六年，迁校书郎，兼国史实录院校勘。辛氏据《南宋馆阁录》卷八记载，时间为次年二月乙未（二十三日）。然若依其"此为到任时间"例，二十六年未必为非。

宛先生：绍兴二十八年，除起居舍人。辛氏据《系年要录》卷一八〇，补时间为该年八月癸巳（六日），然亦不能证明宛先生误。

宛先生：绍兴二十九年，权中书舍人。辛氏据《系年要录》卷一八二：此年闰六月癸酉（二十一日），张孝祥试中书舍人。辛说仅比宛说在时间上具体一些，并无根本性的不同，仍然不能证明宛说为非。且这里还有着"权""试"之别。

综上所述，在张孝祥以上仕历中，辛氏"新说"不足以，也并没有推翻宛先生之说，更不能证明宛先生之说"纰缪之甚”，只能补充些许具体的月日。而这些月日，虽然具有相当的研究价值，但也不能称为定论，因为不但存在着像前文所引关于张孝祥任秘书省正字的时间那样，《系年要录》与《南宋馆阁录》的记载不同的现象，而且，辛氏《辨正》一文中数处出现的“《南宋馆阁录》同”，也全部不可靠。查《南宋馆阁录》可知，它的时间只具体到月，不到日。同时，辛氏所据以成说的几部史料，彼此间也难以完全一致，如《系年要录》卷一七九云：绍兴二十八年正月癸未，秘书省校书郎张孝祥守礼部员外郎，《南宋馆阁录》卷八除无日期外，称“为礼部员外郎”（辛氏所引张孝祥《辞免起居舍人奏状》、周麟之《海陵集》中张孝祥除官制是“除礼部员外郎”）；又如《系年要录》言张孝祥二十八年八月癸巳试起居舍人，九月辛巳兼权中书舍人，二十九年闰六月试中书舍人，而《宋会要辑稿》言二十九年正月张孝祥衔仍是试起居舍人、兼权中书舍人。其间的差别，虽然琐细，但毕竟存在，不容忽视。

辛氏之所以指责宛先生“纰缪之甚”，恐还有一个原因，即张孝祥绍兴间的仕历，宛先生书中尚有兼国史实录院校勘等，轶出了《系年要录》等书的记载范围。辛氏指出：“《会要》本是宋代官修史书之一，而《系年要录》则是根据《日历》《实录》《国史》等官修史书，并参稽各类公私史学著述编写的一部南宋高宗朝的编年史，故所记张孝祥在高宗朝的仕历独详，除罢的月日俱在，自属绝对可靠。”关于这些史书的价值，辛氏所言大体可信，但将其绝对化，说它们“绝对可靠”，诚为欺人之谈。即以《南宋馆阁录》为例，正如张富祥在点校本的前言中所指出的：“由于时代的变迁及版本流传等方面的原因，本书在编纂及内容上也存在着重大的缺陷，首先是内容不全……很难要求本书在更为完整的意义上反映南宋馆阁制度的全貌。其次是编纂体例不谨严……再就是本书版本极其驳杂……”[1]对不少古代典籍来说，这些问题都普遍存在。辛氏对此一概无视，认为这些史书中记载的，自然“绝对可靠”，这些史书中未记载的，自然“绝对”不可靠。所以，在《真伪考》中，他说：“官诰所载任秘书郎、校书郎的仕历，按其时序自应在绍兴间，然而这两个官职孝祥也从未担任过，这不仅据《要录》所载可知，《南宋馆阁录》这两个官职的条目中也没有记载孝祥的名字，知官诰亦系凭空捏造。”恐怕没有历史“常识”的人，也不会做出这样的推理。

正是在这样的思想支配下，辛氏才认为，宛先生“《年谱》所记张孝祥绍兴间担任的如下官职，如校书郎所兼国史实录院校勘、秘书郎、著作郎，以及历次迁转的阶官如宣教郎、朝请郎、奉议郎等全为子虚乌有，而其起讫月日，亦皆无据”，表现出极大的盲从、刚愎自用。其实，即如其中“宣教郎”之阶，辛氏《辨正》引洪适《洪文安公集》之《左宣教郎起居舍人张孝祥母时氏恭人制》之题，已证明张孝祥确曾经历过；又如，《文集》卷一六《乞修日历札子》题注云：“起居舍人，兼修玉牒实录院检讨官日。”而张孝祥与人书更有“左宣教郎、试起居舍人兼玉牒检讨官”的署衔[2]，若依辛氏之见，这些官职、阶衔因为未被《系年要录》等记载，是否也属于“子虚乌有”“纰缪之甚”？辛氏一面在《真伪考》中根据《宋史·职官志》列出绍兴以后阶官顺序，有宣义郎、宣教郎、通直郎、奉议郎，等等，并声称“南宋京朝官亦例须按年资迁转”，“奉议郎以上不论有无出身一般均须逐资迁转”；一面却在《辨正》中将《文集》附录官诰之奉议郎也列入他所谓“子虚乌有”中，请问：既然“例须按年资迁转”，张孝祥不历奉议，如何得以迁入上一

① 陈骙著，张富祥点校《南宋馆阁录》，中华书局1987年版。

② 姚衡《凤墅残帖释文》卷一《法帖第二》。

级的承议、朝奉？辛氏又谓："孝祥入仕十五年（包括前后闲退居家四年），如无特令迁官的覃恩，依年循序迁转，亦只能四迁阶官。"若我们按照辛氏所说进行推算，自二十八阶承事郎起，四迁只能到被辛氏否定掉的二十四阶奉议郎止，而辛氏据"绝对可靠"的史料排比出来的官阶，却又有第二十三阶承议郎、二十二阶朝奉郎，如此自相矛盾、前后抵触的地方，不知辛氏如何解释？

二、张孝祥隆兴改元后的事迹

宛先生《年谱》据《宋史》本传及《信谱传》谓隆兴二年（1164）张孝祥以汤思退言，由都督府参赞军事改除敷文阁待制；辛氏据《朝野杂记》乙集卷三《宰执恭谢德寿重华圣语》谓因张浚除右相兼江淮都督后，入见太上皇高宗，高宗说了句"张孝祥想甚知兵"的话示疑，遂致罢参赞军事。按：关于张孝祥罢参赞军事的原因，应结合《宋史》本传及《朝野杂记》综合考察。张孝祥此任，显因张浚之荐[①]，但紧接着，张浚于四月丁丑罢相，又于八月辛巳去世，这样，张孝祥无疑失去了坚强的后盾。张浚罢相之后，汤思退力主和议，撤去边备，示金以重兵胁和之意，十月，金兵入侵，十一月，攻破楚州、濠州，当金人犯边时张孝祥"陈金之势不过欲要盟"（《宋史》本传），张孝祥所言实际是揭露了汤思退的乞和阴谋，以致遭到汤党人物宣谕两淮的钱端礼、王之望的弹劾而落职。再说，《朝野杂记》之记载

① 《朝野杂记》甲集卷八："隆兴初，张忠献公再入为右相，上注意甚厚，使公条奏人材可用者，公奏……张舍人孝祥可付事任。"朱熹《少师保信军节度使魏国公致仕赠太保张公行状》（下）："（隆兴元年）十二月二十二日，制拜公尚书右仆射，同中书门下平章事，兼枢密使，都督如故。……公既入辅，首奏当旁招仁贤，共济国事。上令条具。公奏……张孝祥可付事任。"

虽然未为无据，但需要辨别的是，该书原话云“于是张孝祥旋亦罢黜”，考张浚与高宗之问答是在三月，既言“旋亦罢黜”，时间当不会太久，但事实上，张孝祥之黜是在十月或十一月。故《朝野杂记》的记载颇让人怀疑。

关于张孝祥罢建康府的原因，《宋会要辑稿·职官七一》之八云：“隆兴二年十月四日，左朝奉郎敷文阁待制知建康府张孝祥落职放罢，以侍御使尹穑论其出入张浚、汤思退之门，反复不靖故也。”亦只是论其表面现象，《续资治通鉴》卷一三八“隆兴二年四月丁丑”记事：“汤思退讽右正言尹穑论（张）浚跋扈……浚乃请解督府，诏以钱端礼、王之望宣谕两淮而召浚还。端礼入奏，言两淮名曰备守，守未必备；名曰治兵，兵未必精，盖诋浚也。”在张浚北伐及整个和战之争中，汤思退实际一直起着阻挠用兵的关键作用。《朝野杂记》甲集卷五《隆兴和议》云：“……会不数日符离师溃，上意亦浸疑。汤丞相进之还朝，复主和议，由是魏公遂黜，而海、泗、唐、邓、商、秦弃矣。论者惜之。”所以，无论是钱端礼、王之望，还是尹穑，皆受命于汤思退，汤隐身于后，讽喻诸人使论劾张浚。钱端礼、王之望附丽左相汤思退，连右相张浚都敢诋毁，何况张孝祥的身份只是一路帅臣！辛氏称“张孝祥的罢免的确和当时的两淮宣谕使无关”，乃只见树木不见森林；又称：“即以情理论，两淮宣谕使尽管‘权任殆亚于宣渝’，但仍无论列他路帅臣的职权，钱、王辈即使与张孝祥政见不合，也无越职论事之权。”声称“以情理言”，实际却不合情理，因为张孝祥落职时汤思退仍为相，尹穑此时恐怕还不敢用“出入张浚、汤思退之门，反复不靖故”之类的话来弹劾张孝祥。

关于张孝祥知、罢建康的时间，诸书记载颇为混乱。《翰苑群书》所记除知之时为隆兴二年（1164）三月；景定《建康志》卷一四云除日为三月七日，罢日为十月十二日；《留都录》则言："张孝祥，隆兴二年二月，以敷文阁待制安抚使兼行宫留守司公事。"最混乱的可能是被辛氏奉为"绝对可靠"之一的《宋会要辑稿》，这部书前后不一，达到令人吃惊的程度：其《选举三四》之十四言："（隆兴二年）三月一日，诏中书舍人兼直学士院知建康府张孝祥罢参赞军事，除敷文阁待制，依旧知建康府。"《职官七一》之八言：该年"十月四日，左朝奉郎敷文阁待制知建康府张孝祥落职放罢"；而《食货八》之二十二竟然会有这样的文字："乾道元年正月十四日，敷文阁待制知建康府张孝祥言……"此等相互抵触之处，足以证明对任何典籍均不可盲目信从，使用者须对材料进行综合的比较、概括。

宛先生《年谱》称张孝祥帅湖南时为"知潭州权荆湖南路提点刑狱"，辛氏批驳云："湖南安抚司治所在潭州，提刑司治所在衡州，安抚与提刑二者不能相兼，南渡以来皆然。此乃常识，而宛氏不仅信之不疑，又在饯送郑宪的《浣溪沙》词笺中写道……这完全是曲意牵合，不能免穿凿附会之讥。"这个所谓的"常识"是值得商榷的。宋制，提刑负有掌管刑狱、监察地方官员等职责，安抚则总辖军民，一般不相兼任，但兼任的情况也多存在。如《宋史·辛弃疾传》言"弃疾为宪时，尝摄帅"，即指绍熙三年（1192），稼轩在福建提点刑狱任上（即为宪），因安抚使林枅去世而摄帅，邓广铭据淳熙《三山志》林枅九月卒、郑侨十二月除知之事，特云："稼轩之摄帅，必在林氏既卒之后，郑氏犹未到任之前。"[①]似乎也不知道辛氏所谓"安抚与提刑二者不能相兼，南渡以来皆然"的"常识"。又，张孝祥《文集》卷三八《代总得居士与叶参政》书中有"蒙恩摄帅除漕"之语，说明张祁任淮南运判兼淮西提刑时，亦兼摄帅事。《宋史》卷四一《理宗二》："（嘉熙元年）六月丙午……知黄州兼

① 邓广铭《辛稼轩年谱》，古典文学出版社 1957 年版，第 104 页。

淮西安抚使、本路提刑李寿朋被命三月不即便途之官，遂还私舍，诏削三秩，送建昌军居住。”卷三九五《李大性传》：“孝宗崩，光宗……迁（大性）军器少监，权司封郎，提举浙东常平，改浙东提刑，兼知庆元府……”卷三九八《丘崈传》：“光宗即位……檄利路提刑杨虞仲往摄兴州。”等等。看来在南宋安抚兼提刑确是事实。《宋史·职官志七》只规定武官任提刑者（即武宪）不能摄帅，对文官并无明令。时湖南新遭李金之乱，案狱众多，在提刑乏任的情况下，由张孝祥权摄，乃情理中之事。故知宛先生在张孝祥《浣溪沙》词笺释中所说“张孝祥起知潭州，初曾兼代荆湖南路提点刑狱公事，其后湘邑郑子礼自湖南转运副使就拜本路提点刑狱……”本无不妥。郑安恭（子礼）原为广西提刑，尝与张孝祥同官，改转运判官，进副使，再改湖南转运副使。湖南转运司设在长沙，提刑司设在衡州，张孝祥之为郑子礼送行，当是其接受新命至衡州赴任时，词即为是而作。如果定要有所讥讽，“不能免穿凿附会之讥”的，恐怕是辛氏而不是宛先生。

三、张孝祥致仕问题

关于张孝祥生前是否致仕的问题，辛氏先在《真伪考》中说：“南宋官员致仕与北宋的明显区别，在于除少数人因年事已高，于生前申乞‘引年致仕’外，大多数官员或终于位，或卒于家，都是待死后由家属申乞致仕遗恩……”复于《辨正》中云：“无论从情理上还是从事实上看，张孝祥是在卒后才由家属申请致仕的。”又以决绝的口吻说：“按宋代旧制，奉祠者例不进秩，故在其生前决无‘进显谟阁直学士致仕’之事，是不容置疑的。”并由此证明《文集》后所附官诰及《信谱传》为伪造。其全部依据就是洪迈《容斋随笔》卷一〇《致仕之失》，但洪迈在这则随笔中已明言这种做法为“失”，亦非朝廷致仕制度，只是相沿成习，故他于绍兴二十九年（1159）论奏乞止之，高宗亦“欣纳”，后因首相汤思退阻挠而作罢。然既非制度著为法令，又“间千百人中有一二”（洪迈语）例外，则大臣之是否致仕，当取决于其个人是否愿意从众，及朝廷之意如何，实难以一律衡裁所有人，自不能作为张孝祥是否生前致仕的证据。且洪迈所记与史实亦多出入，辛氏由此出发妄加申发，更是荒唐。今仅以张孝祥同时人之事迹为证，以明其非。

《宋史》卷三八三《陈俊卿传》言俊卿在汤思退当国时“累章请罪，以宝文阁待制知泉州，请祠，提举太平兴国宫”，及汤思退罢，“除吏部侍郎、同修国史……知建康府……授吏部尚书……拜同知枢密院事……”后因与虞允文论事不谐，复“请祠，提举洞霄宫”，然“淳熙二年，再命知福州。累章告归，除特进，起判建康府兼江东安抚……除少保，判建康府如故。八年上章告老，以少师、魏国公致仕。十三年十一月薨，年七十四”。卷三八四《陈康伯传》载陈康伯于秦桧当国时已“三奉祠”，桧死，“起知汉州……除吏部侍郎……除吏部尚书……拜参知政事……以通奉大夫守尚书右仆射、同中书门下平章事……拜光禄大夫、尚书左仆射……孝宗即位……以病乞去位……又辞郡丐外祠，除醴泉观使。（隆兴）二年八月，起判绍兴府……拜尚书左仆射、同中书平章事兼枢密使，进封鲁国公”。同卷《汪澈传》载：“……澈亦请祠，除资政殿学士、提举洞霄宫……落职，仍祠禄。明年，知建康府，寻除枢密使。在位二年，以观文殿学士奉洞霄祠，寻知鄂州兼安抚使……知宁国府，改福州、福建安抚使，复请祠。寻致仕。卒，年六十三。赠金紫光禄大夫……”同卷《叶颙传》称，颙因事“以资政殿学士提举洞霄宫”，又“除知枢密院事，未拜，进尚书左仆射兼枢密使……乾道三年……提举太平兴国宫。归至家，不疾而薨，年六十八。以观文殿学士致仕”。卷三八五《钱端礼传》：“端礼引嫌，除资政殿大学士、提举德寿宫兼侍读，改提举洞霄宫。起知宁国府，移绍兴，进观文殿学士……上闻之，与旧祠……复元职。”同卷《魏杞传》：杞“守左谏议大夫、提举江州太平兴国宫……授观文殿学士、知平江府……后以端明殿学士奉祠，告老，复资政殿大学士。淳熙十一年十一月薨，赠特进。嘉泰中，谥文节”。同卷《周葵传》：葵当秦桧时，“落职，主管崇道观”，桧死，“复直秘阁、知绍兴府。过阙，权礼部侍郎，寻兼国子祭酒……引疾，改提举兴国宫，加直龙图阁、知太平州……除兵部侍郎兼侍讲，改同知贡举兼权户部侍郎……除资政殿学士、提举洞霄宫。起知泉州，告老，加大学士致仕。闲居累年……淳熙元年正月，薨，年七十有七”。卷四〇一《何异传》记载得更为直接详细：“从所乞予祠，进宝章阁学士，转一官致仕。卒，年八十有一。”

以上连篇累牍地引用史料，旨在说明：（一）在当时，官员固有死后由家属申请致仕如叶颙者，但生前致仕者似乎更多。（二）宋代奉祠制度的设立本为“佚老优贤”，并不一定要等官员退休后、临死前才能奉祠，也不一定一个官员只能奉祠一次，前揭诸人有的奉祠三四次。（三）随之，奉祠者进秩的情况也比较常见。（四）张孝祥属于英年早逝，且是猝死，照一般情况看，未必就有奉祠以终老乡园之意，但正如辛氏所言，“由于父母多病，厌倦仕途，张孝祥早在官湖南时就萌生退意”。在所作诗文、与人书信中，他每于此意反复申明，这表明他的退隐之心相当坚决，故在生前申请致仕的可能性很大。而且，即使他以后想再出仕，在当时也完全可以。本传说他是先请祠，死后进显谟阁直学士致仕，《信谱传》及附录官诰皆言先进显谟阁直学士致仕，后死。这两个说法本来都可能存在，但揆以情理，后者似乎更可信。

四、张孝祥亲属问题

张孝祥亲属问题中最令人注目的是张同之是否系张孝祥亲生子。在这个问题上，辛氏犯了两个错误。

一是极力否认张孝祥有子，只承认他有女。辛氏引张孝祥去世后沈端节《挽于湖》诗："宁有故人怜阿鹜，但余息女类文姬。"推理说："我以为，'但余'句大抵是为张孝祥的绝嗣而感伤吧？"表现出他一贯的主观作风。其实，沈氏这两句诗，只是咏张孝祥身后的一件事：留有一妾并此妾所生张孝祥亲女，但此诗不能用以说明张孝祥死后只有此一妾一女。"故人怜阿鹜"系化用典故（按："鹜"或作"骛"）：阿鹜乃三国魏荀攸妾乳名，"初，颍川荀攸、钟繇相与亲善。攸先亡，子幼。钟繇经纪其门，欲嫁其妾。与人书曰：'吾与公达曾共使朱建平相，建平曰："荀君虽少，然当以后事付钟君。"吾时啁之曰："惟当嫁卿阿鹜耳。"何意此子竟早殒没，戏言遂验乎？今欲嫁阿鹜，使得善处。'"（《三国志·魏书·朱建平传》）"息女类文姬"，亦系化用曹操痛故人蔡邕无嗣，以金璧赎归其没入匈奴之女文姬之典故，这里似表明张孝祥无嗣。但沈氏恐怕并不了解实情。张孝祥在《过昭亭哭二弟墓》诗中，有"两儿二弟俱冥漠，顾影伶俜欲语谁"的话，说明他曾有两子已亡。而其《鹧鸪天·为老母寿》词云："同犬子，祝龟龄，天教二老鬓长青。明年今日称觞处，更有孙枝满谢庭。""犬子"之称，只能施于其亲生子，甚至连兄弟之子也不能如此称呼，这无可辩驳地证明张孝祥生前确实有子存在。《念奴娇》（风帆更起）有句云："默想音容，遥怜儿女，独立蘅皋暮。"辛氏承认这是"实指"，并说："词意表明，作者此时有儿有女。"却又哆哆不休："张孝祥只是晚年才有一个小女儿，这首词自然是到了乾道间才可以作出……"且不论其他，不管是早年作还是乾道间作，既属"实指”，又表明他“有儿有女”，那么，如何能说张孝祥只有女没有子？辛氏引此引彼，胡乱旁证，只是在外围绕圈子，不能说明根本问题。

二是怀疑同之为张孝祥亲子，这也就是辛氏坚持张孝祥晚年才有子的真正原因，即使他有子也是晚年所生，从而排除在张孝祥青年时出生的同之为其亲子的可能。其实，辛氏未料到，这样又与他在《真伪考》中所提的观点“孝祥卒时并无正当‘髫年’的幼子”相矛盾。按：同之之为孝祥亲子，亦应无疑。张孝祥门人谢尧仁为《文集》作序云：“天下刊先生文集者有数处，豫章为四通五达之冲，先是，先生之子同之将漕于此，盖其责也。”谢尧仁以张孝祥门人身份称同之为张孝祥之子，想必有据。当然，最权威的证据是1973年在江苏发现的张同之夫妇墓中出土的《宋故运判直阁寺丞张公埋铭》（以下简称《埋铭》），铭文大略谓：“公讳同之，字野夫，世为和州乌江人……祖祁……父孝祥，显谟阁直学士，朝奉郎赠朝散大夫，妣时氏硕人……”在张同之夫妇的随葬品中，有铜印一方：“方形，上部略小呈长方形，有0.7厘米对穿圆孔。六面刻文，正面刻‘张同之印’明文篆书，上面刻‘野夫’阴文篆书，四侧刻有‘十有二月’‘十有四日’‘命之曰同’‘与予同之’篆书跋文。”[①]辛氏承认“此跋为张孝祥所书，记张同之命名之缘由。盖因与张孝祥同一天诞生之故，遂命之为同之。”但仍然奋其私智，称：“依据张同之《埋铭》……但他是否为张孝祥的亲生子，实难言必。”（《辨正》）其刚愎一至于此！盖同之若非张孝祥亲子，何须张孝祥刻此铜印为证？此其一。其二，对辛氏在《辨正》中提出的“从张同之的来历看，他似乎为过继之子”的臆测，笔者以为，古人特重本身出处及本生姓氏，其过继者往往在墓志铭、传记等材料

① 南京博物馆《江浦黄悦岭南宋张同之夫妇墓》，《文物》1973年第4期。

中予以交代，有的还要返祖认宗，期至恢复本姓，如《宋史》卷三七二《王伦传》称：伦“无子，以兄绰之子为后”。卷三九六《权邦彦传》亦交代：邦彦“无子，以侄嗣衍为后”。又如张孝祥《文集》卷一五《赠时起之》一文，自言其“伯舅讳……两子……其季三岁随母适庐陵伍氏，从伍姓……遣人访寻得之，告以家世，为更其名曰起之，而字之曰子家”云云。又如张孝祥本人，曾遵祖母命过继于伯父邵为子，南宋周必大在《敷文阁待制赠少师张公邵神道碑》中将此事交代得清清楚楚：“其（邵）在北方，太夫人命犹子张孝祥后公，公归有子而钟爱张孝祥异甚。”张孝祥过继为伯父之子，但从来没有谁说他就是张邵之子。总之，张同之若非张孝祥亲子，谢尧仁为《文集》作序、同之子等为同之撰写《埋铭》时，不可能一语不及于此（《埋铭》尾有“等不孝……谨忍死执笔，记始终大略而藏之幽铭”之语）。

由同之身世，又不可避免地涉及同之生母问题。按：张孝祥正娶是时氏，其《赠时起之》云：“某于时氏，即外诸孙，又娶仲舅之女。”时氏是他的表妹，据其《亡妻时氏宿告文》《起灵》《蒇》等文可知，时氏生前奉佛，约于绍兴二十九年（1159）前去世（《蒇》有“吾官于朝，未能持汝丧以往”之语），其与张孝祥婚配时间约在绍兴二十四年（1154）张孝祥廷试后（据本传，张孝祥唱第后，“曹泳揖张孝祥于殿庭，以请婚为言”，这表明张孝祥此时的身份尚是未婚）。但同之生母非时氏，而是李氏。《埋铭》云同之历两浙转运司催促纲运官、将作监主簿、太府寺丞、司农寺丞、知滁州、知舒州、淮西提刑，“迁朝奉郎，复迁一官言于朝，愿回授本生母李氏，朝廷许之”。陈傅良《止斋先生文集》卷三七亦有《淮西提举张同之磨勘合转一官，乞回授封母》之制，可证同之母确为李氏。而李氏的身份颇为微妙，以同之的年岁推算，张孝祥与李氏同居时间应在绍兴十七年（1147）或十六年，同之出生时张孝祥仅十六岁，二人自属“非法”婚配，同之亦非婚生子，这就是李氏在张家没有什么正当的名分，以及张孝祥要刻铜印撰跋文证明同之的身份的真正原因。由于公私文献均无对李氏的记载，故其与张孝祥关系的详情也无从考知。宛先生结合张孝祥《念奴娇》（风帆更起）中“望夫山”“德耀归来虽富贵，忍弃平生荆布？默想音容，遥怜儿女，独立蘅皋暮”，《木兰花慢》“紫箫吹散”“情与文梭共织，怨随宫叶同流”等，多关切夫妇的典故和词语，推测出这些词均是张孝祥在李氏遭遣离开张家后思念她而作，复原了一个缱绻缠绵的爱情本事。应该说，这个推测颇为合理，极合乎逻辑。辛氏缘于对张孝祥是否有子嗣、同之是否为张孝祥亲生子的误解，遂否认宛先生这个推测，并极尽冷嘲热讽之能事，实属不该。

《信谱传》云：“子太平，公（按：指张孝祥）易箦时方髫年，从诸父徙宣城……孙永通。”辛氏亦极力反对，认为：“太平、永通仅见此传，与诸书所记不同。”（《真伪考》）其证据之一仍是他一贯坚持的张孝祥无子说，其误不具驳。证据之二是“太平之名与张氏诸子名序不同”，所说“张氏诸子名序”，指的是张孝祥侄辈皆以“之”为名，故“太平”者，“显然出于捏造”。此亦属武断妄测。按：古人取名，并非律以某一固定之字，如《宋史》卷三六八《王德传》称德“二子：琪、顺”，“琪”与“顺”并无必然联系，字更不同；卷三八三《虞允文传》载虞允文“子三人：公亮、公著、杭孙”，杭孙即与公亮、公著不同字；卷三九一《留正传》载正“子：恭、丙、端”，三人之名亦无相同之处。陆游《渭南文集》卷三三《陆孺人墓志铭》：“丈夫子三人：长之瑞，早卒；次则世昌；次世茂。”其长子之名与次子、三子名亦不同；卷三四《杨夫人墓志铭》：“夫人……子：曰丰，从事郎……嵘，奉议郎……孙：复亨、慈孙、阳孙、耦孙。”长子与次子，长孙与其他诸孙，名皆不同。若以辛氏之高见，这些人是不是都可疑，都是“捏造”出来的？而据《芜南行春张氏信谱》稿本，张孝祥另一伯父郧有曾孙名永高，字天哲，为张静之之子，其行辈与张孝祥一房完全相合，则“永通”其名之字在张氏家族中可谓“无独有偶”，此亦可证“永通”其人非捏造而出。辛氏证据之三是所谓“张孝祥诸弟、子侄无居宣城者”，并列举云：张邵子孙皆居鄞县，张郯子孙皆居浙江萧山，同之及其子居芜湖。这个列举本不错，但可惜不全面。按：张孝祥诸父，现可考者六人，除邵、郯、祁外，尚有邴（《三朝北盟会编》卷二二二引《礼部尚书奉使金国待制张公行实》“以泛使恩官其二弟祁、邴”，又见于周必大《庐陵周益国文忠公文集》卷六五《敷文阁待制赠少师张公邵神道碑》），还有一位二伯父（《文集》卷三五与严守朱翌书云：“某伯父凡三人，长尚书［按：指张邵］，次尝得官矣。建炎俶扰，尚书奉大母冯夫人渡江，诸弟悉从；次伯父既娶，独顾松楸不忍去，以死……二十九盖次伯父行也。”）、一位三伯父（《文集》卷三五与明守赵敷文书：“世父待制公、季父莆田丞公以子从母，皆葬其下。”），而陆游《朝议大夫张公墓志铭》说张郯尝以遗恩官孤侄孝严，孝严之名不见于张邵之子，亦非张郯之子。人们一般所知者仅邵、邴、郯等数人。这说明，张孝祥父辈、兄弟辈中，尚有多人事迹不明，他们中的任何人都有可能居于宣城。辛氏在没有充分证据的情况下，仅列举邵、郯之子孙及同之及其子以否定其他，显然是以偏概全，不足取。另据《芜南行春张氏信谱》稿本，张氏家族有名张郧者，尝于宋室南渡时迁居宣城北乡，繁衍子孙，为宣城张氏之始祖，则宣城张氏其来有自矣。张郧与张邵兄弟，可能是从兄弟，但张氏之有居于宣城者，自亦不能否定。

五、《文集》附录《信谱传》作者和所署时间问题

《文集》后附录有《张安国传》、《宣城张氏信谱传》、八道官诰等，这些内容，除《张安国传》基本被辛氏认可外，其他都被他一概否定。但辛氏在附录问题上，同样表现出他一贯的主观性和蛮横作风。

辛氏极力否认《信谱传》。《信谱传》末署云："绍熙五年甲寅，历阳居士陆世良书于芜湖介清堂。"辛氏已考证出陆世良确有其人：字君晋，原为和州人，其父移居芜湖。世良于绍熙间请祠归芜，筑介清堂，寿终于家。与张氏有交往，可谓时、地、人俱无误。辛氏亦承认"由陆世良撰写张孝祥传，也合乎情理"，却又因为《信谱传》存在着种种他所谓的"错误"，而武断地说：《信谱传》"绝不能是颇负时望的名士陆世良所为。我以为，其必出于后世村野陋儒之手，根据地志的记载，假托陆氏之名，伪造此传"。这里，辛氏用了"循环论证"的手法：《信谱传》内容错误，故不可能是陆世良所撰；因为出自村野陋儒之手而非陆世良这样的名士所写，故《信谱传》不可信。可惜，这个手法并不高明。

辛氏认为《信谱传》所署作者和时间不真，谓《信谱传》不可能是绍熙五年（1194）撰写的，原因之一是其中有些事迹发生在绍熙五年之后，辛氏所举之事有："孝曾以节义闻"、张孝祥有《于湖集》四十卷、出现"孝宗皇帝"字样等。按：这几处并不误。其一，所谓"节义"泛指人的节操义行，甚至妇人有贞节也可称为"节义"，未必定指孝曾后来出使金国、病死于其境内之事；若定要上升到民族大义的高度，则孝曾之出使而病死，实难称得上"节义"，因为其父邵当日出使金国十余年，怒叱丑类，不辱汉节，回来后尚被左司谏詹大方论劾"出使无成"而改官（《宋史》卷三三《张邵传》），从未有"节义"之誉，孝

曾事迹与之相较，小大自现，如何能称“节义”？其二，关于张孝祥《文集》，据谢尧仁《张于湖先生集序》称，当时“天下刊先生文集者有数处”，辛氏仅在指出“淳熙元年王质作序的《于湖集》不知卷数，今已不传，序中称张孝祥有《考古图》一百二十八品，今集不载”这样一种版本之后，遽下断语曰：“则此传所指的《于湖集》必即嘉泰元年由孝伯所编、今行于世的四十卷本。”这“数处”，除非一一指出它们都不是“四十卷”，否则很难说《信谱传》所言就是今人所见之四十卷本，辛氏之判断，甚不合逻辑。且，这部《于湖居士文集》，是由张孝伯托请王集（大成）编辑的，辛氏说是孝伯自编，亦误。其三，关于出现“孝宗皇帝”字样，辛氏谓“查孝宗的庙号是在他死后宁宗即位所上”云云。按：据《宋史》孝宗本纪、宁宗本纪，孝宗庙号是绍熙五年（1194）十月所上，此时，年号属于光宗，而皇帝则是宁宗，故《信谱传》所谓“今皇帝登极”，当然指的是宁宗；至于有“今皇帝登极建元”之“建元”二字，亦不难理解，盖是年十月壬午，宁宗帝“诏改明年为庆元元年”（《宋史·宁宗本纪一》），已有建元之诏令；且自汉武帝登极时以“建元”为年号后，“建元”二字已基本与登极同义，而与“改元”多少有别。这可进一步说明陆世良之写此传，时间当在绍熙五年（1194）十月至十二月间。从以上的分析可以看出，如果要伪造的话，必须具备如下几项知识：知道陆世良是在绍熙间回到芜湖的；知道陆的堂名是介清堂；知道孝宗庙号乃绍照五年（1194）由他之后的光宗皇帝在位时另一位实际的皇帝宁宗所上的，时间也必须在这年的十月以后。试问，如此苛刻的要求，又有哪一个“村野陋儒”能够具备，去刻意伪造？

六、关于《文集》的版本问题

辛氏《真伪考》有专节文字考证《于湖居士文集》的版本，在这个问题上，他仍然犯了自以为是的错误。

其一，辛氏描述《文集》的版本特征时云："此本……每半叶均十行，行十六字，双栏黑口……具有宋刻书的典型特征。"按：宋版书的典型特征表现在书口上，是白口而非黑口；而且，正如辛氏所列举，这部书的"版心处刻有每页字数和刻板工姓名"（实际上还有书名），这样丰富的内容，居然会是"黑口"，简直是闻所未闻、匪夷所思！而从来公私书目著录《于湖居士文集》者，均无"黑口"之说，不知辛氏所见之典型的"黑口""宋版"又从何而来？辛氏动辄以不知常识指责他人，而自己竟对版本"常识"一无所知，真令人不可思议。

其二，《文集》有部分版页系抄补而成，辛氏说："书后的附录、佚文《禁榜》和载于目录之前的两序，与宋刻《于湖集》正文的版式、书法大异……知决非同时代所刊……从版本考察，也可断定此书首尾两部分均为后世的增补。"这是不确的，也是不对的。其实，这个问题，一些著名的版本、目录学家基本上都注意到了，且早已在他们的著作中予以远比辛氏的"发现"更精细、更准确的揭示。如王文进《文禄堂访书记》卷四著录四十卷本《于湖居士文集》云："抄补附录。"傅增湘《藏园群书经眼录》集部卷三著录同书云："首嘉泰元年昭武谢尧仁序，又弟孝伯序，皆抄补。目录抄补七叶，十卷抄补五叶。"而曾经亲自藏过此书的袁克文在《寒云手写所藏宋本提要二十九种》中进一步指出："二序皆影抄配补，又影补目录三十七之四十三叶，卷十第一叶之五叶，书尾《禁榜》一叶，附录一卷凡二十三叶。"总括诸家的记载可知，除两篇序言、附录、《禁榜》外，尚有辛氏未能"发现"的目录七叶、第十卷的一至五叶，皆非原本，而这些内容是运用“影抄”技术抄补上去的，不是像辛氏所判断的“补版”。如此，辛氏的相关判断便被证伪了：“当欲补入伪作的官诰时，必其时原书刻板尚完整无阙。增补者欲售其伪，乃将有牌记的版叶同两序一并删去，而重行照抄两序。因而今本《于湖集》的前后和正文就出现了两种版本。”显然，即使“造伪者”可能为了铲去牌记毁灭证据连带将两序一并删去（这在版本史上非常罕见，通常作假者仅将牌记铲去，否则，补入的版叶多了，容易露出破绽；且既知两篇序言为宋版，而仍将其铲去，太奢侈了，一般人是做不起的），但总不至于将目录的七叶、正文第十卷的五叶也顺便“删去”吧。实际上，辛氏同我们一样清楚，这些地方根本就不是有意“造伪”，而是因为版叶确实散失，只有进行补配以全其璧。辛氏为证明附录的官诰及《信谱传》是伪造的，才不惜曲意解释版本问题。另外，尽管此书有如许补叶，但其总体上仍属于宋版，故历来公私著录，包括袁克文、傅增湘等人的著作，均仍以宋版目之。

其三，辛氏谓：“看官诰的题目为‘宋官诰八道’，则知增补者有意作伪。宋人没有必要在官诰之前特别加上国号以标明时代，而作伪者意在欺骗后世，故做此手脚。”此诚如《列子》所谓人有亡鈇而意其邻之子所为，故“视其行步，窃鈇也；颜色，窃鈇也；言语，窃鈇也；动作态度，无为而不窃鈇也”，辛氏有了“作伪”之成见横亘胸中后，所见也多为“作伪”了。其实，既然明言“宋官诰”，自非宋人口吻，当为补抄时所加；而既非有意显示自己的“非宋人”身份，其意则自非为了“作伪”；既然目的不在作伪，则其真实性自当可靠，应该是根据张氏家藏官诰抄补的。言及此，不得不再补充两句，因为宋人刊刻文集，向无将该人所受官职之官诰一并刻入之习惯，故于湖文集虽经数次刊刻，而这几道官诰直到此时方搜集附录于文集之末。若我们反过来思考一下便可知道，倘是有意“作伪”，那是根本用不着标上“宋官诰”字样的，因为凭着官诰中的内容、所署时间，以及出现的张孝祥的名字，就可以判断出官诰出自宋代。真正的古书版本作伪者是不可能愚蠢到“此地无银三百两”的地步的，他们通常要熏黄书页，偷换版权页，伪造收藏章，等等，似乎还没有认为仅仅标举一个“宋”字就可以冒充宋版书的作伪者。

再说，作伪的动机又何在？凡作伪总要有一定的目的，而古书作伪，其通常的目的或是有意夸扬事主的功业，或是冒充版本。后者可以从前面的推理予以排除，关于前者，排比这八道官诰可知，其内容不外是：初补承事郎授镇东签判，转宣教郎，除秘书郎，除著作郎（残），除礼部尚书郎，转朝散大夫，升中书舍人直学士院，除秘撰改知潭州权荆南提刑，升显谟阁直学士敕黄。这些官职，张孝祥基本上都亲历过，官阶也被授予过，其中的朝散大夫，辛氏也并不能定其绝非，也就是说，官诰不存在夸大的成分。既无冒充“宋版”之嫌，也无夸大事主功名之意，实在看不出这样的“作伪”有何存在的理由。

其四，辛氏《真伪考》称《宋史》本传在传末评张孝祥一生云：“渡江初，大议惟和战，张浚主复仇，汤思退祖秦桧之说力主和，孝祥出入二人之门而两持其说，议者惜之。”而《信谱传》恰有这样的话：“或者因公召对‘要先立自治之策以应之’等语，谓公出入二相之门，两持其说，岂知公者哉！”由此，他称：“文中‘或者’以下所指，除《宋史》外，史籍中更无载其言者，则《信谱传》专门予以驳斥的不正是《宋史》本传吗？从这一情况推论，《于湖集》附录传诰的作伪和增补入文集之中，也可能已到了元末《宋史》印行以后。”其意在于说《信谱传》这句话不但暴露出它是“作伪”，还暴露出它出现的最早时间也应在元末以后。这个推论是荒谬的。辛氏于此文称“史籍中更无载其言者”，说得如此斩钉截铁。可是，在另一篇文章《辨正》中，他在不经意中让我们轻易看到了这样的记载，那便是前文曾引用过的《宋会要辑稿·职官七一》之八的一段话：“张孝祥落职放罢，以侍御使尹穑论其出入张浚、汤思退之门，反复不靖故也。”所谓“二相”，即汤、张，所谓张、汤即二相。在辛氏奉以为“绝对可靠”的史籍中早有“出入二相之门”之类的记载，他却说没有，其意自现。退而言之，即使从现存文字中找不到类似的记载，也不能直接得出《信谱传》那段话系针对《宋史》本传而驳斥的结论，因为只有历史上先发生了某一事件，然后才有对此事件的记载。这也就是说，《信谱传》很有可能是对尹穑之类原话加以记载、批驳，未必就是从某一史籍而来、对某一史籍而发；而且，从时间顺序看，我们甚至完全可以说：是《宋史》本传引用了宋各朝之《会要》或《信谱传》的文字再加以申发。辛氏这样颠倒先后、错乱时序，又有何科学性可言！（辛氏文章，类似的错误还有数处，如《真伪考》言张孝祥除礼部郎诰是根据咸淳《临安志》所载周必大作《兵部郎官题名记》而作伪；又如，称《信谱传》中“帝深惜之”数句，“‘深惜’之语，是张孝祥死后孝宗对其从弟孝伯所言”，证据是孝伯《张于湖先生集序》。其实，孝伯序原文云“恭闻孝宗皇帝玉音，尝兴‘用才不尽’之叹”，一“尝”字、一“闻”字皆表明此话本非孝宗皇帝亲对孝伯所言。）

七、关于于湖词的校笺

辛氏《辨正》一文以辨正宛先生《张孝祥词笺校》为题，但大部分篇幅是在重复其《真伪考》中的话，真正涉及词校笺的甚少；而就这一部分内容看，他对宛先生的批评，仍多属不实之词。

（一）《念奴娇》（绣衣使者）

这首词，《文集》本词题已作“再和”，并无“呈朱丈”之字，宛先生在认为题与内容不相符合的情况下，依《文集》本删去题末三字，而尊重原本，保留其前面数字，此为版本校勘所允许，不知辛氏如何说是“在无任何版本依据的情况下，把词题‘呈朱丈’三字擅自删掉”？另，“绣衣”与“绣衣使者”是否在任何时候都等同，还可以再研究，而就事论事，宛先生只是说：“‘绣衣使者’实借用汉代‘绣衣直指’职称以指张仲钦。”这属于释典，根本不涉及底本，辛氏“宛氏随便窜改原词”之语又从何而来，又何所谓而然？

（二）《南乡子》（江上送归船）

此词乾道本题作“邢监庙饯送朱太傅张直阁阻雨赋此词”，《文集》本、《百家词》本作“送朱元晦行，张钦夫、邢少连同集”，辛氏谓：“我以为，两本的标题自应以乾道本为得实，盖张孝祥此词系送朱熹游南岳之作。”辛氏之说同样暴露出他一贯的极端主观的作风。按：朱熹有《南歌子·次张安国韵》词，中有句云“珍重使君留客意”，从中可知这一次宴会的主人当是使君张孝祥，而非监庙邢少连。张孝祥词中“坐上定知无俗客，俱贤。便是朱、张与少连”，其语气亦显以主人自居，则乾道本题之“邢监庙饯送朱太傅”云云，必误。又，张栻此时在长沙守制，自然不需离去，故乾道本题中之“饯送朱太傅张直阁”，将张栻亦归入被饯送之列，亦误。再者，张孝祥词首句明称“江上送归船”，朱熹和词亦有“留客”“离绪”“明日回头江树远，怀贤。目断晴空雁字连”，表达别情离绪，自当是朱熹等人游南岳后即将回归，张孝祥做东为之饯别而赋，辛氏强称“我以为……此词系送朱熹游南岳之作”，真令人“不知何所据”。相比较之下，宛先生校本以乾道本为底本，此处参以《文集》本、《百家词》本，从后者增补“同集”二字，而将原题之舛误改顺过来，审慎而有据，辛氏说什么“擅改原题”“失于考证”，其意到底何在？

（三）《水调歌头》（长淮望断）

宛先生系此词于绍兴三十二年（1162）正月、二月间，辛氏谓："此词当作于绍兴三十一年十二月底张浚开府之初……定为明年正二月，时序不合，稍误。"按：宋王明清《玉照新志》卷四载："绍兴辛巳冬，完颜亮自毙于扬州。明年正月，诏起外舅方务德帅淮西，明清实从行。至建康，与张安国会于郊外。"依其亲身经历，记载了他在建康遇见张孝祥的时间是绍兴三十二年正月。又，《系年要录》卷一九五、卷一九六也载，方滋于绍兴三十一年（1161）十二月乙丑，由主管台州崇道观起知庐州，次年正月庚寅（二十二日）至建康陛辞，这从侧面证明《玉照新志》所言不虚。当然，这些只能说明张孝祥正月在建康，不能说明他不是上年十二月到建康、以后一直留在建康的。但是，事实上，张孝祥赴建康的目的，不外是想借高宗到建康的机会，通过强有力者的引荐，被重新起用，而据《宋史》高宗纪可知，绍兴三十二年（1162）正月戊辰，高宗还在镇江，庚戌方从镇江出发，壬申至建康，张浚入见，二月，张浚兼行宫留守。而当正月时，张孝祥尚在宣州，陪州守任古谒昭亭，《文集》卷六有《奉陪宣守任使君谒昭亭神祠》七律二首，其一云："缓驱千骑出朝京，唤得春回眼界青。……惭愧去年冬十月，军书彻夜听鸣铃。"可以作证。赴建康途中，经芜湖，与沈瀛等人赏雪赭山，分韵唱和，有《和沈教授子寿赋雪三首》等作品。综合以上材料可得出结论：张孝祥赴建康的时间应在绍兴三十二年（1162）的正月或二月初；其此词创作的时间，因为各家记载均为"建康留守席上"（或以为是张孝祥自任建康留守时，大误），则必是作于二月张浚任留守时。就词本身看，"岁将零"同前面"时易失，心徒壮"一起，是作者感慨自己空有报国之心，而请缨无路，年岁也渐渐老大。这其实是一种英雄迟暮的概叹，"岁"指的是人生、年岁，而非一年之岁；"零"比喻人生的暮年，而非一年到尽头。辛氏既不参照《玉照新志》等记载，又拘执并误解于“岁将零”一语，遂不知自误而诬人以误。

（四）《水调歌头》（今夕复何夕）

辛氏谓：“张维任广西提刑，则在是年十月……故中秋之宴，张维实不预。”首先，说张维任广西提刑在乾道元年（1165）十月，是绝对错误的，因为《临桂县志》中《张孝祥张维等六人五炁岩题名》记张孝祥等人题名云：“提点刑狱公事延平张维、经略安抚使历阳张孝祥以会庆节祝圣寿于西山资庆寺。饭已，登超然亭，遂游中隐岩、白龙洞、刘公岩以归……乾道元年九月二十二日。”据此，张维至桂林，至迟也在九月二十二日前。其次，张维是否参加张孝祥中秋之宴，还可进一步商讨，而从张孝祥《棠阴阁记》中“去年余来桂林，仲钦提点广西狱事，下车一月，冒黄茅瘴走二十五州”，及《念奴娇》（弓刀陌上）之题“仲钦提刑仲冬行边，漫呈小词，以备鼓吹之阙”二处判断，张维赴任时间似在九月。但是，《文集》本《念奴娇》词之题仅作“张仲钦提刑行边”，无“仲冬”字样，如此，则增加了判断的难度，故以存疑。

（五）《雨中花慢》（一舸凌风）

宛先生关于此词系年固误，但辛氏云“其中的‘有当时桥下取履仙翁，谈笑同舟’是说有一黄姓友人同行（仙翁谓黄石公，非为取履的张良）”，则误解典事。张孝祥词用张良为黄石公桥下取履典，有数处，均与张姓相关，如《西江月》（诸老何烦荐口）有句云“已授一编圯下”，而题作“张仲钦寿”，即比张维为得到黄石公授兵书的张良；《水调歌头》（隆中三顾客）次句云“圯上一编书”，题作“为总得居士寿”，即为父祝寿；《浣溪沙》（稳泛仙舟上锦帆）下阕首句云“黄石公传三百字”，题作“母氏生朝，老者同在舟中”，为母祝寿，亦同时为父寿。再回到原词看，所谓“桥下取履仙翁”显言取履的张良，而非令张良取履的黄石公。其实，古典诗词用事，可以从不同的角度使用同一典事，但往往要根据对象的不同，确定不同的侧重点，像此词则显系以张良为典事之主，若用于黄姓友人，自当以黄石公为典主。至于“仙翁”“仙儒”之称，未必与张良事无关，因为传说中的张良，在封留侯后，即弃人间事，从仙人赤松子游；且其人虽为将却颇有儒者气象，至太史公见其像以为类“妇人好女”（参《史记》张良本传赞语），故可以称为“仙翁”“仙儒”。当然，宛先生并未言“仙翁”“仙儒”与张良之事有关，故辛氏之辩，纯属多余。

（六）《浣溪沙》（滟滟湖光绿一围）

辛氏谓：“蔡氏为福建仙游人，谓（按：指宛先生之说）莆田亦小误。”“蔡戡事历见《万姓统谱》《宋史翼》等书。查其登第初之经历，即先为江州观察推官……蔡氏《定斋集》卷十六有《送张安国舍人》诗……正是此词作于乾道五年春的佐证。”按：这里有数处值得提出。其一，蔡戡的仕历不从江州推官始，他在乾道二年（1166）登第前，已承门荫补过溧阳尉，其《中大夫致仕朱公墓志铭》自云“某自弱冠宦游四方”，也就是说，从绍兴三十一年（1161）左右起，他已开始宦游生涯，辛氏仅言其登第后仕历，容易让人以为此前他未出仕过。其二，蔡氏籍贯是仙游，但该县是圣历二年（699）析莆田县置清源县，天宝元年（742）才改名仙游县的，故蔡戡在其《中大夫致仕朱公墓志铭》开头即自称“某莆人，先大父始寓毗陵”，辛氏谓宛先生称蔡氏莆田人“亦小误”，不知此话能否向蔡氏本人言。其三，即使按辛氏之系年，即系此词于乾道五年（1169）张孝祥请祠东归经江州时，季节也不会是“春”天。《文集》卷一四《荆南重建万盈仓记》有“（仓）既成而余以亲疾丐祠去”之语，末署“乾道五年三月旦”；卷四〇《朱编修》致朱熹的信中又言“已治舟楫，载衣囊，五七日便可离此”；《鹧鸪天·荆州别同官》词称“来时露菊团金颗，去日池荷叠绿钱”。从中可知，他于三月初得到朝廷准许致仕的敕命，约于三月中旬（实际可能是中下旬）

离开荆州。《文集》卷一四《黄州开澳记》乃其归途经黄州时，为知州杨由义所作，署时为“乾道五年四月八日”；卷一五《史警序》云：“余自荆州得请还湖阴，未至黄州二十里……”末署时为“乾道己丑（五年）四月既望”，表明他四月中下旬尚未或方将离开黄州，这样，他到达江州的时间，至早在四月下旬或五月初，辛氏仅据蔡氏《送张安国舍人》诗就推断此词作于“乾道五年春”（很有可能见到词中有“绿”字），未免太武断。

八、余话

关于张孝祥生平事迹及辛氏张孝祥研究中存在的问题，大致作以上讨论，一些细碎之处不再反驳，但综观辛氏对宛先生的指责，有些话仍如骨鲠在喉，不吐不快。

首先，有必要指出，当宛先生开始进行张孝祥研究时，文献资料开发出来的很少，我们今天所常用的《宋会要辑稿人名索引》之类的工具书，宛先生生前可能都未曾寓目；电脑技术在中国出现以后，先生年事已高，实难享受现代科技成果给古典文学研究带来的便利。所以，不考虑宛先生这一辈学者从事研究工作时的时代背景和具体环境，一味地凭借现代所拥有的优越条件指责他们这本书没翻检、那条材料未使用，实在有失公允。而退一步言，掌握了资料，还有一个分析、判断的问题，如果不能辩证地运用这些材料，只会徒滋纷扰而已。宛先生掌握的资料似乎没有辛氏多，但他对张孝祥生平主要事迹的判断基本正确；辛氏自诩详博，但观其用以否定《文集》附录官诰的所谓“绝对可靠”的材料，只是补充部分细节，将时间具体到月或日而已，难以推翻宛先生之说；有关张孝祥生前致仕、死后子嗣等问题，实际是辛氏自己错了，他却指责别人；而有些问题，辛氏对了，但他在对新材料进行应用、判断的过程中，又屡出偏差，如《雨中花慢》

（一舸凌风）词作的系年；有些问题，辛氏自以为对了，但只是一家之言，引起人们换个角度进行思考，亦不能证明宛先生是错的。

其次，辛氏对宛先生的指责，有夸大其词的倾向。比如《念奴娇》（绣衣使者）一词，宛先生根据《文集》本，删去题中末几字，却被辛氏扣上“随便窜改原词”的帽子。宛先生对《信谱传》一直持谨慎的态度，反复论证指出它曾经撰谱者修改，不尽可靠（对后来发现的《芜南行春张氏信谱》，宛先生更是如此），如称孝伯为“贤相”之类，辛氏却谓宛先生迷信《信谱传》。辛氏在两篇文章中，多次使用“不知常识”之类的字眼，以指责宛先生，在《辨正》的结尾更凭空得出宛先生“把读者引向错误和迷途，其贻害后来学子的副作用是不能低估”的结论，将宛先生数十年研究张孝祥的贡献一笔抹杀。事实上，宛先生的张孝祥研究，早已得到缪钺等先生的赞同，他的观点也被一些文学史教材所吸收，辛氏动辄以“不知常识”加责，似乎也不是真正的研究态度。而他自己所提出的“新见”到底又有多少能站住脚、经得起检验？此外，辛氏在《辨正》中说，他发表《真伪考》以后，“尚未看到反映不同意见的文章”；又表示：就在他的文章将要发表而“又准备进一步对《于湖集》的版本做出考证时，宛敏灏出版了他的这本大作，我得以拜读，已是该书刊行数年之后的事了”。仿佛只有他才能进行张孝祥研究，别的人都没资格，仿佛其他人研究张孝祥都应经过他的同意。

关于张邵的行实、张孝祥的出生地，宛先生曾修正过自己的观点，辛氏竟说宛先生的引书未超出韩酉山的引书范围，认为是“从韩文移来”，言下之意是说宛先生的观点系抄袭而来。其实，今检辛氏之文可以发现，倒是他所引用的资料，根本未曾轶出韩酉山的《张孝祥年谱》（安徽人民出版社1993年版）、黄佩玉的《张孝祥研究》（香港三联书店1993年版）二书的范围，他关于张孝祥生平事迹的一些观点，也与二书相近。这两本书都出版于辛文发表之前，“博学”如辛氏者，自然会阅读过，那么，依据他的逻辑，他的这两篇文章是否自韩、黄二书“移来”？另外，韩、黄二先生尽管在书中都提出了一些与宛先生不同的说法，但他们没有像辛氏这样对宛先生横加指责、一笔抹杀的，相比较之下，辛氏的做法，缺少学术批评应有的风范，让人难以接受。

[原载《安徽师范大学学报（人文社会科学版）》2003年第6期]

董康诵芬室校定本《于湖先生长短句》考识

——兼及朱祖谋、吴昌绶之批校

◎杨传庆

《于湖先生长短句》五卷《拾遗》一卷《补遗》一卷，董康[①]诵芬室乌丝蓝格抄本，与《校本蒲江词》合抄。每半页九行，行二十一字，版心书“于湖先生长短句”、卷数及页码。前有汤衡、陈应行序，每卷前有目录，每卷标题之下署“诵芬室校定本”。钤有“诵芬室传抄秘笈”“诵芬室藏书记”“毗陵董康辑录佚书之印”“董康秘箧”“仁和吴氏双照楼藏书”“吴昌绶”“伯宛”“梅祖盦”“双照楼校刊宋元人词记”“吴昌绶读”“双照楼”“伯宛校勘”“朱祖谋印”“沤尹”“药禅”等印。原书为董康校藏，后经朱祖谋[②]、吴昌绶[③]、吕景端[④]批校，今

① 董康（1867—1947），字授经，号课花词隐、诵芬室主人，江苏武进（今常州）人。法学家，好诗词，嗜藏书、刻书，兼治版本目录之学。刻有《诵芬室丛刊》《广川词录》等，著有《课花庵词》《书舶庸谭》《嘉业堂书目》《曲海总目提要》等。

② 朱祖谋（1857—1931），字古微，号沤尹，又号彊村。浙江归安（今湖州）人。“清季四大词人”之一，著有《彊村语业》三卷，又校刻《彊村丛书》，堪称词林巨帙。

③ 吴昌绶（1856—1924），字伯宛，号印丞（臣），晚号松邻，室名梅祖盦。浙江仁和（今杭州）人。嗜校藏词籍，其藏书楼名双照楼。著有《松邻遗词》《宋金元词集见存卷目》，刻有《仁和吴氏双照楼景刊宋元本词》。

④ 吕景端（1859—1930），字幼舲，号蛰庵、药禅。江苏毗陵（今常州）人。能诗词，与吴昌绶、董康为友。

藏南开大学图书馆①。

二

董康校抄本题为《校宋乾道本于湖长短句》，但其所据底本并非《于湖先生长短句》宋乾道原刻本，而是传抄本。张孝祥词集，南宋时有单刻本和诗文集合刻本。单刻本最早的是宋孝宗乾道间刻《于湖先生长短句》五卷《拾遗》一卷（以下简称为“乾道本”）。此本由建安刘温父乾道七年（1171）编成，原刻已佚。诗文集合刻本为宋宁宗嘉泰元年（1201）刻《于湖居士文集》四十卷本，其卷三一至卷三四为“乐府”。今藏台北“中央图书馆”②（以下简称为“《文集》本”）。尽管乾道本原刻已失传，但明紫芝漫抄《宋元名家词》及毛晋《宋六十名家词》均据此本抄补《于湖词》。至清时，李福影抄乾道本流传之迹颇为明晰，李氏影抄本今藏台北“中央图书馆”，由其上张蓉镜（1802—？）手跋可知是本流播大概，其《跋》云：

> 吴郡黄荛圃先生以是册赠先祖观察公，为李子仙孝廉影宋抄本，首尾完整，行款字体的系原刻面目，珍藏味经书屋阅廿余稔矣！今秋家诒经堂主人见而爱玩不置，假录副本始还。③

李子仙，名福，江苏吴县（今苏州）人。嘉庆十五年（1810）举人，擅诗词、书画，室多藏书。其影抄本《于湖先生

---

① 王兆鹏先生《词学史料学》（中华书局2004年版），蒋哲伦、杨万里二位先生编撰《唐宋词书录》（岳麓书社2007年版），都提及南开大学图书馆藏董康抄本《于湖先生长短句》，均著录为“《于湖长短句》四卷《补遗》一卷”，分见二书第207页、第412页。

② 王兆鹏《词学史料学》，第205—206页。

③ 蒋哲伦、杨万里编撰《唐宋词书录》，第415页。

长短句》为黄丕烈所得，黄又以之贻张蓉镜祖父张燮。张燮，字子和，号荛友，江苏常熟人。富藏书，与黄丕烈友善，人称“两书淫”。由张氏所记，李氏影抄本又经“诒经堂主人”张金吾录副，《爱日精庐藏书志》著录是本云：

《于湖先生长短句》五卷《拾遗》一卷，影写宋刊本，宋状元张孝祥安国撰。

是书毛氏初刊一卷，继得全集，续刊两卷。篇次均经移易，并删去目录内所注宫调。此则犹是宋时原本，当与知音者共赏之。[①]

此后影抄本《于湖先生长短句》及其传抄本广为人知，如陈树杓《带经堂书目》、瞿镛《铁琴铜剑楼书目》、朱学勤《结一庐书目》、张钧衡《适园藏书志》等均有著录。董康所据抄本即为诸家传抄者，其书后跋语云（见封二）：

《于湖词》刊入汲古阁《六十名家》四集，篇次已经移易。余旧藏怀麓堂本《南词》中有《于湖词》二卷，初以为汲古本所从出，未详检也。秋间坊友何厚甫以旧抄《于湖先生长短句》五卷《拾遗》一卷售予，各调之下兼注宫调，盖由宋乾道本所传录者。取与《南词》本互勘，始知乾道本佳处十之四，《南词》本佳处十之六，校定命胥重录篇帙，一循宋旧，而以《南词》本字句之异标注于下。复从《南词》本获词四十首，俱宋以来各名家选本未甄录者，乃合汲古本六首为《补遗》一卷以附于后，于湖著作当以是本为最完备矣。

① 张金吾《爱日精庐藏书志》，中华书局1990年版，第668页。

光绪乙巳冬日武进董康呵冻书。

由跋语可知，董康光绪乙巳年（1905）秋间自书贾何厚甫处购得旧抄本《于湖先生长短句》五卷《拾遗》一卷。何氏为京师琉璃厂会文斋书店主人，通版本目录之学，伦明《辛亥以来藏书纪事诗》有记，称其与叶德辉相善[①]。因是本各调之下兼注宫调，故董康断之为传录乾道本者。董氏所据旧抄本卷第及篇次安排与瞿镛铁琴铜剑楼所藏影宋抄本完全相同，故其为乾道本传抄无疑，然其漏抄《拾遗》卷中《西江月·为刘枢密太夫人寿》一阕，故董康又据毛晋汲古阁刻《于湖词》将此阕补入《补遗》。

董康得此传抄本后，将其与所藏《南词》本《于湖词》比勘，并据《南词》本校订字句、词题、篇次，又据汲古本、《南词》本作《补遗》一卷，综合三本，校定重抄，遂得一完整本《于湖词》。董康据《南词》本校字句之异，即在所校字句下小字标“一作”，但并未注明所据为《南词》本，故吴昌绶针对董康所校云：“凡此本‘一作’云云，当是据《南词》本校。”如董校《满江红》（秋满衡皋）：“‘芜’，一作‘帘’”；“‘遥碧’，一作‘历历’”；“‘如席’，一作‘摇碧’”；“‘点’，一作‘颗’”。校《虞美人》（柳梢梅蕊香全未）：“‘蕊香’，一作‘萼香’。”校句异如《定风波》（铃索收声夜未央）：“‘起寻花影步回廊’，一作‘曲栏花影步凄凉’。”

字句校异之外，董康还据《南词》对传抄本词序篇次进行考察。如其校《浣溪沙》（一片西飞一片东）词云：“按：此首似应依怀麓堂本移《次韵戏马梦山与伎作别》后。”此词乾道传抄本无词题，在卷四末，而《南词》本则有题，题云“梦山未释然

① 伦明著，雷梦水校补《辛亥以来藏书纪事诗》，上海古籍出版社1990年版，第111页。

再作”。且此词位于《浣溪沙》（罗袜生尘洛浦东）之后，“罗袜”一首，乾道传抄本亦失题，《南词》本题作“次韵戏马梦山与伎作别”。可见，二词实为同时之作，而乾道传抄本将其分置二处，故董康加按语说明。另如其校《丑奴儿》（伯鸾、德耀贤夫妇）云：“按：此首似应依怀麓堂本移《张仲钦母夫人寿》后。”此词位于卷五末，董康所言《张仲钦母夫人寿》一首指《丑奴儿》（年年有个人生日），则位于卷五之首。此二词乾道传抄本均失题，据《南词》本“伯鸾”一首词题为“张钦夫生日用前韵”，可知二词自当前后相续。

此外，董康在校订中还删除了互见之词，其于《拾遗》卷末注云：“原本第二十八首为《丑奴儿》，第三十首为《点绛唇·饯刘恭父》，均互见卷五，故不录。康。”《拾遗》第二十八首为《丑奴儿》（伯鸾、德耀贤夫妇），其与卷五之《丑奴儿》仅一字之别，即“庭下”作“庭砌”，故董康删去不录。《拾遗》第三十首为《点绛唇》（秩秩宾筵），其与卷五《点绛唇·饯刘恭父》（绮燕高张）除首句不同外，其余大同小异，显系同词另稿，故董康亦不录[①]。

董康校抄本不类陶湘《景宋本于湖先生长短句》于目录处词调下注宫调名，而是在正文中词调下注宫调。而二者最大差别在于词题之不同，董康在校勘乾道传抄本时对词题做了很大改动。董康校改词题主要有以下四种情形：

（一）乾道传抄本无词题，董康直据《南词》本补题。此在董康校抄本中最为常见。如《蝶恋花·行湘阴》《鹧鸪天·平国弟生日》《虞美人·赠卢坚叔》《菩萨蛮·舣舟采石》《浣溪

① 董康删除之《点绛唇》（秩秩宾筵）一首，唐圭璋编纂《全宋词》仍从影抄乾道本《拾遗》录存，宛敏灏《张孝祥词校笺》亦“两俱保留”，分见《全宋词》（中华书局 1999 年版）第 2222—2223 页、《张孝祥词校笺》（中华书局 2010 年版）第 136—137 页。

沙·次韵戏马梦山与伎作别》《丑奴儿·张仲钦母夫人寿》《减字木兰花·琵琶亭林守、王倅送别》《满江红·于湖怀古》等。

（二）删改乾道传抄本词题，据《南词》本易之。如《浣溪沙·桂州同僚饯别》，词题原作"同僚饮饯宜斋"；《减字木兰花·赠尼师，旧角奴也》，词题原作"赠尼"；《柳梢青·饯别蒋德施粟子求诸公》，词题原作"蒋文粟兄趁朝，钱文茹横槎，宗文如古藤，孝祥置酒作别，赋此以侑尊"；《南乡子·送朱元晦行，张钦夫、邢少连同集》，词题原作"刑监庙饯送朱太傅、张直阁，阻雨赋此词"；《西江月·以隋索靖小字法华经及古器为老人寿》，词题原作"以宝鼎、隋人写小字莲经为总得寿"。

（三）保留乾道传抄本词题，据《南词》本校"一作"。如《鹊桥仙·上主管寿送南康酒北梨》，董康校云"一作'以酒果为黄子默寿'"；《浣溪沙·丹阳湖》，董校云"一作'三塔阻风'"；《南歌子·上吴提宫寿》，董校云"一作'赠吴伯承'"。

（四）据毛晋汲古阁本补词题。如《浣溪沙·黄陵庙》一首，董校云"一作'阻风三峰下'"。此词影宋抄本无题，《南词》本作"阻风三峰下"，汲古阁本题作"黄陵庙"，故董康据之补入。

由上可见，董康以乾道传抄本为底本，参校《南词》本校订词题的诸种复杂情形，或补入，或改易，其校改原因自然是意识到了《南词》本之佳。如《西江月》（不识平原太守）一首，影宋抄本无题，《南词》本题为"蕲倅李君达才，当靖康、建炎之间，以诸生起兵河东，屡摧强敌。盖未知其事，重为感叹，赋此"。此题明确交代创作背景，对于理解于湖词之情感大有助益。另如《望江南》"赠谈献可""题南岳铨德观作"二首，汲古阁本与影宋抄本词题俱为"题南岸铨德观"，而根据二词内容，前一首为赠谈子，后一首为铨德观，影宋抄本及汲古阁本均淆误词题，故董康据《南词》本正之。

就董康校抄《于湖词》而言，其最大贡献在于首次为《于湖词》提供了一个完整之本。《唐宋名贤百家词》本《于湖词》，二卷，计一百五十四首；毛晋刻《于湖词》三卷，计一百八十一首；吴昌绶刊《景宋本于湖居士乐府》四卷，计一百八十二首；陶湘刊《景宋本于湖先生长短句》五卷《拾遗》一卷，计一百七十七首；而董康综合乾道传抄本、汲古阁本、《南词》本，补遗汰复，计得于湖词二百二十一首，于此可见其于《于湖词》之功。正是在此意义上，朱祖谋校后跋曰："《于湖词》，是本为最完备，董跋甚允。"

另外，由董康校《浣溪沙·梦山未释然再作》及《丑奴儿·张钦夫生日用前韵》二首所云"应依怀麓堂本"调整次序，可知影宋抄本在篇次上亦有移易，不及《南词》本之佳。而据董氏所言，调后篇次正同《文集》本《于湖乐府》，并且将董康据《南词》本《于湖词》所校词题与《文集》本对照，二者完全一致，则又可知《南词》本《于湖词》与《文集》本《于湖乐府》同源，或即从《文集》本出。由此观之，《南词》本《于湖词》比乾道传抄本优善，此正董康所言"乾道本佳处十之四，《南词》本佳处十之六"的含义。董康据《南词》校《于湖先生长短句》之时，《文集》本《于湖乐府》尚未被发现，故其于《南词》本佳处的判断亦足见其眼光。

二

董康校抄《于湖长短句》时，吴昌绶正极力搜刻宋元词集，故董康将是书寄赠吴氏，其于《蒲江词稿跋》中云："吴印臣孝廉影刻宋元名家词集，以补琴川未竟之功，函来索余校定

《于湖长短句》，并录以寄。”吴得书后欣喜记云：“光绪乙巳岁除，授经比部以所校《于湖》《蒲江》二集精抄见寄，欣快无极。丙午新正五日，昌绶记。”

吴昌绶获得董抄《于湖词》后，先是倩朱祖谋代为校订，朱校后，吴氏再详加校勘，之后又倩吕景端继续校读。诸人校订，以吴昌绶最为详赡，而吕景端最简。吕氏校勘《于湖词》时在光绪丁未（1907）冬，其校后有记云：“光绪丁未东坡生日，吕蛰厂校读一过，时客京师，居城东法华僧寮。”吕氏校勘不多，偶有校字及校释词题。如其校《减字木兰花·江阴州治漾花池》“始”，云：“‘始’疑‘好’。”其释题，如校《水调歌头·帅清江作》云：“‘清江’应作‘静江’，宋静江府，今桂林也，词题作‘清江’，可通用，不如改‘静’为是。”接下来就朱祖谋及吴昌绶对董康校抄本《于湖先生长短句》的校订略加述论。

吴昌绶在倩朱祖谋校勘前曾通读一过，偶作蓝笔标记。如《西江月》（落日镕金万顷）一阕，董康抄作“庐兵千峰”，吴直接以蓝笔改“兵”为“岳”；《画堂春·上老母寿》词，吴在“卷非”二字处用蓝笔标记，后来朱祖谋批云：“‘卷非’二字似不误。”

朱祖谋校订董抄《于湖先生长短句》时在光绪丙午（1906）六月，其校后跋语云：“甘遁属再加斠订，行箧无书，客中又乏秘笈可假，仅依毛本及形声传误之显然可指者识于简端，殊少精采之处。丙午六月，彊村记。”可知，朱氏之校仅据毛晋汲古阁本《于湖词》对校，并指出因形近、声近之误者。朱据毛晋汲古阁本校词题者如：《西江月·桂州同僚饯别》，朱校云“毛本题作‘同僚饮饯宜斋’”；《水调歌头·隐静山中大雨》，朱校云“毛本作‘隐静寺观雨’”；《南乡子·送朱元晦行，张钦夫、邢少连同集》，朱校云“毛本题作‘刑监庙饯送朱太傅、张直阁，阻雨赋此词’”。另据汲古阁本校字词之异如：《木兰花》（送归云去雁），朱校“‘换’，毛本作‘护’”，“‘忍，毛本作‘见’”；《浣溪沙·中秋十八客》，朱校“‘丹’，毛本作‘册’，是”；《满江红》（千古凄凉），朱校“‘坐收长策’，毛作‘圣明无敌’”。其据形、声相近而致讹者如：《水调歌头》（舣棹太湖岸），朱校“‘酹’，误‘酬’”；《念奴娇》（绣衣使者），朱校“‘钩’，疑‘绚’之误”；《拾翠羽》（春入园林），朱校“‘诸’，疑‘谙’”；《临江仙》（试问梅花何处好），朱校“‘欲’，疑‘破’”。由朱氏据形声校词多以“疑”出校，可见其一贯疑而存之的校词风格。

朱祖谋因为“行箧无书”，并未对董康校抄本《于湖先生长短句》做出全面细致的校订，因此吴昌绶在朱校的基础上用朱笔、墨笔对《于湖先生长短句》进行了两次详细校勘。吴昌绶曾云：“《南词》原题李西涯编，乃删窜汪晋贤《词综序》以弁卷端。雍正间鲍渌饮已于赵氏见之，疑当时坊肆所为。”[①]所以他在校勘董抄本时针对董康所言“怀麓堂本《南词》”，直接删去了“怀麓堂”三字，这也表明其明确否定《南词》为李东阳所编。

在校订字词上，吴昌绶首先据朱校校改，如：朱校《水调歌头·送刘帅趋朝》“云韬”：“‘云’，疑‘六’误”，吴即改“云”为“六”；《浣溪沙》（绝代佳人淑且真）词，董校“寒长”云“一作‘长寒’”，朱校云“毛本作‘长寒’”，吴补校云“是”；朱校《蝶恋花·行相阴》词题“‘相’，疑‘湘’”，吴补校云“可以意改”。吴昌绶亦据汲古本校，如：《醉落魄》（轻黄淡绿）词，吴朱笔校云“汲古‘黄’作‘寒’”“‘妆’作‘梳’”“‘光阴速’，汲古误作‘闲妆束’”；《念奴娇》（星沙初下）词，吴昌绶朱笔校云“汲古题作‘离思’”。除汲古本外，吴昌绶还据《花庵词选》《绝妙

① 吴昌绶《宋金元词集见存卷目》，光绪三十三年（1907）上海鸿文书局石印本。

好词》《全芳备祖》中所收张孝祥词对校董抄本。如其校《水调歌头》（江山自雄丽）词："汲古'笺'作'声'，'玉'作'宝'。（朱笔）《花庵》同。（墨笔）。"可知其先据汲古本批校，又据《花庵词选》再校。《鹧鸪天》（玉殿西头白玉堂）词，朱校："'玉'，毛本作'浴'，疑'洛'之讹。"吴氏校正朱校云："《花庵》亦作'浴'，子野词亦有'浴殿'之语。"《清平乐·殿庐有作》词，董康校"'未'，一作'不'"，吴校云"《绝妙好词》'未'作'不'"。他还据《全芳备祖》补《锦园春》（醉痕潮玉）咏海棠一首。

此外，吴昌绶又据《南词》本对董抄本作进一步校勘。他在《宋金元词集见存卷目序》中说："吾友武进董比部得彭文勤知圣道斋旧藏《南词》六十四家、汲古未刻词二十二家，中多罕觏秘笈，昌绶尽获其副。"[①]所以在获得《南词》本《于湖词》后，他对董康校改乾道传抄本不彻底处再次据《南词》校订。如其校《鹧鸪天》（楚楚吾家千里驹）词"阶墀"作"阶除"，"真如"作"真成"，"纡绿"作"彩绠"，吴注云"均《南词》"；校《鹧鸪天·上元启醮》词题"《南词》作'设醮'"；校《浣溪沙》（只倚精忠不要兵）词首二句"《南词》一二句互易"；校《凤栖梧·送刘恭父》词牌"《南词》作'蝶恋花'"。

要之，吴昌绶利用汲古本、《南词》本《于湖词》及《花庵词选》《绝妙好词》等对《于湖先生长短句》精心校订，使于湖词渐趋详备。

三

吴昌绶校订董抄本《于湖先生长短句》，尤为值得注意的

① 吴昌绶《宋金元词集见存卷目》，光绪三十三年（1907）上海鸿文书局石印本。

是，他自此开始了对《于湖词》版本的深入考察。经过长时间的梳理比勘，他彻底弄清了张孝祥词集流传版本间的差异，并对不同版本《于湖词》的数量进行了详细考订。吴昌绶对《于湖词》的校考代表了当时张孝祥词集研究的最高水平。

对于董抄本《于湖先生长短句》是否传抄乾道本，吴昌绶曾有怀疑，他在卷末董康及朱祖谋跋文处朱笔批云："爱日精庐有《于湖词》，不知较此何如？""此但当系旧抄本，不能遽定时代，亦不能因卷端乾道二序即目为乾道本也。"此二则批语后被删去，表明其最终确定董抄为影乾道本之传抄本。

吴昌绶校阅董抄本时有Δ、O符号标识，当为考察各本词作异同之用。他在卷一《六州歌头》（长淮望断）处朱笔批云："汲古篇题多与此不同，就其互异者著之，若比此减省，或明知有误者不录，通校全帙，胜于毛本远矣。"后又墨笔批云："此本与汲古合，所不合者，汲古先刻篇首，后删去耳。""此五卷并《拾遗》及《补遗》前六首，共百八十首，汲古本同，汲古复一首，百八十一也。"吴氏首先肯定董康校抄本优于汲古本，并且通过比勘词作篇帙，考知其与汲古本同源。在获见《南词》本《于湖词》后，吴批云："《南词》只百五十四首，而较此本与汲古皆多四十首，少六十六首，疑本缺一卷，故长调殊寥寥也。"显然，《南词》本《于湖词》与董抄本、汲古本并非同一系统，他推测《南词》本或缺少一卷。吴昌绶对《于湖词》的搜集考察并未止步于此，他一直在为获得《于湖词》善本不断努力，其致缪荃孙书云：

> 《于湖词》五卷《拾遗》一卷，一百七十四首。绶有校抄本。此事在七八年前。毛刻篇数相同，一百八十一首，内复一首。所不合者，毛先刻廿四首，后删去别刻耳。此词绶与古微屡校，心知其详。又见旧抄一残本，只百五十四

首，但已比宋乾道本多四十首，次序不合。心久疑为集本。授经屡云集本无词，遂置不论。及闻意园书散出，有宋本《于湖集》，绶欲买之，为景朴孙所据，索四千金。绶给价千五百元，未成，于是神游目想于集中四卷之词，吾师可借阅或抄示，感荷无极。绶但欲一观，即可刻成。[①]

札中所云《于湖词》五卷《拾遗》一卷校抄本，即董康校抄本。吴昌绶将获见旧抄残本与董康校抄本比勘后，疑此残本乃从《于湖集》析出者，因此他非常渴望得到《于湖居士文集》，故请缪荃孙帮忙借抄。在得见《于湖居士文集》之后，吴昌绶终对《于湖词》版本及词篇做出了清晰校订，其致缪荃孙云：

昔年授经得传抄乾道本《于湖长短句》五卷《拾遗》一卷，即从瞿氏、朱氏本出。因以所收《南词》中《于湖词》对校，为《补遗》一卷，并录见寄。时绶尚在沪，比到京见《南词》本，覆核再四，私计此即集本。但求全集，杳不可得。今始蒙抄示，则果不出所料。《南词》所据集本缺一卷，故授经所补尚未全，今得四卷，再核其源流本末，皆了然矣。集本一百八十二首，应据景宋本补卌七首，汲古本补四首，共为二百二十三首，方始完备。汲古四首既不见集中，又不见景宋，颇可疑。顷从《全芳备祖》检得一首，余三首尚未知所由来，或即《花庵》所选，俟再考之。景宋乾道本一百七十四首，应据集本补四十五首，汲古本补四首，共为二百二十三首，亦成完本。汲古本多六首，集中已有二首。此今日细心斟核，而得两本互异如此。[②]

① 《艺风堂友朋书札》，《中华文史论丛》（增刊），上海古籍出版社 1980 年版，第 905 页。

② 《艺风堂友朋书札》，第 908 页。

吴昌绶经过详细核查，认为董康所据的《南词》本《于湖词》即从《于湖居士文集》出，由于所据集本缺一卷，故董康所补未全。在见到影抄乾道本《于湖先生长短句》和宋本《于湖居士文集》这两个张孝祥词集最重要的版本后，吴昌绶将二本细心斟核，明其源流，终成《于湖词》完本。起初，吴昌绶索要董康校抄《于湖先生长短句》之目的当为雕版之用，但最终并未采用，直到宋椠《于湖居士文集》出现，他才假袁寒云妻刘梅真影写本刊刻。吴弃董康校抄本不用，苦求宋椠之举，体现了他欲存古刻真面目的刻词理念。

董康校抄《于湖先生长短句》，加之朱祖谋、吴昌绶、吕景端对董抄本《于湖先生长短句》字句之校勘，版本之理董，再现了张孝祥词在清季由粗芜到精当、由模糊到清晰的校勘历程。董康、朱祖谋、吴昌绶、吕景端对《于湖先生长短句》的校勘考订，是清季词学家校勘唐宋词集的一个生动剪影，他们互通秘笈，合力校雠，推动了词籍校勘学的不断发展。

（原载《文献》2017年第4期）

张孝祥《于湖词》版本源流考

◎吴　娟

张孝祥（1132—1169），字安国，号于湖，历阳（今安徽和县）人。南宋高宗绍兴二十四年（1154）状元及第，官至中书舍人、直学士院。《宋史》有传。

张孝祥以词名世，与张元幹并称南渡初期词坛双璧。他的词"气雄而调雅，意缓而语俏"[①]，历来为人称道，习称为"于湖词"。王质《于湖集序》云"是岁，公没于当涂之芜湖，而其歌词数编先出……世酣于其歌词"[②]，可见张孝祥生前就有单行本词集行世。今存"于湖词"数量较多，《全宋词》收有张孝祥词二百二十三首。

关于《于湖词》的版本，学界已有讨论。研究《于湖词》单种版本的重要成果有彭国忠《张孝祥文集四十卷本版本述略》、杨传庆《董康诵芬室校定本〈于湖先生长短句〉考识》、罗涵亓《影宋抄本〈于湖乐府〉述略》。研究《于湖词》多种版本的重要成果有王兆鹏《宋代文学传播探原》，蒋哲伦、杨万里《唐宋词书录》。王兆鹏提及南宋三种张词刻本：乾道七年（1171）刻五卷本、嘉泰元年（1201）刻诗文合集本、长

① 查礼《铜鼓书堂遗稿》，《续修四库全书》第1431册，上海古籍出版社据浙江图书馆藏清乾隆查淳刻本影印2002年版，第231页。

② 王质《雪山集》，《景印文渊阁四库全书》第1149册，（台湾）商务印书馆1986年版，第4页。

沙坊刻《百家词》本《于湖词》一卷，并附说明[①]。蒋哲伦、杨万里《唐宋词书录》胪列张孝祥文集（附词）及词集的古籍版本十余种，但未对各本进行讨论，更没有梳理各本之间的关系。此外，《书录》未著录明抄《唐宋明贤百家词》本、明崇祯六年（1633）张时行刊《张于湖集》八卷本、明崇祯十七年（1644）张弘开刊《张于湖集》本、明崇祯汲古阁刻《宋名家词》本、《四库全书荟要》本、传抄《四库全书》本等重要的《于湖词》版本。

目前，学界对《于湖词》的版本源流及各版本的特点、优劣尚未形成系统的认识。有鉴于此，笔者对《于湖词》存世各本进行全面梳理，通校了二十二种《于湖词》版本（除清李子仙影宋抄本、清董康校定本、刘梅真影宋抄本三种未能亲见），讨论各版本之优劣，厘清各本之关系，认为《于湖词》应当分为四大版本系统：宋乾道本系统、宋嘉泰本系统、《中兴以来绝妙词选》系统、明崇祯张时行本系统。

一、宋乾道本《于湖先生长短句》系统

宋乾道年间刊《于湖先生长短句》是此系统的祖本，原刻已佚，仅有影宋抄本传世。诸影宋抄本中，瞿镛旧藏影宋乾道《于湖先生长短句》本较为可靠，本文探讨宋乾道本时主要参考此本。此系统包括六种《于湖词》版本，分述如下：

（一）明紫芝漫抄《宋元名家词》本，题《于湖先生长短句》，五卷，北京大学图书馆藏，《中华再造善本》据以影印。（简称“紫芝漫抄本”）

紫芝漫抄本，半页九行，行十五字。白口，左右双边，版

① 王兆鹏《宋代文学传播探源》，武汉大学出版社2013年版，第357页。

心下有“紫芝漫抄”四字。前有“于湖先生长短句目录”，目录上注明于湖词的宫调及收词数量。无序跋。内钤“陈宝晋守吾父记”“李少微”印。此本收于湖词一百三十七首，俗体字、简体字较多，如“皃”多作“皃”、“顧”多作“顾”。多数词只有词牌，没有小题，仅作《水调歌头》《念奴娇》等。此本在收词数量和词作排列顺序上与瞿镛旧藏影宋乾道本前五卷一致，瞿本较此本多出《拾遗》一卷。紫芝漫抄本当源于宋乾道本。

紫芝漫抄本虽时代较早，但抄写不精，其讹误、脱文在于湖词各本中最多，如卷一目录《水调歌头》误作《小调歌头》、卷一《木兰花》“殢酒”误作“带酒”、卷一《念奴娇》“三万顷”误作“三万头”。此外，脱文、衍文严重，如卷一《水调歌头·送刘帅趋朝》“玉书下，褒懿绩，促曹装”，“促曹装”后紫芝漫抄本连脱“帝宸天近，红旆东去带朝阳，归辅五云丹陛”三句。总体上看，紫芝漫抄本是笔者所校《于湖词》版本中脱讹最多、质量最次之本。

（二）清李子仙影宋抄《于湖先生长短句》本，五卷，《拾遗》一卷，台北“中央图书馆”藏。（简称“李子仙本”）

李子仙本半页十行，行十八字。“卷首为墨笔绘‘张子和观察像’……卷首书后有孙原湘、张蓉镜、杨希铨、吴宪澄手书题跋”[①]。《“中央图书馆”善本题跋真迹》详录此本题跋，孙原湘手跋曰：“于湖辞沉雄跌宕……此册的系原本，洵可宝贵。惟舛讹处颇多，须一校正之耳。孙原湘识。”张蓉镜手跋曰：“吴郡黄荛圃先生以是册赠先祖观察公，为李子仙孝廉影宋抄本，首尾完整，行款字体的系原刻面目，珍藏味经书屋阅廿余稔矣！今秋家诒经堂主人见而爱玩不置，假录副本始还。……嘉庆庚辰重

① 台北“中央图书馆”:《“中央图书馆”善本书初稿·集部》，台北“中央图书馆”1996年版，第285页。

阳前一日海虞张蓉镜书于小琅嬛福地之南窗。”杨希铨手跋曰："芙川张君携张于湖雅词过友琴书屋，暇日展诵一过，为校十余字，末卷《拾遗》内《丑奴儿》阕‘伯鸾、德耀’已见卷五，又《点绛唇》阕‘秩秩宾筵’与卷五‘绮燕高张’云云小异。杨希铨记。”[①]

由张蓉镜跋语可知，李子仙本原为黄丕烈旧藏，后赠予张蓉镜祖父张燮（字子和）。

张金吾亦藏有一部影宋抄本[②]，其《爱日精庐藏书志》载："《于湖先生长短句》五卷《拾遗》一卷，影写宋刊本……此则犹是宋时原本，当与知音者共赏之。"[③]然据张蓉镜跋语"今秋家诒经堂主人见而爱玩不置，假录副本始还"，"诒经堂主人"即张金吾，可知张金吾所藏影宋抄本当自李子仙本录副。

（三）瞿镛旧藏清影宋抄本，题《于湖先生长短句》五卷《拾遗》一卷，中国国家图书馆藏，《景刊宋金元明本词》据以影刻。（简称"瞿本"）

瞿本半页十行，行十八字。前有乾道辛卯七年（1171）建安陈应行序，次《于湖先生长短句目录》，目录中各词词牌后皆注明宫调及数量，如《六州歌头》下小注"大石调一首"。书末有乾道辛卯汤衡后序，称是书由建安刘温父所编。瞿镛旧藏本[④]内钤"铁琴铜剑楼"印，《景刊宋金元明本词》据以影刻。《景

① 台北"中央图书馆"《"中央图书馆"善本题跋真迹》，台北"中央图书馆"1982年版，第3109—3113页。

② 傅增湘称"张金吾藏影宋刊本"，当指影写宋刊本。其《藏园订补郘亭知见传本书目》卷一六下："《于湖先生长短句》五卷《拾遗》一卷，宋张孝祥撰。张金吾藏有影宋刊本，有乾道辛卯陈应行、汤衡两序。"中华书局2009年版，第1607页。

③ 张金吾《爱日精庐藏书志》，上海古籍出版社2014年版，第758页。

④ 瞿镛《铁琴铜剑楼藏书目录》卷二四："《于湖先生长短句》五卷《拾遗》一卷，影抄宋本，宋张孝祥撰。《宋史·艺文志》《直斋书录》俱作一卷，此出乾道间刻本，有陈应行、汤衡序。毛氏《六十家词》本先刻一卷，续刻二卷，章次俱不合。"中华书局1990年版，第380页。

刊宋金元明本词·叙录》云："景宋本《于湖先生长短句》五卷《拾遗》一卷。光绪间，授经大理曾于京师得传抄五卷附拾遗本，据汲古所刻为《补遗》一卷，以寄伯宛。当时犹未见《于湖集》宋椠，别获旧抄一本，亦有缺卷。后始从瞿氏摹传，此本较传抄特为精整，足与集本互证也。宋本半页十行，行十八字，目录下题'状元张孝祥安国撰'，每词各注宫调，拾遗同。"①据《叙录》可知，第一，光绪年间，董康曾在京师获于湖词传抄五卷附拾遗本，他根据汲古阁所刻增加《补遗》一卷，并寄给吴昌绶。第二，陶湘影宋刻本据瞿氏藏本影刻，收入《景刊宋金元明本词》。通过校勘，我们发现瞿本脱讹处，陶湘影宋刻本亦脱讹。陶湘影刻时仅将瞿本中汤衡后序移至卷首。

（四）翁斌孙旧藏清影宋抄本，题《于湖先生长短句》五卷《拾遗》一卷，中国国家图书馆藏。（简称"翁本"）

翁本半页十行，行十八字。内钤"翁斌孙印""翁氏珍藏"印。翁本字体、版式、词作排列顺序均与瞿本同，仅陈应行序"紫微张公孝祥……辞彩日星于群目"几句中，"群目"瞿本作"群因"；"使天假之年，被之声歌，荐之郊庙，当共《英》《茎》《韶》《頀》间作而递奏"几句中，"当共"瞿本作"当其"。二本大量使用"？"代表叠字，但《水调歌头·桂林中秋》"去年明月依旧，还照我登楼，？下水明沙静"几句中，瞿本"登楼"一词后缺此叠字符号，有一字空格，当脱一"楼"字。此外，二本文字全同。又上文杨希铨跋称李子仙影宋抄本《拾遗》中"《丑奴儿》阕'伯鸾、德耀'已见卷五"，瞿本、翁本相同。

综上，李子仙本、瞿本、翁本三本同源。张金吾是嘉庆、道光时期常熟地区著名的藏书家，其书道光年间散出，同时期常熟

① 吴昌绶、陶湘《景刊宋金元明本词》，上海古籍出版社 1989 年版。

瞿氏铁琴铜剑楼藏书兴起。今不见张金吾本，疑张金吾据李子仙影宋抄录副之本归瞿氏收藏，常熟翁氏又抄自瞿氏。

瞿本、翁本收录张孝祥词一百七十四首，其中三十七首宋嘉泰本未收，对于湖词有保存之功。其目录注明宫调，尤为可贵。正文中偶有双行小注，起到解释说明的作用，如卷五《南乡子》“俱贤。便是朱、张与少连”，“连”字下二本有双行小注“少连谓刑监庙”。瞿本、翁本亦有不少缺点：①目录与正文不一致，如目录载卷一“满江红”下注“仙吕调四首”，正文卷一只收录二首；目录卷四“浣溪沙”下注“黄钟宫一首”，正文卷四却收录《浣溪沙》二首；目录卷五“归自遥”，正文卷五作“归梧谣”。②脱文，如《望江南·题南岸铨德观》“谋一笑，与君同”，宋嘉泰本系统、明张时行本系统均作“谋一笑，一笑与君同”。结合词谱，瞿本、翁本均脱“一笑”二字。③倒文，如卷一《水调歌头·与喻才子同登金山，江平如席，月白如昼》，“喻才子”当作“喻子才”。“喻子才”即“喻樗”，字子才，是张孝祥的忘年交。④讹文。瞿本、翁本讹文较多，仅举二例。卷一《水调歌头·桂林中秋》“千里江山如昼，万井笙歌不夜”，“如昼”，宋嘉泰本系统作“如画”。卷三《踏莎行·宋漕生朝》，“宋漕”，宋嘉泰本系统、明张时行本系统均作“朱漕”，朱漕即朱元顺，是张孝祥好友，张孝祥有多首赠朱漕的诗词；此处瞿本、翁本误。

（五）清董康诵芬室校定《于湖先生长短句》本，五卷，《拾遗》一卷，《补遗》一卷，南开大学图书馆藏。（简称“董康校定本”）

关于董康校定本，杨传庆《董康诵芬室校定本〈于湖先生长短句〉考识》一文考校详尽，足资参考。杨文录有董康跋：“《于湖词》刊入汲古阁《六十名家》四集，篇次已经移易。余旧藏怀麓堂本《南词》中有《于湖词》二卷，初以为汲古本所从出，未详检也。秋间坊友何厚甫以旧抄《于湖先生长短句》五卷《拾遗》一卷售予，各调之下兼注宫调，盖由宋乾道本所传录者。取与《南词》本互勘，始知乾道本佳处十之四，《南词》本佳处十之六，校定命胥重录篇帙，一循宋旧，而以《南词》本字句之异标注于下。复从《南词》本获词四十首，俱宋以来各名家选本未甄录者，乃合汲古本六首为《补遗》一卷以附于后，于湖著作当以是本为最完备矣。光绪乙巳冬日武进董康呵冻书。”[①]

由董康跋知：第一，何厚甫将所藏旧抄本《于湖先生长短句》售予董康。第二，董康认为《南词》本与旧抄乾道本互有短长，《南词》本略优于旧抄乾道本。第三，董康诵芬室曾过录何厚甫藏旧抄本，并用《南词》本校。

所谓董康校定本，即以董康诵芬室过录何厚甫藏旧抄本为底本，以《南词》本为校本，将《南词》本异文标注于底本上的全新版本。何厚甫藏旧抄本《于湖先生长短句》下落不明。《南词》原编已佚，今仅存一抄本，藏北京大学图书馆。据《北京大学图书馆藏“大仓文库”书志》记载，《南词》第二函有“《于湖词》二卷，宋张孝祥撰”[②]，但是书尚未公布，无从获观。董康曾抄录《南词》十三种，现藏于中国国家图书馆，然无《于湖词》二卷。

由董康《蒲江词稿跋》“吴印臣孝廉影刻宋元名家词集，以补琴川未竟之功，函来索余校定《于湖长短句》，并录以寄”[③]可知，董康曾应吴昌绶之请，将自己的校定本录副，寄赠吴昌绶，作为《景刊宋元名家词》的参考。可惜董康录副本已下落不明，无从详考。吴昌绶索求董康校定本《于湖先生长短句》，显

① 杨传庆《董康诵芬室校订本〈于湖先生长短句〉考识》，《文献》2017年第4期。

② 北京大学图书馆《北京大学图书馆藏大仓文库书志》，中华书局2004年版，第1707页。

③ 杨传庆《董康诵芬室校订本〈于湖先生长短句〉考识》，《文献》2017年第4期。

然是想将之刻入《景刊宋金元明本词》；然吴昌绶最终所用之本乃宋嘉泰本系统的刘梅真影宋抄《于湖居士乐府》。

（六）清吴昌绶校抄《于湖先生长短句》本，五卷，《拾遗》一卷，中国国家图书馆藏。（简称“吴昌绶校本”）

吴昌绶校本，半页十四行，行二十一字。封面题“于湖先生长短句，吴伯宛抄校本”，字迹与正文一致，当为吴昌绶手题。内钤“双照楼夫妇珍玩”“仁和吴昌绶伯宛父印”“罗振常读书记”，知此本经吴昌绶、罗振常递藏。是本底本当为董康校定本的过录本，经诸家批校后，由吴昌绶重抄重校。据杨传庆描述，“《西江月》（落日镕金万顷）一阕，董康抄作‘庐兵千峰’，吴直接以蓝笔改‘兵’为‘岳’”；此处，吴昌绶校本则直接抄作“庐岳千峰”。吴氏重抄后又重加校勘，但仅卷一的二十四首词有吴昌绶校记及圈改，其余五卷未见任何批校。卷一天头保存了大量吴昌绶校勘记，如“集本‘膻腥’作‘兵戈’，‘毡乡’作‘围场’，‘羽葆’作‘翠葆’。改字之谬可想见其用意，姑志之，毋庸入校记也”。《水调歌头·凯歌奉寄湖南安抚舍人刘公》，吴昌绶称“集本‘凯歌上刘恭父’”。通过笔者校勘，吴昌绶批校中所谓“集本”，文字独与文澜阁《于湖集》本接近。“集本”当源自文澜阁《于湖集》本。

至此，我们基本理清了宋乾道本系统中诸本的关系：明紫芝漫抄本源自宋乾道本；李子仙本据宋乾道本影抄；瞿本录副自李子仙本，曾经张金吾收藏；翁本又录副自瞿本。董康校定本的底本为宋乾道本的辗转传抄本，又据《南词》校定；应吴昌绶之邀，董康据其校定本录副一本，赠予吴昌绶。朱祖谋、吴昌绶、吕景端在董康录副本上加以批校，吴昌绶又在此本基础上重抄重校，是为吴昌绶校本。

通过对宋乾道本系统各本的考察，我们对已经亡佚的宋乾道本有了更深入的认识。宋乾道本早于宋嘉泰本，反映了《于湖词》单行本较为原始的面貌。此外，宋乾道本保存了大量张孝祥词作的宫调及三十七首不见于宋嘉泰本的词作。宋乾道本词牌后多附有解释说明的小题，介绍词作背景，具有较高的文学价值、史料价值，弥足珍贵。但白璧微瑕，乾道本偶有误收，如《生查子·咏折叠扇》，实为朱翌词，宋人已有考辨。宋陈鹄《耆旧续闻》卷一云："正如《咏折叠扇》词云'宫纱蜂趁梅，宝扇鸾开翅……'余尝亲见稿本于公家，今《于湖集》乃载此词，盖张安国尝为人题此词于扇故也。"[①]洪迈《容斋诗话》卷六亦载："中书舍人新仲（翌）……有折叠扇词云'宫纱蜂趁梅，宝扇鸾开翅……'公亲书稿固存，亦因张安国书扇，而载于《于湖集》中。"[②]这一失误延及宋乾道本系统诸本，诸本皆收入此词。

如此重要的宋乾道本，惜已亡佚，我们只能从宋乾道本系统诸本一窥其面貌。

二、宋嘉泰本《于湖居士文集》系统

宋嘉泰本系统包括十种《于湖词》版本，分述如下：

（一）宋嘉泰间刻《于湖居士文集》四十卷本，台北"中央图书馆"藏，《四部丛刊》据以影印。其卷三一至卷三四题"乐府"，即"于湖词"。（简称"宋嘉泰本"）

宋嘉泰本扉页有袁克文丙辰（1916）三月题识，云此宋刊本清末流转厂肆，为满人完颜景贤所得，后售予袁克文。由于完颜景贤"裂毁旧装"，袁克文"尽去衬纸，并装六册，加以旧青衣纸"。此本半页十行，行十六字。白口，左右双边，版心上

① 陈鹄《西塘集·耆旧续闻》，上海古籍出版社 2012 年版，第 86 页。

② 洪迈《容斋诗话》，上海古籍出版社 2015 年版，第 433 页。

记字数，下记刻工姓名。刻工有陈荣、王祐新、刘大有、俞文俊、俞永成、刘处仁、陈良、朱正等。卷首有南宋宁宗嘉泰元年（1201）孝祥门人谢尧仁序，次同年孝祥堂弟张孝伯序。据序知，此本由孝祥堂弟张孝伯操持、孝祥门人王大成汇编而成，然序中未明确提及付梓一事。由“徵”“敦”“廓”等字皆缺末笔，知避讳至宁宗。

宋嘉泰本原为明内阁官书，内钤“文渊阁印”。核明《文渊阁书目》卷九：“张氏《于湖居士文集》一部六册，全。”[①]明《内阁书目》卷三：“《于湖文集》六册全，宋孝宗朝张孝祥著，凡四十卷。”[②]当即此书。傅增湘《藏园群书经眼录》卷一四著录有“宋刊本《于湖居士文集》四十卷”，“内钤文渊阁印”，当即此本。傅增湘谓“盛昱遗书，归袁寒云”[③]，《四部丛刊》称“上海涵芬楼借慈溪李氏藏宋刊本”影印。结合宋嘉泰本藏印“完颜景贤精鉴”“寒云秘笈珍藏之印”“祁阳陈清华字澄中印”“张珩私印”，知此本经盛昱、完颜景贤、袁克文、李思浩、陈清华、张珩递藏。

宋嘉泰本是张孝祥词集现存最早的刻本，也是此系统的祖本，共收张孝祥词一百八十二首，为于湖词各本中收词数量最多、内容最为完备之本。其中四十四首不见于宋乾道本系统《于湖先生长短句》，对保存张孝祥词意义重大。此本中有少量双行小注云“一本作某”，经笔者校勘，所谓“一本”，与《于湖先生长短句》相近。是本偶有讹误，多系手民疏失，如卷三三《定风波》“老子婆娑”误作“老子婆婆”、卷三三《浣溪沙》第二十六首“春昼长”误作“春画长”、卷三四《减字木兰花·江

① 杨士奇《文渊阁书目》，商务印书馆1937年版。

② 孙传能、张萱、秦焜等《内阁藏书目录》，《续修四库全书》第917册，上海古籍出版社影印迟云楼抄本2002年版，第35页。

③ 傅增湘《藏园群书经眼录》，中华书局1983年版，第1226页。

阴州治漾花池》“主人”误作“王人”。脱文两处：卷三三《踏莎行·五月十三日月甚佳》“扑粉□绵，侵尘宝扇”、卷三三《浣溪沙》第二十一首“醉眼定知非妙赏，□词端为□”。调名有一处错误：卷二二《洞仙歌·和清虚先生皇甫坦韵》无论从字数、平仄、用韵上均不符合《洞仙歌》词谱，而与《蓦山溪》合；《全宋词》改作《蓦山溪·和清虚先生皇甫坦韵》，并在“韵”后加以小注“调名原误作《洞仙歌》”，甚是。此外，宋嘉泰本还存在简化原题、导致语义难解的情况，如卷三一《水调歌头·汪德邵无尽藏》，词的题目只有六字，《于湖先生长短句》却有二十八字：“汪德邵作无尽藏楼于栖霞之间，取玉局老仙遗意，张安国过，为赋此词。”若不结合他本异文，难解宋嘉泰本题意。

（二）清影宋抄《于湖居士文集》四十卷本（简称“清影宋抄本”），中国国家图书馆藏，《中华再造善本》《宋集珍本丛刊》皆据以影印，卷三一至卷三四题“乐府”，即“于湖词”。

清影宋抄本版式、字数、页码、刻工姓名均与宋嘉泰本同，经校勘，文字亦与宋嘉泰本同，当据宋嘉泰本影摹。钤印有“启迪宝藏”“完颜金启迪号如孙字仲吉别号金精子宝藏书画文章”“曾在周叔弢处”，知经完颜启迪、周叔弢递藏。此乃精抄本，质量甚佳，基本保存了宋嘉泰本于湖词原貌，但偶有抄写错误，如卷三四《菩萨蛮·夜坐清心阁》“断云不隔东归眼”，“眼”误作“银”。

（三）刘梅真影宋抄《于湖乐府》四卷本（简称“刘梅真影宋抄本”），四川省图书馆藏，标为卷三一至卷三四，题“乐府”，即“于湖词”。

据罗涵亓《影宋抄本〈于湖乐府〉述略》，刘梅真影宋抄本卷三四末尾有“乙卯（1915）六月十六日写讫，梅真”款识，为袁克文夫人刘梅真据宋嘉泰本《于湖词》影写，版式与宋嘉泰本同。此本未及见。

（四）《景刊宋金元明本词》影刻刘梅真影抄宋刻《于湖居士乐府》四卷本（简称“吴昌绶影宋刻本”），标为卷三一至卷三四，题“乐府”，即“于湖词”。

吴昌绶影宋刻本卷三四末尾亦有“乙卯六月十六日写讫，梅真”款识，其后有袁克文题跋：“伯宛景刊宋元本词，多从旧椠精抄裁篇别出……克文近获宋刻《于湖居士集》，为世间绝无之本。属内子梅真手摹乐府四卷，贻以上版，备南宋大家之一。乙卯八月项城袁克文记。”[①]由此可知，袁克文嘱其妻刘梅真据家藏宋嘉泰本影抄“于湖词”四卷，赠予吴昌绶，吴昌绶影宋刻本即据刘梅真影宋抄本上版，为《景刊宋金元明本词》之一，流传很广。

这个影刻本新增讹误四处：卷三二《鹧鸪天·平国弟生日》“平国弟”误作“平国第”、卷三四《菩萨蛮·与同舍游湖归》“吴波”误作“具波”、卷三四《西江月》第六首“靖康”误作“靖东”、卷三四《点绛唇》“兵辟神符”误作“兵碎神符”。

清影宋抄本、吴昌绶影宋刻本均从宋嘉泰本出，二本亦改正了部分宋嘉泰本刻字之误，如嘉泰本卷三二《鹧鸪天·淮西为老人寿》：“思主春，酌民言，与民称寿拜公前。”二本将“主春”改作“主眷”，甚是。这两个影抄本和完颜氏、袁克文有关，影抄的时间可能接近。

（五）明抄《唐宋名贤百家词》本（简称“《百家词》本”），作《于湖词》二卷，天津图书馆藏，天津古籍出版社影印。

《百家词》本的底本，现藏天津图书馆，是一个稀见的孤本。半页十二行，行二十字。红格，白口，四周单边。原书扉页有墨笔题识：“此编未载编者姓氏，按《天一阁书目》：‘《唐

① 吴昌绶、陶湘《景刊宋金元明本词》，上海古籍出版社1989年版，第236页。

宋名贤百家词》九十册，红丝栏抄本，明吴讷辑并序。’宣统二年（1910）三月天津图书馆编目者识，备考。”核《天一阁书目》，知天一阁曾收藏过此本，清末已归天津图书馆。此本收于湖词一百五十五首，经笔者比勘，《百家词》本大体相当于宋嘉泰本卷三二至卷三四，较宋嘉泰本词四卷缺卷三一的二十八首词。此本有大量脱漏讹夺，如宋嘉泰本卷三二《鹊桥仙·为老人寿》，《百家词》本作《鹊桥仙·为》；又宋嘉泰本卷三三《丑奴儿》“逢人问道归来也，日日佳期，管有来时”，《百家词》本此句仅存一“时”字。此本质量不佳，在宋嘉泰本系统中属末流。

同属于四库本系列的有：

（六）清摛藻堂《四库全书荟要》本《于湖集》四十卷（简称“《荟要》本”），卷三一至卷三四题“乐府”，即“于湖词”。

（七）清文渊阁《四库全书》本《于湖集》四十卷（简称“文渊阁《于湖集》本”），卷三一至卷三四题“乐府”，即“于湖词”。

（八）清文津阁《四库全书》本《于湖集》四十卷（简称“文津阁《于湖集》本”），卷三一至卷三四题“乐府”，即“于湖词”。

（九）清文澜阁《四库全书》本《于湖集》四十卷（简称“文澜阁《于湖集》本”），卷三一至卷三四题“乐府”，即“于湖词”。

（十）传抄《四库全书》本《于湖集》四十卷（简称“抄阁本”），台北“中央图书馆”藏，卷三一至卷三四题“乐府”，即“于湖词”。

《荟要》本、文渊阁《于湖集》本、文津阁《于湖集》本、文澜阁《于湖集》本皆半页八行，行二十一字，分别于乾隆四十二年（1777）三月、乾隆四十六年（1781）十月、乾隆四十九年（1784）八月、乾隆五十一年（1786）九月进呈。

抄阁本与上述三本版式相同，前有“乾隆五十一年九月恭校上”之提要，内钤“梅华草堂”“友年所见”“古书流通处”印，知此本为朱岏瞻旧藏。经校勘，抄阁本《四库提要》及正文与文澜阁《于湖集》本基本一致，《提要》落款“乾隆五十一年九月恭校上”，年月与文澜阁《于湖集》本吻合，知抄自文澜阁本。

从词的数量、编排顺序、文本特征看，四库诸本与宋嘉泰本为同一系统，但文字上与宋嘉泰本略有差异，因此底本并非宋嘉泰本。据《四库采进书目》，两淮盐政李续曾进呈过“《于湖集》四十卷，十二本”①，但未注明版本。清邵懿辰称“《于湖集》四十卷，宋张孝祥撰……韩有《四库》旧抄本”②，莫友芝则云“韩氏有四库所据旧抄本”③，则韩应陛处当藏有据宋嘉泰本辗转传抄之本，且为库本《于湖词》的底本，然检《云间韩氏藏书题识汇录·集类》《读有用书斋书目表》均未见此书。

文渊阁《于湖集》本、文津阁《于湖集》本、文澜阁《于湖集》本（从《文澜阁目索引》及卷前《四库提要》撰写时间看，文澜阁《于湖集》本非后期抄配之本，当为文澜阁原本）较《荟要》本晚出，四本都避清讳，且遇“膻”“虏”等字皆讳改，但四者改动情况不完全一致，如卷三一《六州歌头》：“洙泗上，弦歌地，亦膻腥。”“亦膻腥”，《荟要》本作“血风腥”，文渊阁《于湖集》本作“亦纷争”，文澜阁《于湖集》本作“亦戈兵”，文津阁《于湖集》本同宋嘉泰本作“亦膻腥”。卷三一《念奴娇·张仲钦提刑行边》：“虏马秋肥雕力健。”“虏马”，《荟要》本、文津阁《于湖集》本作“塞

① 吴慰祖《四库采进书目·两淮盐政李呈送书目》，商务印书馆1960年版，第66页。

② 邵懿辰《增订四库简明目录标注》，上海古籍出版社1959年版，第732页。

③ 莫友芝、傅增湘《藏园订补郘亭知见传本书目》，中华书局2009年版，第1195页。

马”，文渊阁《于湖集》本作“敌马”，文澜阁《于湖集》本作“宛马”。此外，《荟要》本、文澜阁《于湖集》本对非蔑称的“毡乡”一词也进行改动，《荟要》本改作“苍茫”，文澜阁《于湖集》本改作“围场”。值得注意的是，即便是同一阁所抄之《于湖词》，讳改情况亦有不同。《六州歌头》“亦膻腥”，文渊阁《于湖词》本作“亦凋零”，《于湖集》本作“亦纷争”，文津阁《于湖词》本作“亦榛荆”，《于湖集》本作“亦膻腥”。盖馆臣分办，失于照应。

四本中，文津阁《于湖集》本文字最接近宋嘉泰本原貌，脱讹较少，质量最佳，其次为文渊阁《于湖集》本、《荟要》本、文澜阁《于湖集》本。文澜阁《于湖集》本底本与其他三阁底本略有差异，如卷三一《水调歌头·金山观月》“海气夜漫漫”，文澜阁《于湖集》本独作“秋气夜漫漫”。文渊阁《于湖集》本、文津阁《于湖集》本卷三四《菩萨蛮·夜坐清心阁》“断云不隔东归远”，《荟要》本作“断云不隔东归懒”，文澜阁《于湖集》本作“断云不隔垂杨坂”。文澜阁《于湖集》本此二处异文与存世各本皆异，但总体来看文澜阁《于湖集》本仍属宋嘉泰本系统。

以上宋嘉泰本、清影宋抄本、刘梅真影宋抄本、吴昌绶影宋刻本、《百家词》本、《荟要》本、文渊阁《于湖集》本、文津阁《于湖集》本、文澜阁《于湖集》本、抄阁本十种版本均属同一个系统；宋嘉泰本是此系统祖本，清影宋抄、刘梅真影宋抄本皆据宋嘉泰本影摹，吴昌绶影宋刻本又据刘梅真影宋抄本刊刻；《百家词》本源自宋嘉泰本后三卷；《荟要》本及诸阁本间接源自宋嘉泰本，抄阁本的底本是文澜阁《于湖集》本。

宋嘉泰本系统祖本时代早、收词数量多、讹误脱文少，是研究于湖词最重要的版本系统。

三、《中兴以来绝妙词选》系统

《中兴以来绝妙词选》系统包括六种《于湖词》版本：

（一）宋淳祐九年（1249）刘诚甫刻《中兴以来绝妙词选》本（简称“《绝妙词选》本”），中国国家图书馆藏，《中华再造善本》据以影印。此本收张孝祥词二十四首。

黄昇，号玉林，又号花庵词客，淳祐年间编《中兴以来绝妙词选》十卷，卷二收于湖词二十四首，其中《鹧鸪天·春情》《忆秦娥·雪》《忆秦娥·梅》三首不见于宋嘉泰本系统和宋乾道本系统，《蓦山溪·春情》一首不见于宋嘉泰本系统。《绝妙词选》本较为独特，不属于嘉泰、乾道二系统，如《绝妙词选》本《西江月·黄陵庙》“满载一船明月，平铺千里秋江”，宋嘉泰本作《西江月·阻风三峰下》“满载一船秋色，平铺十里湖光”，瞿本作《西江月》“满载一船秋色，平铺千里湖光”。《绝妙词选》本是继宋嘉泰本之后，现存最早的宋本于湖词。此外，收有三首既不见于《于湖词》单行本，亦不见于文集本的张孝祥词，今《全宋词》即据以补张孝祥词。

（二）明崇祯汲古阁刻《宋名家词》本（简称“明汲古阁本”），题《于湖词》，三卷，北京大学图书馆藏。此本为明末以来最通行之本。

明汲古阁本，半页八行，行十八字。白口，左右双边，版心下刻“汲古阁”三字。前有乾道辛卯（1171）建安陈应行序，次同年陈郡汤衡序，再次《于湖词》目录。目录中各词词牌下注收词数量，如“六州歌头”下注“一调”。此本共收张孝祥词一百八十一首，卷一末有毛晋跋：“玉林集中兴词家选二十有四阕，评云‘旧有紫微雅词，汤衡为序。称其平昔为词未尝著稿，笔酣兴健，顷刻即成，无一字无来处，如《歌头·凯歌》诸曲骏发踔厉，寓以诗人句法者也’，恨全集未见耳。古虞毛晋记。”

“玉林”即黄昇，是《中兴以来绝妙词选》的编者。明汲古阁本卷一收于湖词二十八首，正文中有毛晋校勘成果，如《木兰花慢》“离思○向误作《木兰花令》”；《雨中花慢》“长沙○向失慢字，误”；《水调歌头》“舟过金山寺○或作咏月○或刻韩子苍”。

笔者将明汲古阁本《于湖词》卷一与宋刘诚甫刻《绝妙词选》本比勘，发现除《满江红·咏雨》（斗帐高眠）、《满江红·玩鞭亭》（千古凄凉）、《桃园忆故人·冬饮》（朔风弄月）、《醉落魄》（轻寒淡绿）四首另有来源外，汲古阁本中其余二十四首词均来源于《绝妙词选》本。汲古阁本多收四词，有三首源自宋乾道本系统及宋嘉泰本系统，其中《满江红·玩鞭亭》同时见于宋乾道本系统及宋嘉泰本系统；《醉落魄》见于宋乾道本系统；《桃园忆故人·冬饮》见于宋嘉泰本系统。另有《满江红》（斗帐高眠）为明汲古阁本独收，但此词并非张孝祥词，《全宋词》将此词归入无名氏作，并附有按语：“此首别又误作张孝祥词，见《类编草堂诗余》卷三。别又误作张先词，见《花草新编》卷四。”[①]则此词当为《中兴以来绝妙词选》误收。

明汲古阁本卷二、卷三，经笔者比勘，文字多与瞿本同，唯删去了瞿本目录，殆源出于乾道本系统。诚如陶湘所云：“汲古阁刻《于湖词》，初只就《花庵词选》所载二十四首，更摭四首益之，以备一家。后见全集，删其重复，另编为两卷以续之，故次序淆乱。”[②]明崇祯汲古阁本在文字上并无明显优于各本之处，又有新增讹误，如卷三《西江月》“醉如泥”误作“醉如沉”、卷二《踏莎行》“离觞”误作“离肠”。

此外，台北“中央图书馆”藏有汲古阁刻《宋名家词》本《于湖词》一卷，半页八行，行十八字，字体、版式均与北大藏

① 唐圭璋《全宋词》，中华书局1965年版，第3741页。

② 《景刊宋金元明本词》，第4页。

汲古阁本卷一同，卷一末亦有毛晋跋，但无汤衡序。内钤“吴氏筠清馆所藏书画”印，知是本曾为吴荣光旧藏。

吴荣光旧藏《宋名家词》一卷本《于湖词》当为汲古阁早期刻本，北京大学藏《宋名家词》三卷本《于湖词》当是在一卷本基础上，增刻汤衡序、卷二、卷三而成。

综上所述，毛氏汲古阁三卷本来源不同，卷一主要源于黄昇编《中兴以来绝妙词选》，另有四首词间接源于宋乾道本系统、宋嘉泰本系统；卷二、卷三源于乾道刻《于湖先生长短句》系统。

（三）清乾隆文渊阁《四库全书》本（简称“文渊阁《于湖词》本”），题《于湖词》，三卷。

汲古阁本刊行后，三卷本《于湖词》得以广泛流传。文渊阁《于湖词》本即以汲古阁本为底本，词作排列次序、文字均与汲古阁本同，卷一末有毛晋跋。卷前《四库提要》称：“此本为毛晋所刊，第一卷末即系以跋，称‘恨全集未见’，盖只就《词选》所载二十四阕，更摭四首益之，以备一家。后二卷则无目录，亦无跋语，盖因已见全集，删其重复，另编为两卷以续之，而首卷则未重刊，故体例特异耳。”

（四）清乾隆文津阁《四库全书》本（简称“文津阁《于湖词》本”），题《于湖词》，三卷。

文津阁《于湖词》本除卷一末无毛晋跋语外，卷前提要、正文内容与文渊阁《于湖词》本基本一致，亦当出自明汲古阁本。

（五）清乾隆文澜阁《四库全书》本（简称“文澜阁《于湖词》本”），题《于湖词》，三卷，其中卷一、卷二为丁氏补抄，卷三为民国癸亥年（1923）补抄。

《壬子文澜阁所存书目》载：“《于湖词》三卷一册，补抄。《总目》《简明目录》作‘三卷’。阁抄少第三卷，《丁氏待访目》不载，殆补抄后所重缺。”今杭州出版社影印《文澜阁四库全书》收《于湖词》三卷，卷三版心下方皆有“癸亥补抄”

四字，且卷三字体与卷一、卷二有明显差异，确系民国补抄。经笔者比勘，文澜阁《于湖词》本三卷除卷一末无毛晋跋语外，卷前提要、正文内容与文渊阁《于湖词》本基本一致，同源出于明汲古阁本。

（六）清光绪十四年（1888）钱塘汪氏振绮堂重刻汲古阁《宋名家词》本（简称“钱塘汪氏本”），题《于湖词》，三卷，北京大学图书馆藏。

此本内钤“王国维”印。内封面首页右题“宋六十名家词”，左题“光绪戊子中夏，黟黄士陵署”；次页题“汲古阁原本，钱塘汪氏重校刊”。卷首有《宋名家词总目》，目录下有王国维朱批“《于湖词》三卷，抄自五卷本”。《于湖词》部分先有汤衡序、次陈应行序，再次《于湖词目录》。钱塘汪氏刊本较明汲古阁本有三处改进：一是补全目录。明汲古阁本仅卷一有目录，钱塘汪氏本三卷皆有目录。二是调整跋语位置。毛晋跋语原在卷一末，汪氏重刊本移至卷三末，更为醒目。三是规范文字。汪氏重刊本对汲古阁本文字进行规范，如汲古阁本之“朙”，汪氏重刊本作“明”。

综上，明汲古阁本源自《绝妙好词》本，但兼采宋乾道本系统、宋嘉泰本系统。文渊阁《于湖词》本、文津阁《于湖词》本、文澜阁《于湖词》本皆以明汲古阁本为底本抄录。钱塘汪氏本乃据汲古阁本重刻。

四、明崇祯张时行本《张于湖集》系统

此系统包含以下两种：

（一）明崇祯六年（1633）张时行刻《张于湖集》八卷，附录一卷，傅增湘校，中国国家图书馆藏。（简称“明张时行本”）

（二）明崇祯十七年（1644）张弘开刊《张于湖集》八

卷，附录一卷（简称“明张弘开本”），台北“中央图书馆”藏。

此二本间接源于宋嘉泰本，亦属张孝祥词的文集本，但分八卷，与宋乾道本系统六卷、宋嘉泰本系统四卷、明汲古阁本三卷均不同，且文字与上述三个系统有较大差异，故单列为一个系统。

明张时行本半页九行，行二十字。白口，四周单边，鱼尾上题书名“张于湖集”，鱼尾下方记卷名（如“乐府”）、页码。首页有“张时行私记”[①]一篇，云该本由焦澹园于万历年间从内阁手抄而来，由张时行汇集为八卷并刊刻而成。明代《文渊阁书目》卷九著录“张氏《于湖居士文集》一部六册，全”，明《内阁书目》卷三著录“《于湖文集》六册全，宋孝宗朝张孝祥著，凡四十卷”。从卷数上看，明内阁所藏六册本《于湖文集》与宋嘉泰四十卷本系统一致，并非焦竑所抄之内阁本。《文渊阁书目》另著录一部张孝祥集：“《张紫微集》一部三册完全。”[②]则焦竑所抄之明内阁本，或即《张紫微集》。“张时行私记”后有全书目录，目录后有嘉泰元年（1201）谢尧仁序，次有同年张孝伯序。此本收张孝祥词一百五十九首。张时行本内钤“沅叔手校宋本”“沅叔手校”“宗室盛昱收藏图书印”等印，知此本为盛昱旧藏，傅增湘曾用宋本校勘。原书中有傅氏朱笔批校，直接在原书上改字，如《浣溪沙·坐上十分客》，傅增湘将“分”改为“八”。傅氏还在各词词牌上方标注所在宋本卷数及序次，如《如梦令·木樨》，词牌上方标“三十三，五十四”。核宋嘉泰本卷三三第五十四首词即《如梦令·木樨》。又《菩萨蛮·登浮玉亭》词牌上方标“三十四，七”，确系宋嘉泰本卷三四第七首词。傅增湘《藏园订补郘亭知见传本书目》云：“《张于湖集》八卷，宋张孝祥撰，明焦竑订。明崇祯六年张时行刊本，余有一

① 原作“张行时私记”，当为“张时行私记”之误。

② 《文渊阁书目》，第 127 页。

帙，余据宋刊四十卷本校，补诗四十一首，又卷三十词一卷，卷三十六尺牍一卷。”①前文已述《藏园群书经眼录》载傅氏曾获观袁克文旧藏宋嘉泰间刊四十卷本《于湖居士文集》，今检傅氏批校，改动后文字均与宋嘉泰本同，故此本为傅增湘据宋嘉泰本校勘之本。

明崇祯十七年（1644）张弘开刊本字体、版式、词作排列顺序均与明张时行本同，卷首宋谢尧仁序，次张孝伯序，再次为明钱禧序，末署“甲申（1644）重九书于长干僧舍，吴门钱禧”。钱禧序后为明杨侯胤《张于湖先生跋》，此后为全书目录。内钤“明善堂览书画印记”“安乐堂藏书记”“小李山房图籍”“结一庐藏书印”等印。经笔者校勘发现，张弘开刊本与傅氏校改之前的文字相同；但张时行本与张弘开本大量字形有差异，且字体风格不同，明显不是一个版本，也并未发现补版迹象。如张时行本《浣溪沙·饯郑宪》“一时賓主看谈锋”，张弘开本“賓”作“賔”；张时行本《如夢令·木樨》，张弘开本“夢”作“㝱”。张弘开本较张时行本晚出，当据张时行本重刻。

张时行本系统一百五十九首词中，有一百五十四首见于宋嘉泰本，但词作排列顺序、文字内容均与宋嘉泰本有明显差异，如张时行本《长淮歌词》，宋嘉泰本作“《六州歌头》”；张时行本《满江红·芜湖玩鞭亭》，宋嘉泰本作“《满江红·于湖怀古》”。此外，张时行本较嘉泰本多收五首词：《满江红·咏雨（一作“忆旧”）》（斗帐高眠）、《风入松慢》（东风巷陌暮寒骄）、《唐多令》（花下调箜篌）、《唐多令》（花下钿箜篌）、《风入松慢·又一体》（东风巷陌暮寒骄）。《满江红·咏雨》前文已述，非于湖词。《唐多令》（花下钿箜篌）、《风入松慢·又一体》（东风巷陌暮寒骄）只有上阕，缺下阕，二词上阕又见元张翥《蜕岩词》卷下《唐多令·寄意箜

① 《藏园订补郘亭知见传本书目》，第1196页。

篌曲》《风入松·广陵元夜病中有感》，疑为张翥词误入。此外，另有两首完整的《风入松慢》（东风巷陌暮寒骄）、《唐多令》（花下调箜篌），二词上阕同张翥词，下阕不明来源。

张时行本系统脱文五处，如《菩萨蛮》第十四首“秋夕溥清露，玉绳耿耿银潢注”句，“秋夕溥清露”，宋嘉泰本系统皆作“冥蒙秋夕溥清露”，张时行本、张弘开本脱“冥蒙”二字。《踏莎行·寿黄叟并以送行》“黄叟”，各本均作“黄坚叟”。“黄坚叟”即“黄仁荣”，字“坚叟”，张时行、张弘开本脱一“坚”字。张时行本、张弘开本亦有不少讹文，如《菩萨蛮》第十七首“香闺”误作“香围”，《念奴娇·欲雪呈朱漕元顺》“天气”误作“天意”。但张时行本系统较宋嘉泰本系统文字亦有胜处，如填补了宋嘉泰本系统一些脱文。前文所述宋嘉泰本《于湖词》中两处脱文，此系统均不脱。另外张时行本系统文字偶有胜于宋嘉泰本系统者，如《菩萨蛮·赠筝妓》“匆匆莺语畴，待写昭君怨”句，“写”字宋嘉泰本作“寓”。“昭君怨”为词牌名，宋杨万里有《昭君怨·咏荷上雨》。“寓昭君怨”不通，当以“写”字为是，义为倚声填词，如宋饶节《倚松诗集》“清商自写昭君怨”、宋洪皓《鄱阳集·渔家傲》“琵琶莫写昭君怨”，皆其义。

张时行本乃焦竑从明内阁抄出，可能源于《张紫微集》；张弘开本乃据张时行本重刻。此系统虽然晚出，亦有不少脱讹，但具有校勘价值，可补嘉泰本系统之失。

五、结论

以上对于湖词宋嘉泰本系统、宋乾道本系统、《中兴以来绝妙词选》系统、明张时行本系统进行了梳理，其版本源流，可图示如下：

于湖词版本源流

（一）宋乾道本《于湖先生长短句》系统

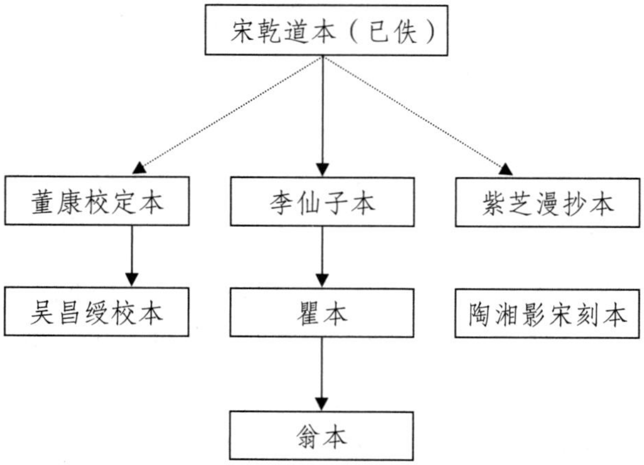

（二）宋嘉泰本《于湖居士文集》系统

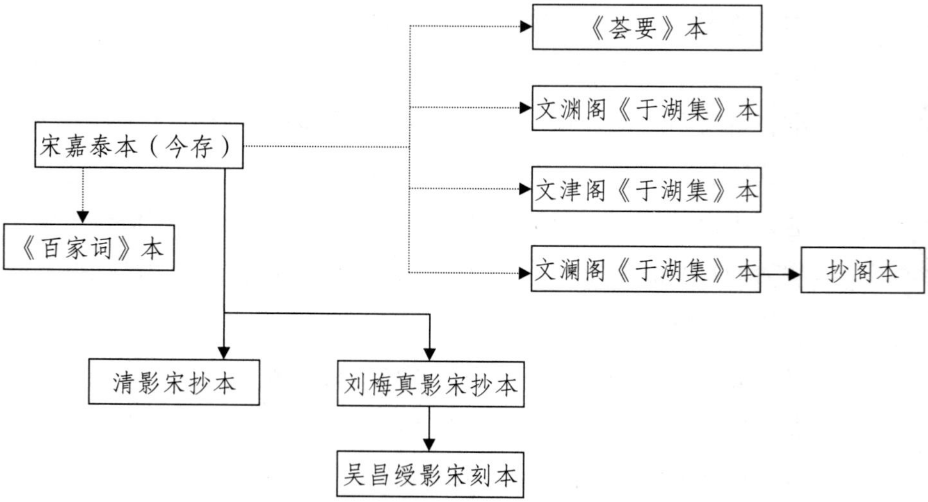

（三）《中兴以来绝妙词选》系统

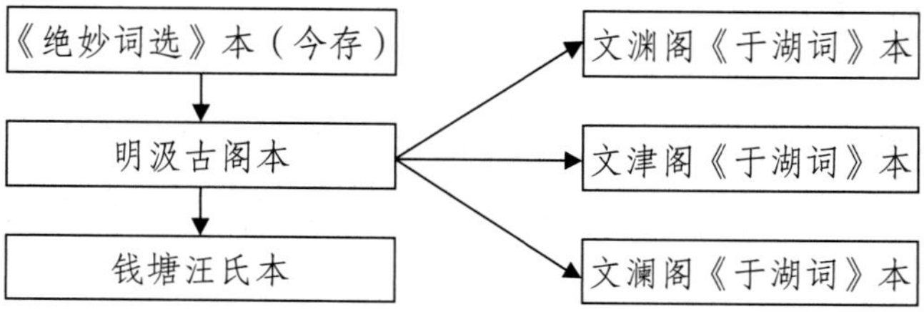

（四）明崇祯张时行本《张于湖集》系统

明内阁藏《张紫微集》（已佚）→ 明张时行本 → 明张弘开本

宋嘉泰本系统与宋乾道本系统是于湖词最为重要的版本系统，二者互为补充，各有优劣。宋嘉泰本系统收词数量多，内容完备，脱讹较少，较宋乾道本系统多收四十四首于湖词。宋乾道本系统原刻已佚，可贵之处在于保留了于湖词的宫调，较宋嘉泰本系统多收三十七首于湖词。就以上两个系统而言，宋乾道本系统反映了于湖词早期的面貌，此系统中清影宋抄诸本质量佳，明紫芝漫抄本则脱讹严重。宋嘉泰本系统较为精良，其中宋嘉泰本尚存，乃经校勘后编定之本，然简省词题情况严重，致语义时有不通。《百家词》本脱讹尤多，质量最差。四库诸《于湖集》本于湖词皆源于宋嘉泰本，文津阁《于湖集》本最接近宋嘉泰本，文澜阁《于湖集》本则略有差异。《中兴以来绝妙词选》系统保留了三首未见于上述二系统的于湖词，有保存之功。明汲古阁本乃兼采《绝妙词选》本与乾道本、嘉泰本而成，四库诸于湖词本又以明汲古阁本为底本。明张时行本系统源于明内阁藏《张紫微集》，明张弘开本则据明张时行本重刻。此系统较以上三个系统晚出，文字亦有脱讹，且误收五首他人词作，但文字亦有胜处，有校勘价值。

六、当代整理本

当代有于湖词整理本四种：

（一）《全宋词》本《张孝祥词》，唐圭璋编，1965年中华书局出版。

《全宋词》所收《张孝祥词》依据《于湖居士文集》及《于湖先生长短句》，但并未标明具体版本。通过校勘笔者发现，《全宋词》本《张孝祥词》实是在宋嘉泰本及陶湘影宋刻本的基础上校改而成，另有两首来源于《全芳备祖》前集，一首来源于《永乐大典》。且《全宋词》本在宋嘉泰本与陶湘影宋刻本有差异时，多依陶湘影宋刻本。陶湘影宋刻本固不乏胜处，但源于坊本，俗字颇多，不及宋嘉泰本可靠。《全宋词》倚重陶本，尚可商榷。《全宋词》整理者依其所据底本进行文字校改，但并未以任何形式加以说明，这一方法并不妥当。如《全宋词》中张孝祥词《西江月》第三首“冉冉寒生碧树”，题目《西江月》，宋嘉泰本系统作“《西江月·重九》”，此词应作于农历九月初九重阳节，故词中有“与君相遇更天涯，拚了茱萸醉把”之句；古有九月九日佩茱萸驱邪避恶的习俗，与文题合。《全宋词》本注明该词据《于湖居士文集》卷三四，即宋嘉泰本系统，却删去了嘉泰本系统中“重九”二字，改同陶湘影宋刻本系统，是删所不当删。又《鹧鸪天·送陈倅正字摄峡州》“明时合下清猿泪，闲日须题采凤笺”，“须”，宋乾道本系统皆作“频”。此词是张孝祥送陈倅赴峡州任职之作，挚友离别，心情沉重，“落魄”“意凄然”“清猿泪”更烘托了悲凉的氛围；“采凤笺”在这里当代指书信，词人提醒好友要经常书信往来，自当以“频”为是。《全宋词》本注明据《于湖先生长短句·拾遗》，即宋乾道本系统，却改字作“须”。实际上包括《于湖先生长短句》在内的各本皆作“频”，此处《全宋词》自相抵牾。《全宋词》本《张孝祥词》据以校勘的版本不够全面，宋刊《中兴以来绝妙词选》《百家词》本、明紫芝漫抄本、明张时行本等有特色的本子没有纳入参校范围。

（二）《于湖居士文集》，徐鹏校点，1980年上海古籍出版社出版。

徐鹏校点本《前言》曰：“现以《四部丛刊》影印慈溪李氏藏宋刊本为底本，校以宋乾道本《于湖先生长短句》、《宋名家词》本《于湖词》、《百家词》本《于湖词》、双照楼校写本《全芳备祖词钞》、《永乐大典》等。”[①]乾道本《于湖先生长短句》已佚，不知徐先生如何得见？又《宋名家词》本、《百家词》本《于湖词》均未注明版本，不明所据。《宋名家词》本属于宋乾道本系统，《百家词》本属于宋嘉泰本系统，而徐先生并未加以区分。

（三）《张孝祥词校笺》，宛敏灏校笺，2010年中华书局出版。

宛敏灏校笺本《前言》曰：“于湖词今传两宋本：其一为乾道七年（1171）建安刘温父所编之《于湖先生长短句》，另一种是嘉泰元年（1201）张孝伯在南昌编印的《于湖居士文集·乐府》四卷。后者流传较广，前者至今仅有《景刊宋金元明本词》一种……为使此宋本多得流传，本笺特采作底本而校以集本《乐府》、天津影印抄本《百家词》及汲古阁《名家词》等。”[②]宛先生所谓“刘温父所编之《于湖先生长短句》”即本文所称“宋乾道本”，“《景刊宋金元明本词》”即本文所称“陶湘影宋刻本”。宛先生选择陶湘影宋刻本作为底本，并称刘温父所编《于湖先生长短句》仅存此一本。实际上，乾道本系统有明紫芝漫抄本、明汲古阁本、李子仙影宋抄本、瞿本、翁本、董康为吴昌绶录副本、吴昌绶校本、陶湘影宋刻本，远不止陶湘影宋刻本一种存世，而陶本乃据瞿本影刻。若宛先生选择李子仙影宋抄本或瞿本为底本，可能更有利于“使此宋本多得流传”。

（四）《张孝祥集编年校注》，辛更儒校注，2016年中华书局出版。

辛更儒校注本《凡例》称：“本书以《四部丛刊》初编所

---

① 徐鹏《于湖居士文集》，上海古籍出版社2009年版，第10页。

② 宛敏灏《张孝祥词校笺》，中华书局2010年版，第30页。

收的影印宋刊本《于湖居士文集》为底本，以明崇祯六年张时行刊本《张于湖集》校其全集……以宋乾道七年刊本《于湖先生长短句》五卷和《拾遗》一卷、宋人所编词选如《中兴以来绝妙词选》（即《花庵词选》后集十卷）、《全芳备祖》、《类编草堂诗余》等校其词。”[①]辛先生所用校本与徐先生类似，开列版本不全，对于湖词版本源流没有明确梳理。

以上四种整理本对于湖词的整理研究起到了巨大的推进作用，值得我们充分肯定。但稍有遗憾的是，四种整理本均没有对于湖词的版本源流作出全面、系统的归纳分析。由于版本源流梳理不清，可能会对不同版本间异文判断产生不利影响。根据本文的调查，笔者认为整理于湖词当以宋嘉泰本原本为底本，并据宋乾道本系统的李子仙影宋抄本校补，酌参明汲古阁本、明崇祯张时行本等，可得圆满。本文囿于客观条件，个别于湖词的版本未能亲见；同时受限于学力，对各本的考辨亦难免疏失，尚祈方家教正。

（原载《图书馆杂志》2020年第9期）

① 辛更儒《张孝祥集编年校注》，中华书局2016年版，第1页。

张孝祥怀念弃妇词考释

◎宛敏灏

张于湖误宿女真观一段风流韵事，流传已久。每加工一次，故事性愈强、愈完整。杂剧、平话，并给故事的主人公拟了许多赠答的爱情词。翻遍了《于湖集》，只有两首《减字木兰花》留下一点痕迹。一首的词题是“赠尼师，旧角妓（奴）也”。可见此尼出家前的身份和其大致年龄。另一首的结句说：“要免离披，不告东君更告谁？”似与《古今女史》所载“后与于湖故人潘法成私通情洽，潘密告于湖，以计断为夫妇”情节符合。孝祥俨然以东君自居。看来《玉簪记》等有关孝祥形象的刻画与演变的真实性，只能归之于“死后是非谁管得”了。

本文所写的内容，却与上述传说无关。这是张孝祥一生中的爱情悲剧，他为此写了很多缠绵悱恻的词，可惜湮没了数百年，粗心的读者以为不过是一般悲欢离合之作。直到1979年笔者始将论证的结果初次发表，就教于专家。近些年来，或被直接称引，如谓：“（《念奴娇》）这是一首送别女子的词作，但历来难以索解。宛敏灏先生……认为，词里送行者就是孝祥自己，而被送者是李氏和同之。出发的地点在建康（今南京），目的地是安徽的桐城。别离原因是遣返，大约作于绍兴二十六年（1156）的九月。这个推论是符合词作实际的。”也有人说什么“这首词可能为送弃妻李氏时作……”“据说两首均张孝祥为弃妻李氏而作”。引起一些人怀疑究竟为什么要含糊其辞，并建议将有关若干首词作综述一下，把本事写得更完整些。应嘱草此，幸读者进一步指正。

一

在现存两种宋本《于湖词》[①]里，皆以《六州歌头》（长淮望断）一词为压卷。而宋人选宋词如周密的《绝妙好词》，则首选张孝祥的《念奴娇·过洞庭》。前者是爱国词人的引吭高歌，后者是襟怀坦荡的政治家自述。这两类风格不同的词作，向来为读《于湖词》者所推许，一若其他便无足轻重者。但明清以来词家称举于湖名句，又不限于上述两类词篇里。如明杨慎《词品》云："写景之妙，如'秋净明霞乍吐，曙凉宿霭初消'；丽清之句，如'佩解湘腰，钗孤楚鬓'，不可胜载。"清贺裳《词筌》说："升庵极称张孝祥词而佳者不载。如'醒时冉冉梦时休（《花庵词选》作"但梦时冉冉醒时愁"），拟把菱花一半，试寻高价皇州'，此则压卷者也。"他们的意见虽有不同，但所取词篇风格则一。《花庵词选》录两首《木兰花慢》调名下注"离思""别情"，可见宋时已莫明本事，视为一般抒情而已。贺裳指为压卷之词，亦未说明好在哪里。我们只好效法陶渊明"不求甚解"了。

另外还有个问题，就是张同之与张孝祥究竟是什么关系。谢尧仁撰《张于湖先生集序》，明明说："先是，先生之子同之将漕于此（指南昌）。"《和州志·人物隐逸》则称："宋张同之字野夫，孝祥诸子行……"《历阳典录》据《浮山志》引，但无"孝祥诸子行"句。而今传《文集》里，只有一个诗题《送仲子

① 陶湘涉园影宋乾道本《于湖先生长短句》五卷《拾遗》一卷；《四部丛刊》影宋嘉泰本《于湖居士文集》四十卷，三十一至三十四为乐府。

弟用同之韵》。这里除对仲子用“字”而同之是“名”外，其他无迹可寻。我写《张于湖评传》时，在张氏世系中列同之为孝祥子而在名下加个问号（？）。1959年暑期《安徽史学通讯》索稿，正值调动工作较忙，仓猝将《张孝祥年谱》整理应命。以无暇多考虑，干脆把张同之从世系表中抹去。但在思想上仍然是个悬而未决的问题。

“文革”晚期，听说张同之夫妇墓在江浦县被发现。南京瞻园有出土文物展览，曾偕老妻前往探墓志下落，失望而返。后于《文物》1973年第4期《江浦黄悦岭南宋张同之夫妇墓》一文得知其详。尽管两篇墓志所载同之卒年不一致，墓葬所在县《江浦埤乘》的张郯传还称同之为孝伯子。但这类问题只要稍加分析，即可迎刃而解。同之卒年应从其本人墓志，因葬时子幼而章氏尚健在；至章氏殁后，其子可能偶将其父卒年干支误记。谓同之为郯孙之说，正可说明其青少年时育于郯处，并称为孝伯之子以掩人耳目。否则与同之唱和的陆游，所撰张郯墓志中何以只字未提。自此两篇墓志出土，有几个问题得到明确回答：（1）张同之是孝祥的长子，其生母为李氏。在孝祥未娶时氏为正室时，他已经十岁。（2）同之曾以孝祥致仕得官，可见其父子关系是公开肯定的。同之续配章氏后来“以疾终于于湖里第”，说明其继承关系也是正常的。这对作年谱来说是最能解决问题的资料，可惜关于孝祥的婚姻情况以至其伉俪间感情诸方面，依然是个迷离惝恍的问题。拨乱反正后，大家又认为正确地搞清一位历史人物的生平，有助于知人论世。于是又引起我做点“无益之事”的兴趣。

二

1979年暑期，我在黄山疗养院，偶然重读于湖一首《念奴娇》：

> 风帆更起，望一天秋色，离愁无数。明日重阳尊酒里，谁与黄花为主？别岸风烟，孤舟灯火，今夕知何处？不如江月，照伊清夜同去。　船过采石江边，望夫山下，酌水应怀古。德耀归来，虽富贵、忍弃平生荆布！默想音容，遥怜儿女，独立衡皋暮。桐乡君子，念予憔悴如许？

这时我正在搞于湖词编年，主要考虑其应是何年所作。反复诵读之后，居然另有收获，发现其为孝祥一生爱情生活中最重要的一首词。“德耀归来，虽富贵、忍弃平生荆布！”这几句话说得何等明白。这不是一般的送行，而是有夫妇关系的分别。孟光字德耀，荆钗布裙亦是孟光的故事。这里明显用了一个梁鸿、孟光的典故，比喻自己与被送者的关系和负疚的心情。有人解释为“德耀者，谓德业光耀也”，似乎“失之毫厘”矣[①]。（《于湖词》里另有一首《丑奴儿·张仲钦生日》，起句说：“伯鸾、德耀贤夫妇，见说宜家。”伯鸾为梁鸿字，用的是同一典故。）

这一偶然发现很有趣，原意据墓志所述去读词，没想到词却能补充墓志所不便提及的轶事。于是我综合先后积累有关这方面的资料试拟本事如次：

这首词是张孝祥遣送情侣李氏时所作。

故事得从孝祥的婚姻情况说起。他生于鄞县（宋宝庆《四明志》谓在鄞县方广院之僧房），曾到故乡历阳乌江（今安徽和县乌江镇）。十岁时又从父祁渡江居芜湖（今芜湖市）。自此读书从师时往返于芜湖、宣城、建康（今南京市）间，孝祥少年英

---

① 见江苏古籍版《唐宋词鉴赏辞典》。揣测所以致误原因，盖由于断句失检。拙撰《词学概论》引及此词，在出版过程中被改动标点，以至举例与说明断句不同。予素主张词中长句在一韵之内，可作多种不同分逗，但应从其文理。拟另为文详述，这里不赘。

俊，王德机一见奇之，欲许以女；又有喻樗女婿之说，皆未成为事实[①]。金兵南下，江北人纷纷渡江避难，这时也有一位桐城李氏少女随同家属到江南一带，可能有个偶然机会与孝祥相遇，彼此相慕相爱直至同居，并于绍兴十七年（1147）生下长子同之。

其后孝祥于绍兴二十四年（1154）廷试擢进士第一。“唱第后，曹泳揖孝祥于殿庭，以请婚为言，孝祥不答”（《宋史》本传）。猜想孝祥此时很为难，情侣李氏并非正式婚姻，未曾填入履历，就不能推脱已婚。事实上李氏早是糟糠之妻，何忍相弃？只好以不答峻拒，这就成了闯祸原因之一。又因考官预定秦埙第一，为孝祥所夺，及父祁与胡寅友善，触怒秦桧，于是张祁被诬有反谋，诏下大理狱，会桧死得释。这时张家尚有余悸，处理孝祥的婚姻问题不得不小心谨慎，既不敢公开前已隐瞒的事，又必须先将李氏妥善安置才能明媒正娶。可能是商得李氏同意的吧？以入山学道为名隐藏起来，让孝祥娶仲舅之女为正室。于是发生《念奴娇》词里所写的一段生离更酷于死别的惨痛情景。

重阳前的某日[②]，在建康江边，一只上水船将载着李氏及其子张同之远去。张孝祥前来送行。秋容惨淡，触目增愁，他想到从此一别，相见无期。自恨不如江月，还可伴伊同去。他设想李氏船过采石[③]时，当因望夫山而引起伤感。思绪万端，直至风帆远去，犹独立蘅皋，以负疚的心情希望桐乡君子曲谅其迫不得已的苦衷。

这里透露出一个重要事实，即李氏此行前往何处，这也就是她的最后归宿。今浙江桐乡是明以后的县名，此必指汉朱邑尝为

① 王德机许以女，见《于湖集》附录《宣城张氏信谱传》。又《宋史·喻樗传》：“樗二女方择配，及见汪洋、张孝祥，乃曰：‘佳婿也。’皆妻之。”据《文集·尺牍·答衢州陈守》为喻子说项，知子才（樗字）与张祁友善，又和孝祥同舍为忘年交。

② 原来我曾就“明日重阳……”一语指出送别在重阳前一日，其实不必如此机械理解。

③ 今属马鞍山市，附近有望夫山。

啬夫的桐乡。其地传在今安徽庐江、桐城之间。故借以指代当时的桐城县，桐城有座浮山林壑幽美，有张公岩供真武神像。志书谓张同之游而乐之，遂弃官学道于此，世称张公岩。其实北宋早有张公岩之名，同之晚年卒于官舍，语见墓志。显因幼年随母隐居于此，入仕以后亦尝省亲，后人遂加以附会。浮山今属安徽枞阳县，就今日交通情况看，李氏及同之当系溯江西上至今枞阳县登岸转往浮山。

这首诗不见于全集，只见于长短句专集拾遗部分。即此可见作者当时就不轻以示人。

三

这件事是被迫而作出的处理，对外讳莫如深，在孝祥内心上是莫大的创伤。江干诀别而来，情怀痛苦，绝非一首《念奴娇》所能尽言。于是在不久的时间内，接着写了两首《木兰花慢》。第一首说：

> 送归云去雁，淡寒采，满溪楼。正佩解湘腰，钗孤楚鬓，鸾鉴分收。凝情望，行处路，但疏烟远树织离忧。只有楼前溪水，伴人清泪长流。　霜华夜永逼衾裯，唤谁护衣篝？念粉馆重来，芳尘未扫，争忍嬉游！情知闷来殢酒，奈回肠不醉只添愁。脉脉无言竟日，断魂双鹜南州。（“争忍”从陶本，集本“忍”作“见”。）

一起就点出从“蘅皋”回到“溪楼”之后，嫩寒天气，秋色满楼而人已分散。云归雁渺，唯见远树含烟；近瞩楼前溪水悠悠，空伴离人长流清泪。换头先写自己孤寂的感受，今后秋深夜永，霜寒侵被，谁还为我护理衣篝？即使旧馆尚可重来，而芳尘无人去扫，哪里还有娱乐的心情？接着又设想李氏的伤怀。相信她在苦闷的时候会借酒解闷，怎奈肠九回而不醉，只会愁上加愁。更想象李氏在终日脉脉无言中还痴望自己的情侣会如王乔的双凫一样，意外地从东南飞来。改“凫”为“鹜”，是因为这里须用仄声字关系。用王乔由叶入朝传说，与前面破镜重圆典故遥相呼应，这两回事都由南而北，李氏北去而建康或临安都在江南，故称南州。揣度李氏不忘旧好，犹寄希望于南州，也是合乎情理的。

这首词很像写于建康旧馆，亦即这对情侣同居之处。由于孝祥此时已官于朝，事毕应即回临安。相去更远，益难为怀。于是再用前韵，写了第二首《木兰花慢》：

> 紫箫吹散后，恨燕子，只空楼。念璧月长亏，玉簪中断，覆水难收。青鸾送，碧云句，道霞扃雾锁不堪忧。情与文梭共织，怨随宫叶同流。　人间天上两悠悠，暗泪洒灯篝。记谷口园林，当时驿舍，梦里曾游。银屏低闻笑语，但梦时冉冉醒时愁。拟把菱花一半，试寻高价皇州。（“但梦时冉冉……”从《花庵词选》，集本作“但醉时冉冉”，陶本作“奈醉时言语”。）

一起仍追思建康送别的感受。借弄玉与萧史的传说和张家燕子楼的故事，极写建康旧馆已是人去楼空的伤感。接着以“月亏”“簪断”以至“覆水难收”来抒写自己遭遇同样的不幸。并进而想到托辞学道，使李氏更陷于霞扃雾锁、不堪其忧的境地。想象她思心往复如织锦的文梭；寄恨无由，聊托逐水的红叶。换头“人间天上”二语，猛从绝望暗伤的悲感中，转入追忆初恋时的赏心乐事。他们初见是在谷口园林的驿舍，银屏掩映了低声笑语，而今只能在梦里重游。情景冉冉如昨，醒来却是一片新愁。词情至此已尽，但作者突然又把自己从痛苦的深渊中拔出，借前人故事提出内心的希望。他说："我要把分开的破镜一半，试索高价出售，以期彼此获得重圆。"李氏与乐昌公主遭遇不同，事实上并无此烦。用典往往只取其一点，不必拘泥。

此词已提及学道，似已得到李氏安排就绪的信息。结作希冀语，也说明写于已成定局之后。杨素把乐昌公主还给徐德言，这一结果还算美满。

1979年我写过一篇《张孝祥研究中的几个问题》，曾在最后一部分谈到这三首词的故事，以期就正于研究《于湖词》的同志们（见《文艺论丛》十三辑，沪文艺版）。

作为上述三首词的本事，至此可告一段落。但孝祥的婚姻问题并未就此结束，其怀念弃妇词也不止此三首。1987年由于上海辞书出版社编辑的《唐宋词鉴赏辞典》索稿，我和两位研究生合作，又写了有关孝祥怀念弃妇词的鉴赏两篇。

四

尽管孝祥沉痛地说："虽富贵、忍弃平生荆布！"但为形势所迫，不忍弃终于弃了。不久就按照原定方案在临安和仲舅的女儿时氏正式结婚。不幸未及三年时间，时氏遽殁。据《于湖文集》卷三〇《亡妻时氏宿告文》云："吾妇之死于是六日矣……将殡于宝林之佛寺，以俟卜吉而藏焉。呜呼哀哉！尔尚知之乎否？"《起灵》云："呜呼已哉！无可言者矣！以是为尔之遣奠，呜呼哀哉！"又《菆》云："吾王母冯夫人，皇妣孙夫人实葬四明。吾父母之命，将以汝从之。吾官于朝，未能持汝丧以往也，是以卜菆于此。呜呼哀哉！汝奉佛素谨，属纩而诵佛之声犹不绝。今使汝依佛以居，吾又时节视汝惟谨，汝其安之。呜呼哀哉！"从辞语的沉痛看，他们的感情是好的。

孝祥自绍兴三十年（1160）起，先后出知六州府，仅孝宗隆兴二年（1164）一度回朝除中书舍人，直学士院，时间很短。在这不遑宁处的宦海升沉中，有关续娶情况已经不明，但对其弃妻李氏则怀念不衰，尚可于其词作中见之。当其知潭州（今长沙）时（1167—1168），在《鹧鸪天·为老母寿》词里有“同犬子，祝龟龄……明年今日称觞处，更有孙枝满谢庭”诸句。又《吴伯承生孙分咏》诗云：“我女才三岁。”说明有继室及子女随在治所。就在到任那年，长子同之随同叔父孝仲（张郯次子，可能同之稍长即育于郯处，故志书有同之为孝祥诸子行之说）前往长沙探望。《于湖文集》里犹存《送仲子弟用同之韵》五律一首：

> 凄然鸿雁影，晚岁索衣裘。惜别湘江夜，归程楚甸秋。极知违定省，不敢更淹留。明日（月）分携处，无言只是愁。

同之这年二十一岁，有可能是奉母命前往探亲的。日情犹在，怎得不勾起孝祥感念伤怀呢？于是他写了《雨中花慢》：

> 一叶凌波，十里驭风，烟鬟雾鬓萧萧。认得兰皋琼佩，水馆冰绡。秋霁明霞乍吐，曙凉宿霭初消。恨微颦不语，少进还收，伫立超遥。　神交冉冉，愁思盈盈，断魂欲遣谁招？犹自待、青鸾传信，乌鹊成桥。怅望胎仙琴叠，忍看翡翠兰苕！梦回人远，红云一片，天际笙箫。

这首词在《百家词》本调名上有“长沙”二字，词人是用游仙诗的手法来写梦境，以抒发其迷离恍惚的情思。也许受楚辞《湘君》《湘夫人》及曹植《洛神赋》影响吧，他想象李氏也是一位高洁的水神，她烟鬟雾鬓，凌波驭风而来。“认得”两句写彼此原是旧识；“秋霁”一联既点明时间，同时也是借大自然之美来衬托这位女神之美。“恨”字领起的三句是刻画神的举止若即若离，“微颦不语”写幽怨，“少进还收”写矜持，终究是可望而不可即。下片主要写自己的心理活动。他带着负疚的心情感叹“断魂欲遣谁招”，也就是说谁来给我收拾这个场面呢？大错已经铸成，还在那里痴望“传信”“成桥”，怎奈李氏学道已久，彼此只能“神交冉冉”了。“胎仙琴叠”用道家语，“翡翠兰苕”用游仙诗。“怅望”述说对李氏的怀想，“忍看”是表明对当前情事的难堪。最后归结到“梦回人远”，则一切都成虚幻。回顾曩年孝祥犹作“试寻高价皇州”的想法，到此似乎明白已经无可挽回了。

仲子和同之既去，转眼到了冬季，孝祥触景伤情，怀念李氏，又写了一首《转调二郎神》：

> 闷来无那，暗数尽残更不寐。念楚馆香车，吴溪兰棹，多少愁云恨水。阵阵回风吹雪霰，更旅雁一声沙际。想静拥孤衾，频挑寒灺，数行珠泪。　凝睇。傍人笑我，终朝如醉。便锦织回鸾，素传双鲤，难写衷肠密意。绿鬓点霜，玉肌消雪，两处十分憔悴。争忍见，旧时娟娟素月，照人千里。

一起极写冬来生活的无聊，数尽残更不能成寐，追忆曩年楚馆兰溪偕游之乐，都已成为愁云恨水。尤其风雪中怕闻沙际孤雁哀鸣。“想”字领起的三句是料想李氏此时也应长夜无寐，拥衾挑灯，数行泪下。换头双管齐下，由己度人，反复描摹彼此相思之苦，益见相知之深。“凝睇”与“发呆”意近，他以终日如醉为旁人所讥笑，想象李氏也感觉到衷肠蜜意难以织锦、尺素表达。“绿鬓点霜”指自己，“玉肌消雪”谓李氏。处境不同，憔悴则一。

上述五首词的赏析稿（收入沪版《唐宋词鉴赏辞典》，该书预定今春出版），即可求教于广大读者。

至于从建康送别到长沙怀旧中间的十年，是否还有怀念李氏的词呢？从双方的感情上看不会没有。其较为明显者，如《虞美人·无为作》：

> 雪消烟涨清江浦，碧草春无数。江南几树夕阳红，点点归帆吹尽晚来风。　楼头自擫昭华管，我已无肠断。断行双雁向人飞，织锦回文空在寄他谁？

《于湖文集》卷四〇尺牍有与杨抑之一则，略谓：“某晚出叨逾……以速大戾。隆宽贳其九死，犹得奉祠。既至濡须，静扫一室，终日危坐，以省昔愆，它无可言者……”按：濡须为宋无为军古称（即今芜湖市对江的无为县），绍兴二十九年（1159）八月孝祥自起居舍人兼权中书舍人为汪澈劾罢，提举江州太平兴国宫。遂归芜湖至对江无为寓居。此为谢杨送行的信。又据《文集》卷六载其在临川追怀昭亭昔游诗，题中有“去岁正月三日雪霁入昭亭”一语，是绍兴三十年（1160）春初实在宣城[①]，盖旋复至无为寓所。由无为沿江西去，即可至枞阳的浮山。地迩人遐，思何可支！此词以前半写景，后半抒发其痛苦的情怀。自己已是愁肠寸断，故云无肠可断。设想李氏也应睹物伤感，有寄锦无由之痛。

似此词尚有写作时间、地点可考，他如《菩萨蛮》词云：

> 蘼芜白芷愁烟渚，曲琼细卷江南雨。心事怯衣单，楼高

① 昭亭即李白所称“相看两不厌”的敬亭山，在今安徽宣州。

生晚寒。 云鬓香雾湿，翠袖凄余泣。春去有来时，春从沙际归。

仅在疑似之间，即不必牵强附会。其他偶有一二语似感伤往事，亦无庸寻章摘句。好在通过上述几首词的考释，已能构成一个完整的本事。

我评论于湖词，尝引前人之说进一步加以说明，略谓：

宋滕仲固跋《笑笑词》说："昔闻张于湖一传而得吴敬斋，再传而得郭遁斋，源远流长。故其词或如惊涛出壑，或如绉縠纹江，或如静练赴海，可谓冰生于水而寒于水矣。"詹傅为《笑笑词》作序，亦称郭应祥以其绪余寓于长短句，岂惟足以接张于湖、吴敬斋而已。吴镒为孝祥守抚州时所举进士，其《敬斋词》已佚[1]。就《笑笑词》说，序跋的评价殊嫌溢美。不过滕仲固所举惊涛诸喻，读于湖词确有这三种不同的感受。大抵激于爱国热情，发抒忠义之气者，则如惊涛出壑，这是于湖词的主要部分。如《六州歌头》（长淮望断）、《水调歌头·闻采石战胜》等都是，陈廷焯、张德瀛、冯煦等多予此类作品以很高评价。

其直抒胸臆，表达豪迈坦率之怀者，则如静练赴海。宋周密选《绝妙好词》，首录孝祥词并取其《念奴娇·过洞庭》《西江月·丹阳湖》等。此类词的特点是即景生情，因事寄意，表达其抑郁的感情比较含蓄。

至于摹景融情，别有清隽自然之趣者，则似绉縠纹江。小令如《浣溪沙·洞庭》，长调如《多丽》（景萧疏）等。现在看来，前述怀念弃妇词，在第三类作品中自有其重要地位。应将说明的次句改为"别有清隽自然之趣和缠绵悱恻之思者"，并增举《木兰花慢》（送归云去雁）（紫欢箫散后）及《雨中花慢》（一叶凌波）为例。这几首词中的名句，久已为词学评论家所激

① 《全宋词》据《永乐大典》辑存《水调歌头·柳州北湖》二首。

赏，然犹未能明其本事。一旦揭开此八百余年前的隐秘，让读者尽情去体味这些绝妙的好词，宁非快事？

四川邓小军同学对此颇感兴趣，他说："夏瞿禅先生论证白石在合肥有情妇，让读其词者理解更为深透。惜其人后来就下落不明，不如于湖及其情侣故事之曲折完整。这一发现，不仅能使部分于湖词获得正确的新解，尤其对于一位作家的全面研究，庶无遗憾。"

宋叶绍翁《四朝闻见录》云："张，乌江人，寓居芜湖。捐己田百亩汇而为池，圜种芙蕖、杨柳，鸥鹭出没，烟雨变态。扁堂曰'归去来'。"按：此池旧称陶塘，即今芜湖市镜湖公园，其中烟雨墩传为归来堂遗址。孝祥有《蝶恋花·怀于湖》下片云："春到家山须小住，芍药樱桃，更是寻芳处。绕院碧莲三百亩，留春伴我春应许。"碧莲三百亩，想见当年盛况；词人怀念寓居，已称他为"家山"了。

安徽师大校园背倚赭山，面临镜湖。自新中国成立后原国立安大自安庆迁来与省立安院合并，成立安徽大学于芜湖，与词人遗迹朝夕相对已近四十年。目睹明清以来所有纪念词人者，已荡然无存①，近年镜湖公园面貌一新，添了不少景点。但如何纪念最早辟湖的历史人物、爱国词雄，似犹有待考虑。顷值建校六十周年纪念，想到这家父子于八百多年前南迁，我校前身也是从江北来此。湖山胜处，异代结邻；缅怀耆贤，情殷祝愿。因就平日研究《于湖词》一得，撰文聊作献礼，并希读者惠予指教！

一九八八年三月于芜湖赭山

［原载《安徽师范大学学报（哲学社会科学版）》1988年第2期］

① 据方志载：明嘉靖及清乾隆间，曾重修状元祠或重立于湖祠。道光八年（1828）移祀孝祥于赭山之滴翠轩（即桧轩），十二年（1832）重修，将谢崧《移祀张于湖于桧轩》七古诗一首刻石嵌壁间。1986年端午，我和友人前往寻访，闻已在"文革"中被毁。

灵溪词说（续七）

——论张孝祥词

◎缪　钺

清旷豪雄两擅场，苏辛之际此津梁。酒酣万象为宾客，肯向尘寰较短长？

中原遗老望霓旌，极目长淮恨未平。激励重臣能罢席，乐歌一曲振天声。

——论张孝祥词

张孝祥是南宋初年著名的文学家，他虽然只活了三十八岁（1132—1169），但是所作的古文、诗、词，都有英姿奇气。他的全集名《于湖居士文集》，其中长短句的词将近二百首，单行本称《于湖词》，在宋词的发展中占有重要地位。张孝祥词的特点是什么呢？宛敏灏先生说："于湖词之风格，在苏、辛之间，盖兼有东坡之清旷与稼轩之豪雄，前者以其才气相似，后者则受时代影响。"（见所著《张于湖评传》第七章《词论》，1949年贵阳文通书局版）这个论断是很中肯的。

苏东坡作词，开创了豪放的风格（这在全部苏词中仅占一小部分），一新天下耳目，但在当时并未发生多少影响。秦观是当时杰出的词人，也是苏门四学士之一，与东坡交谊密切，但是秦观填词仍然是继承《花间》、南唐之遗风，兼受柳永的影响，而并未走东坡的道路。在北宋末年的词坛上，周邦彦仍以富艳精工之作被推为大宗。南宋初年陈与义的《无住词》，论者谓其“可摩坡仙之垒”，然而他是余事填词，所作甚少，也并非有意要学东坡。上篇《论陈与义词》中已有所论述，兹不复赘。直到张孝祥出，才是第一个有意学苏东坡词而又卓有成就的人。

苏东坡天才卓越，襟怀超旷，他从事文艺创作，“每事俱不十分用力，古文、书、画皆尔，词亦尔”（周济语，见《介存斋论词杂著》）。所以苏东坡的文学作品，都是才华发越，自然挥洒，与“闭门觅句陈无己”（黄庭坚诗句）等诗人之惨淡经营者不同。因此，如果没有与东坡相近的天才、襟抱，而想勉强学步，是难以成功的。

张孝祥恰好有与苏东坡相近的天才、襟抱，所以他的作品也就很容易与苏相近，而张孝祥本人也是有意要学苏东坡的。关于这一点，张孝祥的门下士谢尧仁所作《张于湖先生集序》中说得很清楚。此序开头即说，“文章有以天才胜，有以人力胜”，而张孝祥的文章“如大海之起涛澜，泰山之腾云气……是亦以天才胜者也”。又说：“先生气吞百代而中犹未慊，盖尚有凌轹坡仙之意。”下边叙述张孝祥帅长沙时曾将自己的《水车》诗问谢尧仁：“此诗可及何人？”谢尧仁直言说，此诗虽很像东坡，然相去尚有一二分之劣尔。文中最后又说：“是时，先生诗文与东坡相先后者已十之六七，而乐府之作，虽但得于一时燕笑咳唾之顷，而先生之胸次笔力皆在焉。今人皆以为胜东坡，但先生当时意尚未能自肯。”这一篇序，对于了解张孝祥文学创作的特点，是很重要的资料。它说明，张孝祥天才极高，在文学创作上有意要直追苏东坡，但只能得其十之六七。至于乐府词作，虽是“得于一时燕笑咳唾之顷，而先生之胸次笔力皆在焉”。当时人“皆以为胜东坡”。

我们再证以其他文献资料，可见谢尧仁序中之言确是实录。陆世良是张孝祥的晚辈，与孝祥熟识，他所作《宣城张氏信谱传》中说，张孝祥“文章俊逸，顷刻千言，出人意表”。张孝祥的从弟张孝伯所撰《张于湖先生集序》说：“每见于诗、于文、于四六，未尝属稿。和铅舒纸，一笔写就，心手相得，势若风雨。……良由天才超绝，得之游戏，意若不欲专以文字为事业者。”汤衡所撰《张紫微雅词序》说，张孝祥“平昔为词，未尝著稿，笔酣兴健，顷刻即成，无一字无来处，如《歌头·凯歌》诸曲，骏发踔厉，寓以诗人句法者也。”（黄昇《中兴以来绝妙词选》卷二“张安国”条下引）叶绍翁《四朝闻见录》乙集“张于湖”条说，张孝祥“尝慕东坡，每作为诗文，必问门人曰：‘比东坡何如？’门人以过东坡称之。虽失太过，然亦天下奇男子也”。

下边，我们先看张孝祥的一首最著名的《念奴娇·过洞庭》词：

洞庭青草，近中秋，更无一点风色。玉界琼田三万顷，着我扁舟一叶。素月分辉，明河共影，表里俱澄澈。悠然心会，妙处难与君说。　应念岭海经年，孤光自照，肝胆皆冰雪。短发萧骚襟袖冷，稳泛沧溟空阔。尽吸西江，细斟北斗，万象为宾客。扣舷独啸，不知今夕何夕。

张孝祥于孝宗乾道元年（1165）为广南西路经略安抚使（治所在桂林），次年六月，罢官北归（据宛敏灏《张于湖评传》第五章《年谱》）。据其所作《书怀》诗（《于湖集》卷五）自述本年行踪，是“七夕在衡阳，九日在蕲州”，则过洞庭湖，正是近中秋之时。此词盖是时所作，因新从广南西路罢任归，故有“应念岭海经年”之语也。

词中上半阕叙写在中秋前夕泛舟洞庭，月色湖光，辉映澄澈，于是“悠然心会，妙处难与君说”，与陶渊明诗“此中有真意，欲辨已忘言”之意相似，但是其所寄寓之感慨则又有所不同。南宋孝宗初年，在对金和与战的问题上，朝廷议论纷纭。宰相中，汤思退主和，张浚主战。张孝祥登第，出汤思退之门，思退也颇提拔他；张浚志在恢复，孝祥赞同，张浚也推荐他。张孝祥在孝宗召对时，痛陈国家萎靡之弊，并且说：“靖康以来惟和战两言，遗无穷祸，要先立自治之策以应之。”又陈二相当同心协力，以副陛下恢复之志。于是论者遂谓孝祥出入二相之门，两持其说（陆世良《宣城张氏信谱传》）。孝祥词中这两句，可能是慨叹他顾全大局的苦衷不为世人所理解。

下半阕开头三句，是发抒感愤。张孝祥的政治见解既不为世人所理解，而又牵涉于汤思退与张浚两人的矛盾之间，所以仕途也是坎坷不平的。孝宗隆兴二年（1164），他以张浚之荐入对，除中书舍人，迁直学士院，兼都督府参赞军事，任建康留守，不久即被劾落职。乾道元年（1165），复集英殿修撰，知静江府、广南西路经略安抚使，“治有声绩”，但是次年又被劾罢官。张孝祥对此不免有所愤慨，所以说：“应念岭海经年，孤光自照，肝胆皆冰雪。”但是张孝祥是能够排遣的，在月夜泛舟洞庭时，“尽吸西江，细斟北斗，万象为宾客”，胸怀开朗，将自己融合于广阔的宇宙之中，小小的仕途间的升沉得失，又何必介意呢？这种襟怀也是与东坡相似的。

魏了翁跋此词真迹说：“张于湖有英姿奇气，著之湖湘间，未为不遇，洞庭所赋在集中最为杰特。方其吸江酌斗、宾客万象时，讵知世间有紫微青琐哉！”（《鹤山大全集》卷六〇）王闿运称赞此词说：“飘飘有凌云之气，觉东坡《水调》有尘心。”（《湘绮楼词选》）这些都是中肯之论。至于陈应行《于湖先生雅词序》说，张孝祥“托物寄情，弄翰戏墨，融取乐府之遗意，铸为毫端之妙词……读之泠然洒然，真非烟火食人辞语。予虽不及识荆，然其潇散出尘之姿，自在如神之笔，迈往凌云之气，犹可以想见也”，则是就张孝祥超旷之词而想见其为人者。

此外，张孝祥所作超旷之词尚有《水调歌头·泛湘江》、《水调歌头·金山观月》、《水龙吟·望九华山作》、《西江月》（问讯湖边春色）、《菩萨蛮·夜坐清心阁》、《菩萨蛮·舣舟采石》等。其中佳句，如“买得扁舟归去，此事天公付我，六月下沧浪。蝉蜕尘埃外，蝶梦水云乡”；又如“回首三山何处？闻道群仙笑我，要我欲俱还。挥手从此去，翳凤更骖鸾”；又如“夜航人不渡，白鹭双飞去。待得月华生，携筇独自行”，都是有凌云之气的。

张孝祥是主张抗击金兵、恢复中原的。当时有人认为他出入于主和派汤思退及主战派张浚之门而“两持其说”，这实在是一种误解。他的《于湖词》中有不少发抒壮怀，悲愤激昂的作品，下开辛稼轩。这类词中最脍炙人口的一首即是《六州歌头》：

> 长淮望断，关塞莽然平。征尘暗，霜风劲，悄边声。黯销凝。追想当年事，殆天数，非人力，洙泗上，弦歌地，亦膻腥。隔水毡乡，落日牛羊下，区脱纵横。看名王宵猎，骑火一川明。笳鼓悲鸣，遣人惊。　念腰间箭，匣中剑，空埃蠹，竟何成！时易失，心徒壮，岁将零。渺神京。干羽方怀远，静烽燧，且休兵。冠盖使，纷驰骛，若为情？闻道中原遗老，常南望、羽葆霓旌。使行人到此，忠愤气填膺。有泪如倾。

这首词大概是张孝祥在隆兴二年（1164）为建康留守时所作。宋孝宗即位之初，有志恢复隆兴元年（1163），用张浚之议，出兵攻金，初虽获胜，其后大败于符离。于是朝廷之中和议又起，八月，遣卢仲贤赴金议和，继复遣王之望。主战派张浚等虽抗疏反对，然宰相汤思退力主和议，孝宗犹豫不决，而趋向于和。张孝祥对此盖极为愤慨，故作此词。词中上半阕伤中原沦陷，胡骑纵横；下半阕说自己虽有恢复之壮志，而岁月蹉跎，朝廷软弱，屡遣使议和，使中原遗民失望，忠愤之士，当此际唯有痛哭而已。这首词的情感极为悲壮激昂，而词中许多三字句连接而下，亦增加了紧锣密鼓的激烈声情。《历代诗余》卷一一七引《朝野遗记》说，张孝祥"在建康留守席上作《六州歌头》，张魏公（按：即张浚）读之，罢席而入"，可见其感人之深。刘熙载亦说："张孝祥安国于建康留守席上赋《六州歌头》，致感重臣罢席。然则词之兴、观、群、怨，岂下于诗哉！"（《艺概》卷四）这首词确实表现了南宋人民抗战杀敌、恢复中原的"心声"。

宋高宗绍兴三十一年（1161），金主完颜亮大举南侵，连破淮南诸州，进据扬州，欲从采石矶渡江，吞并宋朝，虞允文率师败金兵于采石，阻其南渡。这一战役，关系到南宋的安危存亡。张孝祥听到这一胜利消息之后，非常兴奋，作《水调歌头·闻采石战胜》以志喜。这首词上半阕叙写闻采石大捷后的兴奋心情："湖海平生豪气，关塞如今风景，剪烛看吴钩。剩喜燃犀处，骇浪与天浮。"下半阕则宕开去说，借用周瑜在赤壁击败曹操、谢玄在淝水打退苻坚的英勇战绩以比况虞允文而加以称赞，篇末归结到自己恢复中原之壮志。其词是：

> 忆当年，周与谢，富春秋。小乔初嫁，香囊未解，勋业故优游。赤壁矶头落照，肥水桥边衰草，渺渺唤人愁。我欲乘风去，击楫誓中流。

全词笔势顿宕，韵味深永，忽而说今，忽而说古，又都联系到自己，在忠愤激壮之中表现出风流倜傥的气概，这是张孝祥词的特长。词体是有其特质的，即便是作壮词，也需要能保持词的韵味与意境，率直粗犷，不足取也。

孝宗乾道四年（1168），张孝祥为荆南、荆湖北路安抚使（治所荆州，今湖北江陵），“内修外攘，百废俱兴，虽羽檄旁午，民得休息。筑寸金堤以免水患，置万盈仓以储漕运”（《宣城张氏信谱传》）。这时他作了一首《浣溪沙·荆州约马举先登城楼观塞》：

> 霜日明霄水蘸空。鸣鞘声里绣旗红。澹烟衰草有无中。　万里中原烽火北，一尊浊酒戍楼东。酒阑挥泪向悲风。

张孝祥在这首小令中发抒其登荆州城楼，北望中原，临风洒泪的豪情壮志。在《浣溪沙》调中，亦是大声镗鞳之作。

总之，张孝祥在南宋初期词坛中，所作兼有清旷与豪雄两种长处，上承东坡，下开稼轩，在词的发展史中有相当重要的地位。

一九八三年七月初稿，十一月修改写定

（原载《四川大学学报》1984年第1期）

论张孝祥词

◎李一飞

张孝祥（1132—1169），字安国，号于湖，南宋杰出的爱国词人。他的词在当时就很受人重视，“四方学者渴见斯文……皆以先睹为快”[①]；周密辑《绝妙好词》选南宋词人一百三十二家，而以孝祥冠其首；清末王国维对周选颇有微词，然于孝祥等少数几家仍另眼相看[②]；新中国成立以来，几乎公认孝祥为爱国词人，更无异词。陈应行《于湖先生雅词序》称其词凡数百篇，今辑录最富之《全宋词》得二百二十三首，补辑一首，总共也只二百二十四首。但观此亦足见前人之所以称者不谬。

一、慷慨悲壮的时事词

宋代经济、文化、科学、技术虽有相当发展，但军事上极为虚弱，不仅无力从契丹手里收回燕云十六州，反让辽、金步步进犯，公元1127年汴京失陷，大半个中国沦于金人野蛮落后的蹂躏下。居是时，南宋一些进步文人习于用诗文反映国破家亡之痛，二帝被掳之耻，抒发黍离之感，寄寓恢复之志；而这些内容反映入词的领域却缓慢得多，有一个数量、质量逐步提高的过

① 谢尧仁《张于湖先生集序》，见《于湖居士文集》卷首，上海古籍出版社1980年版。

② 王国维《人间词话》删稿三四：“绝妙好词除张、范、辛、刘诸家外，十之八九，皆极无聊赖之词。”

程。李纲的“纵使岁寒途远，此志应难夺”[1]，岳飞的“待从头收拾旧山河，朝天阙”[2]，反映抗金将领的激烈壮怀，收复失地的坚强意志；朱敦儒的“无酒可销忧，但说皇州。天家宫阙酒家楼。今夜只应清汴水，呜咽东流”[3]，张元幹的“梦绕神州路，怅秋风，连营画角，故宫离黍”[4]，抒写词人的满腔悲愤，慷慨苍凉。但这在他们的词中，只是怀古、咏怀、送别、写景词中偶尔出现的佳句，还不是专以时事命题。在他们的基础上大大前进了一步的是张孝祥，达到光辉顶点的是辛弃疾。在张词中，这类爱国词不仅有即景抒情的短篇，也出现了专咏时事的长调，以致可以将其列成一类。其中有讴歌胜利、豪壮激越的凯歌：

> 雪洗虏尘静，风约楚云留。何人为写悲壮？吹角古城楼。湖海平生豪气，关塞如今风景，剪烛看吴钩。剩喜燃犀处，骇浪与天浮。　忆当年，周与谢，富春秋。小乔初嫁，香囊未解，勋业故优游。赤壁矶头落照，肥水桥边衰草，渺渺唤人愁。我欲乘风去，击楫誓中流。
>
> ——《水调歌头·闻采石战胜》[5]

> 拥貔貅万骑，聚千里，铁衣寒。正玉帐连云，油幢映日，飞箭天山。锦城启方面重，对筹壶尽日雅歌闲。休遣沙场虏骑，尚余匹马空还。　那看更值春残？斟绿醑，对朱颜。正宿雨催红，和风换翠，梅小香悭。牙旗渐西去也，望梁州故垒暮云间。休使佳人敛黛，断肠低唱阳关。
>
> ——《木兰花慢》

① 李纲《六幺令·次韵和贺方回金陵怀古》，《丞相李忠定公长短句》。

② 岳飞《满江红·写怀》，转录自《全宋词》第二册。

③ 朱敦儒《浪淘沙·中秋阴雨》，见《樵歌》。

④ 张元幹《贺新郎·送胡邦衡待制》，见《芦川词》。

⑤ 见《于湖居士文集》卷三一，以下所引张词，不再注明，均见此集及其补遗。

绍兴三十一年（1161）九月，金主完颜亮率师越淮窥江。十一月，虞允文指挥水军败金兵于采石矶，随后完颜亮在扬州被其部属所杀。采石战胜，使南宋小朝廷转危为安，获得一个乘胜北伐的战机。第一首所咏的正是这段时事。词人不仅对这次重大胜利心驰神往，且从对比中产生了功业未就的“愁”，又易“愁”为“誓”，像祖逖一样中流击楫，誓复中原，表明词人要求恢复中原、统一祖国的强烈愿望。第二首大约是为一支出征之师而作。上片正面写王师的仪仗声威，从心底托出词人的祝愿，希望这支军队取得出色的战果，豪迈劲健。下片写佳人送别，似转入剪红刻翠，但这里只有深情，并无缠绵，“休使佳人敛黛”二句蕴含凯旋的期望，与上片歇拍意合而调殊，情味至深至真。

期望胜利，歌咏胜利的佳句还有“且喜谢安石，重起为苍生”“好把文武经略，换取碧幢红旆，谈笑扫胡尘”（《水调歌头·送谢倅之临安》）；“君王自神武，一举朔庭空”（《水调歌头·凯歌奉寄湖南安抚舍人刘公》）等。过去对《凯歌》一阕多所称赞[①]，今天看来，它是一支封建统治者镇压人民反抗的“凯歌”，就这点而言，无甚可取处。值得一提的是，词中歌颂了刘珙镇压人民反抗后，写道：“小试不言功。闻道玺书频下，看即沙堤归去，帷幄且从容。君王自神武，一举朔庭空。”由“小试”想到恢复中原之“大功”，表现了词人“益务远略，不求近功”[②]、以恢复中原为目标的一贯主张，这却是应予肯定的。

由于在与金人的对抗中，南宋败多胜少，处于守势；统治阶级内部主和派与主战派的斗争，也总是主和派得势的日子多，与此相适应，张孝祥的时事词也以慷慨悲歌、感愤淋漓者为多。如有名的《六州歌头》：

① 汤衡《张紫微雅词序》、杨慎《词品》均将其与《六州歌头》并提，以为“骏发踔厉”；朱熹也很喜爱，曾书为一卷。《于湖居士文集》卷一二有《题朱元晦所书凯歌卷后》。

② 见《论先尽自治以为恢复札子》，《于湖居士文集》卷一八。

长淮望断，关塞莽然平。征尘暗，霜风劲，悄边声。黯销凝。追想当年事，殆天数，非人力，洙泗上，弦歌地，亦膻腥。隔水毡乡，落日牛羊下，区脱纵横。看名王宵猎，骑火一川明。笳鼓悲鸣，遣人惊。 念腰间箭，匣中剑，空埃蠹，竟何成！时易失，心徒壮，岁将零。渺神京。干羽方怀远，静烽燧，且休兵。冠盖使，纷驰骛，若为情？闻道中原遗老，常南望、羽葆霓旌。使行人到此，忠愤气填膺。有泪如倾。

上片从隔水见敌人的骄纵横行，追想当年中原失陷带来的历史性灾难；下片以繁侈的通和行径与中原父老的盼望北伐、主战派的壮志难酬相对比，抒发词人的悲愤和悲痛，感慨深沉，一气贯注。陈廷焯以为此词“淋漓痛快，笔饱墨酣，读之令人起舞”[①]。

弄清这首词的背景对了解其深刻的思想内涵有着重要意义。宋无名氏《朝野遗记》载，“张安国在建康留守席上赋此词，魏公（张浚）为罢席而入”，清冯煦和纪昀便引申为“主人（张浚）为之罢席”[②]，今人宛敏灏更据以认定此词作于绍兴三十一年（1161）岁暮或三十二年一、二月间[③]，因张浚时任建康留守。细考此词应是隆兴二年（1164）孝祥继任建康留守时所作。因为：（一）孝宗即位之初，改元隆兴，颇有意恢复。起用张浚、胡铨、虞允文等主战派，准备北伐，并一度收复宿州。但

① 《白雨斋词话》。

② 冯煦《蒿庵论词》二二，《四库全书总目提要·于湖词》。

③ 《张孝祥年谱》（《安徽史学通讯》1959 年 4、5 期合刊）以为此词作于绍兴三十二年正、二月间；《张孝祥和他的〈于湖词〉》（《合肥师范学院学报》1962 年第 1 期）复以为“此词作于建康留守席上，时在绍兴三十一年岁暮”。

自隆兴元年（1163）五月符离兵溃后，孝宗动摇，主和派再度得势，从元年秋至二年春，先后派卢仲贤、王之望、胡昉等使金，许割唐、邓、海、泗等州。时左丞相汤思退主和，右丞相兼江淮都督张浚主战，斗争殊烈。隆兴二年（1164）二月，孝祥以张浚荐任都督府参赞军事，兼领建康留守，赞襄张浚的恢复事业，但由于孝宗早已倾向和议，故形势对主战派越来越不利。正是在这种北伐受挫、冠盖纷驰的时刻，词人才有那种“悲愤气填膺”的强烈感慨，并为赋此词。（二）孝祥领建康留守，有《赴建康画一利害》札子云：“臣今来起发……即至建康交割职事，就令本府以次官时暂权管，却往两淮。将来若有边事，亦许臣往来措置。”[①]词中“长淮望断”“隔水毡乡”等语，明谓此词取境于宋金边界实况，一定要说此词作于建康，也只能是作者隆兴二年（1164）春任建康留守赴两淮巡边、措置留下的印象。将词的写作背景，词人当时的处境、情绪弄清楚，有助于深入理解此词的思想内容和艺术力量。

杨慎云：“六州歌头，本鼓吹曲也，音调悲壮。又以古兴亡事实之，闻之使人慷慨，良不与艳词同科，诚可喜也。”[②]张氏此词正是这样。但张氏不仅善于用《六州歌头》这样的长调寄寓悲壮，也善用短篇抒发悲愤。如：

> 今年元夕，探尽江梅，都无消息。草市梢头，柳庄深处，雪花如席。　一尊邻里相过，也随分，移时换节。玉辇端门，红旗夜市，凭君休说。
>
> ——《柳梢青·元宵何高士说京师旧事》
>
> 霜日明霄水蘸空。鸣鞘声里绣旗红。澹烟衰草有无

① 《于湖居士文集》卷一八。
② 杨慎《词品》卷一。

中。　万里中原烽火北，一尊浊酒戍楼东。酒阑挥泪向悲风。

——《浣溪沙·荆州约马举先登城楼观塞》

第一首以眼前之萧条寂寒与南渡前中州盛日的繁华对比，抒发词人对国家衰微的无限感慨和故国之思；第二首写登楼感触，在苍茫的境界中，寄寓词人对时局的关注。前者当是受了李清照《永遇乐》的启发，后者化用范仲淹《渔家傲》中句，但都得于自己对生活的体验，从自己肺腑中流出，故与《六州歌头》一样，读起来令人回肠荡气。

张词中还有一些慷慨悲歌的警句，如《雨中花慢》之“欲吐平生孤愤，壮气横秋”“断鸿万里，不堪回首，赤县神州”；《念奴娇·仲钦提刑仲冬行边，漫呈小词，以备鼓吹之阙》之“弓刀陌上，净蛮烟瘴雨，朔云边雪”“虏马秋肥雕力健，应看名王宵猎”，等等，也都痛快淋漓，反映出词人壮志未酬的抑郁不平。

冯煦论孝祥词以为“忠愤之气，随笔涌出，并足唤醒当时聋聩”[①]；刘熙载曾以孝祥《六州歌头》为例说明词的教育作用和感人力量并不下于诗[②]，他们都注意到张氏时事词的社会作用，评价是很中肯的。

二、超旷高秀的咏怀词

这类词在张孝祥词中占的比重最大，其内容之深刻丰富，表现形式之灵活多样，最能代表张词的风格特色。

乾道元年（1165）七月至二年六月，孝祥起知静江府、广南

① 冯煦《蒿庵论词》二二。

② 刘熙载《艺概》卷四《词曲概》。

西路经略安抚使，史称“治有声绩”，但“复以言者罢”[①]。这是他筮仕十一年来第三次受诬落职。在归途中，词人借景抒情、即事述怀，写了大量诗词以明心迹。词如：

濯足夜滩急，晞发北风凉。吴山楚泽行遍，只欠到潇湘。买得扁舟归去，此事天公付我，六月下沧浪。蝉蜕尘埃外，蝶梦水云乡。　制荷衣，纫兰佩，把琼芳。湘妃起舞一笑，抚瑟奏清商。唤起《九歌》忠愤，拂拭三闾文字，还与日争光。莫遣儿辈觉，此乐未渠央。

——《水调歌头·泛湘江》

洞庭青草，近中秋，更无一点风色。玉界琼田三万顷，着我扁舟一叶。素月分辉，明河共影，表里俱澄澈。悠然心会，妙处难与君说。　应念岭海经年，孤光自照，肝胆皆冰雪。短发萧骚襟袖冷，稳泛沧溟空阔。尽吸西江，细斟北斗，万象为宾客。扣舷独啸，不知今夕何夕。

——《念奴娇·过洞庭》

第一首上片纪行，“濯足”二句情景俱到，起自不凡；“蝉蜕”二句视罢归为摆脱尘俗，反映词人的旷达情怀。下片继而抒情，缅怀屈原忠而被谤的遭遇及其著作的不朽光辉，寄寓词人崇高的志向和修洁的情操。第二首上片写景，洞庭秋夜，一碧万顷，月色水光，金碧辉映，一幅空阔莹澈的图画。下片着重抒情，回顾经年的岭海宦迹，光明磊落，问心无愧；此时杂念尽消，物我相融。上片之“玉界”二句乃就形体而言，一叶扁舟荡漾于碧波万顷之中，客体大，主体小，主体消融于客体之

① 《宋史》卷三八九《张孝祥传》。

中；下片之“尽吸”三句，则就精神而言，开阔的胸襟，可以涵容万象。对比中，表现出词人那种光明磊落、无私无畏的超旷胸怀，风韵高秀而意远。故魏了翁云：“洞庭所赋在集中最为杰特。”[①]黄蓼园论曰：“写景不能绘情，必少佳致。此题咏洞庭，若只就洞庭落想，纵写得壮观，亦觉寡味。此词开首从‘洞庭’说至‘玉界琼田三万顷’，题已说完，即引入‘扁舟一叶’，以下从舟中人心迹与湖光映带，写隐现离合，不可端倪。镜花水月，是二是一。自尔神采高骞，兴会洋溢。”[②]说明情与景会，情景交融是此词的艺术特色。这在厌倦宦游而生绝尘超俗之想的一些抒怀词中同样表现得很明显。如：

> 江山自雄丽，风露与高寒。寄声月姊，借我玉鉴此中看。幽壑鱼龙悲啸，倒影星辰摇动，海气夜漫漫。涌起白银阙，危驻紫金山。　表独立，飞霞佩，切云冠。漱冰濯雪，眇视万里一毫端。回首三山何处？闻道群仙笑我，要我欲俱还。挥手从此去，翳凤更骖鸾。
>
> ——《水调歌头·与喻子才同登金山，江平如席，月白如昼》

此词仍是上片写景，下片抒情。“涌起白银阙”，仙境般的景，与遗世独立、羽化登仙之情相一致，情景相生，意境浑成。“江平如席，月白如昼”是实境，是散文表达方式；“漱冰濯雪……翳凤更骖鸾”是幻境，是诗词表达方式。由实际生活到高于生活，由散文到词，其基本条件是词人丰富的想象。开阔的胸襟、豪迈的激情以及卓越的艺术技巧，这是张孝祥作为

① 魏了翁《鹤山大全集》。
② 黄蓼园《蓼园词选》。

一位真正词人的实质所在。这样的词还有："仙人拍手，山头笑我，尘埃满袂。……怅世缘未了，匆匆又去，空凝伫，烟霄里。"（《水龙吟·望九华山作》）"酌我清尊，洗公孤愤，来同一醉。待相将把袂，清都归路，骑鹤去，三千岁。"（《水龙吟·过浯溪》）等等。陈应行序于湖词云"冷然洒然，真非烟火食人辞语"[1]，当是指这些类似游仙诗的词而言。如果只看他高蹈遗世、飘飘欲仙的表面，是有些消极的，但值得体味的是：产生这种情绪的思想基础是对官场追名逐利的不满，是"莫被名缰利锁"（《柳梢青》）的觉悟，这对封建社会的官场黑暗，是有批判意义的。

比较下面两首词：

问讯湖边春色，重来又是三年。东风吹我过湖船，杨柳丝丝拂面。　世路如今已惯，此心到处悠然。寒光亭下水如天，飞起沙鸥一片。

——《西江月·丹阳湖》

已是人间不系舟。此心元自不惊鸥。卧看骇浪与天浮。　对月只应频举酒，临风何必更搔头。暝烟多处是神州。

——《浣溪沙》

熟悉宦海风波，看淡功名仕进，两首相同；上片景下片情，清新流畅，一气呵成，两首也相同。但前一首止于抒发一种看淡功名的闲适感情，多少有些消极因素；后一首"暝烟多处是神州"一语画龙点睛地透露出：词中极力描写淡泊宁静，实压抑

① 陈应行《于湖先生雅词序》，见《于湖居士文集》附录。

着因中原未复、壮志未伸而身不由己的满腔悲愤，抒发了词人的抑郁不平，因而更富于思想力量。

张孝祥曾六守外郡，有机会与人民接近，比较关心人民疾苦，做了一些有利于人民的事。“思主眷，酌民言”（《鹧鸪天·淮西为老人寿》），他以此作为做地方官的指导思想；“一江湘水流余润，十里河堤筑浅沙”（《鹧鸪天》），他以知潭州、荆州为人民做了些好事而引以为豪。抒写这种怀抱的词有：

……洗了从来尘垢，润及无边焦槁，造物不言功。天宇忽开霁，日在五云东。

——《水调歌头·隐静寺观雨》

……乞巧处，家家追乐事，争要做丰年七夕。愿明年强健，百姓欢娱，还如今日。

——《二郎神·七夕》

……繁会九衢三市，缥缈层楼杰观，雪片一冬深。自是清凉国，莫遣瘴烟侵。

——《水调歌头·桂林集句》

在词史上，苏轼突破词为艳科的樊篱，一洗香罗泽绮之态，把许多新的东西吸取进词里来，就反映人民生活一点而言，苏轼有“谁家煮茧一村香，隔篱娇语络丝娘”①的农村风情的素描，也有“惭愧今年二麦丰，千歧细浪舞晴空”②的抗水灾得丰收的喜悦，但往往只是从艺术的角度欣赏真朴的农民和他们的生

① 《浣溪沙·徐门石潭谢雨道上作》。

② 《浣溪沙·徐州藏春阁园中》，均见《东坡乐府》卷下。

活。张孝祥上述词不同，它不仅客观描写了人民的生活，还表现了对人民生活得安定、美好的真诚愿望，反映了一个地方官努力布泽人民、功成不居的正直形象，这在词史上是并不多见的。

总之，张孝祥的咏怀词是他自己心灵的写照，其思想感情、审美兴趣、忧乐眷恶莫不表现其中，有一颗悲愤激切的爱国心在。故谢尧仁谓张孝祥“乐府之作，虽但得于一时燕笑咳唾之顷，而先生之胸次笔力皆在焉”[1]；韩元吉亦云：“士大夫或未识安国，咏其诗而歌其词，襟韵洒落，宛其如在，亦足以悲其志之所寓，而知其为一世之隽杰人也。”[2]

三、清隽多趣的景物词

杨慎论张词，首及慷慨悲歌者外，又云：“其咏物之工，如‘罗帕分柑霜落齿，冰盘剥芡珠盈掬’。写景之妙，如‘秋霁明霞乍吐，曙凉宿霭初消’。不可胜载。”[3]“罗帕”二句出自《满江红·思归寄柳州林守》，“秋霁”二句出于《雨中花慢·长沙》。前者述说乡思，后者抒写离愁。“秋霁”二句写秋晨景物的随时移换，清新爽朗；“罗帕”二句通过人的感觉写事物的特征，情溢于词，确是可喜的佳句。但就全词而言，两首都颇为隐约，未足体现孝祥景物词的特色。试看：

枷花搦柳，知道东君留意久。惨绿愁红，憔悴都因一夜风。　轻狂蝴蝶，拟欲扶持心又怯。要免离披，不告东君更告谁？

——《减字木兰花》

远山眉黛横，媚柳开青眼。楼阁断霞明，帘幕春寒

① 谢尧仁《张于湖先生集序》，见《于湖居士文集》卷首。

② 韩元吉《张安国诗集序》，见《南涧甲乙稿》卷一四。

③ 杨慎《词品》卷四。

浅。　杯延玉漏迟，烛怕金刀剪。明月忽飞来，花影和帘卷。

——《生查子》

漠漠飞来双属玉，一片秋光，染就潇湘绿。雪转寒芦花簌簌，晚风细起波纹縠。　落日闲云归意促，小倚篷窗，写作思家曲。过尽碧湾三十六，扁舟只在滩头宿。

——《蝶恋花·行湘阴》

择字之当，如“远山眉黛横，媚柳开青眼”；自然而工细，如“雪转寒芦花簌簌，晚风细起波纹縠”；情趣横生如“枷花搦柳……”“轻狂蝴蝶……”各有妙处。其共同特色是词中景生机勃勃，生意盎然，读起来觉得清新隽永。下列词又稍有不同：

湖岸千峰嵌岩，掩映绿竹青松。古寺参差，楼台高下，烟雾溟蒙。　波光万顷溶溶，人面与荷花共红。拨棹归欤，一天明月，十里香风。

——《柳梢青·泛西湖》

小楼重，下帘栊。万点芳心绿间红，秋千图画中。　草茸茸，柳松松。细卷玻璃水面风，春寒依旧浓。

——《长相思》

这里没有上面《减字木兰花》《生查子》一样的拟人手法，也不像《蝶恋花》那样，描写对象有一定的连续性。它只是选取一组具有诗意的镜头，用白描手法加以叙述，加以排列组合，似断而续，意象叠加，自有章法。不言情，只言景，情在景中，同样生动活泼，清隽疏朗。

张氏写景词的言情也有其特色：

元宵节，凤楼相对鳌山结。鳌山结，香尘随步，柳梢微月。　多情又把珠帘揭，游人不放笙歌歇。笙歌歇，晓烟轻散，帝城宫阙。

——《忆秦娥·上元游西山作》

满载一船秋色，平铺十里湖光。波神留我看斜阳，放起鳞鳞细浪。　明日风回更好，今宵露宿何妨？水晶宫里奏《霓裳》，准拟岳阳楼上。

——《西江月·阻风三峰下》

前一首写元宵节通宵达旦娱乐的盛况，香而不艳，情而不腻，畅达凝练；后一首因阻风洞庭而咏，字里行间寓词人历尽宦海风波产生的一种随遇而安、不计得失的思想情绪。两首都全用口语，一气呵成，畅达而清隽。

南宋以来，写咏物词的多了起来，且往往有寓意，有寄托。张孝祥的部分咏物词也是这样。如《好事近》赞木樨、《清平乐》赞梅，都与桃、李并提，桃、李的夭秾红白，不如梅、桂疏淡幽香，表现词人轻视功名富贵、追求淡雅的情趣，有词人的个性在。

写景咏物词之所以疏朗清隽、生动多趣，自有多方面的原因，这里仅就作者的观察力和表现力谈谈。试看下列词句：

1.听鸣禽、稍迁乔木。

2.风雨霁，芳径草心频绿。

3.良夜游，明月胜烧红烛。——以上《拾翠羽》

4.茂林芳径，绿变红添润。——《蓦山溪·春情》

5.红蓼一湾纹缬乱。白鱼双尾玉刀明。夜凉船影浸疏星。——《浣溪沙·洞庭》

6.点点不离杨柳外，声声只在芭蕉里。

7.无似有，游丝细。聚复散，真珠碎。——《满江红·咏雨》

8.认炊烟几家蜗舍，映夕照一簇渔舟。——《多丽》

1、2、3、4写春景：这时，鸣禽逐渐由灌木丛飞向乔木，几天风雨过去，路旁的枯草绽出了新芽，再过些日子，草木又有了变化，“绿变红添润”，不仅如名句“池塘生春草，园柳变鸣禽”[①]一样清新自然，且显得明丽多趣。“良夜游”句纯用口语，淡语有深味。5写秋晚泛洞庭。波纹也，白鱼也，船影也，疏星也，在在有声有色：时在傍晚，故星是疏星，此疏星映湖还不能在比较明澈的湖面看到，只能在船身倒影中发现，多么细致体切！6、7、8情景俱到，也有体物工细自然贴切之妙。凡此足见词人浑细的观察力和精到的表现力。

四、恋情词及其他

人们习惯上称张孝祥为豪放派词人。其实，“豪放”二字并不足以概尽张词风格的多样性。以豪放著称的词人并不排斥写男女恋情词。张孝祥也是如此。他与那些以写艳情为能事的词人不同的是，很少写两性爱的言语、动作，他的恋情词多因怀人、离思、愁别而作，抒发男女之间真挚的爱慕和相思之情，如《菩萨蛮·西斋为杏花寓言》：

① 谢灵运《登池上楼》，《谢康乐集》卷二。

东风约略吹罗幕，一檐细雨春阴薄。试把杏花看，湿红娇暮寒。　佳人双玉枕，烘醉鸳鸯锦。折得最繁枝，暖香生翠帏。

此词写佳人相思，以杏花娇衬托佳人愁，寓美人迟暮之感，含蓄蕴藉。况周颐以为“此词绵丽蕃艳，直逼花间”，说得有几分像，但“求之北宋人集中，未易多觏”[1]，未免有些失实。这样的词还有：

柳丝无力，冉冉萦愁碧。系我船儿不住，楚江上，晚风急。　棹歌休怨抑，有人离恨极。说与归期不远，刚不信，泪偷滴。

——《霜天晓角》

横波滴素，遥山蹙翠，江北江南肠断。不知何处驭风来？云雾里钗横鬓乱。　香罗叠恨，蛮笺写意，付与瑶台女伴。醉时言语醒时羞，道醒了休教再看。

——《鹊桥仙》

两首都写别愁，语言朴素，明畅，一气贯下。结句都用了细节：“刚不信”者，未必是不信“归期不远”，而是不能以“归期不远”慰解离愁。这就将“离恨极”具体化了。“醒时羞”者，并非因羞便不醉不书，而是醉吐真情。两个细节的好处在于表现离情真，无淫词艳语，有真挚感情，格调清婉。恋情词短篇还有《浣溪沙》“绝代佳人淑且真”“楼下西流水拍堤”“冉冉幽香解钿囊”，《瑞鹧鸪》“香佩潜分紫绣囊”，《踏莎行》

① 况周颐《蕙风词话续编》卷一。

“杨柳东风”，《虞美人》“柳梢梅萼春全未”，《虞美人》“溪西竹榭溪东路”，等等，都能选取富有表现力的事物加以描写，婉丽多姿。

张氏的恋情词也有长调。如：

> 送归云去雁，淡寒采，满溪楼。正佩解湘腰，钗孤楚鬓，鸾鉴分收。凝情望，行处路，但疏烟远树织离忧。只有楼前溪水，伴人清泪长流。 霜华夜永逼衾裯，唤谁护衣篝？念粉馆重来，芳尘未扫，争见嬉游。情知闷来殢酒，奈回肠不醉只添愁。脉脉无言竟日，断魂双鹜南州。
>
> ——《木兰花慢·离思》

> 闷来无那，暗数尽残更不寐。念楚馆香车，吴溪兰棹，多少愁云恨水。阵阵回风吹雪霰，更旅雁一声沙际。想静拥孤衾，频挑寒灺，数行珠泪。 凝睇。傍人笑我，终朝如醉。便锦织回鸾，素传双鲤，难写衷肠密意。绿鬓点霜，玉肌消雪，两处十分憔悴。争忍见，旧时娟娟素月，照人千里。
>
> ——《转调二郎神》

后一首写离愁，上片借景抒情，先以彻夜无眠点明愁思，回忆往事，抽出无限愁绪，耳边风呼雁鸣，更撕裂已碎之心，只有拥衾挑灯流泪。下片直接写情，先用“傍人笑我”带开，接着申“终朝如醉”之因收拢，尽管离思损伤精神，但犹自不能排遣。随着情事的铺衍，越来越深化词旨。往复缠绵，仍清丽可读。前一首得到杨慎好评[①]，无庸再说。

① 《词品》卷四：“丽情之句，如‘佩解湘腰，钗孤楚鬓’，不可胜载。”

送别词。送别词易落入俗套，流于平庸。乾道七年（1171）七月，湖南安抚使刘珙召还，孝祥继任，诗兴大发，一时写给刘珙的送别词多至十四首。这些词一般虽也气雄词峻，但多有“随武步，谢恩光，送公归趣舍人装”之类的恭维，“应记依刘客，曾此奉离觞”的攀附，无甚可取之处。这里要提的是他另一些有真情实感的送（辞）别词，如：

又向荆州住半年，西风催放五湖船。来时露菊团金颗，去日池荷叠绿钱。　斟别酒，扣离弦，一时宾从最多贤。今宵拚醉花迷坐，后夜相思月满川。

——《鹧鸪天·荆州别同官》

黄陵庙下，送君归去，上水船儿一只。离歌声断酒杯空，容易里东西南北。　重湖风月，九秋天气，冉冉清愁如织。我家住在楚江滨，为频寄双鱼素尺。

——《鹊桥仙·别立之》

这样的词，出口成篇，不事雕琢，但感情真挚，读起来颇觉清新可喜。还有于送行中表现有意义的主题的，如：

好把文经武略，换取碧幢红旆，谈笑扫胡尘。

——《水调歌头·送谢倅之临安》

日月开明，风云感会，切须稳上平戎计。

——《踏莎行·寿黄坚叟并以送行》

莫拾明珠并翠羽，但使邦人，爱我如慈母。待得政成民按堵，朝天衣袂翩翩举。

——《蝶恋花·送姚主管横州》

或励以恢复事业，或勉以勤政爱民，或诫以勿贪勿苛，在送别词中也很难得。

乡思词。张氏抒写乡思，也间有佳作。如：

恰到杏花红一树，捻指来时，结子青无数。漠漠春阴缠柳絮，一天风雨将春去。 春到家山须小住，芍药樱桃，更是寻芳处。绕院碧莲三百亩，留春伴我春应许。

——《蝶恋花·怀于湖》

琪树间瑶林，春意深深，梅花还被晓寒禁。竹里一枝斜向我，欲诉芳心。 楼外卷重阴，玉界沉沉，何人低唱醉泥金？掠水飞来双翠碧，应寄归音。

——《浪淘沙》

借景抒情。寓情于景，怀乡之思蕴含在词的形象中。此外《踏莎行》“藕叶池塘”、《踏莎行》“旋葺荒园”、《念奴娇》“绣衣使者”、《浪淘沙》“溪练写寒林”、《满江红》“秋满漓源”等，也还清新明快。

五、人品与词品

张词有较大成就，是有其多方面原因的。这首先要谈到张氏的人品。《宋史》本传称：“张孝祥早负才畯，莅政扬声。”[①]

① 《宋史》卷三八九《张孝祥传》。

始第，即上书言岳飞忠勇，请表其忠义，播告中外，俾公道昭明于天下[①]。绍兴末，金主完颜亮谋举兵南侵，孝祥之父祁时漕淮西，孝祥虽罢，仍屡代其父上书执政，报告边情，乞早为备[②]，其后亮果叛盟南侵，孝祥又分别致书王权、李显忠二帅，促其“协义同力，首尾相应”[③]。隆兴间，以张浚荐复中书舍人，直学士院，兼都督府参赞军事，俄领健康留守，时“魏公志在恢复，公力赞相”[④]。居朝为官间，孝祥上疏言事，也多关系国家大政之论，其《论先备札子》云“岁诚丰矣，然荒政不可以不治；兵固戢矣，然边备不可以不谨”[⑤]；《进故事》以赤壁、淝水之战为借鉴，以为“兵不可以不练”“将不可以不择”[⑥]；《论先尽自治以为恢复札子》劝在上为“刷无穷之耻，复不共戴天之仇”而“益务远略，不求近功”[⑦]，故谢尧仁云“先生之雄略远志，其欲扫开河、洛之氛祲，荡洙、泗之膻腥者，未尝一日而忘胸中”[⑧]；沈约之《挽于湖》诗云“忠筹屡画平戎策，宦迹常留堕泪碑”，是有根据的[⑨]。

关于张孝祥的品行，叶绍翁曾说他“天性倜傥，轻财好施，勇于为义。为政平易，民咸思之。唯嗜酒好色，不修细行”[⑩]，并记有高宗问孝祥是否赃滥的一桩轶闻[⑪]。其实，不仅

---

① 陆世良《宣城张氏信谱传》，见《于湖居士文集》附录。
② 《代总得居士与叶参政》，见《于湖居士文集》卷三九。
③ 《与李太尉（显忠）》《代任信孺与王太尉（权）》，《于湖居士文集》卷二四。
④ 陆世良《宣城张氏信谱传》，见《于湖居士文集》附录。
⑤ 《于湖居士文集》卷一六。
⑥ 《于湖居士文集》卷一七。
⑦ 《于湖居士文集》卷一八。
⑧ 谢尧仁《张于湖先生集序》，见《于湖居士文集》卷首，上海古籍出版社 1980 年版。
⑨ 《于湖居士文集》附录。
⑩ 叶绍翁《四朝闻见录》乙集。
⑪ 《四朝闻见录》乙集云：“高宗尝问以‘人言卿赃滥’，孝祥拱笏再拜以对曰：‘臣诚不敢欺君，臣滥诚有之，“赃”之一字不敢奉诏。’上笑而置之。”

无赃，“滥”恐亦未必。因据叶绍翁说，他的所记有的来自真德秀，真德秀是南宋有名的道学家，朱熹的再传弟子，孝祥卒后九年才诞生，他品评人物难免带上道学家的偏见。叶绍翁在此文后又说：“惜其资禀太高，浸淫诗酒，既与南轩、考亭先生为辈行友，而不能与之相琢磨，以上续伊、洛之统。……惜夫！”[①]以未能续伊、洛之统为惜，把诗酒视为不祥之物，也是他们存偏见的明证。在那个时代，官僚士大夫纵酒狎妓，不过寻常之事，恐怕算不了大过失。杨慎评张孝祥《送朱元晦行》词就说：“观‘楚舞湘弦’之句，及朱文公云谷寄友绝句云‘日暮天寒无酒饮，不须空唤莫愁来’，则晦翁于宴席，未尝不用妓。广平之赋梅花，又司马公亦有艳词，亦何伤于清介乎！”[②]因此，据叶绍翁所载，论孝祥品行之疵，并进而排斥其一部分恋情词，是没有道理的。

韩元吉《张安国诗集序》说：“安国少举进士，出语已惊人，未尝习为诗也。既而取高第，遂自西掖兼直北门，迫于应用之文，其诗虽间出，犹未大肆也。逮夫少憩金陵，徜徉湖阴，浮湘江，上漓水，历衡山而望九疑，泛洞庭，泊荆渚，其欢愉感慨，莫不什于诗。好事者称叹，以为殆不可及。”[③]他说的诗，包含了词。这里正确地指出丰富的生活、广泛的经历对张孝祥文学成就所起的重要作用。确实，明确的政治态度和广泛的阅历，使张氏有“气吞虹”[④]的气概，借他的词句说，就是“万里江山供燕几”（《浣溪沙·饯郑宪》）、“眇视万里一毫端”（《水调歌头·与喻子才同登金山，江平如席，月白如昼》）一般的襟怀。需要补充说明的是：张孝祥之得助于生活，不仅是客观条件促成的，更重要的是他自己的生活态度，深入生活、感受生活的

① 叶绍翁《四朝闻见录》乙集。

② 《词品》拾遗。

③ 韩元吉《张安国诗集序》，见《南涧甲乙稿》卷一四。

④ 岳珂《桯史》卷一“王义丰诗”条。

能力。上文已提到他写《六州歌头》是得助于临淮一行；同样著名的《念奴娇·过洞庭》也是他一次实地观月留下的艺术品。他有《观月记》，写道：

> 月极明于中秋，观中秋之月，临水胜；临水之观，宜独往；独往之地，去人远者又胜也。然中秋多无月，城郭宫室，安得皆临水？盖有之矣；若夫远去人迹，则必空旷幽绝之地，诚有好奇之士，亦安能独行以夜而之空旷幽绝，蕲顷刻之玩也哉！今余之游金沙堆，其具是四美者与？
>
> 盖余以八月之望过洞庭，天无纤云，月白如昼。沙当洞庭青草之中，其高十仞，四环之水，近者犹数百里。余系船其下，尽却童隶而登焉。沙之色正黄，与月相夺，水如玉盘，沙如金积，光采激射，体寒目眩，阆风、瑶台、广寒之宫，虽未尝身至其地，当亦如是而止耳。盖中秋之月，临水之观，独往而远人，于是为备。书以为金沙堆观月记。[1]

直可视为《念奴娇》的词序了。观此，不仅知词中“玉界琼田”之喻，“表里俱澄澈”之刻画，“尽吸西江，细斟北斗，万象为宾客”之想象，有其生活基础，还可得知词人对深入生活的浓厚兴趣和独到之处。正因为如此，张词中便不乏一种旷远、幽静的清韵，给人以美的感受。如：

> 雪月最相宜，梅雪都清绝。去岁江南见雪时，月底梅花发。　今岁早梅开，依旧年时月。冷艳孤光照眼明，只欠些儿雪。
>
> ——《卜算子》

① 《于湖居士文集》卷一四。

……万事浮云影，最旷阔，鹭闲鸥静。好是烟天烟雨醒。柳阴浓，芰荷香，风日冷。

——《夜游宫·句景亭》

善于学习、继承前人的艺术遗产，也是张词获得成就的重要原因。他以为学贵积累，反对自足。他说："夫学如积水，其积愈深，则其流愈远。若曰'我如是，是亦足矣'，吾恐沟浍之盈，其涸可待也。"[①]谢尧仁、王质二序，都提到他在学习、写作上虚心求教、乐于切磋、精益求精的诚恳态度。他学习前人，首先要提到的是苏轼。叶绍翁说他"尝慕东坡，每作为诗文，必问门人曰：'比东坡何如？'"[②]今观张词，除《水调歌头·无尽藏楼》、《锦园春》（醉痕潮玉）等直接提到苏轼外，更多的是在词中或师其意，或化其词。时事词中的慷慨激昂的情调，咏怀词中那种不以得失为怀的旷达、遗世独立的飘逸、人生无常的感喟，景物词中的娱情山水的闲适，都可以看出苏轼的影响，有积极的，也有消极的，汤衡序谓张词与苏词"同一关键"[③]，是很中肯的。谢尧仁所说"乐府之作……今人皆以为胜东坡"[④]，虽扬之太过，但当时人就喜以苏、张词作比较，倒也说明二者确有相近之处。

张氏学习、继承前人遗产，非只苏轼一人，李白、杜甫、白居易、李商隐、黄庭坚的诗，李煜、范仲淹、李清照的词，都对张词产生过影响。而得助最多的要推屈原。张词中提到屈原、化用屈赋之处很多，如《水调歌头·与喻子才同登金山，江平如

① 《与冀伯英》，《于湖居士文集》卷三六。
② 叶绍翁《四朝闻见录》乙集。
③ 汤衡《张紫微雅词序》，《于湖居士文集》附录。
④ 谢尧仁《张于湖先生集序》，见《于湖居士文集》卷首，上海古籍出版社1980年版。

席，月白如昼》《水调歌头·泛湘江》《水调歌头·过岳阳楼作》等。张词中那种丰富、奇丽的想象，浓厚的浪漫主义精神不少得力于学屈赋；多抒悲愤爱国、皎洁高尚的情志，也与屈原有相似之处。

张词也存在糟粕。咏时事的《满江红·于湖怀古》“仰太平天子，坐收长策”与《六州歌头》相反，转为歌颂和议、歌颂签订和议的高宗、孝宗，表明张氏的政治思想有时呈现模糊。咏怀词有的流露出岁月如流、人生不定的思想和绝尘出世、得过且过的消极情绪，如“三杯村酒醉如泥，天色寒呵且睡”（《西江月》），“万事只今如梦，此身到处为家”（《西江月·重九》），“识破嚣尘，作个逍遥物外人”（《减字木兰花·赠尼师，旧角奴也》），“争如对酒当歌，人是人非恁么”（《柳梢青》），等等。恋情词中有涉淫媟的，如“姮娥贪共，暮雨朝云，忘了中秋”（《诉衷情·中秋不见月》），追谐趣而流于庸俗；“豆蔻枝头双蛱蝶，芙蓉花下两鸳鸯。壁间闻得唾茸香”（《浣溪沙》），直是点铁成石了。此外，二百余首词中，竟有寿词二十余首，大多照例咏颂“九霞丹”“地行仙”，实属无谓。此外，《减字木兰花·腊月二十六日立春》之“春事还新，多得年时五日春。……屈指元宵，正是新春二十朝”，堆砌数字，近于文字游戏。当然，这样的疵笔在张词中为数不多。

汤衡序论张词曰：“衡尝获从公游，见公平昔为词，未尝著稿，笔酣兴健，顷刻即成，初若不经意，反复究观，未有一字无来处，如《歌头·凯歌》《登无尽藏》《岳阳楼》诸曲，所谓骏发踔厉，寓以诗人句法者也。”[①]陈应行序云：“予虽不及识荆，然其潇散出尘之姿，自然如神之笔，迈往凌云之志，犹可以想见也。”[②]王质《怀张安国》词云：“一代锦肠绣肺，想英魂

① 汤衡《张紫微雅词序》，《于湖居士文集》附录。
② 陈应行《于湖先生雅词序》，见《于湖居士文集》附录。

皎皎，健口霏霏。”[①]都给张词以很高评价。在我国词史上，向有“词为艳科”之说，以婉约为正宗。纪昀评《放翁词》云：“诗人之言，终为近雅，与词人之冶荡有殊。”[②]胡寅云：“词曲者，古乐府之末造也。……文章豪放之士，鲜不寄意于此者，随亦自扫其迹，曰谑浪游戏而已也。”[③]张孝祥以一介爱国之士而寄情于词，以词咏时事，抒壮怀，发豪兴，凡诗之能言者，一以词咏之。汤衡所谓“寓以诗人句法”者，实指用词来写诗的传统内容，而又保持词的特色。这在苏轼以后、辛弃疾以前的词坛，当推张氏成绩最良。故汤衡又云：“自仇池仙去，能继其轨者，非公其谁与哉？”[④]清代宋徵璧在列举宋词名家时说：“张安国之能用意，亦其选也。”[⑤]王国维云：“有明一代，乐府道衰。……仁、宣以后，兹事几绝。独文愍（夏言）以魁硕之才，起而振之。豪壮典丽，与于湖、剑南为近。”[⑥]可见张词的历史地位。

（原载《社会科学家》1986年第2期）

① 王质《八声甘州·怀张安国》，《雪山集》卷一六。
② 《四库全书总目提要·放翁词》。
③ 胡寅《向芗林酒边集后序》。
④ 汤衡《张紫微雅词序》，《于湖居士文集》附录。
⑤ 徐釚《词苑丛谈》卷四引《倚声集》语。
⑥ 《人间词话》附录（一九）。

张孝祥词创作历程述评

◎李一飞

张孝祥，字安国，号于湖居士，是南宋前期一位爱国诗人。与之并世的韩元吉序其诗集云：

> 安国少举进士，出语已惊人，未尝习为诗也。既而取高第，遂自西掖兼直北门，迫于应用之文，其诗虽间出，犹未大肆也。逮夫少憩金陵，徜徉湖阴，浮湘江，上漓水，历衡山而望九疑，泛洞庭，泊荆渚，其欢愉感慨，莫不什于诗。好事者称叹，以为殆不可及。①

张孝祥名称于时，但实际成就并不高，未足当此誉；用这段话评其词，则较为切当。将张氏词按“取高第”“憩金陵”“泛洞庭”分为三个阶段，大体上是切合实际的。入仕为朝官五年所作，无非才子之词，罢朝官，起知抚州、平江、建康；又罢，居芜湖六年的作品，足称豪杰之词；起知桂林，罢游湖湘，复知潭州，徙荆州四年所作，可谓谪仙之词。随着时局的变化、宦海的浮沉、阅历的加深，他的思想感情和审美趣向逐渐产生变化，从而促进词作的内容、风格也发生变化，臻于完美。

① 韩元吉《张安国诗集序》，《南涧甲乙稿》卷一四。

一、春风得意之年——才子之词

今所存张氏最早的词，要算他初入仕途为朝官所作的几首。

绍兴二十四年（1154），孝祥应进士试，高宗亲擢第一，次年授秘书省正字，二十六年（1156）迁校书郎，二十七年（1157）兼国史实录院校勘，二十八年（1158）守礼部员外郎，试起居舍人，兼权中书舍人，二十九年（1159）试中书舍人。五年之内，擢居五品，成为皇帝近臣。这是张氏生活旅程中春风得意之年。政事之余，他常常浸淫诗酒，游冶弈棋，出入歌台舞馆，偶尔乘兴作词，为数不多，如：

> 日暖帘帏春昼长。纤纤玉指动枰床。低头佯不顾檀郎。　　豆蔻枝头双蛱蝶，芙蓉花下两鸳鸯。壁间闻得唾茸香。
>
> ——《浣溪沙》

这首用“曲有误，周郎顾”熟典和杜牧《赠别》诗、李煜《一斛珠》词中句，都采用与七律相近的短调，可见作者初操词笔。这时期多写春游艳情、歌伎色艺、宫廷春情、西湖夏景，无非咏风嘲月，流连光景。从这些词可以看出，此时作者官运亨通，青云直上，不仅常常寻花问柳，观赏歌舞，且沉醉其中，自我欣赏。从这种生活中产生的词，为遣兴而作，承袭晚唐、五代香软词风，与“花间”词无多大区别，无怪乎词友韩元吉称他为“多情多病”的“青云赋客”①了。

但是，张孝祥毕竟是一位富于才情的词人。观他这阶段词，内容虽不出风流艳情，但出口成词，一气贯注，流转圆

① 韩元吉《永遇乐·为张安国赋》，此词《南涧甲乙稿》失载。

美，清隽自然，有不平凡的才气充溢其间。将其比之如水，不是行将干涸的残滴，而是将汇成浩渺沧溟的源头活水。

绍兴二十九年（1159）八月，张孝祥受弹劾，罢中书舍人，归芜湖途中写的《多丽》，透露出张词将进入一个创作新阶段的消息：

景萧疏，楚江那更高秋？远连天，茫茫都是，败芦枯蓼汀洲。认炊烟几家蜗舍，映夕照一簇渔舟。去国虽遥，宁亲渐近，数峰青处是吾州。便乘取波平风静，荃棹且夷犹。关情有冥冥去雁，拍拍轻鸥。　忽追思，当年往事，惹起无限羁愁。拄笏朝来多爽气，秉烛夜永足清游。翠袖香寒，朱弦韵悄，无情江水只东流。柂楼晚，清商哀怨，还听隔船讴。无言久，余霞散绮，烟际帆收。

关于张孝祥此次被劾罢官，李心传《建炎以来系年要录》记述颇详，并为其作了辩白，见出属于冤案[①]。张氏受此打击，有口难辩，难云将归家“静扫一室，终日危坐，以省昔愆，它无可言者”[②]，平淡的语言中，含有一言难尽而又不便明言的苦衷。但是，倜傥超逸的性格，不教他愁怀郁结，于是借归途江行中所作的长调表现他此时此地的感怀。词的上片写归舟上所见景物，境界高远、清寂，可以看出词人的视野在扩大，胸襟已开阔了；下片抒情，感往事如幻，岁月如流，见出词人思致深远。应该这样理解词的旨意：去国虽遥，但宁亲渐近；追昔拄笏多爽气，而今荃棹且夷；朱弦韵虽悄，但仍得闻隔船清讴。新陈代谢，新旧交替，宇宙和人事都自有规律。应该立足现在，把握未来，开始新

① 李心传《建炎以来系年要录》卷一八二。

② 徐鹏点校《杨抑之》，上海古籍出版社 1980 年版，《于湖居士文集》卷四〇（下引张氏作品，只在文中夹注）。

的生活！

罢官，对沉醉于春风得意之际的张孝祥，是当头一棒，也是清凉一剂，使他从醉梦中清醒过来，从五花马上落到坎坷不平的地面，也预示着张词的创作将进入一个新阶段。

二、国步艰危之秋——豪杰之词

张孝祥的诗友王质，对他的人品看得很准："观君眉宇含风霜，岂肯展转蛾眉床！"[①]真德秀也说："于湖平生虽跌宕，至于大纲大节处，直是不放过。"[②]这种大处不放过的品格在新的社会形势下得到了进一步的发展。

绍兴末年，金主完颜亮叛盟南侵，虽在采石吃了败仗，但兵灾给南宋带来的损失是惨重的。隆兴初，张浚北伐失利，金主完颜亮又遣军南侵两淮。隆兴二年（1164），南宋被迫签订又一屈辱"和议"，国力进一步削弱，地位进一步下降。正如孝祥所说，这些年乃是"国步艰危"之秋（《寄张真父舍人》，《文集》卷六）。这期间，孝祥先是退居芜湖，随之起知抚州，移知平江府，复中书舍人，领建康留守，隆兴二年九月再次罢归。六年中，他"忠筹屡画平戎策，宦迹常留堕泪碑"[③]。当完颜亮叛盟的迹象渐显时，他曾代漕淮西的父亲上书执政，报告边情，乞早为备（《代总得居士与叶参政》，《文集》卷三九）；其后完颜亮果然南侵，他又分别致书守江将领王权、李显忠，呼请他们在抗战中"协义同力"，首尾相应［《与李太尉（显忠）》《代任信孺与王太尉（权）》，《文集》卷二四］。隆兴间，领建康留

① 王质《与张安国围棋，胜者命题，负者赋诗，作藤枕歌》，《雪山集》卷一二。
② 叶绍翁《四朝闻见录》乙集"张于湖"条引。
③ 沈约之《挽于湖》，《于湖居士文集》附录。

守，时“魏公（张浚）志在恢复，公（指张孝祥）力赞相”[1]。同时，屡在奏议中，劝谏高宗、孝宗“边备不可以不谨”（《论先备札子》，《文集》卷一六），以“刷无穷之耻，复不共戴天之仇”；为了防止可能出现的盲动和冒险，又告诫当局“益务远略，不求近功”（《论先尽自治以为恢复札子》，《文集》卷一八）。就在这种历史背景和思想基础上，张词的创作进入了一个重要阶段。这阶段词多为感激时事而发，就其数量之多、内容之丰、风格之健，都大大超过了以前，可说是张词创作的第一个高潮。

绍兴三十一年（1161）九月，完颜亮举兵渡淮南侵，十一月，虞允文指挥南宋水军败金兵于东采石，随后，亮在扬州被其部属所杀。采石之胜，南宋转危为安，获得一个趁胜北伐的战机。时张孝祥退闲乡里，也极为感奋，作诗数首祝捷，并赋词《水调歌头·闻采石战胜》：

雪洗虏尘静，风约楚云留。何人为写悲壮？吹角古城楼。湖海平生豪气，关塞如今风景，剪烛看吴钩。剩喜燃犀处，骇浪与天浮。　忆当年，周与谢，富春秋。小乔初嫁，香囊未解，勋业故优游。赤壁矶头落照，肥水桥边衰草，渺渺唤人愁。我欲乘风去，击楫誓中流。

上片歌颂采石战胜，它挽狂澜于既倒，有如抗金复国历程中的一曲壮歌，它是鼓舞千军万马奔上抗金前线的号角，它给词人带来了从未有过的喜悦。下片抒情，忆发生在大江上下的历史胜利，以风云中的历史人物自励，唤起未能亲临战场的愁，进而以击楫中流、誓师北伐的祖逖自喻，决心为恢复中原出力，与《诸

① 陆世良《宣城张氏信谱传》，《于湖居士文集》附录。

公分韵“蹑冒顿之区落、焚老上之龙庭”，得“老”“庭”字》诗中“便当收咸阳，正尔空朔庭”，《辛巳冬闻德音》诗中“明年玉烛王正月，拟上梁园奉贡珍”一样，反映词人对抗金斗争充满着胜利的信息，风格豪健。

但是，斗争是曲折、复杂的。隆兴初的北伐，终因将帅间不协，致兵溃符离，于是主和派复又得势，议和的专使，络绎不绝。时左丞相汤思退主和，右丞相兼江淮都督张浚主战，斗争激烈。张孝祥一贯主张抗金，但由于登第出汤思退门，曾对汤表示尊重，而当他在此次北伐中进一步认清了汤的投降面目后，就坚决走到汤的对立面，热情地支持北伐，从而受到张浚、虞允文、刘锜和李显忠这些主战派将领的赏识。隆兴二年（1164）二月，孝祥受张浚推荐任江淮都督府参赞军事，兼领建康留守，这是张氏第一次，也是平生唯一一次从事军政。赴任前，他上疏云：“臣今来起发……即至建康交割职事，就令本府以次官时暂权管，却往两淮。将来若有边事，亦许臣往来措置。”（《赴建康画一利害》，《文集》卷一八）表明他仍想趁此有所作为，以副平生恢复之志。这与充斥当时官场的那些“纡朱怀金，驾高车，从卒史，号称大官，平时冒爵位，取富费，一旦赤白囊至，股栗心悸，谋自窜之不暇”（《乐斋记》，《文集》卷一三）的投降派，形成了鲜明的对比。就在北伐受挫，和议论炽的背景下，在词人亲临淮边实地考察之后，写下了名篇《六州歌头》：

长淮望断，关塞莽然平。征尘暗，霜风劲，悄边声。黯销凝。追想当年事，殆天数，非人力，洙泗上，弦歌地，亦膻腥。隔水毡乡，落日牛羊下，区脱纵横。看名王宵猎，骑火一川明。笳鼓悲鸣，遣人惊。　念腰间箭，匣中剑，空埃蠹，竟何成！时易失，心徒壮，岁将零。渺神京。干羽方怀远，静烽燧，且休兵。冠盖使，纷驰骛，若为情？闻道中原遗老，常南望、羽葆霓旌。使行人到此，忠愤气填膺。有泪如倾。

词的上片从隔水见沦陷区的凄凉和敌人的骄横，追想当年中原陷落带来的历史性灾难。下片以频繁的通和活动与中原父老的盼望北伐、主战派的壮志难酬相对比，抒发词人的满腔悲愤，沉郁顿挫，繁弦促节，有强烈的艺术感染力。在建康的一次宴会上，作者为赋此词，“魏公为罢席而入”[①]，可见“其忠愤慷慨，有足动人者矣”[②]。词传开后，引起许多志士共鸣，王之道等人有和作。数百年后，陈廷焯还说此词“淋漓痛快，笔饱墨酣，读之令人起舞”[③]。谢尧仁序于湖集云：“盖先生之雄志远略，其欲扫开河、洛之氛祲，荡洙、泗之膻腥者，未尝一日而忘胸中。”[④]这是张氏能写出这样具有强烈感染力的词的原因所在。

这期间的词，慷慨悲壮者还有许多，如《木兰花慢·送张魏公》、《水调歌头·送谢倅之临安》、《雨中花慢》（一舸凌风）等。这几年里发生的重大时事，几乎都在张词中得到了反映。清人冯煦说这些词“率皆眷怀君国之作。……忠愤之气，随笔涌出，并足唤醒当时聋聩”[⑤]。韩元吉序张氏集也说：“咏其诗而歌其词，襟韵洒落，宛其如在，亦足以悲其志之所寓，而知其为一世之隽杰人也。”[⑥]正是这些词，使张赢得了杰出爱国词人的称誉，奠定了他在南宋爱国词坛先行者的地位。

这期间，张孝祥一再被罢黜。这使他更深地认识了现实，也

---

① 陈耀文《花草粹编》卷一二引无名氏《朝野遗记》。

② 《四库全书总目提要·于湖词》。

③ 陈延焯《白雨斋词话》卷八。

④ 谢尧仁《张于湖先生集序》，《于湖居士文集》卷首。

⑤ 冯煦《蒿庵论词》二二。

⑥ 韩元吉《张安国诗集序》，《南涧甲乙稿》卷一四。

产生了不以得失为怀、超然物外的思想情绪；本阶段的词，除深刻反映现实、慷慨悲壮外，也间或采用幻想形式抒发感情，初步表现出想象瑰奇、超逸豪纵的特点。如《水调歌头·闻采石战胜》之“我欲乘风去，击楫誓中流”，凝重中见飘逸；《水调歌头·隐静寺观雨》的“洗了从来尘垢，润及无边焦槁，造物不言功”，歌颂大自然的威力，寓布泽百姓、功成不居的豪情壮怀；《水调歌头·垂虹亭》之“洗我征尘三斗，快揖商飙千里，鸥鹭亦翩翩。身在水晶阙，真作驭风仙”，慨叹功业未就，流露超尘出世之想。几首都同苏轼那首有名的中秋词一样，用了《水调歌头》词调，见出受苏轼词的影响。这种特点，在本阶段词中已见端倪，而在他后期词中占了主流。

三、宦游荆湘之年——谪仙之词

隆兴二年（1164）十二月，南宋与金签订又一和议，史称“隆兴和议”。临安的小朝廷几经动荡后，又在加重屈辱条件的形势下获得了新的平衡。乾道元年（1165）六月，张孝祥起知静江府、广南西路经略安抚使，但次年六月又被罢黜。这是他出仕十二年来第三次受诬落职。这对平生志在恢复、意在用世而又年力正富的他，无疑是一个更沉重的打击。张孝祥知静江府一年，以“莫拾明珠并翠羽，但使邦人，爱我如慈母”（《蝶恋花·送姚主管横州》）自勉，与部属同心协力，甄别积案，间或出巡，史称“治有声绩”，自己也说是“禄薄俸囊空”（《赠江清卿》），因此，这次受黜，张氏于心无愧，只是“筋力尽于奔驰，精神为之耗散”（《王运使》），以致壮志难酬、怀抱未展，却是令其痛心的。他怀着这种复杂而矛盾的心情，踏上了游历湖湘，随后又宦游荆湘之路。

宦游荆湘，对“吴山楚泽行遍，只欠到潇湘”（《水调歌头·泛湘江》）的张孝祥，也是一个得偿夙愿的良机。他脚踏前人品题的山水，重温屈、贾、李、杜的经历和创作，从中找到了知己，激发了感情，从而使他的词作产生了又一次飞跃，出现又一高潮。这期间，他写了许多借景行怀的咏怀词。在这些词中，他把屈原的浪漫主义精神和苏轼的旷放风格结合起来，用超然的人生态度去冲淡壮志未酬的悲愤和仕途困穷的忧烦，于超旷中见沉郁，柔中见刚，这使他在豪放派词人中，于苏轼的旷放、辛弃疾的悲慨之外，独辟蹊径，自成一家。试看他的《念奴娇·过洞庭》：

洞庭青草，近中秋，更无一点风色。玉界琼田三万顷，着我扁舟一叶。素月分辉，明河共影，表里俱澄澈。悠然心会，妙处难与君说。　　应念岭海经年，孤光自照，肝胆皆冰雪。短发萧骚襟袖冷，稳泛沧溟空阔。尽吸西江，细斟北斗，万象为宾客。扣舷独啸，不知今夕何夕。

上片写景：秋夜洞庭，一碧万顷，水光月色，银碧辉映，一幅空阔莹澈的图画，令人荡肝涤肺。下片抒情：回顾一年的岭南宦迹，光明磊落，问心无愧；削职归去，杂念全消，物我相融，似羽化而登仙。上片“玉界”二句就形体而言，一叶扁舟荡漾于万顷碧波之中，客体大，主体小，主体消融于客体之中。下片“尽吸”三句，就意象而言，人为主，万象为客，开阔的胸襟足以涵容万象。对比照应中，表现出词人襟怀坦白、无私无畏的高洁志趣，词的风韵优美而清远。黄蓼园以为：“神采高骞，兴会洋溢。”[1]王闿运评谓：“飘飘有凌云之气，觉东坡《水调》

① 黄蓼园《蓼园词选》。

有尘心。”[1]这种飘然欲仙的情致、不染尘芥的境界的无间融合，正是宦游荆湘期间张词的主调。再如由桂林北归、泛湘江缅怀屈原而写的《水调歌头》，其下片：“制荷衣，纫兰佩，把琼芳。湘妃起舞一笑，抚瑟奏清商。唤起《九歌》忠愤，拂拭三闾文字，还与日争光。莫遣儿辈觉，此乐未渠央。”过浯溪，观元结撰、颜真卿书刻的《中兴颂》摩崖碑而写的《水龙吟》：“……酌我清尊，洗公孤愤，来同一醉。待相将把袂，清都归路，骑鹤去，三千岁。”过长沙写的《雨中花慢》：“……怅望胎仙琴叠，忍看翡翠兰苕！梦回人远，红云一片，天际笙箫。”或在凭今吊古中抒发不论进退、不计得失的高洁志趣，或用拟人手法，创造一种物我相融的意境，抒发超尘脱俗的志向。想象丰富，造境瑰奇，清隽而飘逸。陈应行序于湖词所谓“读之泠然洒然，真非烟火食人辞语”[2]，当是指这类词而言。在此，姑名之曰“谪仙词”。

乾道三年（1167）五月，张孝祥起知潭州、权荆湖南路提点刑狱公事。明年徙知荆州，为荆南、荆湖北路安抚使。这时，“隆兴和议”已经生效，南宋当局已深深沉醉于“西湖歌舞”之中。在此时局下出守远离前线的潭州、荆州，自是不能尽展其才的。但是，即使在此时此地，他也未忘记中原还沦陷在金人手里，敌人随时都有烧起新战火的可能。因此，这期间，他继续写了些抚时感事的作品，只是更多无可奈何的悲愤罢了。

霜日明霄水蘸空。鸣鞘声里绣旗红。澹烟衰草有无中。　万里中原烽火北，一尊浊酒戍楼东。酒阑挥泪向悲风。

——《浣溪沙·荆州约马举先登城楼观》

① 王闿运《湘绮楼词选》。

② 陈应行《于湖先生雅词序》，《于湖居士文集》附录。

已是人间不系舟。此心元自不惊鸥。卧看骇浪与天浮。　　对月只应频举酒，临风何必更搔头。暝烟多处是神州。

——《浣溪沙》

过去，词人曾有“剩喜燃犀处，骇浪与天浮”（《水调歌头·闻采石战胜》）的词句，满腔热情地歌颂胜利的战斗，用“欲访英灵无处所，独搔蓬鬓立西风”（《丰城观音院有胡明仲、范伯达、汪彦章诸公题字》）的诗语，激情地凭吊历史名人。如今，事实一再证明，恢复中原的理想已经不可能在南宋小朝廷（原文应误）的手里实现，于是，词人发出的只是“卧看骇浪与天浮”“临风何必更搔头”的慨叹了。从“剩喜”到“卧看”，从“搔鬓”到“何必”，表明词人内心由亢奋向沉郁的转变。诚然，词人毕竟忘不了中原的烽火、神州的暝烟，但在南宋统治者屈膝苟安的政策下，凭作者几个爱国志士怎能改变可悲的现状呢？于是，只有借“一尊浊酒”来解愁遣悲了，只有凭“对月举酒”以发愤纾忧了。而山河破碎之愁、报国无路之忧，不是几杯浊酒所能排遣的，这就使这些词有了表面超旷、实际沉郁的风格特色。

在艺术上，张氏此阶段词更注意景物形象的描写，做到融情于景，景中含情，意象与兴象的统一。写景则生动工细，富有生机；咏物则模拟真切，刻画细致；记事则清新明晰，达到情景交融、清隽秀美的佳处。喜用“冰雪”“素月”“明霞”“明霄”“白玉”这些明净、透彻的物象词，说明词人审美兴趣由阳刚到刚柔相济的变化。避免单一性，获得多样性，这对张词来说是一个进步。

汤衡序于湖词云：“（孝祥）出守四郡，多在三湖七泽间，何哉？衡谓兹地自屈、贾题品以来，唐人所作，不过《柳枝》《竹枝词》而已，岂天以物色分留我公，要与'大江东去'之词相为雄长，故建牙之地，不于此而于彼也欤！"[①]魏了翁也说："张于湖有英姿奇气，著之湖湘间，未为不遇。"[②]上文提到的韩元吉《张安国诗集序》更直接说张氏后期词长进的原因是楚之地"山川之气使然"[③]，他们都看到了张氏宦游荆湘对词境提高所起的积极作用。我国古代文论家，在解释产生巧夺天工的作品的原因时，有"神助""江山之助"一些说法，"江山之助"则是应用很广而又具有唯物色彩的一种见解。刘勰最早提出："屈平所以能洞鉴风骚之情者，抑亦江山之助乎？"[④]北宋苏辙则谓："太史公行天下，周览四海名山大川，与燕、赵间豪俊交游，故其文疏荡，颇有奇气。"[⑤]陆游还举潇湘景物兴发诗思的特殊作用："挥毫当得江山助，不到潇湘岂有诗。"[⑥]张孝祥词的创作历程再次生动地证明：系心于国家、民族的命运，丰富的阅历，充实的生活，乃至有波澜、不平坦的生活道路，对一个作家的作品不断臻于完美起决定作用。

（原载《云梦学刊》1993年第4期）

① 汤衡《张紫微雅词序》，《于湖居士文集》附录。

② 魏了翁《鹤山大全集》卷六〇。

③ 韩元吉《张安国诗集序》，《南涧甲乙稿》卷一四。

④ 《文心雕龙·物色》。

⑤ 苏辙《上枢密韩太尉书》，《栾城集》卷二二。

⑥ 陆游《予使江南时以诗投政府丐湖湘一麾会召还不果偶读旧稿有感》，《剑南诗稿》卷六〇。

张孝祥为官江淮时交游与词的创作论略

◎李　静

张孝祥是南宋词史上一位重要的词人。在为官的过程中，张孝祥与同僚结下了深厚的友谊，彼此之间诗词唱和，互相影响，逐渐形成了自己独特的词的创作风格，并逐渐奠定了自己在词史上的重要地位，成为从苏轼到辛弃疾词的发展的重要津梁。在总共近十年的时间里，张孝祥因交游而创作了大量的词作，可以说，是交游促发词人的词兴，促发词人词的创作。而在外任这一阶段中，为官江淮是张孝祥词风转变的关键时期。故此，本文拟以张孝祥为官江淮时的交游和词的创作为观照点加以考察。

在此前的临安为官生涯中，张孝祥五年中连升数级，成为正四品的朝中大员。临安初仕的五年是张孝祥仕途通达、春风得意的五年，快速的擢升，带给词人的自然是充满阳光的美好前景。而流连于诗酒歌舞，与朋辈同僚倚红偎翠、诗酒唱和，自然也是这位风流少年天才临安生活中不可缺少的一个组成部分。王明清的《玉照新志》即曾做了一次真实的记录："绍兴己卯（1159），张安国为右史，明清与仲信兄、左鄯举善、郭世模从范、李大正正之、李泳子永，多馆于安国家。春日诸友同游西湖，至普安寺，于窗户间得玉钗半股、青蚨半文，想是游人欢洽所分授，偶遗之者。各赋诗以记其事，归以录示安国。安国云：'我当为诸公考校之。'明清云：'凄凉宝钿初分际，愁绝清光欲破时。’安国云：‘仲言宜在第一。’俯仰今四十余年矣！主宾六人俱为泉下之尘，明清独苟存于世，追怀如梦，黯而记之。”[①]王明清满是伤感地追忆了自己与张孝祥、左鄯、郭世模等人的那段难忘的交游唱和，从中可以想见当时游冶之风之盛。由于生活内容的相对狭窄，词作的内容大体上不离于相思、离别等闺怨题材，或是以描摹刻画歌儿舞女为主，词的题材视野还十分狭窄，从体制上看，也大多属于短小轻便型的小令或中调，慢词几乎未见。而外任时期，由于国家时事和个人命运的改变，由于交游对象的不同，张孝祥词的创作内容和风格也发生了根本性的改变，这种改变的关捩即在词人为官江淮时。在被汪澈以“轻躁纵横、挟数任术、年少气锐、浸无忌惮”等数条理由弹劾后，张孝祥主动乞宫观，获提举江州太平兴国宫[②]。所谓的提举宫观，不过是安排退罢赋闲官员的一种闲职，其实和赋闲在家并无二致。绍兴三十二年（1162），知抚州。罢归后，曾入建康张浚幕。隆兴元年（1163）知平江，二年知建康。一时往来交游者多为名公巨卿，如虞允文、张浚、方滋、庞谦孺等。

虞允文是张孝祥的同年进士，两人定交亦在此时。张孝祥在给虞允文的信中称：“某自甲戌（绍兴二十四年，1154）期集一见君子，即为万里之阔，虽声迹差池，藐不相闻，然意气相倾，殆若朝夕与游处者。”[③]两人临安相见，即一见如故，结为知己。其后，虞允文通判彭州，权知黎州、渠州。秦桧死后，又回到朝中。两人又相与游处了近三年，直到张孝祥被劾罢归。绍兴三十一年（1161）九月，“金主自将，兵号百万，毡帐相望，钲鼓之声不绝”。“十一月壬申，金主率大军临采石，而别以兵争瓜洲。……丙子，允文至采石，权已去，显忠未来，敌骑充

① 王明清《玉照新志》，上海古籍出版社1991年版。
② 李心传《建炎以来系年要录》卷一八三，中华书局1956年版。
③ 张孝祥《于湖居士文集》卷三七，徐鹏校点，上海古籍出版社1980年版，第374页。

斥”[1]。虞允文收拾王权的残兵，在采石矶与金兵展开大战，取得了宋史上著名的采石矶大捷。其时，张孝祥尚在提举江州太平兴国宫的任上，在听到虞允文采石矶大败金军的消息后，张孝祥十分欣喜和兴奋地写下了这首传诵千古的名篇《水调歌头》：

雪洗虏尘静，风约楚云留。何人为写悲壮？吹角古城楼。湖海平生豪气，关塞如今风景，剪烛看吴钩。剩喜然犀处，骇浪与天浮。　　忆当年，周与谢，富春秋。小乔初嫁，香囊未解，勋业故优游。赤壁矶头落照，肥水桥边衰草，渺渺唤人愁。我欲乘风去，击楫誓中流。

这首词一题为《和庞佑父》，一题为《闻采石战胜》，庞谦孺（佑父）原词已佚，今仅存韩元吉的一首和词。从词的内容看，此词为张孝祥闻捷后大喜之作，毫无疑问。词的上片以热情洋溢的笔调尽情歌颂和赞美了老朋友虞允文所领导的宋军的胜利，言语之中充满了不尽的自豪和喜悦。下片写由采石之役的大捷所激发起的少年报国之志，词中以少年得志的周瑜和谢安作比，以赤壁之战和淝水之战这两个历史上著名的以少胜多的战役比拟此次采石矶大捷，同时也是激励自己，早日驱逐鞑虏，恢复中华。

绍兴三十二年（1162）“二月戊戌朔，中书舍人权直学士院兼侍讲虞允文，试兵部尚书，充川陕宣谕”[2]，张孝祥作《木兰花慢》以送之：

拥貔貅万骑，聚千里，铁衣寒。正玉帐连云，油幢映

---

① 脱脱等《宋史》卷三八三，中华书局 1977 年版，第 1792 页。

② 《建炎以来系年要录》卷一九七。

日，飞箭天山。锦城启方面重，对筹壶尽日雅歌闲。休遣沙场虏骑，尚余匹马空还。　那堪更值春残？斟绿醑，对朱颜。正宿雨催红，和风换翠，梅小香悭。牙旗渐西去也，望梁州故垒暮云间。休使佳人敛黛，断肠低唱阳关。

《古今事文类聚》载此词词题作《送张魏公出师》[①]，未详何据。查《宋史》本传，张浚曾为川陕宣抚处置使，但时间为建炎中。宛敏灏笺之曰“送虞允文作”，盖系从词中“天山”“锦城”“梁州”等来，判断应当是正确的。此词虽为送别之作，但是不作儿女情长的依依惜别。

张浚是南宋前期主战派的中坚和旗帜。对张孝祥的才能，张浚非常欣赏，《宋史》本传载：“张浚自蜀还朝，荐孝祥，召赴行在。孝祥既素为汤思退所知，及受浚荐，思退不悦。孝祥入对，乃陈‘二相当同心勠力，以副陛下恢复之志。且靖康以来惟和战两言，遗无穷祸，要先立自治之策以应之’。复言：‘用才之路太狭，乞博采度外之士以备缓急之用。’上嘉之。”《宋史》载张孝祥为张浚所荐在其知平江之后，而两人之间的交谊之迟可以推到此时张浚判建康留守的时候。此时两人之间的交游，《宋史》无载，宋人笔记中亦不多见，却留下了传唱古今的名篇《六州歌头》：

长淮望断，关塞莽然平。征尘暗，霜风劲，悄边声。黯销凝。追想当年事，殆天数，非人力，洙泗上，弦歌地，亦膻腥。隔水毡乡，落日牛羊下，区脱纵横。看名王宵猎，骑火一川明。笳鼓悲鸣，遣人惊。　念腰间箭，匣中剑，空埃蠹，竟何成！时易失，心徒壮，岁将零。渺神京。干羽方怀

① 祝穆《古今事文类聚》卷二四，书目文献出版社 1991 年版。

远，静烽燧，且休兵。冠盖使，纷驰骛，若为情？闻道中原遗老，常南望、羽葆霓旌。使行人到此，忠愤气填膺。有泪如倾。

宋人无名氏所撰《朝野遗记》载："安国在建康留守席上赋此歌阕，魏公为罢席而入。"细绎词意，由"霜风劲"等可知，此词当作于秋冬之际，具体的时间当为隆兴元年（1163）秋冬时。从绍兴三十一年（1161）十二月到建康，到隆兴二年（1164）四月丁丑罢官，判福州，这期间张浚一直在建康，其间共有三个秋冬，而从"征尘黯，霜风劲，悄边声"及"干羽方怀远，静烽燧，且休兵。冠盖使，纷驰骛"诸句判断，则可知，此时两国已休兵，且互遣使节，商议议和之事，此事在隆兴元年五月宋军符离兵败之后。《宋史纪事本末》载："宿师之还，士大夫主和者皆议浚之非……帝以符离师溃，乃议讲和"，八月"戊寅，金纥石烈志宁复以书贻三省、枢密院，求海、泗、唐、邓四州地……丙戌，遣卢仲贤持报书如金师"[①]。而从词中所传达的意绪可以看出，此时词人的情绪十分低落，完全是一副抗金无望的感情外现，迥然不同于议和前的那种意气风发和充满希望。其原因就是此时主和派占了上风，以张浚为首的主战派受阻。这种情绪也感染了张浚，以至于张浚为之"罢席而入"，张浚此时因受主和派非议，心情亦是十分的低落，所以在听了张孝祥这首"感愤淋漓"的词之后，于他心有戚戚焉，于是为之不能终席。

方滋是张孝祥的长辈，两人之间为世交，其父张祁与方滋同为李文渊之女婿。韩元吉《右朝请大夫知虔州赠通议大夫李公墓碑》中称李文渊"女四，吏部侍郎方滋、直秘阁张祁、常州司法

① 陈邦瞻《宋史纪事本末》，中华书局 1977 年版，第 813—815 页。

参军胡知言、通判绍兴府沈云应，婿也”[①]。张孝祥亦称：“叠两世无穷之契，侈一时创见之荣。符节亲传，尊罍夙设。”“学该今古，名满华夷。元老克壮其猷，既宣竭四方之力；廷臣无出其右，盍登延三事之司。”[②]在《与方滋书》中，张孝祥称：“孝祥拜覆姨夫判府留守待制侍郎鉴。”[③]张孝祥曾为方滋作了一首题为《为方务德侍郎寿》的祝寿词《水调歌头》：“紫橐论思旧，碧落拜除新。内家敕使传诏，亲付玉麒麟。千里江山增丽，是处旌旗改色，佳气郁轮囷。看取连宵雪，借与万家春。　　建崇牙，开盛府，是生辰。十州老稚，都向今日祝松椿。多少活人阴德，合享无边长算，惟有我知君。来岁更今日，一气转洪钧。”由首二句可知，两人在朝中即已定交。紫橐，古代皇帝的诏书由锦囊存之，封之以紫泥，橐，袋子；碧落，道教语，指天空、青天，这里指代天子所在的地方。而由“惟有我知君”句则可见出，此时两人已经相知甚深。张孝祥游宦江淮时期与方滋的交往在隆兴二年（1164）方滋再为镇江守时：“甘露多景楼，天下胜处，废以为优婆塞之居，不知几年。桐庐方公尹京口，政成。暇日，领客来游，慨然太息。寺僧识公意，阅月楼成。陆务观赋《水调》歌之，张安国书而刻之崖石。”[④]方滋守镇江多景楼落成邀客登楼游赏的这次聚会，是一次群贤毕至的盛会，周密《癸辛杂识》载：“张于湖知京口，王宣子代之。多景楼落成，于湖为大书楼扁。公库送银二百两为润笔。于湖却之，但需红罗百匹。于是大宴合乐，酒酣，于湖赋词，命妓合唱甚欢，遂以红罗百匹犒之。”[⑤]今存《于湖词》中所载张孝祥多景楼落成时所作的

① 韩元吉《南涧甲乙稿》卷一九，文渊阁《四库全书》本。
② 《于湖居士文集》卷二七，第 274 页。
③ 彭国忠校点《张孝祥诗文集》，黄山书社 2001 年版，第 405 页。
④ 《于湖居士文集》卷二八，第 282 页。
⑤ 周密《癸辛杂识》续集卷下，吴企明点校，中华书局 1988 年版，第 209 页。

词为《浣溪沙》："溢浦从君已十年。京江仍许借归船。相逢此地有因缘。　　十万貔貅环武帐，三千珠翠入歌筵。功成去作地行仙。"

通过以上分析可以见出，张孝祥为官江淮时，词的创作较之临安时的刻红剪翠已经发生了根本性的改变，此一时期词人的创作视野从歌楼酒馆的狭小天地转向了更为广阔的社会生活，家国方面更为深广的社会内容替代了相思离别、描摹刻画歌儿舞女等闺阁题材，词风也由临安时的温软香艳转而变为后期的慷慨淋漓、激扬飞越。若寻绎促成张孝祥词的创作转变的因素，我们不妨从两个方面加以考察，一是绍兴二十九年（1159）被弹劾一事。科场的一帆风顺和官场的亨通带给张孝祥无限的憧憬，初涉官场的他本欲在事业上有一番大的作为，不料却被言官汪澈罗织了多条罪名，予以弹劾，因此第一次官场失意的打击对二十八岁的张孝祥来说，应该是十分沉重的，对其心理的影响也是显而易见的。二是时事的变化，张孝祥被劾后不久发生的又一重大历史事件，即金兵南侵，也给张孝祥打了一针清醒剂。绍兴三十一年（1161），金主完颜亮败盟，撕毁"绍兴和议"，率军六十万再次南侵，持续了二十年的安逸局面转眼之间即要化为乌有，战与和的选择再次摆到了南宋君臣面前，他们这才从文恬武嬉的梦乡中醒来。张孝祥也是其中一人。经历着国家民族命运和个人命运的双重考验，词人不得不面对、思考和关注起严峻而残酷的社会现实。

（原载《学术交流》2005年第3期）

张孝祥的临安交游与词的创作论略

◎李　静

一

绍兴二十四年（1154），张孝祥被高宗皇帝亲擢为廷试第一，在不到五年的时间里屡屡迁升，从一个八品的散官，遽然擢升为中书舍人权工部侍郎兼权给事中这样一个正四品的朝中大员，他的临安仕宦经历可谓平步青云。临安初仕的五年是张孝祥仕途通达、春风得意的五年，快速的擢升，带给词人的自然是充满阳光的美好前景。而流连于诗酒歌舞，与朋辈同僚倚红偎翠、诗酒唱和，自然也是这位风流少年天才临安生活中不可缺少的一个组成部分。

左鄯是西湖的一位隐士。时人张元幹谓："左举善人物高妙，才具敏特。要当为世用，而乃携孥抚孤，以不二价从事丹壶中，其胸次讵可窥耶！"[①]时人史浩也称其为"东南之秀，假楼居为丹壶，以济人"[②]，并写了《题左举善郊居四绝》四首诗，摹写其郊居之美。其堂以"总相宜"为名，盖取自苏轼诗"淡妆浓抹总相宜"之句，据此可以判断其居所当在西湖；而从前文所引史料亦可知，其人是一位以炼丹求仙为生的隐士。这在张孝祥与左

① 张元幹《芦川归来集》卷三，文渊阁《四库全书》本。

② 史浩《鄮峰真隐漫录》卷五，文渊阁《四库全书》本。

鄣的尺牍中亦可以得到证实，张孝祥谓："先生在西湖烟雨中与南北两孱颜晤语，而小人坐尘海，此仙凡殊途也。犹且寄声相劳苦，此意岂可忘哉！明若得暇，当走隐居，又须遣西子浓抹而迎前，复淡妆则难行矣。"[①]在张孝祥的眼里，左鄣也是一位脱离尘俗的高雅隐士，张孝祥不但慕其美名，赏其高节，而且相互之间有诗词往来，诗艺的切磋。现存《于湖集》中即有《次韵左举善木樨》，可以约略想见当时二人西湖间畅游、诗词唱和之情状："想见秋花插满头，遥怜不负此山游。一枝并与诗筒馈，气压西湖万斛秋。"可惜明确标明为二人唱和的词作的往来切磋已经不传于世。但是，可以肯定的是，词的往来唱和是有的。张孝祥的《西江月》即其中的一首。宛敏灏先生谓此词"似绍兴二十九年（1159）以前春日在临安作"[②]，应该可以肯定下来，而且可以判断出来的是此词的酬作对象即为左鄣。词中"精庐""狎鸥鱼""一声长啸"之谓，即是左鄣求仙修道隐士生活的典型表现。少年天才张孝祥入仕初期与隐居的高士相与游处，相互切磋词艺，相互之间思想的碰撞与磨合亦在情理之中，给词人思想上留下的印记也是可以认定的。由此我们也为《于湖词》中为数不少的表现归隐趣尚和仙道思想的词作找到了它们的源头。

同左鄣相比，郭世模与张孝祥的友谊则更为久远且深厚。在与姜叔永的两封书札中，张孝祥说："郭世模者，自丱角相从，闳达辩智，溢于文辞，盖尝慕用屈、马。平时议论不苟，志趣超迈，窃谓宜在门下士之列。世模来都干禄且二年，不肯一扣鼎贵人，乃不惮重江之阻，愿走下风，世模之志勤矣。"[③]又谓："某有一士，度叔永必喜与之游，请言之。晋人郭从范者，今年三十，能诗文，吕居仁、曾吉甫诸老先生至忘年，目之为小

① 张孝祥《于湖居士文集》卷三八，徐鹏校点，上海古籍出版社 1980 年版，第 383 页。
② 宛敏灏《张孝祥词笺校》卷四，黄山书社 1993 年版。
③ 《于湖居士文集》卷三五，第 364 页。

友。年益长，文益奇，疏爽俊特，气概凛然，可畏也。仆童丱与之同砚席，相从十五年如一日，杯觞流行，十纸立就，清婉精致，若宿造者，盖于文无所不能，而又敏妙。”[①]郭世模从游于张孝祥长达十五年，而两人交谊在张孝祥十余岁的时候就已经定了下来，两人是同窗好友，而且是“相从十五年如一日”。于此判断，两人的年龄相仿，这十五年正是两人风华正茂的年纪，十五年的时间也包括了张孝祥临安五年的仕宦生活，其时彼此之间的交游唱和，应当是十分频繁的。前所引用的王明清所记录的那次西湖之游，即有郭世模参加。而作为汪澈绍兴二十九年（1159）弹劾张孝祥的理由之一也足以证明之：“交游郭世模，受财夺官久矣。孝祥曲为经营，与之改正，复齿仕列。”[②]作为同游多年的朋友，张孝祥对郭世模可谓推奖有加，上引张孝祥与姜叔永的两封书札即是明证。

除左鄯、郭世模之外，张孝祥在临安时的从游者还包括王明清兄弟、李泳、李大正、韩元龙兄弟、黄文昌、王质等多人，王明清、李泳、李大正等人与张孝祥的交游见于史料的已不多见，交往较多的则是韩元龙、黄文昌等人。

韩元龙，字子云，“宣城人，为天台令，以德化民，邑遂大治。性纯孝，与弟尚书元吉相友爱，俱以文学显，时人比之坡颖”[③]。与张孝祥有姻亲关系，张孝祥妹张法善为韩元龙继室。盖张孝祥妹嫁于韩元龙的时间为绍兴二十六年（1156），两人的交谊至少是从此时开始的。从张孝祥给韩元龙的《回韩子云定书》可以“望宗国之乔木，必有世臣；咏涧滨之采蘋，庶承先祖。某之长女，仅若而人，有如君家犹子之贤，饱闻诸公平昔之誉。愿交久矣，托契欣然，腆仪来家，永好无斁。莫如韩乐，敢同蹶

① 《于湖居士文集》卷三五，第364页。

② 李心传《建炎以来系年要录》卷一八三，中华书局1988年版，第3047页。

③ 《江南通志》卷一四八，文渊阁《四库全书》本。

父之相攸；固有千贫，终惭张负之予女”[①]。其时张孝祥为校书郎，韩元龙为天台令，天台与临安同属两浙东路，相距并不甚远，且两人为姻亲关系，两人之间的往来唱和宜在情理之中。其后，韩元龙入临安为官，绍兴二十九年（1159）为司农寺丞，并因此成为汪澈弹劾张孝祥的一条理由："韩元龙资浅望轻，孝祥以姻亲为之维持，欲得总领，此以诡计而误陛下之除命也。"[②]两人同在临安为官，相与游处，可惜彼此之间的诗词唱和没有流传下来。今天可以见到的两人之间的唱和多为张孝祥为官后期之作。

二

年岁相仿，志趣相投，张孝祥与"三五少年"在临安度过了一生中最为风流的难忘时光。而交游中一个重要的生活内容即饮酒作词，听歌狎妓。从郭世模所仅存的几首词作即可睹其一斑。《全宋词》收录郭词仅有五首，而从词作所反映的内容看，全为妓情词，几乎都是在"三五少年"结伴交游的过程中留下的词作。

由郭世模的词的创作来对照其同游张孝祥的词，我们可以找到很多表现相同或相似内容的词来，张孝祥存词二百二十四首，宛敏灏先生的《张孝祥词笺校》对其中的很大一部分都作了编年，但是仍有相当部分词作难以确定写作年月，这些词作从内容上看，多为咏写歌儿舞女，或是相思离别的代言之作，这在张孝祥的词作中占有很大的比例，其数量近四十首，占《于湖词》总数的近五分之一。而这类词，虽不可确切地说作于某年某

① 《于湖居士文集》卷二八，第 277 页。
② 《建炎以来系年要录》卷一八三，第 3047 页。

月，但从词作所表达的内容看，定为其前期在临安游冶之时，应该是一种恰当的时间定位。

现存约四十首的词作大致可以分作几个主要类别，一类是记录其歌酒游乐生活情状的词作，其中既有少年才俊意气风发、诗酒风流的真实状写，如上文的《鹧鸪天》（日日青楼醉梦中）一词，再如《忆秦娥·上元游西山作》也是一首记录其临安游乐生活的词作：

> 元宵节，凤楼相对鳌山结。鳌山结，香尘随步，柳梢微月。　多情又把珠帘揭，游人不放笙歌歇。笙歌歇，晓烟轻散，帝城宫阙。

多情卷珠帘，不放笙歌歇，这首词在内容的表达上同《鹧鸪天》有异曲同工之意。除却此类写游乐生活，《于湖词》中亦不乏表现与歌儿舞女相思离别的缠绵之作，如《减字木兰花》：

> 爱而不见，立马章台空便面。想象娉婷，只恐丹青画不成。　诗人老去，恰要莺莺相伴住。试与平章，岁晚教人枉断肠。

尽管说我们很难断定这就是词人曾经有过的亲身经历，但是说其中有作者的影子，应该是合乎情理的。更何况，张孝祥少年时的诗酒风流，在时人那里也是一个人所共知的事情。再一类是咏妓词，描写歌妓的容貌、体态、装束、生活以及歌妓的技艺等，如《杨柳枝》词：

> 碧玉簪冠金缕衣。雪如肌。从今休去说西施。怎如伊。　杏脸桃腮不傅粉，貌相宜。好对眉儿共眼儿。觑人迟。

小词的上下两片纯是描写，刻画了一位装饰华丽、容貌姣好的青楼女子。以赋法落笔，直是铺叙，语言浅显而直白，绝无迂回曲折之感，类似的词作在《于湖词》中尚有《浣溪沙》等数首。

近四十首写闺情、妓情的词中，闺怨词亦是数量较多的一大类，这类词同晚唐五代词有很大的相同之处，即以女性作为假想的主人公，抒写其独处闺中的哀怨与伤感，或是伤春，或是怀远，而主旨不离于闺怨一体。如《虞美人》词：

> 柳梢梅萼春全未，谁会伤春意？一年好处是新春，柳底梅边只欠、那人人。　凭春约住梅和柳，略待些时候。锦帆风送彩舟来，却遣香苞娇叶、一齐开。

初春时节，梅柳初绽，正是一年中最美的时候，然而，词中的主人公没有丝毫赏春的兴致，只因为自己只身独处。于是，主人公祈求春天，希望春天能够让梅、柳晚些时候再开，待到自己心爱的人儿乘风归来的时候，再一起携手看梅赏柳。伤春、怀远之意，不言而自在。此词笔致细腻温婉，构思新颖独特，其中洞察女性心理，可谓细致入微。比之花间之作，多了几分清丽，少却了几分浓艳，在主旨上却一脉相承，颇得花间婉约之妙。

三

总体说来，张孝祥前期词的创作同其临安五年的宦游生活密切相关，临安五年是少年天才张孝祥志得意满的五年，五年中张孝祥出入秦楼楚馆，与“三五少年”诗词歌酒，往来唱和，这是其近四十首描写闺情、妓情词的创作场。明白地说，这近四十首前期词是其与风流才俊宴集游冶的产物。少年得志时的张孝祥诗酒风流，与朋辈交游吟对、出入歌楼妓馆的生活是他前期词创作的源泉，这也是我们把张孝祥的前期词作和他的交游联系在一起的一个主要原因。而张孝祥前期词作的产生，若从一个更为广阔的文化背景来说，则我们不得不从唐、宋两代独特的社会文化环境和高宗朝后期独特的社会状况及张孝祥安逸稳定的前期生活中去寻找。

张孝祥前期交游过程中所作的词，就词的成熟程度而论，笔法还相对稚嫩，由于生活内容的限制，词作的内容大体上不离于相思、离别等闺怨题材，或是以描摹刻画歌儿舞女为主，词的题材视野还十分狭窄，从体制上看，也大多属于短小轻便型的小令或中调，慢词几乎未见。这是因为，词人此时初涉词坛，尚处于词的学习和模仿阶段，同时也和诗酒兴会的场合有一定的关系。出于歌妓现场演唱的需要，词人在创作时更多地倾向于选取短小体制的词调，而在内容上也多是与歌妓发生着这样那样的联系。或是描摹歌妓美艳的仪态，或是咏写歌妓高超的歌舞技能，或是刻画歌妓作为女性的相思、愁怨、离别等婉曲、幽怨的内心世界，而缺少对社会现实的关注、对人生命运的思考，如此等等，张孝祥初期词的创作即体现出了这样的体征。

（原载《求是学刊》2005年第3期）

幕府场域中的于湖词与南宋文坛中兴

◎商宇琦

张孝祥（1132—1169），字安国，别号于湖居士，历阳乌江（今安徽和县乌江镇）人，卜居明州鄞县（今浙江宁波鄞州区）。南宋著名词人、书法家。乾道五年（1169），张孝祥病逝后，由他人代撰的《遗表》中如此回顾其一生仕履："伏念，臣奋身孤外，逢世休明……才十更于岁律，凡六易于守符。近由江浙之间，远若湖湘之外。南薄桂海，北临荆州。阃寄非轻，辙环几遍。"[①]孝祥自绍兴二十四年（1154）由高宗亲擢为进士第一人步入仕途，数被拔擢，历任六州郡之长吏。《遗表》所言"阃寄非轻，辙环几遍"，即指其出任江东安抚使、广西经略安抚使、湖南安抚使及湖北安抚使的经历。孝祥任帅阃期间，展现出经天纬地的才具，泛接文界、广纳政缘，幕中的畅游山水、诗酒嘉会对其文学风貌之呈现、创作技巧嬗变乃至此后文坛中兴的正式形成皆有所裨益。目前学界关于孝祥的研究虽甚多，然尚未涉及阃帅身份、开府经历、幕府空间等视角，留下了足以驰骋的空白。因之，本文拟从孝祥辗转开府江淮、广西和荆湘的历程切入，结合南宋高宗、孝宗交替之际的社会文化与文学发展脉络，探讨幕府场域在于湖词演变、社交网络形成及孝宗文坛中兴等层面的作用。

① 魏齐贤、叶棻辑《圣宋名贤五百家播芳大全文粹》，线装书局2004年版，第202页。

一、幕中尽日雅歌闲：张孝祥的开阃历程与幕府文事活动

绍兴三十一年（1161）完颜亮南侵，打破了南宋士大夫的苟安幻想。一年后，孝宗即位，其锐意规恢的精神气象，在一定程度上改变了绍兴和议以来士风的懦弱空疏与萎靡不振。绍兴末年的风云激荡所带来的不仅是士林风貌的新变，更有士人事功意识的普遍觉醒。裹荡于其中的孝祥即表现出渴望遇合和慷慨驱驰的情怀："横槊能赋诗，下马具檄草。忠义乃天赋，勋名要时早。……凤皇翔千仞，驽马顾栈皂。士为一饱谋，悬知不同道。"（《诸公分韵"蹑冒顿之区落，焚老上之龙庭"，得"老""庭"字》[①]）江淮兵火之劫未艾，在功名意识和英雄情结的驱使下，孝祥往来江上，与刘锜、李显忠等将帅共商对金攻防策略，展露出卓越的军事素养和赤子襟抱。隆兴二年（1164），张浚受命开都督府于江淮，他以参赞军事身份入督府幕，兼行宫留守。孝祥首开幕府之地乃行都藩篱重镇建康，本为一展"我欲乘风去，击楫誓中流"（《水调歌头·闻采石战胜》）怀抱的有利时机，然仅隔七月，即遭侍御史尹穑以"出入张浚、汤思退之门，反复不靖"[②]之故论罢。乾道元年（1165），孝宗复孝祥为集英殿修撰知静江府兼广西经略安抚使，据其辞免奏状中"况郴、贺之间，俶有兵事，靖治之略，必惟其人"（《辞免知静江府奏状》）的表述看，他改帅广西的原因，是为防备湖南贼氛方炽的李金兵锋南下。次年四月，又遭台臣论罢，第二次开府结局。乾道三年（1167），孝祥为湖南安抚

① 本文所引张孝祥诗词文，皆据徐鹏校点《于湖居士文集》，上海古籍出版社1980年版，不一一出注。

② 徐松《宋会要辑稿》，刘琳、刁忠民校点，上海古籍出版社2014年版，第4951页。

使任帅潭州，“治长沙，既逾时，狱市清净，庭无留民”[①]，荐举人才、发展农业，政绩颇著。秋，徙知荆南府兼湖北安抚使，修缮边备，上札论置孳生马监事，措置防江事宜。乾道五年（1169），以亲老请祠奉养离任，同年去世，“卒之日，商贾为之罢市，两河之民，惶惶如失所恃”[②]。孝祥自隆兴二年（1164）至乾道五年（1169）四次开府，始终心存庙谟，悲神州陆沉，以收复旧疆为念，至死不渝，“更徐审于上策，以无忘于中原。思祖宗如在之灵，永社稷无疆之福”（《遗表》）。因此，孝祥虽以文章翰墨独步一时，然“此犹先生之余事也。盖先生之雄略远志，其欲扫开河、洛之氛祲，荡洙、泗之膻腥者，未尝一日而忘胸中”[③]。他的峥嵘肝胆、平生志愿与出处抱负，与孝宗即位初期念兹在兹的恢复情结正桴鼓相应。

孝祥出典藩翰期间，“文章政事，卓然绝人”[④]，不仅以主持幕府的斐然政绩为人称道，亦致力地方文化事业，延揽文人、爱才好士，于幕中切磋诗艺、往来酬赠，极一时诗酒风流之盛。孝祥雅好山水，公事之余与僚友幽寻胜赏、借景抒怀，在直面湖海乾坤、山川日月的过程中赋予景物以人文精神。其间又以开府静江时尤甚：“经略紫微张公，蓬莱主也，分阃炎方，坐清雅俗。公余尝为山水游，岂快目于玉簪罗带之奇？殆将徜徉物表，遐策飞鸾高举，相从一笑间耳。”[⑤]桂林山水奇绝，向为人文渊薮，孝祥对之有“须君净洗南来眼，此去山川胜北州”（《入桂林歇滑石驿，题碧玉泉》）、“提封连岭海，风土似江吴”（《兴安》）之誉。广西名山古刹众多，摩崖殆遍，七星

① 张栻《张栻集》，杨世文点校，中华书局 2015 年版，第 946 页。
② 宛新彬《张孝祥资料汇编》，中华书局 2006 年版，第 64 页。
③ 祝尚书《宋集序跋汇编》，中华书局 2010 年版，第 1521 页。
④ 《张栻集》，第 986 页。
⑤ 杜海军《桂林石刻总集辑校》，中华书局 2013 年版，第 189 页。

山、秀清山、朝阳岩、伏波岩、刘仙岩、屏风岩、真山观、千山观等皆为幕府宾主的雅集场所。孝祥的记游书写常渗透着宦海浮沉之际心神的游冶和精神的安置，成为内在情感与心理人格的外向投射。如《题真山观》即刻画孝祥同郭道深、滕子昭、吴仲权、陈叔蹇等人登永宁寺，入西山而煮茗于超然亭的场景，“北风欲雪，诸峰献状，景物之盛，不知身在岭表也”，感受清妙山水带给自己的精神抚慰。张维曾是孝祥开府建康时的下属，后以荐举改官广西提刑，并代孝祥任广西经略安抚使，“两人相得欢甚，同游山水，多有题咏”[①]。孝祥离任桂林北上之际，犹与僚属宴饮于手创之宜斋：“坐中宾客尽邹枚，盛世它年应记。”（《西江月·桂州同僚饯别》）帅荆南，又于中秋夜广集幕僚，大开筵席，联袂唱和：“同是瀛洲册府仙。今朝聊结社中莲。胡笳按拍酒如川。”（《浣溪沙·坐上十八客》）当然，作为帅臣，他开府期间的文事活动还有更为深层的内涵。譬如，为纪念张维于建康、桂林两地的政事，表彰其常忧黎元、恻怛爱民之心，作《棠阴阁记》，“昔召伯之教，明于南国，而人爱其甘棠，故余登仲钦之阁，名之曰棠阴，以识民异日之思”；建朝阳亭，离任前与张维置酒饯别，以“所领州饥民十万，死生之命，悬于仲钦之手”相告，勉励其“无负圣天子哀矜之意”（《朝阳亭留题》）。帅潭州，“以其闲暇，辟堂为燕息之所，而名以敬简”[②]，堂名由朱熹所题，张栻为之记，堂内“两壁书《中庸》《大学》，中屏篆书《颜渊问仁》一章，皆张自笔”[③]，以明居敬而行简之志。孝祥开阃之余，亦不忘围绕诗文创作与友人切磋讨论。知潭州，门人谢尧仁与其论诗，指出“先生诗文与东坡相先后者已十之六七”，而孝祥之词则“胸次笔力皆

① 张鸣凤《桂故》，中华书局2016年版，第302页。

② 《张栻集》，第946页

③ 祝穆《方舆胜览》，祝洙增订，施和金点校，中华书局2003年版，第415页。

在焉”；帅湖北，王质过荆州相会，“公出其文数十篇，于是超然殆不可追蹑，非汉、唐诸子所能管摄也”，并得出为文当“六经是师，三代是慕，而后可也”[①]的结论。孝祥亦留心书学，帅建康时曾向刘岑学习书法：“刘侍郎岑字季高，居建康。中书舍人张孝祥字安国，时为帅，还往甚密。……安国曰：‘欲北面书法。’”[②]

此外，孝祥开府期间的人文情怀、提倡风雅使幕府驻地平添了浓厚的文化氛围与文学气息，诸多江湖诗人与文士慕名前来干谒。帅建康，章甫以诗谒之：“却袖玉堂挥翰手，来成方面保厘功。……坐上能容野人否？试听客里短长吟。”（《简张安国》）[③]汪莘《访建康留守》说：“公昔荷橐侍紫皇，公今握符坐建康。……北斗错落垂寒光，愿公提起归八荒。”[④]李郛，“观书一览辄记，为文援引浩博不能就有司程度……遍游江淮，见知于张于湖”[⑤]。皆可见追慕孝祥功业瑰玮之意。知潭州，以吏才剡荐攸县令赵像之，“招公入府，为十日饮。时侍讲张公栻与侍讲朱公熹，相与讲习，皆与公游，文名诗声，焯乎朝野”[⑥]。任湖北安抚使时，杨梦锡以《客亭类稿》来谒，孝祥誉其诗“精深雄健，视昔时又过数驿”（《题杨梦锡〈客亭类稿〉后》）；诗人刘之翰游于其门下，孝祥《小山书院》称：“谁人得似刘郎子，赋到淮南大小山。”总之，孝祥开府期间，幕府文事活动兴盛，优渥文士、嘉会士林，对引领文坛风气、提振风雅起到了重

① 王质《雪山集》，《宋集珍本丛刊》第 61 册，线装书局 2004 年版，第 588 页。

② 《杨万里集笺校》，辛更儒笺校，中华书局 2007 年版，第 4366 页。

③ 章甫《自鸣集》，《景印文渊阁四库丛书》集部，第 1165 册，（台湾）商务印书馆 1986 年版，第 394 页。

④ 汪莘《方壶存稿》，书目文献出版社 1998 年版，第 729 页。

⑤ 谢旻《（雍正）江西通志》，《景印文渊阁四库丛书》史部，第 516 册，（台湾）商务印书馆 1986 年版，第 748 页。

⑥ 《杨万里集笺校》，第 4594 页。

要作用，这既是孝祥出于帅臣身份转移时代风气、奖掖文人乃至为朝廷储备人才的客观要求，也是其身为文学大家的个性特质在幕府环境催化下的自然发展。

二、玉帐兵筹翰墨中：幕府场域与于湖词之演进

关于孝祥的创作历程与词风形成，门人汤衡《张紫微雅词序》论述道："其后元祐诸公，嬉弄乐府，寓以诗人句法，无一毫浮靡之气，实自东坡发之也。于湖紫微张公之词……多在三湖七泽间，何哉？衡谓兹地自屈、贾题品以来，唐人所作，不过《柳枝》《竹枝词》而已，岂天以物色分留我公，要与'大江东去'之词相为雄长，故建牙之地，不于此而于彼也欤！"[①] 汤衡认为，于湖词与东坡词实"同一关键"，均呈现出鲜明的"寓以诗人句法"的创作路向，而"出守四郡，多在三湖七泽间"，即指孝祥于隆兴二年（1164）留守建康府及此后开府三地的事历。无独有偶，韩元吉《张安国诗集序》亦说："安国少举进士，出语已惊人，未尝习为诗也。……逮夫少憩金陵，徜徉湖阴，浮湘江，上漓水，历衡山而望九疑，泛洞庭，泊荆渚，其欢愉感慨，莫不什于诗。好事者称叹，以为殆不可及。盖周游几千里，岂吾所谓发其情致而动其精思，真楚人之遗意哉？"[②] 事实上，若将韩元吉此论移评于湖词亦大体得当。汤、韩二人均将"三湖七泽""金陵""洞庭""荆渚"等地视为孝祥词学塑形的重要文化场域与文学空间。出于开阃的需要，孝祥从南北地理的转换尤其是湖湘、荆楚山水的更迭中感悟到词家三昧，幕中的词作唱和、独特的自然环境和仕途迁转所交织而成的生命图

① 曾枣庄《宋代序跋全编》，齐鲁书社 2015 年版，第 949 页。

② 韩元吉《南涧甲乙稿》，《景印文渊阁四库丛书》集部，第 1165 册，（台湾）商务印书馆 1986 年版，第 203 页。

像，不仅给予他思想境界的成熟和美感的启迪，更对其创作转型起到了某种激发和推动作用。

孝祥早年受高宗亲擢而居朝堂要职，加之绍兴和议后士大夫群体的恢复之心松懈，逸豫之心滋长，不能不在孝祥此期词作中留下或清晰或模糊的投影。孝祥早期词作承袭自晚唐五代的香艳词风，带着风流才子的青春冶艳色彩，体制上多小令、中调而鲜有慢词。绍兴三十一年（1161），完颜亮的举兵南侵改变了孝祥的人生轨辙。是年，寓居无为军的词人奔赴江淮边境，向边帅积极进呈御戎之策："尝为太尉陈所以报国一二事，太尉不以为罪，击节称善。"（《与李太尉（显忠）》）同年十一月，虞允文指挥宋军取得采石大捷，词人闻捷报，作《水调歌头·闻采石战胜》，上片所云"雪洗虏尘静，风约楚云留。何人为写悲壮？吹角古城楼。湖海平生豪气，关塞如今风景，剪烛似吴钩。剩喜燃犀处，骇浪与天浮"，洋溢着金虏溃败后的慷慨意气，彰显出豪情激荡、骨力清健的特征。它不仅是南宋抗金史上重要时刻的实录，也昭示着孝祥词风的开始转变。绍兴三十二年（1162），孝祥赴张浚建康幕府，于行宫留守宴上赋名篇《六州歌头》（长淮望断），繁弦促节，沉郁悲健，令张浚罢席而入，"其忠愤慷慨，有足动人者矣"[①]。此后，词人又作《木兰花慢》（拥貔貅万骑）、《水调歌头·为总得居士寿》、《青玉案·送频统辖行》、《雨中花慢》（一舸凌风）等，"率皆眷怀君国之作……忠愤之气，随笔涌出"[②]，以缠绵忠厚之笔抒家国之情、河山之悲，体式上以长调居多，将以婉约深细为宗的词体引向了广阔而豪壮的历史图景。明人杨侯胤即评孝祥"一念忠义，忧于心，发于词，必欲吞虏歼奸，致君尧舜，返板荡、成唐

① 永瑢《四库全书总目》，中华书局 1965 年版，第 1815 页。
② 冯煦《蒿庵论词》，唐圭璋《词话丛编》，中华书局 2005 年版，第 3591 页。

虞而后已”[①]。毋庸置疑，绍兴末年的江上之行，不仅令孝祥的生命体验更接近边塞军旅的实貌，亦使其在词中找到了爱国情怀的个性化表达方式，初步构建起于湖词的抒情模式与审美逻辑。

孝祥开府静江、潭州及荆州期间，阃臣的角色意识和词坛圣手的身份自觉转化为崭新的词学主张，并接续了前一阶段的创作范式，境界阔大、超逸豪纵，表现出独特的文学色彩与书写肌理。如《水调歌头·凯歌奉寄湖南安抚舍人刘公》《念奴娇·仲钦提刑仲冬行边，漫呈小词，以备鼓吹之阙》《念奴娇·欲雪呈朱漕元顺》《浣溪沙·荆州约马举先登城楼观塞》等，皆系“寓以诗人句法”“拔地倚天、句句欲活”的“南宋辛体”代表作[②]，壮词豪气、淋漓妙墨与其“雄略远志”交相辉映，汇成坚忍昂藏的词人形象。这不仅具有词作上突破局囿、异出恒蹊的意义，更指向了一种关注现实、心忧河山的精神。与此同时，幕府驻地的名山大川、亭台伟观、雨姿雪态均是对其人格的陶冶和词情的激发，并在词境、语言、气蕴上进入到一种时人难以企及的雄健清旷、超然悠远。乾道二年（1166）八月，广西经略安抚司结局，孝祥自静江北归经湖湘，作《蝶恋花·行湘阴》《浣溪沙·洞庭》《水调歌头·过岳阳楼作》《念奴娇·过洞庭》等纪行词。在词人笔下，与洞庭湖“天无纤云，月白如昼”（《观月记》）的空莹澄澈夜景相对应的，是其“岭海经年”归来后的光明高洁与无愧于心，“飘飘有凌云之气，觉东坡《水调》有尘心”[③]，淡然纯真的追求与出尘脱俗的志向构成了湖湘词的核心意义。魏了翁《张于湖〈念奴娇〉词真迹》云：“张于湖有英资奇

① 《宋集序跋汇编》，第1523页。

② 张德瀛《词征》卷五“南宋辛体”条云：“……南宋此体最多，张安国《六州歌头》：‘长淮望断，关塞莽然平。’……皆所谓拔地倚天，句句欲活者。”（唐圭璋《词话丛编》，中华书局2005年版，第4161页。）

③ 王闿运《湘绮楼词选》，唐圭璋《词话丛编》，中华书局2005年版，第4294页。

气，著之湖湘，未为不遇。洞庭所赋在集中最为杰特，方其吸江酌斗、宾客万象时，讵知世间有紫微青琐哉！”[①]孝祥辗转岭南荆湖，不忘探胜访幽、留意风物变迁，而笔耕不辍的自觉意识，使其在开阃期间留下了珍贵的记游词作，在烛照出内心世界的同时形成一种超越雕润绚烂后的清新疏阔、飘逸闲淡之特色。若以开府时间先后，将此类词进行编排，可清晰地感受词人在山程水驿、池台楼阁及幕府宴饮所融塑下景物铺叙的流动性与层次感："暗潮清涨蒲塘晚，断云不隔东归眼。堂上晚风凉，藕花开处香"（《菩萨蛮·夜坐清心阁》）；"江南驿使未到，梅蕊破春心。繁会九衢三市，缥缈层楼杰观，雪片一冬深"（《水调歌头·桂林集句》）；"一叶凌波，十里驭风，烟鬟雾鬓萧萧。认得兰皋琼佩，水馆冰绡"（《雨中花慢·长沙》）；"曲槛晖晖落照明，高城冉冉孤烟暝"（《踏莎行·荆南作》），宛如一幅山水行游长卷。孝祥在爱山乐水之余，还注重壮游天下、广交名士对兴发文情、触发创作灵感的意义："梦锡之文，从昔不胶于俗……盖其束发事远游，周览天下山川之胜，以作其气；所与交者，又皆当世知名士，文章安得不美耶？"张元幹《跋张安国所藏山水小卷》亦云："世所谓胸次有丘壑者，穷而士，达而公卿，其心未尝须臾不住烟云水石间。"职此之故，伴随着开府四地历程与地理空间迁移的，是孝祥对词体艺术革新的践履和于湖词的最终成熟，以致其自湖北安抚使任上奉祠而归时产生了如《浣溪沙》（已是人间不系舟）这样涵演深远的佳作。江淮、楚地、岭南的山川风物，数年来开府转任与莲幕宾贤的交游唱酬已然成为于湖词题材与意象、情韵与风格生成的特定要素。

孝祥入张浚幕府及开府四郡，既是一个充实人生阅历、完善

① 魏了翁《重校鹤山先生大全》，《宋集珍本丛刊》第77册，线装书局2004年版，第298页。

自身政治品格的过程，也是一个在“江山之助”、词人求新求变意识的介入下，词风不断嬗变、词格不断提高和词境日渐拓宽的历程，上承东坡、下开稼轩，在苏、辛之间起到了重要的过渡作用。这既植根于高、孝二朝交替之际风云激荡的历史世界，也借效于苏轼、张元幹等前贤时彦在改造词体实践中的成功经验和开阖行旅中四郡自然山水的感发，折射出多元的文学文化意蕴。

三、坐上定知无俗客：帅臣移任下的幕府交游与群体认同

孝祥开府时期的交游对象，除幕府僚属外，尚有不少雅好艺文的地方帅守与名公巨卿，如方滋、刘珙、张维、朱玘、张栻、朱熹等。而孝祥与方滋、刘珙、张维更有开府一地的缘分，且皆为前后帅之关系。

绍兴十八年（1148），寓居芜湖的词人为方滋祝寿并贺其任建康留守，“建崇牙，开盛府，是生辰”（《水调歌头·为方务德侍郎寿》）。方滋与张祁同为李文渊之婿，系孝祥之姨父。隆兴二年（1164），孝祥受命开府建康，赴任途中先往镇江府措置事宜，并借此与陆游、方滋相会。方滋正知镇江府事，邀请时任镇江通判的陆游登览多景楼，陆游赋《水调歌头·多景楼》以记之。陆游《跋张安国家问》称“某昔者及为紫微客”[①]，与孝祥的交谊颇为深厚。陆游词成后，孝祥书而刻之崖石：“甘露多景楼，天下盛处……桐庐方公尹京口，政成暇日，领客来游，慨然太息。寺僧识公意，阅月楼成。陆务观赋《水调》歌之，张安国书而刻之崖石。”（《题陆务观多景楼长短句》）方滋曾于

① 陆游《渭南文集校注》第三册，马亚中、涂小马校注，浙江古籍出版社2015年版，第233页。

绍兴十八年（1148）帅桂，其在广西的规模建树，对后帅孝祥影响甚深。孝祥《曾公岩题记》云“方公时为秋官侍郎，后十七年，张安国来游”，《题方务德静江所作雪观》则言“顾人指点思遗爱，我亦先生屋上乌”，显然有追怀、继承先贤功业的自觉意识。乾道四年（1168），孝祥又代方滋帅荆南，“某官敢谓交承，实均子姓。九门置钥，已惭糠秕之前；五岭建旄，未觉规模之远。亶如今日，复接后尘”，并附诗云：“盖世英名五十年，功名久合冠台躔。……事契两家应更好，节旄三镇适相传。”（《荆南宴交代方阁学》）孝祥所涉姑父方滋诸作，没有过于夸张的浮辞与刻意阿谀，也与一般官员间的客套应酬判然有别，所述真切自然，不谄媚、不偏倚，这实得益于帅臣交接过程中方滋于孝祥而言的姨父身份与姻亲关系。

桂林山水嘉秀，孝祥开府期间政务简易，集聚了一批文人与之乐游宴赏、往来唱酬，如蒋德施、粟子求、滕子昭、张维、郭道深、朱玘、吴镒等。其间代表，当为时任广西提点刑狱张维与转运使朱玘。张维，字仲钦，南剑州人，绍兴八年（1138）进士，尤受知于张浚、汪应辰，累阶朝请大夫。张维为政清廉，仁爱敏文，不忘经世恢复，“公每谓符离之役失于轻举，而人心终不以为非；四郡之弃急于休息，而人心终不以为是……宜将顺正救……使人心晓然知朝廷未忘中原”[①]，于乾道二年（1166）代孝祥任广西帅臣。朱玘，字元顺，秀州人，绍兴末曾任湖北京西制置司参议官，深得府主礼遇，且诗名颇盛，“潜幽睹天奥，隽永得古味”（《再用韵呈仲钦、元顺》）。孝祥任建康留守时，张维即为建康通判，此为两人幕府唱和之始。时承平不久，兵气渐息，建康幕府文书清省，张维建亭于通判厅东曰朝

① 朱熹《朱子全书》，朱杰人、严佐之、刘永翔主编，上海古籍出版社 2002 年版，第 4293 页。

阳，孝祥即作《张仲钦朝阳亭》赠之。张维和诗云“笔落生春变寒谷，诗来将喜破愁城”[①]，流露出与帅臣互通声气的欣喜。孝祥开府广西后，朝阳亭成为赓续建康幕府唱和的重要意象、勾结两地交游的纽带在二人的文学书写中得以延续。如《游朝阳岩记》记载孝祥与张维、朱玘游水月洞而将其易名为朝阳洞之事：“丙戌上巳，余与张仲钦、朱元顺来游水月洞，仲钦酷爱山水之胜，至晚不能去。……余与仲钦顷同官建康，盖尝名其亭曰‘朝阳’……今亭适东乡，敢献亭之名，亦以‘朝阳’？”而三人的朝阳岩唱和，除嘤鸣其声、叙彼间情谊外，尚多人生际遇和功名意识的沉挚流露。孝祥的次韵诗即云：“不应此地淹鸿业，盍与吾君致太平。伏枥壮心犹未已，须君为我请长缨。”（《张仲钦朝阳亭次韵》）类似的情蕴在孝祥赠张维行边广西诸郡的词作中尤为明显，如《念奴娇·仲钦提刑仲冬行边，漫呈小词，以备鼓吹之阙》、《念奴娇》（绣衣使者）、《鹧鸪天·提刑仲钦行部万里，阅四月而后来归。辄成，为太夫人寿》，均是词人的功名之念与忧国之怀在词体上的映射与写照。开府期间，孝祥游赏桂林名胜，品题山川，增复湖山亭观，留下了与张维、朱玘交游唱和、畅叙幽情的作品，有意识地表现出“要知二人唱必和，异日盛事传中州”（《和都运判院韵辄记即事》）的传世意识。《和仲钦题粉岩》《登七星山呈仲钦》《仲钦寄民为重斋诗和答》《登马氏永宁阁和朱漕元顺分韵》等诗作，包蕴着这一唱酬群体徜徉山水景观间心悦神怡的感受，在文学互动中淡化仕途起落的惆怅，从而交织成自由无羁的乐境。

刘珙，字共父，系张浚任川陕宣抚处置使时的核心幕僚刘子羽之子，少从刘子翚学。刘珙不惟道学造诣极深，且始终以恢复为念，临终前犹以手书诀别莫逆之交张栻、朱熹，“其言

① 周应合《（景定）建康志》，南京出版社2009年版，第548页。

皆以未能为国家报仇雪耻为深恨，盖其忠孝诚笃，虽蹈死生之变，而未始须臾忘也”[①]。绍兴二十四年（1154），孝祥状元及第，刘珙任试官，身为门生的孝祥有“追惟畴昔，以诸生被奖拔”（《刘舍人》）、“传语邦人莫留恋，使君元是我门生”（《湖南宴交代刘舍人》）等语。而刘珙与张孝伯同娶韩琦之后，故孝祥与刘珙又为姻亲。他与刘珙曾先后两次同开幕府于潭州、荆南府，“敢言两镇成交契，自是孤根累化工”（《呈枢密刘恭父》）。孝祥于广西任上、卸任北归及潭州、荆南府交接时皆有赠酬刘珙之作，其中名篇，当属贺刘珙平定湖南李金之乱的《水调歌头·凯歌奉寄湖南安抚舍人刘公》：“猩鬼啸篁竹，玉帐夜分弓。少年荆楚剑客，突骑锦襜红。千里风飞雷厉，四校星流彗扫，萧斧锉春葱。谈笑青油幕，日奏捷书同。 诗书帅，黄阁老，黑头公。家传《鸿宝》秘略，小试不言功。闻道玺书频下，看即沙堤归去，帷幄且从容。君王自神武，一举朔庭空。”孝祥此词以如椽健笔烘托刘珙身为将门世家、道学名士于幕中运筹帷幄、谈笑平贼的超迈风范，并对孝宗高张恢复之帜、收复故土充满乐观与希冀。乾道二年（1166），孝祥遭御史以“专事游宴”之名弹劾放罢，北上途经湖南拜访刘珙，于感念旧谊之同时，献词盛誉其平乱功绩：“天上掌纶手，阃外折冲才”［《水调歌头》（天上掌纶手）］、“卷旗直入蔡州城。只倚精忠不要兵。贼营半夜落妖星”（《浣溪沙·刘恭父席上》）。乾道三年（1167），受刘珙举荐[②]，孝祥起知潭州，代其任湖南安抚使；乾道五年（1169），刘珙又代孝祥知荆南府为湖北安抚使，孝祥

① 《朱子全书》，第 4126 页。

② 张孝祥在乾道三年（1167）抵潭州前上刘珙书信中云：“某罪戾之迹，蒙先生荐进之恩，俾主留务，虽成规具在，可以遵行。”（《刘舍人》）赴潭州任与刘珙交接所作启文说：“兹盖伏遇某官……肆予环而召归，当告册而爰立。即以所临之巨屏，付之承学之诸生。”（《刘舍人》）由这两则材料，可知于湖改知潭州实由刘珙向朝廷举荐之故。

称其“开大莫府，宽北顾忧，付以万世功业，帝意可以卜见也”（《刘枢密》）。在两次幕府交代宴上，词人留下了数首饯别刘珙之作，融师生之缘、惜别之情、报国之志于其中，如《水调歌头·送刘恭父趋朝》《鹧鸪天·饯刘恭父》《青玉案·饯别刘恭父》《蝶恋花·送刘恭父》《苍梧谣·饯刘恭父》《西江月·饮百花亭，为武夷枢密先生作。……是夕尽伐去》等，数量之多，在孝祥集中鲜见。刘珙作为重要的赴会者，当亦有词赠答，然今已无存。词人所上刘珙信中曾提到“先生以文章德业致身，而分阃于外，有此武功，盖英主侧席寤寐，将与共图天下，求而不可得者也”（《刘舍人》），故上述词作既符合幕府迎送宴会上唱和之作的一般旨趣，更与刘珙任阃帅时所肩负的重要使命相契合。在张、刘二人创造的词作唱和世界里，北宋中期特出的士大夫昂扬人格和忧怀天下的志士情结重被激活，造就一种雄豪英发的壮美词境，在当时词坛是种非常宝贵的审美经验。

张栻《再祭张舍人安国文》云：“方自荆州归，栻以书抵君，谓及此闲暇，专意承志，实进德修业之要，君深以为然。”[①]帅荆州后，孝祥的思想逐渐由早年的热烈激昂转向内敛成熟，重视学问积累、道德修养于文学创作上的意义，这与其开府潭州时受学于张栻、朱熹有很大关系。孝祥与张栻多有诗词往来，不少涉道学修为与国计民生者，如《和钦夫喜雨》《劝农分韵得干字》《次韵南山喜雨》等，呈露出二人分别作为道学家与帅臣民胞物与的高尚品格和对中兴之治的希冀。《宣城张氏信谱传》：“会敬夫、定夫扶魏公柩至州境，不能入蜀，公为营葬于属县宁乡之西，遂与敬夫讲性命之学，日夕不辍，筑敬简堂以为

① 《张栻集》，第1420页。

论道之所，而四方之学者至焉。”[1]张栻应孝祥之请，作《敬简堂记》，阐明“敬简”之义“盖心载万物，而敬者心之道所以生也”，指出孝祥若“居敬而行简”，“夙夜警励以进乎此”，则“康济之业可大，岂特藩翰之最哉”[2]。孝祥守湘期间，幕府论学氛围浓厚，所吸引的“四方之学者”中即有朱熹。孝祥素慕朱熹道德学问，当他从刘珙、张栻处得知朱熹“且为衡岳之游”时，“不胜朝夕之望”（《朱编修》），并请其书《敬简堂记》。三人过从甚密，于敬简堂中雅歌不辍、联诗唱和，从张栻“相看夜未艾，乐此笑语真”（《安国置酒敬简堂分韵得柳暗六春字》）、朱熹“清觞不留行，晤语得超越”（《敬简堂分韵得月字》）的表述看，可知宾主相交甚欢。而后，三人又有定王台之行，朱熹作《登定王台》诗，孝祥回以《酬赠朱元晦登定王台之作》，张栻亦有《用元晦定王台韵》诗，彼此迭相赓和，于砥砺学问之同时获致诗艺交流上的欢娱。在送行朱熹的别宴上，词人作《南乡子》（江上送归船）为其饯行，朱熹步其韵，以《南乡子》（落日照楼船）相和。知荆南府后，孝祥有《怀长沙知识呈钦夫兄弟》分赠张栻、张杓、黄谈等湘中友人。张栻则在和诗中激励其应济世许国以报明主，不当过早乞祠：“明时未可废谈兵，壮岁宁容便乞身。”（《和张荆州所寄》）[3]他们以诗歌连接起两地幕府交游活动的桥梁，串建起不因地域而相忘相隔的唱酬记忆。

事实上，除上文所涉诸人外，孝祥与曾几、韩元吉、三洪兄弟、张元幹、王质、王十朋、叶衡、周必大、杨万里、王秬

① 《张孝祥资料汇编》，第 63 页。
② 《张栻集》，第 947 页。
③ 《张栻集》，第 807 页。

等人皆有交游与诗文往来[①]；刘珙、张栻、朱熹、张维、陆游等与他们之间渊源颇深，由此形成了一张更为错综复杂的交游网络，限于篇幅，兹以刘珙与张维为中心作一考察：（1）刘珙与朱熹、张栻、陆游、杨万里。刘珙与朱熹系少时同窗，后均为道学名家，论学书信往来颇多。刘珙殁后，朱熹为其作《观文殿学士刘公神道碑》《祭刘共父枢密文》，两人关系自不待言。张栻或因其父浚之关系，得入刘珙湖南安抚司幕府，并在平李金叛中居功甚伟。刘珙向孝宗进言："张栻学行才能皆臣所不逮……曩幸破贼，栻谋为多。"[②]所以，刘珙不仅是张栻道学之路上的指引者，对其更有知遇提携之恩。陆游《祭刘枢密文》云："昔岁癸未，某始去国，见公西省，凛然正色。顾虽不肖，窃师公直。流落得归，公与有力。"[③]说明陆游任枢密院编修时即与刘珙相识，而其得以自蜀东归，刘珙的居中联络发挥了关键作用。杨万里曾受知于张浚，并与张栻兄弟友善，与孝祥同登绍兴二十四年（1154）进士第，亦为刘珙门生，知袁州，有《怀种堂记》感念刘珙治江西政绩。基于同年渊源，诚斋对孝祥颇为推许，其《谒张安国》云："别后闻公非故我，学林著脚到前修。登门犹说同年话，未觉红鸾映白鸥。"[④]《跋张伯子所藏兄安国五帖》对孝祥诗作称扬之甚："于湖张公，下笔言语妙天下。当其得意，诗酒淋浪，醉墨纵横，思飘月外，兴逸天半。"[⑤]（2）张维与朱熹、张栻、陆游。朱熹曾应张维子士佺之请作《左司张公

① 参见韩酉山《张孝祥年谱》（安徽人民出版社 1993 年版）、彭国忠《张孝祥诗文集》（黄山书社 2001 年版）、宛敏灏《张孝祥词校笺》所附《张孝祥年谱》（中华书局 2010 年版）及辛更儒《张孝祥集编年校注》所附《年谱》（中华书局 2016 年版）所述孝祥交游情况。

② 脱脱等《宋史》，中华书局 1985 年版，第 11851 页。

③ 《渭南文集校注》，第 228 页。

④ 《杨万里集笺校》，第 42 页。

⑤ 《杨万里集笺校》，第 3810 页。

墓志铭》，“予尝一见公于闽县，后不复相值，然公之行事则皆接于耳目，知状为不诬矣”[①]，对张维颇为景仰。张维继孝祥任广西经略安抚使，欲振兴桂林之学，曾致书张栻，“愿有以告于桂之士”[②]；张栻继任广西帅后，“多视公（张维）时行事以为法”[③]，可知二人彼此之推重。陆游与张维关系甚善，《跋〈槃涧图〉》云：“绍兴己卯、庚辰之间，予为福州决曹，延平张仲钦为闽县大夫，朝暮相从。后四年，予佐京口，仲钦佐金陵，数以檄往来于钟阜浮玉间，把酒道旧甚乐。又二十年，予使闽中，仲钦闲居延平，数相闻。”[④]陆游任福州决曹、通判镇江、转调福建常平茶盐公事时与张维皆有交游。

四、结语

孝祥的幕府经历，是于湖词主体风格形成和拓宽文学交游新局面的重要契机。这张以其开阃历程为线索所贯穿的巨大交游网络的实质，是借由政缘、学缘、姻亲的关系，基于共同的艺文志趣、政治倾向、学术理念与中兴理想，以诗词唱酬的方式构建起一个以士大夫群体为主体的人际网络。进一步钩索这些文人的交游，这张以幕府宴游雅集、文人诗词赠酬为纽带的网络，人员构成上有张孝祥、刘珙、张维、方滋等地方帅臣，也有张栻、朱熹这样的道学名流及陆游、杨万里等诗文大家，地域上则涵盖了江南东路、广南西路、荆湖南路及北路的大部分地区，在一定程度上或可反观南宋孝宗初期主流文坛在历时与共时阶段所呈现出的多维面相和脉动。他们在文学互动中以气节相砺、忠义相勉，把

① 《朱子全书》，第 4298 页。
② 《张栻集》，第 880 页。
③ 《朱子全书》，第 4297 页。
④ 《渭南文集校注》，第 252 页。

感慨时事、追求功名、寄意寓慨的情感心志归于充沛的情感和壮阔的胸怀，在敦睦情谊、互表心曲之同时突出寄情山水、济世安邦、关怀民瘼的共同主题，部分作品或清健飘逸、冲旷坦夷，或慷慨多气、沉郁忠愤，迥异于高宗时期特别是绍兴和议后因钳制舆论、打压士风而给文学带来的谄媚颂德、纤弱萎靡之风。他们的处境、心态与对时政的因应之道，亦随着政局的更迭与幕府环境的交融互渗而作出相应调变，进一步扩大了彼此的政治生命与交游空间，并牵引出新的文学创作特质与书写征状。这种士人精神趋向与审美价值取向，与他们的政治主张实一脉相承、互为表里。究其原因，一方面是南宋文学自身发展演变的结果；另一方面，孝宗即位初期的北伐理想与恢复之志，在再造文人主体精神之同时[①]也改变了自绍兴和议以来文坛“弥望皆黄茅白苇”之势，展示出新的积极向上的面貌。而更为重要的是，借帅臣移任交接与幕府艺文活动的平台，为置身这一交游群体中的文人提供了丰富的文学素材及书写机能，新的文学主张、审美趣味、政治信仰也在他们交互的创作实践中应运而生，初具孝宗朝文坛中兴的雏形。这一以孝祥为核心的文学交游群体真正活跃的时间虽仅有五年（隆兴二年至乾道五年），却对后续的文学中兴起到先导作用。

［原载《宁波大学学报（人文科学版）》2021年第5期］

① 曾维刚《宋孝宗与南宋中兴诗坛》，《文学遗产》2013年第6期，第86页。

论于湖词在清代的传播

◎盛　莉

南宋词坛风云叠涌，词人初有学东坡吟志书怀、豪放洒脱，后有承稼轩感愤时事、扫空万古。苏、辛二人以其天才雄放成为主领南宋乃至后世豪放词坛的领袖词人。然而，苏、辛交替期间词坛亦涌现出不少优秀词人，部分词人词作代表了介于苏、辛词之间的审美风尚。南宋初期豪放词坛的领军人物张孝祥正当其中。张孝祥（1132—1169），字安国，号于湖居士，其词远绍东坡，近启稼轩，有词集《于湖词》或名《于湖居士长短句》行世。笔者以为考察于湖词在后世的传播，对了解南宋初期词坛豪放词代表词人，以及后世词家对词学风貌介于苏、辛词之间词作的审美喜好具有重要意义。宋、元、明、清人的题跋、词选集和词论已为我们展现了于湖词在后世传播的轨迹。宋代，辛派或推崇辛派的词人创作时常规摹化用于湖词句[①]，明人多欣赏于湖的轻丽婉约之作[②]。和明代的波澜不惊相比，于湖词在清代词学复兴的带动下呈现出生机盎然的传播态势。清初词家开始对于湖词的艺术个性心会品味，喜其典雅。清中叶常州词派崛起后，于湖词又以其爱国精神扩大了它在清代的影响。晚清词家喜将于

---

① 盛莉《试论于湖词在宋朝的传播》，《华中科技大学学报（人文社会科学版）》，2003 年 3 月。

② 于湖词入明有名而不著，明词人选家选评总体流于婉丽轻约，其豪放词在明代选家的审视中并没有体现出与词人词史地位相称的整体艺术高度。

湖、稼轩并论，我们今天以张孝祥为南宋名家的印象也主要得之于清代中晚期词家对于湖词的品评。本文拟从词学思想史的角度对于湖词在清代的传播进行论述。

一、清初词家对于湖词的品味

同明代相比，于湖词在清初的传播带有典雅的色彩。清人对于湖词的品味较明人精致了许多，《词综》《古今词选》《词洁》和《历代诗余》对于湖词的选录重在清丽醇雅。《词综》编者朱彝尊是浙派的开山宗主，他的词作情语艳而不浮，书壮志悲慨激荡，摹景物清空深远。《词综》乃朱彝尊中年词学创作最灿烂时所编，其论词认识到豪放词“妙绝天下”的一面，并总之以“雅丽”。《词综》沿明人之误录《满江红》（斗帐高眠）于张孝祥名下[①]，另收张氏《念奴娇》（星沙初下）、《鹧鸪天》（日日青楼醉梦中）、《西江月·丹阳湖》、《六州歌头》（长淮望断）四阕。这几首词写赏花饮酒、旅途怀旧和报国抒怀，是典型的文人士大夫的情感模式，气息高雅，一扫明人品评于湖词重纤丽的习气。朱彝尊之友沈时栋编有《古今词选》，录雄奇香艳之词。此集收张词四首，但其中《满江红》（斗帐高眠）、《浣溪沙》（脚上鞋儿四寸罗）、《多丽》（小庭阶）三首非张孝祥所作，实录张孝祥词仅一首《六州歌头》（长淮望断）。

先著、程洪也一定程度地受到浙派词人影响，推崇清真、白石。《词洁》是选于“去取清浊之界，特为属意”[②]，所收张孝

① 自宋何士信辑《精选名贤词话草堂诗余》以《满江红》（斗帐高眠）为张孝祥词后，明人词选多归其词于张孝祥名下，查宋本《于湖居士文集》、《于湖先生长短句》五卷《拾遗》一卷未收《满江红》（斗帐高眠），唐圭璋《全宋词》、朱德才主编《增订注释全宋词》亦不见于湖名下有此词收录，今沿唐圭璋《全宋词》将《满江红》（斗帐高眠）断为无名氏所作。

② 先著、程洪辑《词洁》，民国间排印本。

祥词有《西江月·丹阳湖》、《念奴娇·过洞庭》、《念奴娇》（星沙初下）、《六州歌头》（长淮望断）等，或清旷泠然，或慷慨深情，格调秀朗高亢。沈辰垣等人奉康熙之诏编选《御选历代诗余》，“选录其风华典丽而不失于正者为准式，其沉郁排宕、寄托深远、不涉绮靡、卓然名家者尤多收录”[①]，该书承“典美”之旨，收录于湖词五十四首，占于湖词总数的四分之一，反映出对张孝祥词“雅”的推重。然《词洁》《御选历代诗余》二书依袭前人之说录《满江红》（斗帐高眠）于张孝祥名下，亦见清人对于湖词的选取有失审慎。《满江红》（斗帐高眠）一阕借孝祥之名在清代传播甚著，此后《续词选》《蓼园词选》《天籁轩词选》《清绮轩词选》《宋词钞》等清代词选集亦以《满江红》（斗帐高眠）为张孝祥词。清人词话词论奉此阕为于湖之作而大发兴论，如黄苏《蓼园词选》笺云：“写雨写情是一是二，笔极清婉流丽，至其托兴处当于言外细细参之。”

本时期词话对于湖词艺术个性的探讨较为深入，云间派的宋徵璧在列举其心目中最有代表性的北宋词人欧阳修、苏轼、秦观、张先、贺铸、晏几道、李清照后，又对其他词人的得失予以评析。其中有“张安国之能用意”[②]语及于湖词意境情境的创造。毛奇龄《西河词话》从词之字法的角度分析了张孝祥《满江红》（秋满漓原）、《念奴娇·过洞庭》两阕的韵脚。张孝祥的《木兰花慢》（紫箫吹散后）词情哀婉流丽，贺裳《皱水轩词筌》独出蹊论，以词中“醒时冉冉梦时休。拟把菱花一半，试寻高价皇州”一句为于湖词压卷之作。

主张“神韵说”的王士禛就于湖咏雪词的造境作了评述。王士禛《花草蒙拾》云：“张安国雪词，前半刻画不佳，结乃云

① 沈辰垣《御选历代诗余》，上海书店 1985 年版。

② 唐圭璋《词话丛编》，中华书局 1986 年版，第 1458 页。

‘楚溪山水，碧湘楼阁’，则写照象外，故知颊上三毛之妙也。”“写照象外”与“颊上三毛”指张词造境传神，余味隽永。王士禛以意境论词，言象外之妙，揭示出张词典雅的内涵，无疑抬高了于湖词的品格。

二、清中叶词家对于湖词的关注

清中叶，自张惠言《词选》一书出，常州词派的影响即蔓延开来。张惠言论词讲求比兴寄托、意内言外，张孝祥的《六州歌头》以其慷慨忠厚之意得以入选。而继张惠言后另一常派领袖周济的《词辨》《宋四家词选》皆未录于湖词作，这不仅同周济精严的选词标准有关，也和他的词学观有关。周济早期从董士锡学，所编《词辨》收录的词人词作大体与《词选》相同。但也增加了一些张氏未收的词人词作，如收录了在张惠言看来是“荡而不反，傲而不理，枝而不物”[①]的刘过词。于湖词之所以未被《词辨》选录可能同周济注意到其亢厉的一面有关。周济《词辨序》以“亢厉剽悍之习”，“抑亦正声之次也”，而从清人词论来看，于湖词多被视之以“声律宏迈，音节振拔”，“拔天倚地”[②]，是论皆道出了于湖词豪宕感激中亦显亢厉的特点。对于《词选》所收之《六州歌头》，陈廷焯、冯煦等晚期常州词人论以“淋漓痛快”[③]“感愤淋漓”[④]，周济亦当感受到了这首词的感愤疾厉，是以不入自编词选中。董毅《续词选》不录于湖词或同于此理。

黄、苏论词亦多强调比兴寄托，注重词的清思神韵。他的

① 张惠言《词选》，中华书局 1957 年版。
② 分别见于《词话丛编》，第 1482 页、4161 页。
③ 《词话丛编》，第 3912 页。
④ 冯煦《宋六十一家词选》，光绪丁亥（1887）冶城山馆本。

《蓼园词选》收录了《念奴娇·过洞庭》。黄氏盛赞："此词开首，从'洞庭'说至'玉界琼田三万顷'，题已说完，即引入'扁舟一叶'，以下从舟中人心迹与湖光映带，写隐现离合，不可端倪。镜花水月，是二是一。自尔神采高骞，兴会洋溢。"① 这首词历来以意境的神思妙会为人称道。清人查礼《铜鼓书堂词话》对此亦有补充："集内《念奴娇·过洞庭》一解，最为世所称颂。其中如'玉界琼田三万顷，着我扁舟一叶。素月分辉，明河共影，表里俱澄澈'。又云：'短发萧疏襟袖冷，稳泛沧溟空阔。尽吸西江，细斟北斗，万象为宾客。扣舷独啸，不知今夕何夕。'此皆神来之句，非思议所能及也。"

浙、常两派之外也有异调，晚清词人叶大壮的曾祖叶申芗即非浙、常两派中人。叶申芗编有《天籁轩词选》，是集对豪放派词人颇为重视，录辛弃疾词八十二首，陆游词三十五首，苏轼词三十首，刘克庄词二十二首，张孝祥、张元幹词各二十一首，刘过词十二首，而浙、常两派推崇的张炎、周邦彦则分别收录三十三首、二十三首。此外，像周济推崇的吴文英词亦只收录二十八首，而晏殊、秦观、欧阳修、晏几道等人也只分别以十一首、十四首、二十九首、四十七首的数字被收录。叶氏显然喜好豪迈雄健之风，故选词往往能出浙、常两派窠臼。于湖词在叶申芗的《天籁轩词选》中地位较有回升。叶氏的《本事词》还记载了张孝祥与女尼陈妙常交往的故事，并收录了托名为陈妙常的词。张、陈二人逸事首见《古今女史》，后人加以敷演，将它搬上说话、戏曲的舞台。元明两代的《张于湖宿女真观》平话、《张于湖误宿女真观》杂剧和传奇《玉簪记》的情节即据此而来。叶申芗收入的托名陈妙常的《杨柳枝》（清净堂前不卷帘），唐圭璋《全宋词》定为"元明小说话本中依托宋人

① 黄苏《蓼园词选》，聚珍仿宋印书局排印本，民国九年（1920）。

词”。除《本事词》外，冯金伯《词苑萃编》、丁绍仪《听秋声馆词话》也记载了张孝祥与妙常的“本事”。这些事例从侧面反映了于湖词传播的广泛性。

乾隆初期，云间派夏秉衡在秉承陈子龙以唐五代北宋词为宗观点的基础上，亦以南宋词人词作为上美。夏氏赞李煜、韦庄出语“极工丽”，赞周邦彦、史达祖、张炎等词人“雅正超忽，可谓词家上乘矣”[①]。但夏氏的“雅正”实不同于浙派的“醇雅”，其《清绮轩词选发凡》云：“词虽宜于艳冶亦不可流于秽亵。”这实际上肯定了词艳冶的特色。《清绮轩词选》仅录张孝祥的一首《桃源忆故人》（朔风弄月吹银霰）。这首词描写冬饮宴席上歌妓弹琴的情态，词中“酒入玉肌香软，压得寒威敛”“不道有人肠断，犹作声声颤”等句风调轻艳。明人词选多录该词，可见夏氏承袭了明代选词之遗风。

清中叶，受常派理论影响，词家对于湖词的关注进一步扩大。首先，以张惠言选词之苛刻[②]却收录了张孝祥的《六州歌头》，这自然会影响晚清词坛对于湖词的认识。其次，这一时期笔记、词话对张孝祥事迹的记载趋于详细，如《词苑萃编》从宋人笔记《四朝闻见录》和《癸辛杂识》中搜录了两则前人词话中未有的于湖逸事。查礼的《铜鼓书堂词话》纠正了杨慎《词品》称张孝祥“蜀之简州人”的错误说法，对张氏生平作了详细的介绍。可以说，人们对于湖词的认识处于逐步深入的过程中。

三、晚清词家对于湖词的喜爱

晚清词坛笼罩在常州词派的声音中，于湖词在此时期的传

---

① 夏秉衡《清绮轩词选》，扫叶山房石印本。

② 《词选》所收词人可考的有四十二家，词作一百一十四首，张元幹、陆游、刘克庄等南宋著名词人的词作均未收录。

播主要为常派理论所左右。冯煦的《宋六十一家词选》录于湖词三十二首，在辛派词人中仅次于辛弃疾和陆游。冯煦虽执常派之说，对豪放词人却有通达独到的见解。如他论刘克庄词的豪壮乃词人“胸次如此”，称赞辛弃疾“负高世之才，不可羁勒”，言张孝祥的《水调歌头》（血洗虏尘静）、《木兰花慢》（拥貔貅万骑）、《浣溪沙》（霜日明霄水蘸空）诸作“皆眷怀君国之作”[①]。冯煦虽亦主张词应有寄托，但对如何运用寄托则表现出通透的态度，因此，冯氏选录于湖词较多。同为常派词人的陈廷焯论词主“沉郁顿挫”，要求词在“写怨夫思妇之怀，寓孽子孤臣之感”时，具有“若隐若见，欲露不露，反复缠绵，终不许一语道破”的风貌[②]。他认同于湖词的慷慨悲壮、眷怀君国，于《词则》“大雅”正声之外的《放歌集》中选录张词九首，《别调集》录其《念奴娇》（风帆更起）一首，共收词十首，在南宋豪放派词人中，仅次于辛弃疾（四十七首）、刘过（十一首）。

当时受常派理论影响的词人还有梁令娴，其《艺衡馆词选》于两宋名家中尤重周邦彦、姜夔、吴文英、辛弃疾、王沂孙等词人。梁氏收录的张孝祥词有《念奴娇·过洞庭》《西江月·丹阳湖》和《六州歌头》（三首），这三首词数为历代词家品评，可见梁令娴选词重在精简。晚清四大家之一的朱孝臧则精益求精，他为初学者入门编定的《宋词三百首》只选录了张孝祥在清代流行最广的《念奴娇·过洞庭》和《六州歌头》（长淮望断）。

清末王官寿编有《宋词钞》一书。王氏自序集前云：“借佳人香草以写毅烈忧愤之情，无意于为词而声调之间铿锵合协，是则允为古人之文，未可以歌词小道而薄之矣。”以美人香草写毅

① 《宋六十一家词选》。
② 《词话丛编》，第3777页。

烈忧愤显然是以比兴手法感发时事之叹，赞赏声调的铿锵和谐自然含有欣赏豪放之声的意思，王序亦见常派词说之迹。《宋词钞》收录于湖词十六首，多为抒发报国壮志和旅途寄怀之作。

由晚清选家的收录情况来看，张孝祥在辛派词人中的地位有较大回升，这种回升和当时整个词坛的审美风尚大有关系。清初词坛面对的是明人遗留下来重纤丽的风气，虽有以陈维崧为代表的阳羡词派，然而不合康熙盛世之音使它也仅如昙花一现，词坛一度为朱彝尊的“醇雅”说所主宰。清中叶常州词派崛起，常派词人主比兴寄托的观点无形中使人们开始将目光聚焦在多言志、气慷慨的豪放派词人身上。谢章铤《赌棋山庄词话》云：“竹垞选《词综》，当时苏辛派未盛，故所登寥寥。至国朝则铁板铜琶与晓风残月并驾齐驱，亦复异曲同工。”然而，随着清人欲抬高词体，为词建史意识的增强，词的内容题材的丰富性、时代性和艺术品格的高远醇雅开始为人重视，张孝祥“南宋名家”的地位愈益为当时大家重视[①]。王国维视于湖词“豪壮典丽”[②]。郑文焯自云“尤喜疏放似张于湖，忠愤所发，必传之作”也出于这种喜爱[③]，词人们对于湖词的赞美建立在同文学经典相比较的基础上。王闿运论《念奴娇·过洞庭》“飘飘有凌云之气，觉东坡《水调》有尘心”[④]，况周颐认为于湖《菩萨蛮》（东风约略吹罗幕）“绵丽蕃艳，直逼花间。求之北宋人集中，未易多觏”[⑤]。刘熙载更以儒家教化之诗等同张孝祥《六州歌头》之品格：“词莫要于有关系……张孝祥安国于建康留守席上赋《六州歌头》，致感重臣罢席。然则词之兴、观、群、怨，岂下于诗

---

① 《词话丛编》，第3493页。

② 《词话丛编》，第4273页。

③ 《词话丛编》，第4358页。

④ 王闿运《湘绮楼词选》，民国间石印本。

⑤ 《词话丛编》，第4531页。

哉！”[①]

慷慨时事、感愤淋漓之词亦是辛弃疾词声的主旋律，辛、张二人未免同气连枝、同声相应。清初沈雄之“然每阅张于湖观雨，辛稼轩观雪，杨止济登楼，无名氏望月，固不如东坡之作，陈西麓所以品其为万古一清风也”语已隐然对于湖、稼轩二人清风朗月的情怀进行品比[②]。清中叶后，词家尤喜将于湖、稼轩并论。张德瀛以于湖词似“稼轩体”[③]，郑文焯赞陆游词“其高淡处出入稼轩、于湖之间”[④]，蒋敦复评友人凯撤词“豪放似稼轩、于湖，令人慨然有封狼居胥意”[⑤]。陈庭焯直以于湖、后村为稼轩后劲：“张安国词，热肠郁思，可想见其为人。刘后村则感激豪宕，其词与安国相伯仲，去稼轩虽远，正不必让刘、蒋。世人多好推刘、蒋，直以为稼轩后劲，何耶？”[⑥]又陈匪石《声执》论周密《绝妙好词选》凄婉绵丽的宗风时则以“观所选于湖、稼轩之词，可以概见”证《绝妙好词选》“不合者不录”。

众多词家以于湖、稼轩并论或因二人气格相类，或以之词风相近，这既反映了张孝祥在辛派词人中不多比肩的地位，也进一步提高了于湖词的声誉。清中叶后，受常派词人影响，于湖词较前得到更多的关注，我们今天以张孝祥为南宋名家的印象也主要得之于清代中晚期词家对于湖词的品评。

（原载《孝感学院学报》2005年第2期）

① 《词话丛编》，第3709页。
② 《词话丛编》，第940页。
③ 《词话丛编》，第4161页。
④ 《词话丛编》，第4339页。
⑤ 《词话丛编》，第3660—3661页。
⑥ 《词话丛编》，第3795页。

张孝祥诗歌创作新探

◎孔妮妮

张孝祥，字安国，号于湖居士，历阳乌江（今安徽和县）人，南宋初期著名词人。一曲《六州歌头》，淋漓痛快，笔饱墨酣，令座上重臣魏公为之罢席。其他词作，如《满江红·玩鞭亭》《水调歌头·闻采石战胜》《念奴娇·过洞庭》《水龙吟·望九华山作》等，或奇伟警拔，或清绝飘逸，无不令后来读者击节赞叹。他的诗作也同样有其独到之处，只是没有在更深层次引起研究者的注意。本文不揣浅陋，以时代背景、诗坛走向为中心，以期对其诗作多角度地进行研究。

一、对杜诗的继承

公元1126年，即在诗人出生的前六年，金兵的铁蹄踏破了汴京，北宋覆亡。绍兴甲戌，二十三岁的张孝祥以廷试擢进士第一的殊荣名震朝野，秦桧及其党羽颇想拉拢这位深受高宗器重的少年英才。一日，当张孝祥面谒秦桧时，“桧语之曰：‘上不惟喜状元策，又且喜状元诗与字，可谓三绝。’又叩以诗何所本，字何所法，张正色以对：‘本杜诗，法颜字。’桧笑曰：‘天下好事，君家都占断。’盖嫉之也”[①]。靖康之后，诗坛上的“宗杜”

① 叶绍翁《四朝闻见录》乙集“张于湖”条。

之风起了质的变化。国破家亡的民族危机使无数诗人们饱尝了漂泊流离的辛酸，他们已无法再执着于对杜诗“语不惊人死不休”的艺术效法，也无心再继续对杜诗“不烦绳削而自合”的诗法探索，“但恨平生意，轻了少陵诗”，诗坛巨子陈与义的肺腑之言无疑代表了大多数诗人的共同心声。忧郁沉痛、激昂慷慨的时代精神使南北宋之际的“宗杜”之作充满了爱国忧民之思。“子美之诗凡千四百三十余篇，其忠义气节，羁旅艰难，悲愤无聊，一见于诗，句法理致，老而益精。平时读之，未见其工，迨亲更兵火丧乱之后，诵其诗如出乎其时，犁然有当于人心，然后知其语之妙也。”[①]在战火纷飞、山河摇动的南北宋之际，对杜诗爱国主义精神的继承便成为诗坛创作的主流。张孝祥也和同时代诗人一样，努力从杜诗的精神内涵中汲取养分，用充沛的激情创作出一首首紧扣时代脉搏的优秀诗篇。在诗中，诗人不仅用高昂的雄心、激越的节奏抒发了对国家民族的披沥赤诚，更以沉郁含蓄的笔触展示出对抗战形势及南宋前途的深沉忧患。

北风吹来燕山雪，十万王师方浴铁。风缠熊虎灵旗静，冻合蛟龙宝刀折。何人夜缚吴元济，我欲从之九原隔。东南固自王气胜，西北那忧阵云结。岂无祖逖去誓江，已有辛毗来仗节。

——《和沈教授子寿赋雪三首》其一

鞑靼奚家款附多，王师直到白沟河。守江诸将遥分阃，绝漠残胡竞倒戈。翠跸春行天动色，牙樯宵济海无波。小儒不得参戎事，剩赋新诗续雅歌。

——《辛巳冬闻德音》

① 李纲《重校杜子美集序》，《梁溪集》卷一三八，《四库全书》本。

尽管诗人不能亲临前线战场，但他仍然用锐利的目光注视着前方战况的每一点变化。燕赵之歌的慷慨，击楫中流的宏愿，对偏安者懦弱不战的强烈谴责，对爱国将士伟大胜利的热情讴歌，尽在渗透着诗人无限爱国赤诚的诗篇中，与其词作相和，共同演奏出时代的最强音。诗人牢牢地把握住了时代的脉搏。然而，随着岁月的流逝，偏安之局日益确立，坚持抗战的重臣被一一逐出朝廷，上至高宗，下到文武百官，纷纷“以兵为讳，军政不修，边备阙然，长淮千里，东南恃以藩篱者，一切置之度外”[①]。“斯文到之子，砥柱阅颓波。致主规模别，伤时疾疢多。大臣谗贾谊，逆旅欠常何。无路排阊阖，聊当扣角歌。”[②]壮年的诗人已历尽了人世的炎凉、岁月的沧桑，青年时代的浪漫主义理想逐渐消逝，取而代之的是更加深沉的忧愤：“青衿陪祀忆初年，老矣斋居重慨然。俎豆不知鹅鹳事，牲牢空荐犬羊膻。北来被发车连野，东去乘槎浪接天。汲汲两宫常旰食，受釐归去泪如川。”[③]面对一味许盟主和的当政群小，诗人始终坚持高洁的操守。在《同胡邦衡夜直》一诗中，诗人对友人的勉励而抒己志，高度赞扬了胡铨力主恢复而决不和光同尘的爱国主义情操，对弄权一时的群小进行了猛烈的抨击：“慕用高名二十年，敢期丹地接周旋。先生义与云天薄，老去心如铁石坚。梦了琼崖身益壮，烟销金坞臭空传。一尊莫惜空相属，宫漏穿花夜色鲜。”工整蕴藉的属对、雄壮悲慨的深情、老而弥坚的气骨共同展示出诗人深厚跌宕的思想空间和人格力度，与一生忧国不止的前辈诗人杜甫形成了灵魂深处的真挚共鸣。

---

① 张孝祥《代总得居士与叶参政》，《于湖居士文集》卷三九。

② 张孝祥《和王景文》，《于湖居士文集》卷八。

③ 张孝祥《上丁斋宿》，《于湖居士文集》卷六。

二、“活法”理论对张孝祥诗歌创作的影响

“于湖先生，天人也。其文章如大海之起涛澜，泰山之腾云气，倏散倏聚，倏明倏暗，虽千变万化，未易诘其端而寻其所穷，然从其大者目之，是亦以天才胜者也。”[①]“（于湖）每见于诗、于文、于四六，未尝属稿。和铅舒纸，一笔写就，心手相得，势若风雨。”[②]正因为诗人天才纵逸，运斤成风，他才会欣然以东坡自许，每常有凌轹坡仙之意。当“其帅长沙也，一日，有送至《水车》诗石本，挂在书室，特携尧仁就观，因问曰：‘此诗可及何人？不得佞我。’尧仁时窘于急卒，不容有不尽，因直告曰：‘此活脱是东坡诗，力亦真与相辄……’先生大然尧仁之言”[③]。但这只是张诗创作的表面现象，真正对其诗歌创作产生深远影响的是南渡后江西诗派的领袖吕本中和曾几。

南渡后，吕本中主盟江西诗坛，并提出了诗歌创作的“活法”理论，开启了南宋诗坛的走向。吕本中逝世时，张孝祥才十三岁，因此，对张孝祥口耳相授，直接影响的是深得吕本中“活法”衣钵的曾几。曾几年长张孝祥十四岁。当诗人还是诗坛上一位初出茅庐的三河少年时，曾几已是执掌诗坛的幽燕老将了。张孝祥对曾几怀着无比崇敬之情：“起居一代文章老，阙寄音书恰二年。诗债未还缘懒拙，宦游如此竟危颠。会稽旧有探书穴，贺监庆寻载酒船。我欲从公留十日，问公乞句手亲编。”[④]在曾几的影响下，张孝祥的诗歌亦深得“活法”之妙，试从以下两方面析之：

① 谢尧仁《张于湖先生集序》，见《于湖居士文集》。
② 张孝伯《张于湖先生集序》，见《于湖居士文集》
③ 谢尧仁《张于湖先生集序》，见《于湖居士文集》。
④ 张孝祥《将如会稽寄曾吉甫》，《于湖居士文集》卷六。

（一）“活法”理论作用下的仿苏诗新变

吕本中在《与曾吉甫论诗第一帖》言道：“《楚辞》、杜、黄固法度所在，然不若遍考精取，悉为吾用，则姿态横出，不窘一律矣。如东坡、太白诗，虽规摹广大，学者难依，然读之使人敢道，澡雪滞思，无穷苦艰难之状，亦一助也。”在这里，吕本中阐述了理想的诗歌创作原则，也就是苏黄相佐，“规矩具备而能出于规矩之外，变化莫测，而亦不背于规矩”[①]。张孝祥接受了这个理论，并在《题杨梦锡〈客亭类稿〉后》阐述了自己的观点：“为文有活法，拘泥者窒之则能今而不能古。梦锡之文从昔不胶于俗，纵横运转如盘中丸，未始以一律拘要，其终亦不出于盘。盖其束发事远游，周览天下山川之胜以作其气，所与交者，又皆当世知名士，文章安得不美耶？”在这里，自然与人工、天才与法度被完美统一起来。众所周知，苏轼创作诗文的标准是：“大略如行云流水，初无定质，但常行于所当行，常止于所不可不止。”[②]这近于天才不拘成法，苏诗无论是写景还是咏怀无不带有强烈的主体色彩，在惊鸿游龙的变幻中信笔挥洒，给人以瑰奇开阖的美感。同以《水车》诗为例，“翻翻联联衔尾鸦，荦荦确确蜕骨蛇。分畴翠浪走云阵，刺水绿针抽稻芽。洞庭五月欲飞沙，鼍鸣窟中如打衙。天公不见老翁泣，唤取阿香推雷车”（《无锡道中赋水车》），苏诗运笔超逸，妙喻迭出，无雕琢之痕而得警拔之妙，舍苦吟之技而新意横生，全诗在无一句蹈袭他人的天才创造中达到了奇幻惊人的艺术效果，正如赵翼在《瓯北诗话》中所言：“新岂易言？意未经人说过则新，书未经人用过则新，正以此耳。”而在“活法”理论的指导下，张孝祥的《水车》诗则呈现出别具一格的风貌：“象龙唤不应，竹

① 吕本中《夏均父集序》，顾易生、蒋凡著《宋金元文批评史》第二编第二节“吕本中”条。

② 苏轼《答谢民师书》，王水照编《苏轼选集》。

龙起行雨。联绵十车幅，伊轧百舟橹。转此大法轮，救汝旱岁苦。横江锁巨石，溅瀑叠城鼓。神机日夜运，甘泽高下普。老农用不知，瞬息了千亩。抱孙带黄犊，但看翠浪舞。余波及井臼，舂玉饮酡乳。江吴夸七踏，足茧腰背偻。此乐殊未知，吾归当教汝。”该诗并无新意迭出的奇思，显得更为平易圆转。全诗放笔快意却讲求法度，在句眼处尤为着意，“锁”字化静为动，“叠”字化声为形，“运”“普”二字响亮涵富，将水车给人们带来的福泽以及广大农民对美好生活的祈愿含蓄深沉地表达出来。纵观诗人的仿苏诗，大多结构谨严，流畅自如，虽有无所羁绊的风力却没有飞落天外的想象和奇幻惊人的譬喻，通常是在对客观物象从容委曲的描写中形成了流动深婉的独特之美。

（二）流转圆美的诗歌风尚

在《夏均父集序》中，吕本中对活法在诗歌艺术领域内的表现，有着明确的阐释：“谢玄晖有言曰‘好诗流转圆美如弹丸’，此真活法也。”因此，深受“活法”理论影响的张孝祥也将“流转圆美”作为诗歌艺术风格的重要方面：“两李有佳句，冰雪洒肺肝。清越石在悬，圆珠走玉盘。”[①]

作为一种诗歌艺术风尚，圆美流转并非率易熟滑的代名词，正如刘克庄在《江西诗派小序》中所言：“（吕本中）所引谢宣城‘好诗流转圆美如弹丸’之语，余以宣城诗考之，如锦工机锦，玉人琢玉，极天下之巧妙，穷极巧妙。然后能流转圆美，近时学者往往误认弹丸之喻而趋于易，故放翁诗云‘弹丸之论方误人’。”由此可见，对诗歌艺术形式的致力探索乃是“圆美流转”的前提所在。在张孝祥的诗作中，我们可以发现诗人对多种艺术手段的成功使用。

喜好用典是江西诗派的一大特征。黄庭坚不仅强调“无一

① 张孝祥《与邵阳李守二子用东坡韵》，《于湖居士文集》卷四。

字无来处”，而且力求“点铁成金”。作为江西诗派活法理论的实践者，张孝祥虽然熟悉用典用事的各种诀窍，却能做到不用生句夺胎，不取僻典换骨。“莫吟青玉案，恐弊黑貂裘。国步艰难日，人间浩荡秋。不须乌工往，且作贾胡留。”[①]“尘满庾楼烦剪拂，经余莲社更摩挲。文成本自筹帷幄，不数黥彭战伐多。”[②]这些诗句，几乎一句一典，却仿佛未假雕琢，数经锤炼又如浑然天成。精工的字句构筑出生动鲜明的形象，圆美流转的诗篇包蕴着浑厚的内涵。

此外，巧妙化用他人成句是张诗的另一大特色。《和都运判院韵》中的“君诗我续貂不足，曹郐大楚非匹俦”即化用黄庭坚《子瞻诗句妙一世，乃云效庭坚体，次韵道之》中的“我诗如曹郐，浅陋不成邦。公如大国楚，吞五湖三江”。《和万老》中的“落木千山夜，空江万里秋”化用黄庭坚《登快阁》中的“落木千山天远大，澄江一道月分明”。《江次州王知府叔坚韵》中的“经行有恨是阴雨，不见香炉生紫烟”化用李白《望庐山瀑布》中的“日照香炉生紫烟”。《和刘国正觅雌黄》中的“刘郎家具少于车，只有诗囊未厌渠”化用孟郊《借车》中的“借车载家具，家具少于车”。《和仲弥性烟霏佳句》中的“醉余彩笔三千首，老去苍官四十围”化用欧阳修《赠王介甫》中的“翰林风月三千首，吏部文章二百年”。诸如此类，不胜枚举。诗句看似率成滑熟，在全篇中却有浑然不可携之势。或夺胎或熔铸，或正用或反用，或易一二字或整句照搬，无不体现了诗人缜密的思致，辛勤的锻造。虽是他人言语，诗人却能以整体情感统之，使其圆美流转。正如汤衡在《张紫微雅词序》中所言：“初若不经意，反复究观，未有一字无来处。”词是如此，诗又何尝例外。

① 张孝祥《送谢梦得归昭武》，《于湖居士文集》卷九。

② 张孝祥《和曾裘父韵送老人赴镇九江》，《于湖居士文集》卷六。

三、张孝祥的诗歌创作趋势

南宋初年，盛极一时的“荆公新学”逐渐解体，理学地位日趋提高。在长期的交往过程中，张孝祥与张栻、朱熹等理学家建立了深厚的友谊：“公为魏公（张浚）营葬于属县宁乡之西，遂与敬夫讲性命之学，日夕不辍。筑敬简堂以为论道之所，而四方之学者至焉。”①在《酬朱元晦登定王台之作》一诗中，诗人热烈地抒发了与好友共同登临的欢娱：“海内朱公子，端能为我来。谭谐渺今古，欢喜到舆台。日月何曾蔽，风云会有开。登临一杯酒，莫作楚囚哀。”当张孝祥去荆州为官时，张栻特以“讲学”勉之：“夫惟讲学而明理，则执天下之物不固，而应天下之变不胶。”②在荆州，理学家王质又以“克己复礼，文法三代”谕之，言辞中肯，深动于湖。以至诗人发出了这样的感叹：“善哉！始吾所志未为极也。如子所言，则六经是师，三代是慕，而后可也。苟未死，当无负于子！”③然而，“后四月而公亡”。由此可见，理学思想的确对张孝祥的诗歌创作产生了影响，虽然这种影响由于张孝祥的壮岁而夭未能得以加深，但理学家的一些文学观无疑是决定张孝祥诗歌发展趋势的重要因素。

（一）对陶诗的精神体认和艺术探索

有宋一代，诗人们对陶渊明诗歌的探索深度达到了前所未有的水平。北宋著名诗人苏轼高倡学陶之风，对陶诗“平淡”的艺术风格开始了倾力探索。对陶诗，苏轼这样评价：“渊明作诗不多，然其诗质而实绮，癯而实腴。”④在指点后辈时，苏轼曰：“凡文字，少小时令气象峥嵘，采色绚烂，渐老渐熟，乃造

① 《宣城张氏信谱传》，《于湖居士文集》附录。

② 张栻《送张荆州序》，《南轩集》卷一五，《四库全书》本。

③ 王质《于湖集序》，《于湖居士文集》附录。

④ 苏辙《子瞻和陶渊明诗集引》，《栾城后集》卷二一。

平淡。其实不是平淡，绚烂之极也。”[①]南北宋之际的诗论家也多持此论。在《竹坡诗话》中，周紫芝言道：“士大夫学陶渊明诗，往往故为平淡之语，而不知渊明制作之妙已在其中矣。”葛立方在《韵语阳秋》中也有类似表述：“陶潜、谢朓诗皆平淡有思致，非后来诗人怵心刿目雕琢所为也。……大抵欲造平淡，当自组丽中来。落其华芬，然后可造平淡之境。”由此可见，在对陶诗的探索中，这些诗人着眼的仍是其艺术特征。“绚烂之极而归于平淡”，平淡背后的“组丽”与“奇趣”才是他们追求的实质。纵观宋代诗坛，真正从精神上对陶诗的“平淡”展开全新阐释的始于南宋理学家。理学家将忠君爱国奉为人生准则，却排斥对功名利禄的汲汲追求：“夫人者，统役万物者也，而顾乃为物役，其可乎哉？……吾于天下之物无所恶，而物无以累我，皆为吾役者也。吾于天下之事无所厌，而事无以汩我，皆吾心之妙用也。”[②]因此他们认为凡是不符合“中和”的感情都是对一己的偏执，为诗为文都应当平淡自然而又意蕴深长，而陶诗所展现出的对利欲之情的超越恰好与这种观点契合：“君子之所养，要令暴慢邪僻之气不设于身体。陶渊明诗所不可及者，冲澹深粹出于自然，若曾用力学然后知渊明诗非着力之所能成。”[③]理学家认为陶诗的平淡风格是通过内在修养而自然形成的状态，刻意的艺术追求显然不能得到陶诗的神髓。苏轼晚年虽竭力学陶，作《和陶诗》百首，却是“语亦微伤巧，不若陶诗体合自然也”[④]。在张栻、朱熹等理学家的影响下，张孝祥对这种自然澹如的精神有了进一步的深切体会：“张家承平四姓侯，门前列戟金成丘。南来清贫家立壁，但有万卷书满楼。云山极观半空写，下有花竹

① 苏轼《与二郎侄》，《苏轼佚文汇编》卷四。
② 张栻《送张荆州序》，《南轩集》卷一五。
③ 杨时《龟山语录》，《龟山集》卷一〇《语录一》，《四库全书》本。
④ 陈善《扪虱新语》，《历代诗话》卷六。

秀而野。闭门读《易》已三年，乐天知命忘华颠。我行湘中识此老，难兄暮年更枯槁。从来戚畹须表劝，会听鸣珂趁朝早。衡阳小隐虽深幽，去天尺五君无留。貂蝉兜鍪何足道，君必不为猿鹤羞。”[①]在《陈仲思以太夫人高年，奉祠便养，卜居城东，茅屋数间，澹如也。移花种竹，山林丘壑之胜，湘州所无。食不足而乐有余，谓古之隐君子耶？仲思者非耶？乾道戊子六月，某同张钦夫过焉，裴回弥日，既暮而忘去。钦夫欲专壑买邻，钦夫有诗，某次韵》一诗中，张孝祥用恬淡的笔触描绘了理学家心中理想的儒者形象："平生交游中，此士故耐久。不折为米腰，颇袖斫轮手。卜居并东郭，草草宫一亩。日课种树书，笺题遍窗牖。花草当姬妾，松竹是朋友。"并在"为君便买邻，溪南好冈阜。我喜君亦狂，呼儿挈尊卣。一洒尘埃胸，快若苗去莠"的感叹神往中抒发了自己对陶渊明精神境界的悠然神会。"请说归休好，扶行白发亲。访医无远近，买药辨新陈。索酒兼邻瓮，要宾尽里人。短长无不可，且得是闲身。""请说归休好，从今自在闲。新除叠黄纸，旧隐接青山。竹绕披风榭，芦藏钓月湾。田间四时景，何处不开颜。"二首《请说归休好》更在对《归去来兮辞》的重新熔铸中申发了诗人潇散恬淡的精神追求。与大多数前辈诗人不同，张孝祥对陶诗的学习并非着眼于其创作内容和艺术形式本身，通过对陶诗精神内涵的涵养而达到其潇散冲澹的旨趣才是张孝祥诗歌创作的真正追求。

"睡起有佳声，萧萧竹间雨。蒿庐澹无营，一榻不受暑。微风入牖来，唤起香中缕。抚卷独超然，空梁走饥鼠。"[②]随着与理学家交往的日益频繁，诗人的创作思维逐渐转向内在，他更加注重对中正平和之气的修养。跃动的激情在诗作中慢慢隐退，自然

① 张孝祥《赠张钦州》，《于湖居士文集》卷二。
② 张孝祥《睡起》，《于湖居士文集》卷五。

冲澹的作品则在张孝祥后期诗歌创作中占有了越来越大的比重。

（二）对汉魏古诗的涵养与再创作

在理学思想中，无论是政治观还是文学观，复古的意味都相当浓厚。凡对张孝祥产生过影响的理学家无一不持有诗文复古观念。朱熹曾打算“抄取经史诸书所载韵语，下及《文选》汉魏古词，以尽乎郭景纯、陶渊明之作，自为一编，而附于《三百篇》《楚辞》之后，以为诗之根本准则”[①]。吕本中在其《吕氏童蒙训》中也明确指出“读古诗十九首及曹子建诗，中‘明月入我牖，流光正徘徊’之类诗，皆思深而有余意，言有尽而意无穷也。学者当以此等诗常自涵养，自然下笔不同”。无疑，张孝祥在后期诗歌创作中接纳并实践了这种理论。

夜半两鸣廊，晨起雪暗空。不减腊月寒，故作昨日风。融银拥山腰，飞花满裘茸。办此了不难，咳唾烦天空。纤纤园中花，一夕无光容。凛凛庭下松，巍然两苍龙。

——《庚辰二月夜雪》

我行半天下，尘土污须发。君亦抱艰棘，衣袂洒清血。今日复何日，相望一山隔。我领通玄府，乃在庐山北。君宦山之南，兵衙森画戟。无由接杯酒，但可共明月。作诗付邮筒，聊复寄消息。

——《栖真寄南康钱守》

从《庚辰二月夜雪》到《栖真寄南康钱守》，其创作过程恰与朱熹所提出的对汉魏古诗的学习方法不谋而合：“向来初见拟古诗，将谓只是学古人之诗，元来却是如古人说‘灼灼园

① 朱熹《答巩仲至四》，《朱文公文集》卷六四。

中花'，自家也做一句如此，'迟迟涧底松'，自家也做一句如此。……意思语脉皆要似他底，只换却字。后来依如此做得二三十首诗，便觉得长进。"[①]尤其是后一首，清丽隽永，古朴优雅，完全是汉魏古诗之风，可见诗人平日涵养功夫之深。然而，作为一名才华横溢的诗人，张孝祥所创作的古体诗又绝不是"拟古诗"三个字所能涵盖的，在汉魏格调的外形下包含的乃是生命充盈的宋人风骨。"寒梅本无心，适与春风期。孤根擢岁晚，桃李更媚之。取我碧玉壶，荐此白雪枝。故人不可寄，耿耿空自奇。故人隔湘江，独立知者稀。采香正滋兰，忍饥不食薇。拿舟许过我，此约不可违。江南烟雨村，愿与子俱归。"[②]"远游何方来，峨峨古衣冠。袖中三百篇，贮月白玉盘。溪清石濑急，雪冻铜壶干。有如山泽仙，外瘠中气完。便合朱弦弹，细着青瑶刊。怀哉人未识，飞步江风寒。"[③]清癯深邃的宋人神韵，刚劲挚直的意旨，出之于古雅高旷的魏晋涵咏，意象交会，寄托深远，诗人把对社会、对人生的理性思索寓于悠然淡泊的怀抱中，使诗歌形神兼备，含蕴深长。此类诗歌在张孝祥古体诗作中所占比例颇大，显出了诗人高度的创作技巧，这无疑是作者悉心致力的成果。如果诗人之寿能与朱子相当的话，我们有理由相信诗人对汉魏古体诗的创作必将达到一个更高的层次："我词不足录，聊以醒渠醉。更参三十年，当与风子对。"[④]

（原载《江淮论坛》2002年第6期）

① 朱熹《朱子语类》卷一三九，黎靖德编。
② 张孝祥《和张钦夫寻梅》，《于湖居士文集》卷四。
③ 张孝祥《赠朱远游》，《于湖居士文集》卷四。
④ 张孝祥《题朱元晦所书凯歌卷后》，《于湖居士文集》卷一二。

张孝祥为何诗不如词

◎莫砺锋

一

当代的文学史研究，一般只重视张孝祥的词作，对其诗文则相当忽视。追源溯流，这种倾向在南宋已有呈露。宋高宗绍兴二十四年（1154），二十三岁的张孝祥状元及第，名震天下，其首先受到关注的当然是对策之佳，以至于全文刊于李心传《建炎以来系年要录》。同时，书法、诗歌皆很出色也是他名冠多士的重要因素。《四朝闻见录》载：

> 高宗酷嗜翰墨。于湖张氏孝祥廷对之顷，宿酲犹未解，濡毫答圣问，立就万言，未尝加点。上讶一卷纸高轴大，试取阅之，读其卷首，大加称奖。而又字画遒劲，卓然颜、鲁，上疑其为谪仙，亲擢首选。胪唱赋诗上尤隽永。张正谢毕，遂谒秦桧，桧语之曰："上不惟喜状元策，又且喜状元诗与字，可谓三绝。"又叩以诗何所本，字何所法，张正色以对："本杜诗，法颜字。"桧笑曰："天下好事，君家都占断。"①

① 叶绍翁《四朝闻见录》，中华书局 1989 年版，第 71—72 页。

这些记载中高宗与秦桧的态度或有夸饰，但张孝祥多才多艺则是确凿无疑的事实。然而王质在《于湖集序》中说：

是岁，公没于当涂之芜湖，而其歌词数编先出。岁癸巳，公之弟王臣官大冶，道永兴，某谓王臣曰：“公之文当亟辑，世酣于其歌词，而其英伟粹精之全体未著，将有以狭公者。”①

王臣即张孝祥从弟孝仲，乃其叔父张剡之仲子。癸巳即孝宗乾道九年（1173），其时张孝祥去世仅有四年，其词作已有“数编先出”，可见“世酣于其歌词”并非虚语。相对而言，孝祥的其他作品尚未得到足够的重视，故王质向张孝仲提议编辑其文。那么，为什么张孝祥的诗文创作没能取得像词作那样高的声誉呢？由于诗与词的可比性更大一些，我们暂且搁置其古文，先来考察其诗、词二种文体的创作情形。

张孝祥享寿不永，故宋孝宗有“用才不尽”之叹②。孝宗此语当是从其政治才干着眼，但如移以评其文学才能，也很确切。在时间跨度仅有十多年的文学创作过程中，张孝祥有一个明确的努力目标，那便是对苏轼的心摹手追。试看其弟子谢尧仁的回忆：

先生气吞百代而中犹未慊，盖尚有凌轹坡仙之意。其帅长沙也，一日，有送至《水车》诗石本，挂在书室，特携尧仁就观，因问曰：“此诗可及何人？不得佞我。”尧仁时窘于急卒，不容有不尽，因直告曰：“此活脱是东坡诗，力亦真与相辄。但苏家父子更有《画佛入灭》《次韵水官》《赠

① 张孝祥著，辛更儒校注《张孝祥集编年校注》，中华书局 2016 年版，第 1662 页。
② 脱脱等《宋史》，中华书局 1985 年版，第 11943 页。

> 眼医》《韩幹画马》等数篇，此诗相去却尚有一二分之劣尔。”先生大然尧仁之言。是时，先生诗文与东坡相先后者已十之六七，而乐府之作，虽但得于一时燕笑咳唾之顷，而先生之胸次笔力皆在焉。今人皆以为胜东坡，但先生当时意尚未能自肯，因又问尧仁曰：“使某更读书十年何如？”尧仁对曰：“他人虽更读百世书，尚未必梦见东坡，但以先生来势如此之可畏，度亦不消十年，吞此老有余矣。”次年，公自江陵得祠东下，方欲践此言，未几，则已闻为驭风骑气之举矣。①

乾道三年（1167）张孝祥知潭州（今湖南长沙），他与谢尧仁的对话即在此年，因为他次年即徙知荆南府。当时张孝祥年仅三十六岁，故有十年后更上一层楼的雄心，不料两年后即遽然病逝。谢尧仁之序撰于三十四年之后，可见他认为当年的那番对话是可以公之于世的，并非弟子佞师之私言。那么，张孝祥诗词创作的实际成就究竟如何？笔者通读辛更儒撰《张孝祥集编年校注》数过，觉得无论是创作旨趣还是题材走向，张诗与张词均是大同小异，两者成就之差异主要体现在艺术水准上。下文谨从这个角度对张诗、张词进行对比分析。

二

阅读张孝祥的诗集，苏诗的影响历历在目。首先是诗句的檃栝或模仿，例如《赠张钦州》中的“下有花竹秀而野”，源于苏诗《司马君实独乐园》的“花竹秀而野”；《炎关》中的“稍余衣带水，已尽剑铓山”，源于苏诗《白鹤峰新居欲成夜过西邻

① 《张孝祥集编年校注》，第1742页。

翟秀才二首》之二的“系闷岂无罗带水，割愁还有剑铓山”。凡此，辛更儒先生的《张孝祥集编年校注》中均已注明。辛先生还偶有漏注，例如《舟行大雨戏作呈张立之及同行诸公》中的“长年绝叫客惊起”，源于苏诗《百步洪二首》之一的“水师绝叫凫惊起”；又如《荐福观何卿壁间诗对之怅然次前韵》中的“严诗杜集倘同编”，源于苏诗《岐亭五首》之二的“严诗编杜集”；《三塔寺》中的“塔上一铃语”，源于苏诗《大风留金山两日》的“塔上一铃独自语”。其次是诗意的模仿，例如《月之四日至南陵，大雨，江边之圩已有没者。入鄱阳境中，山田乃以无雨为病。偶成一章，呈王龟龄》：“圩田雨多水拍拍，山田改作龟兆拆。两般种田一般苦，一处祈晴一祈雨。”此诗辛注未言有所本，其实可与苏诗《泗州僧伽塔》对读：“耕田欲雨刈欲晴，去得顺风来者怨。若使人人祷辄遂，造物应须日千变。”虽说苏诗着眼于世人的祈愿互相矛盾，即使神灵也无法各遂其愿，从而导出安分顺命的人生态度；张诗却着眼于雨多成涝、雨少成旱，农人无法逃避灾祸，从而导出悯农的主题，两者主旨大异其趣。但张诗的警句“一处祈晴一祈雨”与苏诗“耕田欲雨刈欲晴”十分相像，张孝祥的构思肯定受到苏轼的启迪。这种模仿前贤的手法在宋代诗坛上是相当常见的，对于提升艺术技巧也有一定的积极作用，但毕竟不脱模仿，若停留于此，则难以超越学习对象。

那么，张孝祥学习苏诗的总体成效如何？让我们从上引张、谢的那番对话说起。所谓《水车》诗，即《湖湘以竹车激水，粳稻如云，书此能仁院壁》：

> 象龙唤不应，竹龙起行雨。联绵十车幅，伊轧百舟橹。转此大法轮，救汝旱岁苦。横江锁巨石，溅瀑叠城鼓。神机日夜连，甘泽高下普。老农用不知，瞬息了千亩。抱孙带黄犊，但看翠浪舞。余波及井臼，舂玉饮酡

乳。江吴夸七踏，足茧腰背偻。此乐殊未知，吾归当教汝。

孝祥乃江南人氏，曾见过七人共踩的大型龙骨水车[①]，虽然制作精巧，但农夫踩车辛劳，以致双足生茧，腰背佝偻。如今在湖湘看到用流水作为动力的巨型竹制筒车，人力省而功效高，故喜而咏之。北宋诗人多有咏及水车者，其中以苏轼所作之《无锡道中赋水车》最为著名。谢尧仁称道此诗“活脱是东坡诗”，当即因此而发。当然，苏诗是七律，张诗却是五古，二者诗体不同，长短不等，不能等量齐观。但就题材之新颖奇特，描写之生动活泼而言，此诗确实颇有东坡诗风之优点。谢尧仁说到的其他几首苏诗是《王维吴道子画》[②]《次韵水官诗》《赠眼医王彦若》《次韵子由书李伯时所藏韩幹马》。由于《次韵水官诗》是次其父苏洵诗之韵[③]，《次韵子由书李伯时所藏韩幹马》是次其弟苏辙诗之韵[④]，而《王维吴道子画》则有苏辙之同题和诗[⑤]，故谢氏以“苏氏父子”连带称之，但实质上是以苏轼为主要论说对象，而张孝祥所心摹手追的也确是苏轼之诗。上述四首苏轼诗，都具有章法奇特、笔力雄强的特点，后人对它们的评论依次如下：“奇气纵横，而句句浑成深稳”；“语意稳惬，亦极和韵之能事”；

① “七踏”，辛更儒注云“或即多人踏水车之意”（《张孝祥集编年校注》卷四，第132—133页），甚确。宋人释居简《北磵集》卷六：“龙骨则一人至数人。”（曾枣庄、刘琳主编《全宋文》卷六八〇三，上海辞书出版社、安徽教育出版社2006年版，第二百九十八册，第305页），可见宋代之水车，已有多人共踏者。今人或以为“七踏”乃连踏七个时辰之意，无据。

② 此诗咏吴道子画佛像，诗中有句云“中有至人谈寂灭，悟者悲涕迷者手自扪”，故称《画佛入灭》，详见《苏轼诗集校注》卷四，河北人民出版社2010年版，第317页。

③ 见《水官诗》，《嘉祐集笺注》佚诗，上海古籍出版社1993年版，第515页。

④ 见《韩幹三马》，苏辙《栾城集》卷一五，上海古籍出版社2009年版，第363页。按：谢氏所言《韩幹画马》也可能指苏轼诗《韩幹马十四匹》，《苏轼诗集》卷一五，中华书局1982年版，第767页。

⑤ 见《栾城集》卷二，上海古籍出版社2009年版，第30页。

“游刃有余，汪洋自恣，漆园之言也”；“运意运笔，俱极奇变”[①]。与这种纵横自如、游刃有余的成熟境界相比，张孝祥诗显得火候未到。张孝祥自称要“更读书十年”，表明他对自己与苏轼的差距心知肚明。可惜他说出此语后不久即遽然去世，未能在诗歌艺术上更上一层楼。清人评张诗曰：

> 今观集中诸作，大抵规模苏诗，颇具一体。而根柢稍薄，时露竭蹶之状。尧仁所谓读书不十年者，隐寓微词，实定论也。然其纵横兀傲，亦自不凡。[②]

说谢尧仁语含微词，恐属妄揣，但指出张诗与苏诗仍有较大差距，则是持平之论。在吕本中、陈与义、陆游、杨万里、范成大等大家相继涌现的南宋前期诗坛上，张孝祥尚难以出类拔萃。

三

张孝祥的词集中，苏轼的影响也是随处可见。值得注意的是，张词模仿的字句并非出于苏词，反倒以苏诗为多。例如《鹧鸪天·送钱使君守横州》“舞凤飞龙五百年，尽将锦绣裹山川”，袭用苏诗《临安三绝·锦溪》“五百年间异人出，尽将锦绣裹山川”；《鹧鸪天·饯刘共甫》“醉余吐出胸中墨，只欠彭宣到后堂”，袭用苏诗《张子野年八十尚闻买妾述古令作诗》“平生谬作安昌客，略遣彭宣到后堂”；《菩萨蛮》“多病怯杯觞，不禁冬夜长”，袭用苏诗《次韵乐著作送酒》“少年多病怯杯觞，老去方知此味长”。此外袭用苏赋、苏文的例子也不

① 分别见《苏轼诗集校注》，第321页、180页、2792页、3132页。

② 纪昀等《四库全书总目》，中华书局1965年版，第1366页。

少，例如《水龙吟·过浯溪》“长啸一声，山鸣谷应，栖禽惊起”，分明与苏轼《后赤壁赋》的“划然长啸，草木震动。山鸣谷应，风起水涌”，以及苏轼《石钟山记》的“山上栖鹘，闻人声惊起，磔磔云霄间”有所沿袭。又如《水调歌头》一阕，题作“汪德邵作无尽藏楼于栖霞之间，取玉局老仙遗意，张安国过，为赋此词”。全词如下：

淮楚襟带地，云梦泽南州。沧江翠壁佳处，突兀起红楼。凭仗使君胸次，为问仙翁何在，长啸俯清秋。试遣吹箫看，骑鹤恐来游。　欲乘风，凌万顷，泛扁舟。山高月小，霜露既降，凛凛不能留。一吊周郎羽扇，尚想曹公横槊，兴废两悠悠。此意无尽藏，分付水东流。

词中大量檃栝苏轼《赤壁赋》《后赤壁赋》中的句意。表面上看，这与张诗的情况大同小异，其实不然。因为张诗模仿苏诗的字句，是同一种文体内部的沿袭，自身缺乏创新意义。而张词模仿苏诗乃至苏赋、苏文，却是异质文体之间的移植，具有变体的意味。春秋时晏婴论制羹之法曰：“宰夫和之，齐之以味，济其不及，以泄其过。”又曰：“若以水济水，谁能食之！”孔颖达疏曰：“齐之者，使酸咸适中，济益其味不足者，泄减其味大过者。”[①]张诗模仿苏诗的字句，难免“以水济水”的缺点。张词模仿苏诗、苏赋，则颇有可能达到“济其不及，以泄其过”的效果。以上引《水调歌头》为例，此词所咏之“无尽藏楼”位于黄州，濒临大江。张孝祥登临此楼，俯瞰滚滚东流的江水，自会想起《念奴娇》那首著名的苏词。但他偏偏弃之不顾，仅有“沧江翠壁佳处，突兀起红楼”二句袭用苏词《水龙吟》中“小舟横

① 孔颖达《春秋左传正义》，北京大学出版社 1999 年版，第 1400 页。

截春江，卧看翠壁红楼起”句意，其余均以苏赋为檃栝对象。将赋中旨意檃栝入词，篇幅紧缩，字句变得更加凝练有力，例如《后赤壁赋》云：“霜露既降，木叶尽脱。……山高月小，水落石出。……予亦悄然而悲，肃然而恐，凛乎其不可留也。”张词则浓缩成三句：“山高月小，霜露既降，凛凛不能留。”《赤壁赋》云：“此非曹孟德之困于周郎者乎？方其破荆州，下江陵，顺流而东也。舳舻千里，旌旗蔽空，酾酒临江，横槊赋诗，固一世之雄也。而今安在哉！”词中则浓缩成三句：“一吊周郎羽扇，尚想曹公横槊，兴废两悠悠。”赋体本以铺陈排比、兼擅叙事为文体特征，词体却是篇幅精简、以抒情为主，这首张词通过檃栝而汲取赋体之优点，同时又保持词体之特征，相得益彰，遂成佳作。这就突破了张诗模仿苏诗而未能臻于高境的困境。

此外，张词还有转益多师的特点，其中最值得关注的借鉴对象便是杜诗。例证甚多，从手法来看，大致可分两类。第一类是直接袭用，例如《念奴娇》“遥怜儿女”，袭用杜诗《月夜》“遥怜小儿女”；《水调歌头·为时传之寿》“指点虚无征路”，袭用杜诗《送孔巢父谢病归游江东兼呈李白》“指点虚无是征路”；《青玉案·送频统辖行》“思得英雄亲驾驭”，袭用杜诗《投赠哥舒开府翰二十韵》“驾驭必英雄”；《鹧鸪天·饯刘共甫》“忆昔追游翰墨场”，袭用杜诗《壮游》“往昔十四五，追游翰墨场”；《水调歌头·与喻子才同登金山，江平如席，月白如昼，安国赋此词调》“倒影星辰摇动”，袭用杜诗《阁夜》“三峡星河影动摇”；《二郎神·七夕》“乔口橘洲风浪稳”，袭用杜诗《酬郭十五判官受》“乔口橘洲风浪促”；《浣溪沙》“倚竹袖长寒卷翠”，袭用杜诗《佳人》“天寒翠袖薄，日暮倚修竹”；《蓦山溪·和清虚先生皇甫坦韵》“天一笑，物皆春”，袭用杜诗《能画》“每蒙天一笑，复似物皆春”；《菩萨蛮·舣舟采石》“白鸟去边明”，袭用杜诗《雨》“白鸟去边明”；《菩萨蛮》一词甚至两次袭用杜诗：“云鬟香雾湿”句袭用杜诗《月夜》“香雾云鬟湿”，“春从沙际归”句则袭用杜诗《阆水歌》“更复春从沙际归”。第二类是化用或暗用，例如《蝶恋花·送姚主管横州》“冥冥四月黄梅雨”，乃据杜诗《梅雨》“南京犀浦道，四月熟黄梅。湛湛长江去，冥冥细雨来”诸句融化而成；《踏莎行·五月十三日夜月甚佳戏作》“云鬟玉臂共清寒”，乃据杜诗《月夜》“香雾云鬟湿，清辉玉臂寒”二句融化而成；《柳梢青》“发稀浑不胜簪”，乃据杜诗《春望》“白头搔更短，浑欲不胜簪”二句融化而成。张词还用更加复杂的方式化用杜诗，例如《浣溪沙》：“鸡鹊楼高晚雪融。”辛注引杜诗《宣政殿退朝晚出左掖》“雪残鸡鹊亦多时”，固是，但此处还可增引杜诗《晚出左掖》“楼雪融城湿”，张词其实是将两处杜诗融合化用而成。有些张词多次化用杜诗，例如《水调歌头·凯歌奉寄湖南安抚舍人刘公》：

> 猩鬼啸篁竹，玉帐夜分弓。少年荆楚剑客，突骑锦襜红。千里风飞雷厉，四校星流彗扫，萧斧锉春葱。谈笑青油幕，日奏捷书同。　诗书帅，黄阁老，黑头公。家传鸿宝秘略，小试不言功。闻道玺书频下，看即沙堤归去，帷幄且从容。君王自神武，一举朔庭空。

辛注分引杜诗《祠南夕望》“山鬼迷春竹”、《奉和严郑公军城早秋》“玉帐分弓射虏营”、《将赴成都草堂途中有作先寄严郑公》“生理只凭黄阁老”、《投赠哥舒开府翰二十韵》“君王自神武”等句为注，其实还可补引杜诗《洗兵马》“捷书夜报清昼同”来注“日奏捷书同”一句。在一首词中竟然连续五次化用杜诗句意，密度之大，相当罕见。从北宋词坛开始的以诗为词的风气，在艺术上的表现就是将诗体中发育得十分成熟的手法移植到词体中来，化用前人诗句入词便是重要的途径，从苏轼到周邦彦，莫不如此。张孝祥大量化用前人诗句入词，正是对前辈词人成功经验的充分借鉴。由于杜诗是古典诗歌艺术的典范，化用杜诗入词当然会具有高屋建瓴的技术优势，这是张词达到较高艺术成就的奥秘之一。

四

一位作者要想在诗坛或词坛上获得较高的地位，其中最重要的因素是写出世所传诵的名篇。正是在这一点上，张词获得了众口一声的赞誉，而张诗则显然未能达到如此高度。下文试以张孝祥诗词中最重要的两个主题倾向为例来进行论证。谢尧仁在《张于湖先生集序》中指出："盖先生之雄略远志，其欲扫开河、洛之氛祲，荡洙、泗之膻腥者，未尝一日而忘胸中。"情蓄于中而发于外，抗金复国就成为其诗词的重要主题。宋高宗绍兴三十一年（1161）十月，金军渡淮南侵，张孝祥忧国如焚，与友人分韵赋诗以抒感，题曰《诸公分韵"蹑冒顿之区落，焚老上之龙庭"，得"老""庭"字》。"蹑冒顿之区落"二句出于汉人班固《封燕然山铭》，此铭歌颂汉将窦宪大败匈奴的功绩，是闪耀着爱国精神光辉的历史文献。诸公以此分韵，本身就凸显着爱国主题。张诗之二即押"庭"字韵的一首如下：

> 吴甲组练明，吴钩莹青萍。战士三百万，猛将森列星。挥戈却白日，饮渴枯沧溟。如何天骄子，敢来干大刑。呜呼三十年，中原饱膻腥。陛下极涵容，宗祊甚威灵。犬羊尔何知，枭镜心未宁。囊血规射天，苍蝇混惊霆。佛狸定送死，榆关不须扃。虏势看破竹，我师真建

瓴。便当收咸阳，政尔空朔庭。明堂朝玉帛，剑佩鸣东丁。八章车攻诗，十丈燕然铭。我学益荒落，尚可写汗青。

此诗开篇高屋建瓴，渲染宋军的强大实力和饱满斗志。然后写虽然靖康以来国土沦丧，如今敌军又猖狂来犯，但他们一定会以失败告终。其实当时敌强我弱，宋军并无胜算。但诗人满怀必胜的信心，这完全是爱国精神高涨的表现。一个月后金主亮兵败于采石矶，随即毙命于扬州，"佛狸定送死"竟然成为准确的预言！应该说此诗气势雄伟，风格豪壮，是一首爱国诗歌中的佳作。但如果与陈与义、陆游的同类作品相比，未免稍逊一筹。本文想论证的则是，张孝祥作于同期的爱国词作达到了更高的艺术水准。例如作于同年十一月的《水调歌头·闻采石战胜》：

雪洗虏尘静，风约楚云留。何人为写悲壮？吹角古城楼。湖海平生豪气，关塞如今风景，剪烛看吴钩。剩喜燃犀处，骇浪与天浮。　忆当年，周与谢，富春秋。小乔初嫁，香囊未解，勋业故优游。赤壁矶头落照，肥水桥边衰草，渺渺唤人愁。我欲乘风去，击楫誓中流。

同年十二月，张孝祥赋《六州歌头》：

长淮望断，关塞莽然平。征尘暗，霜风劲，悄边声。黯销凝。追想当年事，殆天数，非人力，洙泗上，弦歌地，亦膻腥。隔水毡乡，落日牛羊下，区脱纵横。看名王宵猎，骑火一川明。笳鼓悲鸣，遣人惊。　念腰间箭，匣中剑，空埃蠹，竟何成！时易失，心徒壮，岁将零。渺神京。干羽方怀远，静烽燧，且休兵。冠盖使，纷驰骛，若为情？闻道中原遗老，常南望、羽葆霓旌。使行人到此，忠愤气填膺。有泪如倾。

前一首歌颂宋军大捷，风格豪壮；后一首慨叹国势不振，情调低沉。但它们分别从不同的角度抒写了词人的忧国情怀，表达了深厚的爱国精神，与前引《诸公分韵“蹑冒顿之区落，焚老上之龙庭”，得“老”“庭”字》一诗的主题走向完全一致。但就艺术水准而言，则这两首词所达到的境界远胜于前诗，试作浅析如下：

《水调歌头》歌颂的是虞允文督宋军于采石矶击败金主亮所率金军之事，自从岳飞被害以来，宋军已经二十年没有取得如此振奋人心的胜利了。捷报传来，正在宣城闲居的张孝祥既为宋军获胜欢欣鼓舞，又为自己滞留后方未能亲赴前线而感遗憾。开篇两句描写冬季景象，而国家形势与个人遭遇引起的无限感慨也交织其中，奠定了全篇的情感基础。下文如“湖海平生豪气”及“周与谢，富春秋”等句，既是对建此奇功的虞允文的赞誉，也暗含对自己的期许。“周与谢”句以历史上率南军战胜北师的周瑜、谢玄这两位名将来歌颂虞允文，用典精确无比。“赤壁矶头落照，肥水桥边衰草”既是怀想周瑜、谢玄当年鏖战的两个古战场，又以荒芜之景暗指国势不振、奇功难再的现实，借古讽今，融情入景，皆达浑然一气之境界。结尾二句正面绾结自身，吐露誓师北伐、以清中原的壮志，且将情绪与文气再度振起，极抑扬顿挫之能事。由此可见，此词章法细密，境界浑成，确为佳作。《六州歌头》作于建康留守张浚的席上，此时金军南侵的势头虽然受挫，但宋军未能乘胜北伐收复失土。张孝祥站在建康城头举目远眺，看到的是田园荒芜、敌骑驱驰，昔日的千里良田竟然成为敌酋的射猎之地！而南宋小朝廷不思恢复，一心议和，双方的使臣不绝于途，中原遗民心系故国却毫无希望！此情此景，当然会使词人悲愤交加。清人陈廷焯评曰：“张孝祥《六州歌头》一阕，淋漓痛快，笔饱墨酣，读之令人起舞。惟‘忠愤气填膺’一句，提明忠愤，转浅转显，转无余味。或亦耸当途之听，出于不得已耶。”[①]陈氏论全词甚是，对尾句之指责则非。据《朝野遗记》记载，张孝祥在张浚的席上赋此词，“歌阕，魏公为罢席而入”[②]。张浚（魏公）是朝廷重臣，平生力主抗金，此时垂垂老矣。他受到此词的触动，不会仅因尾句之“提明忠愤”，而是对词中描绘的河山破碎的局面深感忧虑。因为此词除尾句以外，全词均是即目所见式的写景与叙事，表面上不动声色，骨子里则浸透着满腔悲愤。尾句云云，只是画龙点睛而已。相对而言，前引那首张诗未有写景叙事的艺术烘托而直抒己见，未免直截浅露而缺少文外曲致，远不如二词之含蓄蕴藉，耐人咀嚼。

五

我们再看张孝祥诗词的第二个重要主题倾向。张孝祥喜爱自然，平生所到之处，无不题山水，咏风月，故题咏景物之作在其诗集、词集中均占极大比重。为免散漫，下文仅取其吟咏江湖月夜的一组诗词作为比较分析的对象。宋孝宗乾道二年（1166）四月，正在知静江府任上的张孝祥降职放罢，六月离开桂林北归，八月十四日到达湘江入洞庭湖口的磊石山，阻风，乃遥向湖中金沙堆岛上的洞庭湖君庙祈风，二更南风大作，乘风发船，次日中午到达金沙堆，登岛祭奠洞庭君庙[③]。张诗《金沙堆》记其事甚详：“旁船守风四十日，我行昨夜到磊石。山头望君乞杯

① 陈廷焯《白雨斋词话》，唐圭璋《词话丛编》第四册，中华书局1986年版，第3912页。
② 佚名《朝野遗记》，陶宗仪《说郛三种》第一册，上海古籍出版社2012年版，第512页。
③ 《张孝祥集编年校注》，第1613页。

玟，僮仆欢呼得头掷。二更南风转旗脚，打鼓开船晓星落。秋光净洗八百里，亭午投君庙前泊。”传诵万口的《念奴娇·过洞庭》即作于十四日夜间，词曰：

洞庭青草，近中秋，更无一点风色。玉界琼田三万顷，着我扁舟一叶。素月分辉，明河共影，表里俱澄澈。悠然心会，妙处难与君说。　应念岭海经年，孤光自照，肝胆皆冰雪。短发萧骚襟袖冷，稳泛沧溟空阔。尽吸西江，细斟北斗，万象为宾客。扣舷独啸，不知今夕何夕。

宋人魏了翁跋此词云：“张于湖有英姿奇气，著之湖湘间，未为不遇，洞庭所赋在集中最为杰特。方其吸江酌斗、宾牢笼万象时，讵知世间有紫微青琐哉！”[①]为何此词能达到如此杰出的艺术境界？我们不妨将它与类似主题的张诗进行对读。

张诗中颇有吟咏波光月色的篇章，例如《中秋书事》：

江月清光冷，波亭夜色奇。流萤翻露草，倦鹊绕风枝。素魄不长满，故人频语离。有怀千里恨，若为一杯辞。

又如《三塔寺寒光亭》：

亭依三塔占清幽，松竹环除翠欲流。晚色晴开千嶂月，波光冷浸一天秋。琼瑶影里诗僧屋，云锦香中钓客舟。风远不知何处笛，雁声惊起荻花洲。

① 魏了翁《跋张于湖〈念奴娇〉词真迹》，《全宋文》第三百一十册，上海辞书出版社、安徽教育出版社2006年版，第96页。

还有《湘中馆》：

云去月在沙，潦净秋满川。北斗挂落木，西风送归船。去年过湘中，夜半投马鞭。篝灯洗尘土，所见只屋椽。鸡鸣问前途，残梦兀担肩。那知阑干外，有此山水妍。微微清露泫，稍稍明河偏。孤光耿自照，静极忻所便。身世两悠然，吾其逐飞仙。

前二首写水、写月仅是稍做点染，故未能臻于高境，或许是诗体的篇幅所限。但第三首是五古，本无篇幅限制，况且此诗与《念奴娇》作于同时，眼中之光景与心中之情思完全相同，“孤光耿自照”之句甚至与词句“孤光自照”相重，可是它们的艺术成就相去甚远。原因何在？清人黄氏评此词云：“写景不能绘情，必少佳致。此题咏洞庭，若只就洞庭落想，纵写得壮观，亦觉寡味。此词开首，从‘洞庭’说至‘玉界琼田三万顷’，题已说完，即引入‘扁舟一叶’，以下从舟中人心迹与湖光映带，写隐现离合，不可端倪。镜花水月，是二是一。自尔神采高骞，兴会洋溢。”[①]此评颇具眼目。两者相比，《念奴娇》确实将皎洁晶莹的月光与纯净清澈的心境融为一体，从而创造出一个光风霁月般洁白通透的艺术境界。王闿运评曰：“飘飘有凌云之气，觉东坡《水调》有尘心。”[②]正是着眼于此。更重要的是，此词写景抒情皆是笔力酣畅，而且全部笔墨皆集中于构建一个澄澈光明的境界，绝无芜词累句。《湘中馆》一诗则不然。首先，诗中阑入对去年风尘仆仆未见美景的失意经历的回忆，虽有从反面烘托当下良辰美景的意图，但毕竟破坏了全诗意境的统一浑融。其

① 蓼园《蓼园词评》，唐圭璋编《词话丛编》，中华书局2005年版，第3077页。
② 王闿运《湘绮楼词选》，《词话丛编》，第4294页。

次，诗中对洞庭月色的描绘不够出色，对内心情思的抒写则不够深刻，全诗颇似草草成篇，不像《念奴娇》那样狮子搏兔用全力。我们在张孝祥的言论中未见有轻诗重词的观念，但就《念奴娇》一词与《湘中馆》一诗而言，作者对诗、词二体的写作态度确有轻重厚薄之分。其实在本文第四节中分析的有关爱国主题的那组诗、词，也有类似的差别。限于篇幅，不再赘述。

六

那么，从文学史的角度来看，张孝祥诗不如词的原因又何在呢？让我们分别从宋诗史与宋词史的两条发展脉络来进行分析。

先看前者。以“元祐”为时代标志的北宋后期诗歌是宋诗的第一个艺术高峰，王安石、苏轼、黄庭坚、陈师道等人是其中的杰出代表。尤其是苏、黄，他们的诗歌创作对唐诗的艺术规范实现了最大程度的有意疏离，从而创造出与唐诗颇异其趣的宋诗风貌。后人无论是表彰宋诗，还是指责宋诗，几乎都是集矢于苏、黄，原因即在于此。从总体而言，到了北宋末期，诗坛上针对唐诗风貌而进行的陌生化追求已达极致。物极必反，接下来顺理成章的便是对唐诗规范的复归。靖康事变部分打乱了诗史的进程，但并未彻底改变这种趋势。于是，南宋诗坛上或迟或早必定出现否定之否定的新趋势，也就是必定会出现对北宋末期诗风的新的疏离。这种疏离的对象经常被认定为以黄庭坚、陈师道为首的江西诗派，其实也包括王安石和苏轼在内，因为他们都是宋诗特色的创造者，他们的创作都与唐人有所疏离，不过程度与方式有异而已。诗风的改变不是一朝一夕所能奏效的，它需要一个潜移默化的酝酿过程，所以宋室南渡之初的诗坛风气仍与“元祐”一脉相承。南宋诗坛上最大限度地实现复归唐诗风范的诗人当推陆游和杨万里，他们早年的诗作均笼罩在苏、黄的影响之下，后来才努力摆脱。陆游诗风转变的关键年龄是四十八岁至五十六岁，也即从宋孝宗乾道八年（1172）至淳熙七年（1180）[①]。杨万里诗风转变的关键年龄是五十一岁至五十九岁，也即从宋孝宗淳熙四年（1177）至淳熙十二年（1185）[②]。此时距离宋室南渡已经过去半个世纪。张孝祥比陆游晚生七年，比杨万里晚生五年，却比陆游早卒四十一年，比杨万里早卒三十七年。当陆、杨诸人开始转变诗风时，张孝祥早已不在人世。正如前文所述，张孝祥始终对苏诗心摹手追，但内心已有超越苏轼之意图，不过未及实现而已。也就是说，享年不永限制了张孝祥诗风走向成熟。即使张孝祥的诗才不输于陆游、杨万里，他也没有可能实现对“元祐”诗风的疏离，也就不能像陆、杨那样自成一家，并进而成为南宋诗坛的盟主。

再看后者。宋词的发展与宋诗并不同步。宋诗的新气象早在梅尧臣、欧阳修手中已露端倪，但词风仍然延续晚唐五代，直到苏轼登上词坛，词坛风气才得焕然一新。苏轼对词风的革新，主要体现在两个方面。一是题材范围的扩展。正如清人刘熙载所评：“东坡词颇似老杜诗，以其无意不可入，无事不可言也。”[③]二是豪放风格的创立。正如南宋胡寅所评：“及眉山苏氏，一洗绮罗香泽之态，摆脱绸缪宛转之度，使人登高望远，举首高歌，而逸怀浩气，超然乎尘垢之外。”[④]虽说苏词中兼有这两个特点的作品为数不多，但一种全新的豪放词风已经形成。然而苏轼对词风的革新带有超前的性质，整个词坛的风气仍在沿着旧有轨道前行，直到南宋初期才得到真正的响应。刘扬忠先生指出：

① 参见拙文《陆游“诗家三昧”辨》，《莫砺锋文集》第三卷，凤凰出版社 2019 年版，第 510—511 页。

② 参见拙文《论杨万里诗风的转变过程》，《莫砺锋文集》第三卷，第 583 页。

③ 刘熙载《词概》，《词话丛编》第四册，第 3690 页。

④ 胡寅《向芗林酒边集后序》，《全宋文》第一百八十九册，第 358—359 页。

> 在北宋之世，词坛学苏者寥寥无几。……必待“靖康”乱起，如狼似虎的女真军队横扫中原大地，踏破了文人学士浅斟低唱的歌台舞榭，摧毁了生产软媚小词的楚馆秦楼，惨酷的家国剧变方才改变了大部分人的文学观与词体观，使他们感受到了以诗为词、以词言志的需要与必要，于是南渡之际和南宋前期，词坛学苏者才风起而云涌。[①]

张孝祥于南宋前期崛起于词坛，正处于苏轼词风的影响方兴未艾之际，可谓得其时哉。然而此期词坛，虽然学苏已成风气，但像张孝祥那样高度自觉地以学苏为创作目标的并不多见。张孝祥作词，无论是题材取舍还是风格倾向，都与苏轼“以诗为词”的精神相一致。张词亦有少量筵间樽前的应酬之作，但多数作品都是抒写宦情羁思等生活感慨，以及慷慨壮烈的爱国情怀。张词的风格则以清旷、雄壮为主，南宋人陈应行称张词有“潇散出尘之姿，自在如神之笔，迈往凌云之气”[②]，确非虚誉。在南宋初期的词坛上，张孝祥堪称东坡词风最杰出的继承发扬者。张词的艺术成就比年辈稍晚的辛派词人陈亮、刘过等人有过之而无不及，如果天假以年，他完全有可能辅佐辛弃疾主盟一代词坛。

因此张孝祥的诗、词创作虽然都是处于南宋前期这个历史时期，而且都有学习苏轼的创作特点，但它们在宋诗史与宋词史上分别处于不同的发展阶段，故而前者徒成尾声，后者却独得先机。张诗的成就不如张词，其客观原因或在斯欤？

（原载《中国韵文学刊》2021年第2期）

---

① 刘扬忠《唐宋词流派史》，福建人民出版社 1999 年版，第 259 页。

② 《张孝祥集编年校注》，第 1745 页。

论张孝祥的记体散文

◎金文凯

张孝祥（1132—1169），字安国，号于湖居士，南宋著名词人，以深刻的爱国思想和高度的艺术技巧，开辛词派先河，与张元幹堪称南宋前期词坛双璧。他兼擅诗文，工书法，王十朋称他“当代才子”，“翰墨妙天下”[①]。历来的张孝祥研究，都偏重其词，对其诗，特别是散文鲜有研究。其实，张孝祥驰文名于当世，他曾两任中书舍人，世称张紫微。其文才为高宗所赏识，《宋史·张孝祥传》云：绍兴二十四年，廷试第一……御笔批云“议论确正，词翰爽美，宜以为第一”[②]。宋陆世良称其“文章俊逸，顷刻千言，出人意表”[③]。朱熹赞其“文章政事皆过人远甚”[④]。洪适亦感叹其“两禁代言，他学士至于阁笔”[⑤]。《新刊国朝二百家名贤文萃》《宋四六文选》《南宋文范》等宋文总集，均收录有张孝祥文，证明其文不应忽视。张孝祥英年早逝，孝宗有用才不尽之叹。存《于湖集》四十卷，其中文二十四

① 王十朋《梅溪文集》后集卷二七，（台湾）商务印书馆影印文渊阁《四库全书》本。

② 脱脱《宋史》卷三八九，中华书局 1977 年版。

③ 陆世良《宣城张氏信谱传》，《于湖居士文集》附录，《四部丛刊》影印慈溪李氏藏宋刊本。

④ 朱熹《晦庵集》卷八四《跋张安国贴》，（台湾）商务印书馆影印文渊阁《四库全书》本。

⑤ 洪适《盘洲文集》卷二四《张孝祥复集英殿修撰知静江府制》，《四部丛刊》影印上海涵芬楼藏宋刊本。

卷四百多篇，包括记、序、铭、说、奏议、墓志、尺牍等各种文体，体类众多，尤以四六文及制策颇负时名。但今天看来，实以记体文及论政讲道之文成就最大。其记体文共二卷十九篇，虽然数量不多，但题材丰富，艺术技巧高超，几乎篇篇堪称文质兼美，值得重视。笔者不揣浅陋，仅就其记体文试作探讨。

一

记体文萌芽于先秦，盛于唐，变于宋，且于宋季蔚为大观，叶适即云："记虽愈、宗元犹未能尽其长也，至欧、王、苏始尽变其态。"[①]"记"文的正体是"叙事识物"（李耆卿《文章缘起》注），因此唐代记体文虽不乏穿插议论抒情于文中或在"叙事之后，略作议论以结之"者[②]，但大多还是以"事""物"为主，在状貌特征上浓墨重彩，作客观、静态记述，以写实胜，韩愈《燕喜亭记》即是典型。宋人一变而为以"人"为主，将强烈的主观意识纳入其中，议政论道，记述抒情，物为我用，题材丰富。宋初王禹偁《黄州新建小竹楼记》首开其风，文章虽对黄冈以竹代瓦的习俗、选址建楼的原因等有所记述，但着墨重点已不在竹楼本身，而是侧重表达作者谪居中随缘自适的生活态度和居陋自持的情操志趣。这种对人文意趣题旨的取向偏重，对后起的范仲淹、欧阳修、王安石、苏轼等影响广泛，是"破体为记"的典型篇章。张孝祥的记体文继承了北宋以来记体文人文意识浓厚的特点，把更多笔触专注于人，议论风发，表达自己的社会体悟和人生感受，寄托宏大的志向。这种浓厚的人文色彩由如下三方面可见概貌。

① 叶适《习学记言序目》卷四九，中华书局 1977 年版。

② 吴讷《文章辨体序说》卷五六，于北山校点，人民文学出版社 1962 年版。

其一，表达对社会现象和人生哲理的思考，充满个体意识。

宋季思想文化发达，儒、释、道三家空前发展，理学便是继承儒学精髓，兼收佛、道思想，将三教融合渗透而孕育发展的一种新儒学。张孝祥思想深受理学影响，并以积极用世的儒家思想为“正道”。他与理学家朱熹、张栻等交往密切，切磋频繁。

儒家哲学的核心思想和根基是仁学，张孝祥继承孔孟仁学的基本精神，并在其记体散文中呈现仁学的思想特质。《万卷堂记》[①]《寿芝堂记》（卷一四）虽为堂记，但文章更多笔墨已不在堂室本身，前者盛赞欧阳修之孙欧阳汇，“辛勤三十年”，不为子孙“善田宅，崇财货”，而是藏书万卷，建“万卷堂”，“以使三子者学焉”，并劝诫学子们要学习前人，读书“求仁”；后者则由郑子礼堂室因内寝产芝得名，联想到灵芝致人长寿的神奇药效和郑子礼“年七十有二，康宁而好德”“奉使典州，皆有绩惠”的点点滴滴，从而发出“仁者寿”的感叹。在张孝祥看来，读书当为“求仁”，为官当施“仁政”，“仁”是修身、齐家、治国、平天下的大本之源。程颢曾云：“学者须先识仁，仁者浑然与物同体，义、礼、智、信皆仁也。”（《二程遗书》）而要“求仁”，二程“主敬”，朱熹“居敬”，意即为实现儒家理想人格，必须严格地自主自律，不为外物所牵引，不为人欲所昏惑；张孝祥则强调读书以“求仁”为宗旨，“非以通训诂、广记问”，也不以“取科第、苟富贵”为念。对仁的见解，张孝祥与“二程”、朱熹可谓一脉贯通。

《游无穷斋记》（卷一三）则阐述了张孝祥的“圣人”观，他认为“子所不能自同于圣人者，直在于寤寐之间”，圣人并非遥不可及，高不可攀。一个人如果杂虑太多，往往可能思维

① 张孝祥《张孝祥诗文集》卷一三，彭国忠校点，黄山书社2001年版，第174页。以下凡引此书只在文中夹注卷数。

阻塞，所谓“一物入于思，一物为之碍；一事入于思，一事为之碍”，当抛开杂念，如同进入“寐而无梦”的所谓圣人“无思”境界，反倒可能豁然开朗，从而“游无穷”。张孝祥此论颇具哲理，其“圣人”观与道家“无为”的思想是相通的。“无为”的内在要求是遵循客观规律，其深层要求和目的则在于“无不为”，从“无为”做起，才能够达到“无不为”，实现“无为而无不为”。而“致虚守静”则是“无为”的重要内容。老子云：“致虚极，守静笃。”（《老子》第五章）庄子曰：“静则无为，无为也则任事者责矣。”（《庄子·天道》）唯有内心达到“致虚守静”，才能悟“道”，并真正完成主体向自然的复归，而“静”即无，即心灵世界的澄明空澈。张孝祥强调的所谓“无思”恰是“致虚守静”的一种境界表现。

宋代“崇文抑武”，大兴文教，从京师的太学、国子监，到地方的郡学、府学、县学，再到民间的书院、私塾、乡校，逐步建立起了一套比较完备的教育体系。教育的普及是宋代文化与文学发达的重要原因之一，宋人撰有很多学记，肯定教育的重要性。张孝祥也在记中阐发了自己的为学之道。《宣州新建御书阁记》（卷一三）借宣太守许尹上任伊始即对已经“攲倾支柱”的御书阁重新修建之事，阐明存书、藏书、读书是以圣继圣的祖宗之法。《衡州新学记》批评时人“学自为学，政自为政”，把“能通经辑文以取科第”作为“学”之唯一目的，呼吁“使政之与学复而为一”，实现“以学为政”。张孝祥的为学之道正是儒家“经世致用”“内圣外王”思想的体现。

其二，呈现济世为民，政绩超卓的自我形象，充满社会意识。

宋代理学家继承了先秦儒家的民本意识和治世精神。程颐即云：“君子之所欲者，泽天下之民，济天下之困也。”[①]这种济世

① 程颢、程颐《二程集》卷四，王孝鱼点校，中华书局 1981 年版，第 942 页。

为民思想在张孝祥身上也得到充分体现。他认为“王者之治本人情”（《送临武雷令序》卷一五），为政须以民为本，以社稷为重。加之他干练果决，颇有治才，因此能“捷风雨乎政事”（韩元吉《祭张舍人》）[①]，“治有声绩”（《张安国传》）[②]。

《金堤记》（卷一四）写其在荆州任上两个月，旧金堤决为深渊，不可复筑，他迅即动员五千人的力量，另选堤址，仅历时四十天，建成新堤，而且“穹崇坚好，悉倍于旧”，使荆州得免水患。新堤建成，张孝祥又向府中耋老了解旧堤毁坏的根本原因以告诫自己和后任。新金堤修建完毕，张孝祥又“与僚吏周视官寺”，发现“盖无有不敝坏者，而仓为急”，于是“即檄”僚吏“撤旧屋而新之，合为屋一百五十楹，揭之曰万盈仓”，终于改变了长期以来荆州虽为漕运中心、屯兵之所和粮食集散地，但仓库的建造散乱无章，破败不堪，以至“廪庾出纳”，“因陋就简”，“栋桷委地而犹藏谷”，甚至出现“军士月给皆黑腐，以饲鸡豚且不食”的恶劣现状。张孝祥作《荆南重建万盈仓记》（卷一四）记之。

张孝祥治荆州仅八个月，即有筑金堤以免水患，置万盈仓以储漕运两大建设，其心系民瘼、造福于民的情怀及处理政事的干练、气魄可见一斑。其实张孝祥短暂的一生曾出守六郡，所至皆有惠政，难怪《宣城张氏信谱传》赞张孝祥：“士师其道，吏畏其威，民怀其德，所至有声。”洪遵言其“六郡能声，两朝雅望”（《祭张安国舍人文》）[③]，这些评价诚非虚誉。

其三，歌颂忠直爱民、鞠躬尽瘁、无私无畏的清官廉吏，融入深厚的爱国情感，充满忧患意识和民族意识。

对于众多南宋士大夫而言，历经靖康之难，面对江山残

① 韩元吉《南涧甲乙稿》卷一八，（台湾）商务印书馆影印文渊阁《四库全书》本。
② 引自《于湖集》附录，（台湾）商务印书馆影印文渊阁《四库全书》本。
③ 洪遵《洪文安公小隐集》，《永乐大典》卷一四〇四六，第13页。

破、风雨飘摇的局面，爱国情绪、民族精神被空前激发。他们不仅以自己的忠直勤勉实践着“治国、平天下”的传统儒家理想，更以自己的不屈不挠、无私无畏履行着收复山河、保家卫国的使命。

《乐斋记》（卷一三）赵再可以国为重，无往不乐，不顾两淮为宋、金争战之地，置生死安危于度外，毅然赴钟离（今安徽凤阳县东北）主簿事。《宣州修城记》（卷一三）宣城守任古，临危不惧、刚毅沉雄，在没有战事硝烟时秣马厉兵，修城有备；金兵大举南侵时镇定自若，守城有方。《棠阴阁记》（卷一四）张维爱民如子，恪尽职守，在闽地为官，“闽之人歌舞之，去而思之”；为当涂守，则“民之思仲钦（张维字），饮食必祷”。《黄州开澳记》（卷一四）黄州守杨宜之为民造福，雷厉风行，上任即访诸父老，了解到黄州“未复其故”在于“古澳之未浚”，马上“不皇顾其帑廪之有无，即日鸠工”，他“亲率畚锸”，仅用短短二十天即完成了开澳工程。这些文章充分展示了在国势衰微的南宋时期，纵然有偏安一隅、屈膝事敌的卖国权奸，更有众多志在复国、奋斗有为的清官廉吏，他们的品行与事迹感人肺腑。

清代刘熙载曾云：“叙事有寓理，有寓情，有寓气，有寓识。无寓，则如偶人矣。”（《艺概·文概》）张孝祥在记体文创作中，将深刻的识见、广博的学识和强烈的时代气息融合一体，表现出对社会人生、对国家命运的深切关注，因此其记体文总体上具有很强的现实意义和深厚的人文旨趣。

二

张孝祥记体文文采斐然，艺术技巧高超，表现在其记体文多立意宏伟，气势雄壮，格调高远。

杜牧在《答庄充书》中说："凡为文，以意为主，气为辅，以辞采章句为之兵卫……苟意不先立，止以文采辞句绕前捧后，是言愈多而理愈乱。"苏轼则很形象地把作家在构思中所形成的"意"比作可以摄取百物以满足生活需要的钱，称"不得钱不可以取物，不得意不可以用事，此作文之要也"[①]。可见立意乃散文成败的关键。它不仅决定着作品境界、格调的高下，而且也是衡鉴文章优劣的重要标尺。张孝祥记体文善于命意。强烈的爱国主义精神与高度的历史责任感，崇高的民族气节与不屈的斗争意志，构成了张孝祥散文的思想灵魂，使其作品充满了激动人心的力量。

《太平州学记》（卷一三）撰于乾道元年（1165）四月，距隆兴和议订成仅四个月。文章记当涂守王秬修葺太平州学之事。在天灾人祸接踵而至的艰苦条件下，王秬临危不乱，处变不惊，既有"救灾之政"，又有"备敌之略"，使"饥者饱，坏者筑"。当"内外之事略定"即建新学，终于克服重重困难，取得成功，且"凡学之所宜有，无一不备"。文末张孝祥大声疾呼："财用之不给，甲兵之不强，人才之不多，宁真不可为耶？诗曰：'无竞维人。'谓予不信，请视新学。""无竞维人"，语出《周颂·维清》，朱熹《诗经集传》（卷八）称其意即莫强于人。张孝祥深信，事在人为，只要奋斗不懈，无往不胜。太平州学的建成就是明证。

《隐静修造记》（卷一三）作于同年，文中同样阐述了兴废由人的思想。江东三大寺院中的建康钟山寺和当涂隐静寺俱毁于建炎兵火，隐静地瘠民穷，但妙义禅师道恭以微薄之力，历时二十二年之久，"披荆棘，荦粪秽，由尺椽片瓦之积至于为屋数百千楹"，终于重建了隐静寺，且"土木之工，金碧之丽，通都

① 转引自洪迈《容斋随笔》卷一一，（台湾）商务印书馆影印文渊阁《四库全书》本。

大邑未有也”。而钟山寺，“距建康十里，近富商大贾之所走集，金帛之施无虚日”，虽为富庶之地，但无人奋力从事，始终未能修复。文章通过对比阐述了一个道理：只要能持之以恒，不怕困难挫折，天下事无不可为。

张孝祥一生以收复中原，中兴大宋为己任，谢尧仁称其“雄略远志，其欲扫开河、洛之氛祲，荡洙、泗之膻腥者，未尝一日而忘胸中”[①]。而南宋朝廷一再偏安求全，使北伐中兴机运顿失。面对如此局势，张孝祥无比愤慨。“无竞维人”的思想，是对隆兴和议的批判，也是对南宋朝廷屈膝苟安的鞭挞。既然王秬、道恭能克服千难万险建成太平州学与当涂隐静寺，张孝祥坚信，只要朝廷上下同心协力、奋发图强，收复失地，中兴大宋，指日可待。

张孝祥由州学、寺庙的新建而引申出民族大义，可谓意旨遥深，是王安石《桂州新城记》、曾巩《墨池记》、苏轼《仁宗皇帝飞白御书记》一类“小题从大处起议论”（《苏文忠公文钞》卷二四）的典型之作。他的这类作品深深植根于现实斗争的深厚土壤，反映了广大人民群众的爱国要求，代表着那个特定时代的最高呼声，因而有着广泛的社会性。苏轼曾言：“诗文，皆有为而作，精悍确苦，言必中当世之过，凿凿乎如五谷必可以疗饥，断断乎如药石必可以伐病。”[②]张孝祥记体文为南宋朝廷开出了一剂“疗饥”“伐病”的药方，不愧为“期于适用”的“有为”之作。

文贵立意，意贵创新。张孝祥善于因题言意，借题发挥，即使同一题材，也往往创出新意。《太平州学记》《衡州新学记》

---

① 谢尧仁《张于湖先生集序》，《于湖居士文集》卷首，《四部丛刊》影印慈溪李氏藏宋刊本，上海古籍出版社 1989 年版。

② 苏轼《东坡全集》卷三四《凫绎先生诗集叙》，（台湾）商务印书馆影印文渊阁《四库全书》本。

便是如此。两文同写在边事频仍下的修建新学，如果就题论题、粘死题目，难免雷同乏味。而此两文，前者呐喊“无竞维人”，后者呼吁“学政复一”，立意毫不相同，令人叹服。

其次，张孝祥记体文多匠心独运，精于构思，结构灵动多变，不主故常。

清代古文家刘大櫆《论文偶记》云：“义理、书卷、经济者，行文之实，若行文自另是一事。譬如大匠操斤，无土木材料，纵有成风尽垩手段，何处设施？然有土木材料，而不善设施者甚多，终不可为大匠。”[①]所谓“设施”，即指文章结构。刘大櫆用生动的语言强调了结构在布局谋篇中的重要性。清代散文家方苞则在《答程夔州书》中云：“散体文惟记难撰结，论、辨、书、疏有所言之事，志、传、表、状则行谊显然，惟记无质干可立，徒具工筑兴作之程期，殿观楼台之位置，雷同铺序，使览者厌倦，甚无谓也。”记体文要避免“雷同铺序”“使览者厌倦”，实现“土木材料”设施得当，需要作者以灵心妙笔，安排文章结构。对此，刘熙载强调：“文莫贵于精能变化。”（《艺概·诗概》）张孝祥也自有卓见：“为文有活法，拘泥者窒之，则能今而不能古。”（《题杨梦锡〈客亭类稿〉后》，卷二八）

张孝祥记体文上承苏轼，打破唐人先叙述、次状物写景、后抒情议论的“三段论”模式，常常随物赋形，因事结撰，不拘一格，变化多姿。

《万卷堂记》，开篇青山在目，交代作记缘由；次段由叙转议，赞扬欧阳汇弘扬文忠公之德，藏书万卷，“使三子者学焉”；末段纵深一步，阐述读书求仁思想。全篇娓娓叙来，经纬

① 刘大櫆等《论文偶记初月楼古文绪论春觉斋论文》，范先渊点校，人民文学出版社1959年版，第3页。

分明，属张孝祥记体文中结构谨严之作。

文章结构谨严有序，甚至如刘勰所言“众理虽繁，而无倒置之乖；群言虽多，而无棼丝之乱；扶阳而出条，顺阴而藏迹，首尾周密，表里一体”（《文心雕龙》）固然精妙，但若千篇一律，而无灵动变化，又未免如“直头布袋”[①]，读之使人生厌。张孝祥记体文注重根据题材择取相应的结构方法，将描写、叙事、议论、抒情交错使用，结构贯通曲折、精巧多变。

《隐静修造记》前叙后议，卒章显志，由隐静寺的修造论及为郡县者之道，文末翻出新意，大有摩空取势之态，显得平中出奇，曲折有致。《衡州新学记》先议后叙，有理有据，由学政之间的密切关系谈到当前学政分离的弊端及三位衡州官员深谙“夫学所以为政”之理，在“方有兵事”“日不遑暇”的情况下坚持修葺新学，由此提醒衡州学子，为学“不但为科第之得，而思致君泽民之业，使政之与学复而为一”，情理相融，扣人心扉。《棠阴阁记》《宣州修城记》专注写人记事，以补叙作记缘由作结。虽同为补叙，却用笔不同，前者直叙其事，后者以对话曲笔婉述。《宣州新建御书阁记》由叙到议，以叙结尾；《太平州学记》由议到叙，以议殿尾。同用议论，前者直抒胸怀，后者则借“过客”感叹代言，使议论出自别人，作者自己成为旁观者及客观的评论者，既增强了说服力，又使文章抑扬错落，颇有情致。张孝祥布局谋篇的别具匠心可见一斑。

刘大櫆曾评点欧阳修记体文善于“从虚处生情”[②]，张孝祥亦善用此法，文章虚实相生，结构腾挪变化。《荆南重建万盈仓记》先虚写荆州府仓过去的破败，再实写新建府仓“外峻墙垣，内谨扃钥”，“自湖之南北、江之东西，举无与吾仓为俪

① 吴讷《文章辨体序说》引元好问语：“文章当有曲折，不可作直头布袋。”

② 《唐宋八大家经典》，陈加等点校，沈阳出版社 1996 年版，第 39 页。

者”的新貌，由此以虚衬实，突出新建万盈仓的规模与实用功效。《宣州新建御书阁记》于虚写“前年”所见宣州御书阁“欹倾支柱”的残破庳陋景象及地方官为政阙失的印象之后，再实写“今年”新建御书阁的“丽且壮”，甚至“江而南，环数十州”无可相比的可喜面貌，为下文议论重书兴学蓄势。

张孝祥往往用这种横插鲜明对比的历史事实的技法，以虚实相间、时空交错的笔法，使读者横生一种“摩荡盘旋”之感，创造出独特的艺术效果。

总体来看，张孝祥记体文打破了固定的框框，因事立意，随题运思，兴之所至，任意挥洒，写得谨而不僵，多姿多彩，显示出布局谋篇变幻莫测的笔力。难怪谢尧仁赞叹其文：“如大海之起涛澜，泰山之腾云气，倏散倏聚，倏明倏暗，虽千变万化，未易诘其端而寻其所穷。”（《张于湖先生集序》）[①]

第三，张孝祥记体散文表现手法十分丰富。

除运用叙述、描写、抒情、议论等常见手法外，张孝祥还成功地将政论文惯用的对比、类比、设问、反问等手法移植到记体文中，以更好地阐明题旨，增强艺术效果。

《乐斋记》两用对比，开头以宋、金交战之际，“居江之北者盖皆徙而南”，与“再可独驱车以北”赴任作对比；次段层层深入、反复渲染赵再可的“濠上之乐”，并与那些所谓“大官”贪生怕死的行径形成鲜明对照：

> 夫濠上之乐，孰知之？使吾于濠官守得其职固乐，不幸而不得其职，而不害其为赵再可者，再可亦乐也；又不幸而虏入塞，再可与民以心为城，择险而守，再可之志如

① 引自《于湖居士文集》卷首，《四部丛刊》影印慈溪李氏藏宋刊本，上海古籍出版社1989年版。

此，再可亦乐；又重不幸，再可力不支而见得于虏，再可以得死所为幸，再可弥乐。夫无往而再可莫不有以自乐，再可兹行，其策得矣。彼纡朱怀金、驾高车、从卒吏，号称大官，平时冒爵位、取富贵，一旦赤白囊至，股栗心悸，谋自窜之不暇，闻再可之乐，可愧死矣。

文章于对比中既突出了赵再可英勇无畏的形象，对那些但求富贵、闻敌股栗的官僚，亦可谓鞭辟入里。

《隐静修造记》《万卷堂记》《棠阴阁记》《宣州修城记》《衡州新学记》等文皆恰到好处地运用了对比手法，使两个对立面在鲜明对比中，相互映衬，相得益彰。

同是对比，张孝祥运用起来又有所变化，如《隐静修造记》是全文运用对比，《乐斋记》等是部分内容运用对比，表现手法可谓灵活多变。

类比也是张孝祥常用的表现手法，《棠阴阁记》最为典型。文章开篇提出观点："君子之为政，去之久而犹见思者，必有恻怛爱民之诚心，感于民也深。"随即用父母对子女的慈爱及别后子女对父母的深切思念做类比阐述，从而为下文赞扬张仲钦勤政爱民、深受百姓爱戴做足了铺垫。

包世臣说："凝重多出于偶，流美多出于奇。体虽骈必有奇以振其气，势虽散必有偶以植其骨，仅厥错综，至为微妙。"（《艺舟双楫·文谱》）宋初骈俪之风盛行，记体文多为骈文，杨亿所撰杂记便是如此。此后也时有"以韵语为记者"（徐师曾《文体明辨别序说》），如苏轼《观妙堂记》、李纲《拙轩记》等。张孝祥本是南宋的四六高手，自然会吸取骈语的长处为记体文所用。其记体文继承和发扬了古文运动在语言形式方面创造的传统，骈散结合，长短参差，在语言节奏上构成了既与骈偶四六之文不同，又与散体单行之篇有别的特点，富有优美的旋律感和音乐感。

《宣州修城记》最为典型。全文分成三部分，第一部分由三十年前宣州守李公守土有备，使宣州城免受兵患的事迹引出下文；第三部分补叙作记缘由。两部分全用单行散句，娓娓道来。第二部分是全文主体，塑造了任古的光辉形象。

惟定陶公德成而行尊，实大而声宏，刚方以立朝，岂弟以牧民。民听既孚，吏虔弗偷；教条一施，事讫于理。乃视城垒，东倾西决；乃阅戎器，剥折蠹败。公耸然惧曰："吾惟守土，不此之务，吾失职矣。"即日出令，裒材揆功，易圮以坚，增庳为崇，尺积寸会，役有成数；檄召下县，使以徒集。程督有制，犒赐有时，无偏徭，无堕工，一月而栽，再月而毕。千雉云矗，百楼山峙。屹業岋峨，若化而出。池隍险幽，门闳回阻，谁何周严，至者神沮。凡城所须，无一不给。既又冶金伐石，刓革揉木，杀竿傅羽，濡筋削角，练工之良，大治兵械，戈剑弓矢，櫜兜戟帜，视诸故府，乃易乃饬，枚计其凡，四十万有奇。邦人士女，四方宾客，骇叹其成，天造鬼设。

冬十月，虏驱绝淮，剪我合肥，蹂我历阳，流柹投鞭，规济天堑，并江列城，焦然以忧。公旦起闻谍，色不为动，徐召宾佐，分畀其职：某调某卒，某赋某甲，某守某险；米盐薪刍，铁炭布帛，琐细之物，毛举其目，严以待命。增斥堠，申火禁，察奸宄，诘逋逃。吏持笔牍，毕受成画，号令明壹，奔走就事。邑居之豪率其僮客，什伍相联，以艺自达。受粟取佣，丰杀以宜，旬日得战士五千，严兵登陴，部分整暇。驿闻诸朝，恩给台仗，朝莫阅习，导以酿赏。四邻绎骚，羽书交驰，吏骇人摇，滋不奠居。而吾宣城，晏起早眠，在都在鄙，弗震弗惊。边之迁民，系路来归，振廪授地，罔不得所。

开头两组句子排偶相承，层峦迭出，气势磅礴，概述了任古的品德与政绩；紧承一句“乃视城垒，东倾西决；乃阅戎器，剥折蠹败”，借助虚字，化骈为散，有意无意间，打破了句式的整齐划一，注入了散文长短随意、摇曳灵动的精神。接着具体叙述任古事迹，以四言为主，杂以三言及短句，整齐处有参差错综，起伏中寓顿挫抑扬，颇具“大珠小珠落玉盘”之美。又穿插运用对偶，并使用了押韵、换韵及铺陈排比，骈散间出，气韵流贯，既逞诗句的工整美，又有散文的流动美。读来语势如涛，逐层排浪，起伏奔流，滚滚而下，颇有尺幅千里之势，从而塑造了血肉丰满的人物形象，并寄寓了无限的赞美之情。

张孝祥记体文还常借用虚字增强表达效果。张裕钊说：“文章之难，第一在用虚字。”[①]将“用虚字”之难冠以“第一”未免夸张，但文中神气，骈文靠音律，散文靠虚字，确是事实。试看下面例子：

学，古也。庙于学以祀孔子，后世之制也；阁于学以藏天子之书，古今之通义，臣子之恭也。当涂于江、淮为名郡，有学也，无诵说之所；有庙也，无荐享之地；有天子之书，坎而置之屋壁。（《太平州学记》）

古之所谓读书者，非以通训诂、广记问也，非以取科第、苟富贵也，亦曰求仁而已。仁之为道，天所命也，心所同也，圣人之所觉焉者也，六经之所载焉者也。得乎此，一卷之书，有余师矣。不然，尽读万卷之书，以为博焉，其可也；以为知读书，则未也。（《万卷堂记》）

① 张裕钊《张裕钊诗文集》，王达敏校点，上海古籍出版社 2007 年版。

前段连用五个“也”，后段连用七个“也”，这样以一连串虚字为音韵构成咏叹句式，频繁而有规律地呈现于特定的语言环境之间，形成一唱三叹、一波三折的复沓回环旋律，增强了文章的节奏感，使文章平和疏朗，使议论愈转愈深。

第四，张孝祥的记体文语言简古凝练、清爽刚健。

宋文多冗长，杂记文亦如此。张孝祥记体文多为四五百字，篇幅最长的不过八百一十字，最短的仅六十六字。他善于抓住事物的本质和特征，炼字琢句，绘景摹物，刻画形象，阐发事理，文词十分精粹简洁，真正达到了韩愈所说的“丰而不余一言，约而不失一辞”。

就叙事写人而言，张孝祥善于捕捉人物瞬间神态，三言两语就雕塑出鲜活的人物形象；或者抓住人物典型语言、人物间简短的对话，准确表现人物的品格与心理。如下面几例：

（任古）乃视城垒，东倾西决；乃阅戎器，剥折蠹败。公耸然惧曰：“吾惟守土，不此之务，吾失职矣。”（《宣州修城记》）

冬十月，虏驱绝淮，剪我合肥，蹂我历阳，流柿投鞭，规济天堑，并江列城，焦然以忧。公（任古）旦起闻谍，色不为动，徐召宾佐，分畀其职：某调某卒，某赋某甲，某守某险；米盐薪刍，铁炭布帛，琐细之物，毛举其目，严以待命。（《宣州修城记》）

赵再可于癸未之秋往主濠之钟离簿事，过别予于吴门。时虏方聚兵汴、宋，居江之北者盖皆徙而南，再可独驱车以北。与再可戚而爱之者交谏止之，再可慨然无难色。（《乐斋记》）

仲钦提点广西狱事，下车一月，冒黄茅瘴走二十五州，以扁舟渡海，吏士叩头涕泣交谏，仲钦褰裳登舟，半济

风作，舟师震骇，仲钦怡然不为动也。黜陟罢行，一皆考之民，民扶舆欢嗷，以为百年未之见也。（《棠阴阁记》）

然学自为学，政自为政，群居玩岁，自好者不过能通经缉文以取科第，既得之，则昔之所习者旋以废忘。一视簿书期会之事，则曰："我方为政，学于何有？"（《衡州新学记》）

前四例抓住人物在特定事态下的神态表情，把人物的气质风神表现得淋漓尽致。任古的尽职尽责、临危不惧；赵再可的以国为重、视死如归；张仲钦的殚精竭虑、恪尽职守，无不活灵活现，感人肺腑。尾例抓住时人读书唯科第是求的典型语言，形象揭示了学、政分离的社会弊端。虽然都是淡笔写来，却比浓墨重彩更力透纸背。另外如《黄州开澳记》中黄州守杨宜之与"父老"的对话、《棠阴阁记》中作者与村民的对话以及《游无穷斋记》虚拟张子与郭子的对话，都既简洁精练地刻画了人物，又使作品灵动活泼，有理有趣。清刘大櫆云："凡文笔老则贵简，意真则简，辞切则简，理当则简，故简为文章尽境。"（《论文偶记》）以此观张孝祥之作，知其已臻胜境。

张孝祥以写景抒情为主的山水记体文尤为短小精悍。《游朝阳岩记》（卷一四）写朝阳岩"水潦方涨，朝日在牖，下凌倒景，凉风四集"，仅寥寥数笔，其美好景致已跃然纸上。《千山观记》（卷一四）描写千山观，同样着墨不多：

桂林山水之胜甲东南，据山水之会，尽得其胜，无如西峰。乾道丙戌，历阳张某因超然亭故基作千山观，高爽闳达，放目万里；晦明风雨，各有态度。观成而余去，乃书记其极。

全文不足百字，却不仅把作记的时间、缘由交代得清清楚楚，而且把千山观尽得桂林山水之胜的独特地理位置、高爽闳达的风神概貌也写得生动有致。

最精彩的是《观月记》（卷一四）：

> 月极明于中秋，观中秋之月，临水胜；临水之观，宜独往；独往之地，去人远者又胜也。然中秋多无月，城郭宫室，安得皆临水？盖有之矣，若夫远去人迹，则必空旷幽绝之地，诚有好奇之士，亦安能独行以夜而之空旷幽绝，蕲顷刻之玩也哉！今余之游金沙堆，其具是四美者与？
>
> 盖余以八月之望过洞庭，天无纤云，月白如昼。沙当洞庭、青草之中，其高十仞，四环之水，近者犹数百里。余系船其下，尽却童隶而登焉。沙之色正黄，与月相夺，水如玉盘，沙如金积，光采激射，体寒目眩，阆风、瑶台、广寒之宫，虽未尝身至其地，当亦如是而止耳。
>
> 盖中秋之月，临水之观，独往而远人，于是为备，书以为金沙堆观月记。

乾道二年（1166），张孝祥在知静江府、广南西路经略安抚使任上再遭谗毁落职，他北归途经洞庭湖，舟泊金沙堆，时当中秋，独登观月，作下此记。中秋赏月本是诗文常见题材，而在洞庭湖中的金沙堆观中秋月，则别有一番景象与情趣。

文章开篇擒题，并提出观月“四美”之说，即中秋、临水、独往和远人，文势滔滔，引人入胜。紧承以“然”字陡转文势，用反问套接假设复句，阐明“四美”俱全实属不易，以欲扬先抑手法，为下文写景做足铺垫。段末以问句作结，留下悬念。

第二段精彩纷呈，暗扣观月之“四美”，正面描写金沙堆。起句即以比喻勾勒“八月之望”澄澈明净的天色，“天无纤云，月白如昼”，令人神往；继之以精练笔墨介绍金沙堆的地形位置，营造出清疏空阔、旷远幽静的情境氛围。于是作者索性“尽却童隶”，独自攀登而上，跃入眼帘的是一幅光色相映的绝妙画图：“水如玉盘，沙如金积，光采激射，体寒目眩。”可谓潇散明澈，美不胜收，引发作者妙想联翩，将金沙堆与“阆风、瑶台、广寒之宫”相媲美，把一个人间仙境呈现无遗，给人似真似幻的美好感受，怡然陶醉。文末再扣观月之“四美”与开头呼应，使文章首尾相衔，浑然圆合。

品读此记，对张孝祥写于同时的名作《念奴娇·过洞庭》中“玉界琼田三万顷”之比喻、“素月分辉，明河共影，表里俱澄澈”之刻画以及“尽吸西江，细斟北斗，万象为宾客”之想象有更深刻的领悟；对其写于次年的《水调歌头·金山观月》中“漱冰濯雪，眇视万里一毫端”那种由自然外景而沁入内心的超尘脱俗感受，“回首三山何处？闻道群仙笑我，要我欲俱还。挥手从此去，翳凤更骖鸾”那种因沉浸美景而飘然出尘的浪漫思绪和幻想也会有更真切的体会。

以文赏词，借词品文，可以看到，作为一位有才华、有抱负、有见识的爱国志士，张孝祥把自己高洁的人格、广阔的襟怀，都“融化”在一片皎洁莹白的月光湖影中，创造出一种朗风霁月、空明澄澈的诗境。宋陈应行评张孝祥词云，“读之泠然洒然，真非烟火食人辞语……其潇散出尘之姿，自然如神之笔，迈往凌云之气，犹可以想见”（《于湖先生雅词序》）[①]，用来评赞此记也很合适。

《观月记》文笔清隽，写景、叙事、抒情、议论熔于一炉，语言凝练又流畅自如，创造出充满诗意的空灵意境，与苏轼的《记承天寺夜游》等散文小品的神韵和风格颇为相近。

① 转引自《于湖居士文集》附录，上海古籍出版社 1980 年版。

三

宋代是散文发展史上承前启后的重要时期，宋文是古代散文创作的高峰。然而，历来对宋文的论述评价，都重北宋而轻南宋。金人对南宋散文就颇有微词，王若虚曾云：“宋自过江后，文弊甚矣。”[①]元明清人基本延续了这种观点，何良俊《四友斋丛说》曰：“南宋之诗，犹有可取。文至南宋，则尖新浅露，无一足观者矣。”[②]姚椿《南宋文范序》则云：“或曰：南宋文气冗弱，上不能望汉、唐、北宋，而下亦无以过元、明。”[③]何良俊对南宋散文显然指斥过甚，姚椿的评价则真实地代表了大多数清代文人的看法。

诚然，相当一部分南宋文的确存在明显不足，“冗弱”也确实是较为突出的流弊。所谓“冗”，主要指南宋文多有冗长芜蔓、章法缺失之弊；所谓“弱”，当指一些南宋文缺乏宏大气魄而显得文体卑弱。这些特质的形成与宋代讲学盛行的时风、日趋衰微的国势以及内敛自省、重理节情的文化特质等均有关系。然而以“冗弱”概括整个南宋文创作，未免失之片面。

单就张孝祥而言，生活在这样一个朝廷偏安一隅，领土大片沦陷，人民以血泪洗面、翘首以盼光复的特殊时代，他时刻把报国御侮、洗兵休战作为己任，并由此孕育出一篇篇充满爱国激情的篇章。且不论其论政讲道之文，多指切时弊，纵论时政，说理透辟，气势雄放，绝非冗弱之作；仅观其记体文，由前文论述即可知，多立意精警，雄赡雅健，俊逸流转，不拘一格，亦难以冗弱论之。尤其是那些兼以记事的记体文，如《乐斋记》《宣州修

---

① 王若虚《滹南集》卷三上，（台湾）商务印书馆 1986 年版。

② 何良俊《四友斋丛说》，中华书局 1985 年版。

③ 姚椿《南宋文范序》，见庄仲方编选《南宋文范》，江苏书局刊本。

城记》《隐静修造记》《黄州开澳记》等，或歌颂心系民瘼、英勇无畏的清官廉吏，令人荡气回肠；或疾呼“无竞维人”，中兴大宋，更是撼人心魄。加之其散文语言在整体上表现出一种精练畅达的美，藻思英发，才气奔逸，金铛玉粒，掷地有声，更无冗弱之弊。

因此，仅从张孝祥记体文看，以“冗弱”涵盖整个南宋散文的创作，也是有失公允的，更何况各体散文中，李纲、陈亮、叶适、辛弃疾、文天祥等均不乏笔力雄健、章法谨严的佳作。而从张孝祥记体文人文意识浓厚的特点和对文章章法技巧的注重，也可以看到南宋散文在创作上与北宋散文的优良传统一脉相承与开拓创新的一面。所以，应该以更加客观的态度评价南宋散文，既看到其不足，又看到其独特的新面貌。

综观张孝祥记体散文，才气超迈，刚健清雄，文思隽逸，词翰爽美。不论从丰厚的思想内容方面，还是从密切联系现实方面，也不论从立意题旨、结构布局方面，还是从表现手法、语言锤炼方面，都受前人沾溉甚多。韩文的雄直与笔力、柳文的凝练与形象、欧文的辞采与结构、苏文的气魄与奔放等，在其记体散文中都有充分的表现。总体成就虽不能与其词相比，但也能自成一家，在文学史上占一席之地。

（原载《清华大学学报》2011年第6期）

肝胆皆冰雪

——南宋张孝祥其人其书

◎杨　勇

生活在南宋前期的张孝祥不仅被视为开辛弃疾豪放词派先声的重要爱国词人，他同时也是一位杰出的书法家。只是张孝祥书名为词名所掩，其《六州歌头》（长淮望断）一词几为妇孺皆知：

> 长淮望断，关塞莽然平。征尘暗，霜风劲，悄边声。黯销凝。追想当年事，殆天数，非人力，洙泗上，弦歌地，亦膻腥。隔水毡乡，落日牛羊下，区脱纵横。看名王宵猎，骑火一川明。笳鼓悲鸣，遣人惊。　念腰间箭，匣中剑，空埃蠹，竟何成！时易失，心徒壮，岁将零。渺神京。干羽方怀远，静烽燧，且休兵。冠盖使，纷驰骛，若为情？闻道中原遗老，常南望、羽葆霓旌。使行人到此，忠愤气填膺。有泪如倾。

该词写作之时，正值宋军新败，南宋朝廷乞求议和之时。清人陈廷焯评价此词：“淋漓痛快，笔饱墨酣。读至末处，如惊沙乱飞，谁不起舞？”[①]也难怪主将张浚为之罢席。张孝祥的爱国情怀于此可见一斑。

---

① 陈廷焯《云韶集》，上海古籍出版社 2009 年版。

一、张孝祥其人

张孝祥（1132—1169），字安国，号于湖居士。原籍和州乌江县（今安徽省和县吴江镇），生于明州鄞县桃源乡（浙江省宁波市鄞州区横街镇）。父祁，曾任直秘阁，淮南转运判官。张孝祥自幼聪明好学，博闻强记。绍兴二十四年（1154）参加廷试，与秦桧之孙秦埙同场。主考官魏师逊及汤思退等为逢迎秦而定秦埙为第一，张孝祥第二。高宗读策后，认为张孝祥“议论雅正，词翰俱美”，并亲擢为进士第一。及第后，上疏为岳飞辩冤，为秦桧所忌恨。秦桧使人诬陷其父与张浚、胡寅等人谋反，于是张祁、胡寅等皆被下狱。张孝祥于绍兴二十六年（1156）八月除秘书省校书郎。二十七年除礼部员外郎。二十八年八月试起居舍人，九月兼权中书舍人。二十九年试中书舍人，故人称“张紫微”。他刚正不阿，在朝任职期间，曾先后上书，提出了加强边备、抵御金人，扫除积弊，改革政治和培养、选拔人才的种种主张，表现了他在政治上的理想。隆兴元年（1163）授集英殿修撰，知平江府，提举学事。张浚北伐，他又被任为建康留守，后知静江军府事等。在地方官任上，他严明法纪，赈济灾荒，庭无滞讼。张孝祥举进士出自汤思退之门，曾受到汤的举荐提拔，后反对汤思退的议和主张，而支持主战派将领张浚的北伐，因而不断受到主和派的诽谤、打击。乾道五年（1169），饯别虞允文于芜湖舟中时，中暑倏逝，年仅三十八岁。葬建康府上元县钟山（江苏省南京市紫金山）后清果寺。有《于湖先生长短句》、《于湖居士文集》四十卷等传世。

张孝祥同著名的抗战派人士胡铨、刘珙、王十朋、虔允文等人交往密切。王十朋初抵饶州便以“不欺”二字来命名其斋室，张孝祥为他书写室额，张浚为之撰铭。此事在王十朋《室铭帖》书札中有所反映。王十朋对于张孝祥的书法也十分佩服，其在《跋孙尚书张紫微帖》中云："孙公尚书，四朝文杰；张公紫微，当代才子。孙尤长于简尺，张翰墨妙于天下……张帅长沙，某移书求贡院字，笔画雄健，用于湖、泉二州，观者壮之。其所答书，词翰俱绝。"①

张孝祥的词现存二百二十余首，其中以表现爱国思想、反映社会现实的作品成就最为突出。汤衡《张紫微雅词序》言："尝获从公（张孝祥）游，见公平昔为词，未尝著稿，笔酣兴健，顷刻即成，初若不经意，反复究观，未有一字无来处……所谓骏发踔厉，寓以诗人句法者也。""自仇池（苏轼）仙去，能继其轨者，非公其谁与哉？"可谓评价之高。

二、书法师承

张孝祥在书法上成名甚早，早在其二十三岁中进士时（绍兴二十四年，1154），高宗称赞他词翰俱美，由此书名大噪。宋代岳珂在《宝真斋法书赞》中记载："思陵尝因进对，见公奏疏，玉音谕公曰：'稍进乎此，便可名世。'观公合作处，骨力固已轩轩如鲲击鹏运，盖一日九万，未可量也。公则仙矣，故其可睹者止于是。"此事宋代叶绍翁记载较为详尽：

> 高宗酷嗜翰墨。于湖张氏孝祥廷对之顷，宿酲犹未解，濡毫答圣问，立就万言，未尝加点。上讶一卷纸高轴大，试取阅之，读其卷首，大加称奖。而又字画遒劲，卓然颜、鲁，上疑其为谪仙，亲擢首选。胪唱赋诗上尤隽永。张正谢毕，遂谒秦桧，桧语之曰："上不惟喜状元策，又且喜状元诗和字，可谓三绝。"又叩以诗何所本，字何所法，张

① 《王十朋集·文集》卷二三，上海古籍出版社1998年版，第970页。

正色以对："本杜诗，法颜字。"桧笑曰："天下好事，君家都占断。"盖嫉之也。[①]

张自言其"法颜字"，可见其早年应在颜真卿书法上下过一番功夫。我们从张孝祥《卢坦传语碑》上那种体势宽博、用笔厚重的字中还可看出颜真卿的影子。张孝祥在《读中兴碑》中云："楼前拜舞作奇祟，中兴之功不赎罪。日光玉清十丈碑，蛟龙蟠拿与天齐。北望神皋双泪落，只今何人老文学。"[②]他赞美颜真卿的《大唐中兴颂碑》，更多的是赞美颜真卿的忠义及其"中兴之功"，这或许也是张孝祥将颜真卿书法作为师法对象的一个重要原因。

就目前我们可见的张孝祥书迹来看，其书法风格上更接近米芾，特别是其行草信札体现得更加明显。张孝祥同时代的曹勋在《松隐文集》卷三二中云："安国此字，尤为清劲，如枯松折竹、架雪凌霜，超然自放于笔墨之外。虽醉中亦不忘般若。岂个中自有一种习气，略无间断？"[③]张孝祥曾对米书饱览精研，下过很大功夫。他在《题蔡济忠所摹御府米帖》中说："平生我也有书癖，对此惝恍心若失……墨池如江笔如帚，一扫万字不停肘。"[④]张孝祥的这种书写状态，与米芾的"下笔一戏空"的书写状态颇为相似，都是力贯笔端，真气流转。

此外，张孝祥在《赋衡山张氏米帖》一诗中写道："人物千年海岳翁，笔精墨妙与天通。"可见他对米芾的书法是十分推崇的。南宋初的书坛，正是北宋苏轼、黄庭坚、米芾几位大家书

① 叶绍翁《四朝闻见录》乙集，见《张孝祥诗文集》附录二，黄山书社 2001 年版，第 466—467 页。

② 刘克庄《后村诗话续集》卷四，见《张孝祥诗文集》附录二，黄山书社 2001 年版，第 464 页。

③ 《张孝祥诗文集》附录二，黄山书社 2001 年版，第 466 页。

④ 《后村诗话续集》卷四，见《张孝祥诗文集》附录二，第 464 页。

法风行的时代，就连宋高宗赵构开始学书时也以黄、米为宗，张孝祥不可能不受这种时风的影响。所以陈櫄在《负暄野录》中也指出："于湖、石湖悉习宝晋，而各自变体。"我们通过比较张孝祥《姨父帖》和米芾《长至帖》可以看出此中消息。张孝祥书法在取法颜真卿、米芾等前贤的同时，也受到了时人（主要是刘岑）的影响，关于张孝祥师事刘岑一事，元代袁桷《跋于湖帖》中有详细论述[①]。

张孝祥的书法，因早年有宋高宗的推扬，故其在世时书法已为时人所重，同时代及后世论书者多褒赞有加。如曹勋在《松隐文集》卷三二中云："显贵英游，乃如湖海之士，胸贮丘壑，笔力扛鼎，以饱学妙蕴移其骨相。展玩数过，方想漫仕之风度。挹笔墨之秀发，而奉延陵之临写，绝叹点画之超诣，昂霄耸壑，过数等矣。因知风樯阵马，一日千里，孰不瞠若乎后哉！"[②]杨万里在《跋张伯子所藏兄安国五帖》中云："于湖张公下笔言语妙天下，当其得意，诗酒淋浪，醉墨纵横，思飘月外，兴逸天半。"[③]朱熹在《跋张安国帖》中云："安国天资敏妙，文章政事皆过人远甚。其作字，多得古人用笔意。使其老寿，更加学力，当益奇伟。"[④]魏了翁在《跋张于湖〈念奴娇〉词卷》中评曰："张于湖有英姿奇气，著之湖湘间，未为不遇，洞庭所赋在集中最为杰特，讵知世有紫微青琐哉！"[⑤]

倘若天不忌才，张孝祥在书法上的成就真的是未可限量。传

---

① 袁桷《清容居士集》卷四六载："于湖先生与王宣子皆绍兴进士第一，而皆以政事发身。二公皆守湖南，此帖盖于湖江东、宣子尹京时也。杼山刘季高寓金陵，于湖守行宫，纳谒杼山，杼山曰：'守谒当有故。'于湖曰：'思求书法。'杼山野服以肃，于湖拜而授之。今其书盖与刘无异也。"

② 《张孝祥诗文集》，第465—466页。

③ 杨万里《诚斋集》卷一〇〇，见《张孝祥诗文集》，第449页。

④ 《朱子大全文》卷八四，见《张孝祥诗文集》，第455页。

⑤ 魏了翁《鹤山先生大全文集》卷六〇，见韩酉山《张孝祥年谱》，安徽人民出版社1993年版，第193页。

世的张孝祥书法往往表现出中青年特有的雄健、奇伟、劲挺，加之其为人豪迈，其书迹往往超然自放，十足“可爱”。在“中兴四大家”（指陆游、范成大、朱熹和张孝祥）中，若以“骨力”而论，张孝祥是最为劲健的[①]。当然，张孝祥的志向恐未必就局限于书法，谢尧仁在《张于湖先生集序》中言：“自渡江以来近百年，唯先生文章、翰墨为当代独步，而此犹先生之余事也。”[②]无论是作文填词也好，书法也好，对于张孝祥而言，仅仅是其作为必备素养的“文人余事”。

三、传世书迹及书学法观

张孝祥对于书法的观点，更多地强调“书以人传”，而不是“人以书传”，其在《跋山谷帖》中言：

> 字学至唐最盛，虽经生亦可观，其传者以人不以书也。褚、薛、欧、虞，皆唐之名臣，鲁公之忠义，诚悬之笔谏，虽不能书，若人何如哉！
>
> 豫章先生孝友文章，师表一世，咳唾之余，闻者兴起，况其书又入神品，宜其传宝百世。恭闻徽宗皇帝评公之书，谓如抱道足学之士坐高车驷马之上，横斜高下，无不如意。[③]

张孝祥书迹留存至今者，主要是楷书与行书，其中尤以行书手札为多。大致以书写时间先后为序，略述如下：

《临存帖》，纸本，行书。纵31.1厘米，横45.9厘米。现藏

① 曹宝麟《中国书法史·宋辽金卷》，江苏教育出版社2001年版，第306页。
② 《张孝祥诗文集》，第2页。
③ 《张孝祥诗文集》，第327页。

故宫博物院。著录于清卞永誉《式古堂书画汇考》。此帖曾经元代袁桷、明代项元汴收藏。约书于绍兴二十七年（1157）六月，致高应辰札。方爱龙先生对此帖做过缜密的考证[①]。我们从“神”“行”“校”等字可以看出米芾笔画的纤秾之态及结字“奇伟”的特点，但张孝祥在用笔上比米字多了一份刚劲，提按分明，使转腾挪，不敢稍怠，显得更加持重。

《泾川帖》，又称《学富帖》，纸本，行书。纵26.6厘米，横43.3厘米。现藏上海博物馆。此帖用笔浑厚，结字谨严，整体显得圆润清雅，自具风骨。此帖亦见刻于《停云馆帖》卷七，只是刻本与墨迹行款不同。

《休祥帖》，又称《台眷帖》，纸本，行书。纵35.8厘米，横44.6厘米，凡九行，每行字数不一，共一百零四字。现藏台北故宫博物院。此帖写于乾道元年（1165）七月至乾道二年（1166）七月间，时张孝祥在广西，任知静江府兼广南西路经略安抚使。此帖字字峭劲，神采夺人，笔力浑厚雄健，结体开张，章法布局错落有致，虽单字看上去有欹侧之状，但字与字之间互相照应，整体上依然不失平衡。张孝祥此帖见刻于《三希堂法帖》，只是刻本与墨述行款亦不相同。

《疏广传语》碑，此碑与《卢坦传语》碑形制相同，均为楷书。廖志豪先生《张孝祥书〈卢坦传〉碑、〈疏广传〉碑》一文提出，两碑乃张孝祥隆兴元年（1163）知平江府任上所书，而勒石则在张孝祥去世以后[②]。

《姨父帖》，也称《拜复帖》《关彻帖》，纸本，行书。此帖曾归安岐藏，后入乾隆内府，现藏台北故宫博物院。此帖无纪年，徐邦达先生《古书画过眼要录》考订为隆兴元年（1163）或

---

① 方爱龙《张孝祥〈临存帖〉考》，《中国书法》2006年第12期，第26—27页。

② 廖志豪《张孝祥书〈卢坦传〉碑、〈疏广传〉碑》，《书法丛刊》1992年第4期，第72页。

隆兴二年（1164）书与陈之茂。韩西山先生《张孝祥年谱》附录一中则考订为乾道二年（1166）十月至乾道三年（1167）九月间写与方滋。方爱龙先生认为方滋与张孝祥父为连襟，故以韩西山先生考证更为准确。

《朝阳亭记》，乾道二年（1166），张孝祥罢职归乡前夕，接任者张维邀孝祥等同宴于水月洞，以为饯别。席间孝祥即席作《朝阳亭记》，描写了“水潦方涨，朝日在牖，下凌倒影，凉风四集”的江洞景致，并叙述了朝阳亭的兴建，以及亭洞名为“朝阳”的缘由。同时，还写了《朝阳亭诗》三首，最后一首曰：“不应此地淹鸿业，盍与吾君致太平。伏枥壮心犹未已，须君为我请长缨。”表达了其请缨出征、收复失地的爱国热情。当时，张孝祥虽然只有三十四岁，却有了老骥伏枥、英雄迟暮之感。

《题黄庭坚伏波将军诗卷后》，纸本，行楷书。从跋语可知此跋书于乾道四年（1168），现藏日本东京永青文库。

《柴沟帖》，又称《适闻帖》，纸本，行书。纵33.5厘米，横38.9厘米。上海博物馆藏。此帖凡七行，三十八字，其中第二行行首三字已大部残缺。系张孝祥写给友人养正的一通信札，札中所指柴沟一地待考。此帖有颜真卿的清雄伟岸之气，遒劲流畅，逸笔草草，不计工拙。从用笔的老辣看，当为张孝祥晚年之作。

张孝祥传世书迹以行草书为主，大字楷书亦时见诸碑刻。而篆、隶及小楷已难见真迹，唯文献中尚有记载，从中我们可以大致想象其风采。如岳珂在《宝真斋法书赞》卷二六载：“右张安国书《东坡和秦太虚梅诗帖》真迹一卷……于湖少小楷，今帖视他书，特为遒婉可观。”董史《黄宋书录》载：“谷中云：于湖篆书极工。今长沙帅司有大字西壁，南康落星寺篆书行记，大字皆佳。”[1]

张孝祥书法，前期法度较为严谨，步趋前人而少有纵笔，而后期则更为奔放。作为著名词人，张孝祥的书法并不像他的词作那样广为人们所熟知，但是他的书法，特别是大字楷书对他的侄子张即之产生了非常直接的影响。明代文徵明曾评价张即之的书法“大类安国所书”。张即之的书法艺术造诣比之张孝祥，可谓青出于蓝，只是其在虔诚地一卷卷地抄写经文时，我们再也看不到张孝祥那样的爱国热忱了。

（原载《中国书法经典》2013年第8期）

① 《中国书画全书》第二册，上海书画出版社 1994 年版，第 339 页。

关于张孝祥书法的几个问题

◎孟宝跃　高　玥

赵宋王朝自建立伊始，便树立以文治国的路线，文学艺术在两宋时期得到了全面的发展，诗词、音乐、绘画等各个方面都取得了辉煌的艺术成就，书法艺术更是继汉、唐之后迎来了又一次大繁荣局面。宋代书坛名家辈出，尤以“苏黄米蔡”为代表的北宋四家最为著名，成为后世探寻书艺、汲取艺术营养的重要法门。有宋一代的书法艺术更是被冠以“尚意书风”而与唐人“尚法”相比肩。虽然与北宋书坛的熠熠星辉相比稍显暗淡，但南宋书坛还是出现了一批继承北宋书坛尚意追求的书法家。张孝祥正是其中杰出者之一。

张孝祥（1132—1169），字安国，号于湖居士。原籍和州乌江县（今安徽省和县乌江镇）。张孝祥出生于明州鄞县桃源乡（今浙江省宁波市鄞州区横街镇）。张孝祥出生后被过继给伯父张邵。孝祥早年生活在鄞县，之后随父张祁迁居安徽芜湖。孝祥自幼天资过人，《宋史·张孝祥传》记载其：“年十六，领乡书。”[①]绍兴二十四年（1154）孝祥被高宗亲擢为进士第一。从绍兴二十四年（1154）至绍兴二十九年（1159），孝祥官于临安。在此期间孝祥仕途顺利，接连升迁。此时张孝祥可谓少年得志，意气风发。担任中书舍人仅数月的张孝祥于绍兴二十九年八

① 张孝祥《于湖居士文集》，徐鹏校点，上海古籍出版社1980年版，第405页。

月遭御史中丞汪澈弹劾而落职。绍兴三十二年（1162）复官，知抚州。翌年五月，孝祥知平江府。隆兴二年（1164）除中书舍人，迁直学士院，俄兼都督府参赞军事，领建康留守。十一月遭弹劾再次落职。乾道元年（1165）正月，以承议郎充敷文阁待制知静江军府事，领广南西路经略安抚使。乾道三年（1167）三月，除秘阁修撰，改知潭州。乾道四年（1168）七月，复敷文阁待制，迁知荆南、荆湖北路安抚使。乾道五年（1169）三月，因病进显谟阁直学士致仕，旋提举江州太平兴国宫，六月病卒。

一、张孝祥书法师承及风格嬗变

南宋王朝继承了北宋以来崇文尚艺的传统，高宗、孝宗在位期间朝中翰墨风气甚盛，尤其是高宗广涉博取，上追晋唐诸家，尤对“二王”书法用功最深，在南宋书坛开启了回归“二王”书风的时代风气，除此之外，其还著有《翰墨志》等书学著作，在宋高宗的带领下南宋书坛出现了相对活跃的景象。张孝祥在这样的环境下成长起来，并且在青年时期便已经享有书名。《宋史·张安国传》云：“孝祥俊逸，文章过人，尤工翰墨，尝亲书奏札。高宗见之，曰：‘必将名世。’”[①]孝祥书法同样得到了孝宗的高度赏识。据叶绍翁《四朝闻见录》记载：

> 今南山慈云岭下，地名方家峪，有刘婕妤寺。泉自凤山而下，注为方池，味甚甘美，上揭“凤凰泉”三字，乃于湖张紫微孝祥书。夏执中为后兄，俗呼为“夏国舅”，偶至寺中，谓于湖所书未工，遂以己俸刊自书三字易之。孝宗已尝幸寺中，识孝祥书矣，心实敬之，及驾再幸，见于湖之扁

① 《于湖居士文集》，第407页。

已去，所易者乃执中所书，上不复他语，但诏左右以斧劈为薪。幸寺僧藏于湖字故在，诏仍用孝祥书。①

现在可见张孝祥书迹凡十余种，多为手札，兼有刻石。目前对孝祥书法研究大都认同其“法颜字”的书学渊源。据文献记载，孝祥学书确实深受颜书影响，且其本人亦明确表示自己书出于颜。周密《齐东野语》卷一三载：

绍兴二十四年，总得之子安国由乡荐得捷集英，考官置第七，秦埙为冠。埙试浙漕、南宫皆第一。先胪传一夕，进御安国卷，纸既厚，笔墨复精妙。上览之甚喜，擢为首选，实以抑秦。秦不能堪，啃曰：“胡寅虽远斥，力犹能使故人子为状元耶！”已而廷唱，上又称其诗。安国诣谢，秦问：“学何书？”曰：“颜书。”又曰：“上爱状元诗，常观谁诗？”对曰：“杜诗。”秦色庄，笑曰：“好底尽为君占却。”②

此事在叶绍翁《四朝闻见录》中亦有相同记载。《疏广传语》碑为张孝祥隆兴元年（1163）知平江府任上时所书，时年孝祥三十一岁。是碑书法点画线条厚重沉实，结字也较为宽博。从中可以清晰捕捉颜书讯息。从孝祥自述及《疏广传语》碑中都能印证其“法颜字”的事实。

然而，仅言其书出于颜似乎不够全面，且不利于研究孝祥书法的前后演变及其书风成因。目前所能看到的孝祥早期书法刻石《宏智禅师碑》风格特征与其代表性风格迥然不同。是碑

① 黄珮玉《张孝祥研究》，三联书店（香港）有限公司1993年版，第234—235页。

② 《张孝祥研究》，第30—31页。

为周葵撰文，孝祥正书，贺允中篆额，陈奇、陈曦刊。此碑书于绍兴二十八年（1158）戊寅十月，孝祥时年二十七岁。绍兴二十九年（1159）己卯七月望日立石。此碑书法虽可窥见其取法鲁公之处，如“其”“之”等字，体势宽博，明显是鲁公字法。然其中取法欧阳询、褚遂良等大家的迹象似乎更为明显。如“动”“识”“夜”等字结体平中寓奇与欧书结字一脉相承，同时线条点画细劲灵动，锋颖清晰，秀劲典雅，法度严谨，又颇似褚河南笔意。目前虽无文献记载其书法早年师法欧阳询、褚遂良等楷书大家，但从此作的用笔、结字及风格特征可以清晰地看到孝祥早年当受欧、褚、颜诸家影响，而绝非仅“法颜字”。又如《题黄庭坚伏波将军诗卷后》，此帖更是其广摄博取的又一例证。《题黄庭坚伏波将军诗卷后》为其三十七岁时所书，其线条点画沉实刚健，用笔以方笔为主，方俊峭拔，结字平中寓险，颇似欧阳询用笔、结字之法。同时其趋扁的结构及精雄苍厚之态又与苏字有几分神似。

行草书方面孝祥主要取法于米芾。宋人陈槱云：“余尝评近世诸体书法……行草则有蒋宣卿、王逸老、单炳文、姜尧章、张于湖、范石湖。……于湖、石湖悉习宝晋，而各自变体。”[①]宝晋为米芾自题书斋名，米芾并著有《宝晋英光集》，孝祥《赋衡山张氏米帖》一诗称颂米芾：“人物千年海岳翁，笔精墨妙与天通。传闻有帖藏张姓，怪底湘江月贯虹。”[②]孝祥不惜笔墨将米芾称为千年一遇之人才，足见其对米芾的推崇与钟爱。从现存孝祥行书作品《关御帖》《临存帖》《休祥帖》《适闻帖》等中，可以明确看出，孝祥对米芾的取法。

除取法颜真卿、米芾等书家外，孝祥还曾取法李邕。杨万

① 《张孝祥研究》，第240页。

② 《于湖居士文集》，第108页。

里在《诚斋诗话》中有一段关于孝祥向刘岑学书的记载："刘侍郎岑，字季高，居建康，中书舍人张孝祥字安国，时为帅，过往甚密。一日，安国忽具衣冠谒季高，季高惊异未出，先令人问盛服而来何故。安国曰：'欲北面书法。'季高不辞让，著道服而出。安国则令人扶季高，纳拜者再。季高亦不辞让，安国请曰云云，季高答曰云云，大意令安国学李邕书。"[①]从上述材料可知，孝祥向刘岑求教书艺。刘岑在当时亦负书名，尤以草书著称，而刘岑推荐孝祥学习唐人李邕书法。李邕曾任北海太守，所以又称"李北海"，擅长行、草书，被誉为"书中圣手"。米芾亦从李邕处有所取法。可见刘岑对孝祥的引导有其深意。从孝祥现存书迹中也可得知孝祥确实依照刘岑的建议而取法李邕。孝祥书于广西桂林象鼻山水月洞摩崖的《朝阳岩记》是其后期楷书风格的代表性作品。此摩崖刻石书法字形宽博，点画苍劲，气魄雄强，线条点画如铜矛铁戟，纵横涤荡，颇有李北海笔意。

由此可知，孝祥书法绝非仅仅"法颜崇米"，困囿于一二名家之间，作为南宋享誉盛名的一代才子，其博采众长、悉心追寻先贤书艺并自出新意的探寻精神可见一斑。

正是由于勤于追逐、广摄博取的探寻精神，孝祥书法在其短暂的一生中有过两次书法风格的嬗变。这种变化较为突出的表现在楷书方面。

其书风由秀美俊逸转化为厚重雄强是其第一次嬗变，这种风格的嬗变具体表现在取法对象由早年博取诸家之长转化为主师颜法。这种强烈的风格变化可以从《宏智禅师碑》与《疏广传语》的对比中得到清晰的印证。《宏智禅师碑》书于绍兴二十八年（1158），孝祥时职于台阁任上，年二十七岁。而其三十一岁时所书《疏广传语》用笔沉实厚重，线条点画充盈饱满，与《宏智

① 《张孝祥研究》，第241页。

禅师碑》风格迥然不同。在此期间，孝祥经历了宦海沉浮，其仕途之路出现了重大的转折，因遭弹劾而落职归乡，与其之前的仕途之路形成了巨大反差。笔者以为，这种大起大落的人生际遇对孝祥的思想产生的影响与冲击不可忽视，而这种冲击必然在其书法中得到一定程度的反映。

楷书方面，孝祥书风的第二次变化当在隆兴元年（1163）至乾道二年（1166）之间。在短短几年之间孝祥依旧经历着仕途的起伏，由知平江府，到领建康，到再遭弹劾落职后复官知静江。这位不断经历着宦海沉浮的年轻政治家可能已对仕途的起伏及人生世事看得更为洒脱，而这种旷达心态使其书法更加放逸，表现出了“天地与立，神化攸同”般的劲健潇洒。此一时期，孝祥楷书的代表作有《朝阳岩记》。此时其书法用笔结字不再像《疏广传语》般拘泥于楷法的平稳整饬，而是在其厚重沉实的基础之上更多表现出豪迈洒脱的艺术气息，可谓“行神如空，行气如虹”，气象不凡。

孝祥行草书风格的前后变化虽没有像楷书风格嬗变如此明显，但转变节奏基本与楷书保持一致。早期行草书整体风貌平和典雅，无过多放纵之笔。现存孝祥行草书迹中早期作品有《临存帖》《泾川帖》。据方爱龙《张孝祥〈临存帖〉考》（载《中国书法》2006年第12期），此作约书于绍兴二十七年（1157），孝祥时年二十六岁，或为孝祥传世书迹中最早者。此作整体气韵平和，线条温润雍容。虽然其中时有跳荡不羁之笔及出人意料的字形结构，但整体风貌平和典雅，雍容端庄。

《关御帖》与《休祥帖》为孝祥中后期行书作品，此二帖风格较为近似。其笔墨节奏超然自放、激越昂扬之姿与其前期作品形成鲜明对比，且笔墨气息更近似米芾。

孝祥后期书法风格与中期作品在整体气韵上又出现了一次较为明显的嬗变。与中期的《关御帖》和《休祥帖》相比，《适闻帖》的风格特征更为恣肆纵横。《适闻帖》又名《柴沟帖》，此帖无纪年。徐邦达《古书画过眼要录》中说："此帖书法老劲而恈悍，和其他的张孝祥书不同，但是末后签名的一个'祥'字，结体大致还是一样，可能是晚年手笔。"笔者以为此作书风面貌最为接近孝祥真实的人格写照。此帖用笔率真洒脱，点画狼藉，笔墨酣畅淋漓，真力弥满，可谓天风浪浪，海山苍苍，豪放劲健之气激越跳荡于笔端。孝祥书法的放纵洒脱，纵横恣肆之态使其书法品格卓然超越同时代其他书家，成就其在南宋书坛独特的历史地位，可惜其英年早逝，书风未能极近成熟。正如其好友朱熹评价："安国天资敏妙，文章政事皆过人远甚。其作字皆得古人用笔意，使其老寿更加学力，当益奇伟。"①

二、张孝祥的书法与诗词

纵观中国文化史，可以看到中国最重要的两门艺术——书法和诗词，常常是相伴而生、相伴而行：中国最早的书法刻石《石鼓文》所写的内容就是诗，书法史上最有名的书作《兰亭序》也是因诗而作，许多诗词因书而得以流传，王羲之、李白、杜甫、苏东坡等文人几乎都是诗书兼擅，书法和诗词得到了文人士大夫的无比宠爱，彰显了中国人优雅的品质。无疑，张孝祥也是历史上诗书兼擅的突出代表，他对书法和诗词都非常喜爱，他的诗句"平生我亦有书癖"②"平生我亦有书癖"③明确表达了他的这两种爱好。孝祥的书法和诗词表现出明显的共性特征。

首先，张孝祥在书法和诗词上均表现出早熟的特点。

早在孝祥二十三岁高中状元时，高宗赵构就对他的书法尤

① 宛新彬《张孝祥资料汇编》，中华书局 2006 年版，第 43 页。

② 《于湖居士文集》，第 57 页。

③ 《于湖居士文集》，第 9 页。

为称颂，断言他“必将名世”。高宗是书法内行，是书法史上的名家，深知书法，他的断言可以看作定论，孝祥也确实在南宋的书坛上站住了脚，名列南宋书法中兴四大家之一。叶绍翁《四朝闻见录》也记载了高宗见到孝祥书法的情景：“上讶一卷纸高轴大，试取阅之，读其卷首，大加称奖。而又字画遒劲，卓然颜、鲁，上疑其为谪仙，亲擢首选。”皇帝的嘉许引起了秦桧的妒忌，说出了“好底尽为君占却”。这话虽然充满嫉妒之意，却也从反面反映了秦桧对张孝祥各方面能力的认可。《宏智禅师碑》是张孝祥绍兴二十七年（1157）所书，是我们现在能见到的张孝祥最早的楷书作品，该碑是具有明显褚遂良风格的楷书，这件作品具有一些颜真卿的笔意，结字稳健灵动，用笔果断流畅，整个作品毫无松懈之处。当时张孝祥仅有二十七岁，在书法史上，这样的年龄写出如此成熟的作品，实属罕见。

张孝祥自幼聪慧过人，读书过目不忘，以至成诵，文章俊逸，顷刻千言，他十六岁时即通过乡试，后又举冠里选，现在我们还能看到，孝祥十六岁时写的《题定山寺》二首：“蹇驴夜入定山寺，古屋贮月松风清。止闻挂塔一铃语，不见撞钟千指迎。”“千山苍茫月东出，万木摆摇风怒号。幽人隐几抚群动，清灯明灭炉烟高。”[①]这两首诗虽说还显幼稚，但已能看出些许不凡气象。韩元吉在《祭张舍人》中说他“发嘉誉于儿童，首英名于多士”[②]，实非过誉之词。孝祥三十岁时作的《水调歌头·闻采石战胜》驰骋想象，驾驭古今，已是非常成熟的作品，今人黄珮玉在评论该词作时说：“在众多歌颂采石之捷的词作中，以孝祥的《水调歌头》为冠军之作。”[③]《六州歌头》是张孝祥最为脍炙人口的词作，该词声情悲愤、气壮山河，得到了词

① 《于湖居士文集》，第 90 页。

② 《张孝祥资料汇编》，第 13 页。

③ 《张孝祥研究》，第 123 页。

家的高度赞誉，成为爱国词作中的名篇，作这首词时，孝祥也仅有三十一岁。孝祥在诗词上的早熟显而易见。

高宗看过孝祥的卷子，御笔批云："议论确正，词翰爽美，宜以为第一。"（《宋史》本传）这里高宗评价张孝祥诗书皆善。历史上，无论在哪个朝代，以二十三岁金榜夺魁都应是年龄偏小的，在这个年龄获"词翰爽美"的评价，则更为不易。

孝祥的早熟，首先归因于他的天生聪慧，其次则是他的早期教育。孝祥自称出自寒门，其实只是自谦的说法，孝祥可考的父辈六人中有三人位居显要的官位，其中包括他的父亲张祁和他过继的伯父张邵。孝祥的父亲张祁建炎中为明州观察推官，绍兴中知楚州，改蒋州，后至密阁、淮南转运判官兼淮西提刑，《和州志》称其"工诗文"[①]，有诗歌存世，孝祥的童年也主要跟父亲生活，他的受教育条件绝非一般寒门可比。孝祥的从弟张孝伯二十七岁时也考中进士，从此也可以看出，他整个家族良好的教育环境。

其次，孝祥的书法和诗词均以豪放为主调。

孝祥书法在当时颇得时人赞誉，高宗言其"卓然颜、鲁"，评价甚高。颜真卿的书法结体宽博，气势宏阔，孝祥得此高誉，实在难得。岳珂在其《宝真斋法书赞》卷二六中称赞孝祥书："观公合作处，骨方固已轩轩如鲲击鹏运，盖一日九万，未可量也。公则仙矣，故其可睹者，止于是。"[②]这是岳珂观《张安国书简帖》后的跋语。该帖共收孝祥"十帖并行书"，岳珂的评价应是对孝祥书法的总的印象，"鲲击鹏运""一日九万"则明显是豪放的书风了。杨万里在《跋张伯子所藏兄安国五帖》中说："于湖张公，下笔言语妙天下，当其得意，诗酒淋浪，醉墨纵横，思飘月

① 《张孝祥研究》，第 13 页。

② 《张孝祥资料汇编》，第 88 页。

外，兴逸天半。”[①]“思飘月外，兴逸天半”所传递的也是一种豪放的语义，杨万里在《跋张安国》帖中说得更加明白：“张安国书甚真而放如此。”[②]这是说孝祥用放达的笔触抒发其真性情。曹勋在《跋张安国题字》中也持同一论调：“显贵英游乃如湖海之士，胸贮丘壑，笔力扛鼎……因知风樯阵马，一日千里，孰不瞠若乎后哉！”[③]今人方爱龙在论述张孝祥时说：“惜乎张孝祥早年书迹无考，但据其传世手札墨迹及摩崖碑刻而论，书法气象豪纵，庶几与颜鲁公碑版书迹相近。”[④]按文献记载，孝祥不但擅长行草楷书，还擅长隶书、篆书，五体俱全。其书风也趋于多样，从以上论述中可以看出豪放书风是其主调。朱熹评他的书法“不把持，爱放纵”[⑤]，实际上正说明他的豪放特征，是其性情的表露。

北宋覆亡，南宋仅剩半壁江山，这种巨大的历史变故对文学、艺术的影响是很明显的。词坛上兴起了豪放的词风，出现了一批豪放派词人，诗人中也不乏豪放风格者。张孝祥面对破碎的山河不能不抒发其磊落不平之气及忠贞爱国之心，在他留下的大量诗词中豪放的风格是其主调。孝祥的词“声律宏迈，音节振拔，气雄而调雅，意缓而语峭”[⑥]，上接东坡，下启稼轩，在当时发挥了激励人心的作用。他的《水调歌头·金山观月》《水调歌头·垂虹亭》《六州歌头》等词都充分体现了词风豪放的特点。从《水调歌头·送谢倅之临安》中的“谈笑扫胡尘”、《青玉案·送频统辖行》中的“平骄虏”“谈笑清寰宇”等词句中我们可以看到张孝祥北复中原的渴望，《水调歌头·闻采石战

① 《张孝祥资料汇编》，第 32 页。
② 《张孝祥资料汇编》，第 32 页。
③ 《张孝祥资料汇编》，第 4 页。
④ 方爱龙《南宋书法史》，上海古籍出版社 2008 年版，第 154 页。
⑤ 《张孝祥资料汇编》，第 44 页。
⑥ 《张孝祥研究》，第 118—119 页。

胜》中的“我欲乘风去，击楫誓中流”明确表达了他的斗志和决心，《六州歌头》中“念腰间箭，匣中剑，空埃蠹，竟何成”又倾诉了他的无奈与忠愤之心，让人感到气势豪宕，起到振聋发聩的作用。孝祥属于豪放派词人已为词人所公认。张孝祥的诗“本杜诗”、学苏轼。他的词有豪气，他的诗也有豪气，也彰显了他的英雄本色，只不过与其词相比，稍微逊色而已。他在《诸公分韵“冒顿之区落、焚老上之龙庭”，得“老”“庭”字》一诗中，写下了“横槊能赋诗，下马具檄草。忠义乃天赋，勋名要时早。……风云会相遇，氛祲当独扫”“呜呼三十年，中原饱膻腥。……便当收咸阳，政尔空朔庭”[①]等极富感染力的诗句，从这些诗句中我们明显能够体会到他那气吐虹霓的热血衷肠。

书法和诗词共同表达了孝祥的心声。蔡忠济是孝祥的朋友，孝祥有《题蔡济忠所摹御府米帖》诗一首，全诗如下：

> 生前官职但执戟，身后一字万金直。当时雷霆下收拾，世间不复有遗逸。上清虚皇手自择，编星为囊云作笈。流铃掷火守护密，君从何处见真迹？知君定通玉帝籍，太微垣中赐余墨。龙腾虎卧摹不得，想君神授五色笔。江南钩锁腕中力，钗折屋漏千态出。整整十卷字犹湿，光彩激射海为立。平生我亦有书癖，对此惝恍心若失。口怯汗下屡太息，十日把玩不得食。作笺天公拜稽首，乞我此老生时一双手，为君痛饮百斛酒。墨池如江笔如帚，一扫万字不停肘。[②]

该诗一方面用诗的形式以饱满的热情、浪漫的笔法表达了对蔡

① 《于湖居士文集》，第18—19页。

② 《于湖居士文集》，第9页。

忠济书法的赞美，一方面又流露出对书法的表达功能的充分认可，还多角度反映孝祥自己的书法癖好及书写豪情，很能说明他对书法和诗歌表达作用的认同。

“书为心画”“诗言志”说明书法和诗词表达的都是内心的世界，只不过是以不同的形式而已。书法与诗歌密切关联，文心书面，互为表里。同一作者的书法与诗歌表达的是同一个心境、同一个思想、同一种感受。孝祥以宽阔的胸怀和豪放的性情不可能不写出豪放的书法、豪放的诗。我们正是从张孝祥所留下的大量书法及诗词作品中才对他有了充分的认识和了解的。与张孝祥同时代的陆游有著名的“功夫在诗外”的论断，孝祥的书法和诗词可以说也是互为“外功”。刘熙载在《书概》中说：“司空表圣之《二十四诗品》其有益于书也。”[①]孙过庭在《书谱》中也说：“情动形言，取会风骚之意。”[②]可见诗词对书法的作用。从朱长文《续书断》“若夫尺牍抒情，碑版述事，必赖书法佳妙，可以存留，可以垂后，与文俱传”[③]中也可以看出书法对诗歌的作用。《宣和书谱》中更是直接说元稹“诗中有笔，笔中有诗”。这些论述足以看出，书法和诗词的相互影响。张孝祥书法的书卷气很浓，这明显也是其诗词的修养对其书法浸润的结果。

三、张孝祥书法的历史境遇

张孝祥书法早年成名，得到南宋两朝皇帝高宗、孝宗的赏识，其在世及去世后的几十年中一直享有盛名，与陆游、范成大、朱熹并称为南宋书法“中兴四大家”。孝祥书法虽然得到南宋一代书家的认可，但其书风终究未能大盛于后世，后人往往将

① 《历代书法论文选》，上海书画出版社 1979 年版，第 713 页。

② 《历代书法论文选》，第 128 页。

③ 《历代书法论文选》，第 318 页。

这一现象归因于孝祥中年早逝这一客观历史现实，但这样的回答显然存在着置历史发展趋势于不顾之嫌。笔者以为，张孝祥书法的短负盛名而终未大显的历史境遇包含着深刻的社会历史意蕴。

（一）南宋处于书风转变的过渡期，书风趋势不够明确。就书法史发展状态而言，南宋书法相较于其他朝代处于相对的式微之势。这种式微之势有着社会、经济、文化等各个方面的外在因素。其中最为主要的是与南宋一代孱弱的国势有关。南宋文人志士最核心的追求和社会责任在于恢复北宋基业，实现国家的中兴。这种孱弱的国家运势，使得南宋存在着先天的文化缺陷，这势必影响南宋书法的发展趋势。可以说南宋在其一百五十余年的历史中，其书法一直存在着一种不可调和的矛盾状态。正如方爱龙先生在其所著《南宋书法史·绪论》中所言："从传世的南宋书法史料，包括书家、书作、书论以及其他大量的材料出发，通过钩稽、排比和客观分析，可以发现南宋书法史实际上存在着一种'双线'发展状态。即一方面在文人士大夫阶层延续了北宋书法主流的'尚意'风潮，另一方面以赵构为代表形成了'以钟、王为法'的'复古'思潮。前者是表流，后者是暗流，两者交汇——这就是南宋书法的历史之河。"[①]显然，南宋书法一方面处于北宋"尚意"书风的笼罩之下，以张孝祥为代表的一批文人士大夫其书法虽时出新意，欲立自家风貌，然终究困囿于北宋人意趣之下，无法与前贤相比肩。与此同时，作为南宋开国皇帝的赵构，不仅精于翰墨，同时力主书追魏晋，在其影响下南宋书坛尤其是在皇室内部逐渐形成了一股"复古"暗流。在这种情况下，南宋书坛整体处于"尚意"与"复古"书风之间，这更加削弱了南宋书风的主流价值取向。

纵观历代书坛大家，无论羲献、颜柳、旭素抑或苏黄，他们

① 《南宋书法史》，第 4 页。

大都处在书风特色极为鲜明的时代，而这些历史大家正是这幅美丽画卷上最为闪耀的几颗明星。解释学美学创立者伽达默尔所提出的“合法的偏见”正恰好说明了历史发展的这一现象。正如其所指出：“偏见是特定历史条件的产物，他先于个人，是任何人都无法避免的，同时它又是合法的，因为偏见不同于错误，它是经过历史的选择在传统中保存下来的。所以偏见不是消极的，而是积极的，正是偏见成为我们全部理解的前提和出发点，它为我们提供了历史的视界。”[①]可以说，历代书坛大家都存在着“合法的偏见”，正是“合法的偏见”成就了其历史地位，同时也塑造了时代的鲜明特征。由此，我们反观南宋书坛，夹在“复古”与“尚意”之间难以取舍，使其缺少了成就千古大家的历史机遇。

与此同时，伴随着“程朱理学”哲学思潮的发展壮大，其对中国美学的发展产生了深远的影响。理学所倡导的客体论哲学使得客体论美学占据了主导地位，以主张弘扬书家个性、注重主体表现的“尚意”书风逐渐受到冷落，取而代之的是以维护道统、崇尚典则的“复古”书风。正如朱熹在评价孝祥书法时所言：“行夫问：‘张于湖字何故人皆重之？’曰：‘也是好，但是不把持、爱放纵。本朝如蔡忠惠以前，皆有典则；及至米、黄诸人出来，便不肯恁地。要之，这便是世态衰下，其为人亦然。’”[②]书家的自我表现精神受到了来自“理学”方面的制约，张孝祥作为南宋书坛具有创新意识、追求强烈个性面貌的书家代表，在这样的历史背景下也很难有所突破。因此，南宋书坛看似是北宋尚意书风的延续，实则是元代全面复古潮流的前奏。由是观之，以孝祥为代表的书家能够在当朝享有盛名而伴随着元代复古大潮的全面袭来，其书风不仅未能得以大显，反而逐渐被淹没的历史境遇便成了必然。

① 李醒尘《西方美学史教程》，北京大学出版社2005年版，第437页。

② 《张孝祥资料汇编》，第44页。

（二）需要用辩证的眼光看待复古与创新。如何看待复古与创新一直以来是被历代书论家、书法家所反复探讨的一个重要问题。中国书法的发展不同于其他艺术门类的一个重要表现就在于书法有着深厚的历史文化渊源，其自身有着较为独特且相对独立的发展演变的生态系统。继承传统是书法学习和创作的不二法门。然而如何辩证地看待“复古”与“创新”成为一个尤为重要的客观现实问题。就南宋书法出现的“尚意”与“复古”两种发展趋向而言，笔者以为，不能从艺术风格上对其进行简单的区分。历史的发展具有循环往复、波浪式前进的特点。事物的发展是通过其自身的辩证否定来实现的，否定不是对旧事物的简单抛弃，而是在继承的基础上的扬弃。所以，复古不是简单地学习传统、恢复传统，它是在事物发展到一个极限后的本体性诉求，正是这种本体性诉求保证了书法在几千年的发展演变中一直演绎着“老树开新花”的奇特景观。正如在经历了北宋“尚意”书风长达二百年的辉煌之后，元代书法在赵孟頫的带领下出现了中国书法史上最具代表性的书风复古现象。赵孟頫所引领的一代复古潮流以恢复“二王”书风为核心，但是以史学的眼光来看，其所恢复的“二王”书风是在新的历史条件下对“二王”书风的当代演绎。从这个层面上说，元代人在历史上同样留下了任何一个朝代所无法替代的“新”，而这种“新”是在“旧”的外衣下实现的。

反观南宋书坛，以张孝祥、陆游等所谓“中兴四大家”为代表的书风，其主体诉求依旧是北宋尚意书风的延续，并未在北宋人基础上有所突破，不过是“新瓶装旧酒”的行为，加之由于受到政治、经济、文化等各种外在因素的制约，南宋书法的创新乏力便成为历史上的共识。而在这样的历史文化背景及本体发展规律之下，张孝祥书法只能得到短期的推崇，而未能在后世得以大兴。

笔者以为，通过以上对张孝祥书法师承及风格嬗变、书法与诗歌的关系以及其所处的历史境遇等几个问题的分析、解读，较为全面地揭示出张孝祥书法风格的意义所在，避免了研究过程和结论的扁平化趋向，以期能够更加客观、生动地展现张孝祥书法的风格特征和史学价值。

（原载《南京艺术学院学报》2015年第6期）

南宋爱国词人张孝祥桂游石刻研校

◎林半觉

桂林山水清绝，地多瑰宝，各山岩历代石刻、摩崖殆遍。郭沫若同志曾评“桂林金石富”，非过誉也。清代金石家叶昌炽在其所著《语石》中也说过：“唐宋题名之渊薮，以桂林为甲，其次即为五溪。”

桂林历代题名之多，尤以宋代为甚，明清则很少。宋人何以“新诗不作只留名”？当时社会动荡，党派之争、和战之争最烈，文人学者士大夫守口如瓶，免滋挂碍，如是“到此一游”，蔚成风气，此种顽风，在当时是无法阻挡的。

笔者从1940年起，尝访拓古刻于崖谷榛莽之间，校录于孤灯小窗之下，得拓本数千余纸，中经丧乱，保存护持，煞费周章。今也，幸见明时，学术文化之倡导，远超前古，感奋曷已！拙编用桂林文物管理委员会名义的《桂林石刻》，亦已印出上、中两册，以开拓地方文物，聊供海内学人之参考。然碑录文字，仅限刻文，例不繁衍，兹择要略以演绎，博雅之士，有以鉴诸。

词人张孝祥，刚正不阿，忠愤爱国，为宋人之中佼佼者，其宦游桂林，实际未满两年，而题诗、题石刻石者，竟达十七件之多，孝祥公余之暇，固“尝为山水游，岂快目于玉簪罗带之奇”？殆借此寄托抒发胸中忧愤之情，徜徉物表，非得已也。特将诸刻，择优九件，研校如后。

一、题刘仲远像赞并跋（存）

桂林刘真人（额）

（画像）

河目海口，须髯怒张。人貌而天者耶？其骨已朽，其人不死，与天地齐年者耶？山高谷深，变化成空，一笑相从，惟我与公。历阳张孝祥①赞。

郡人郭忠信、贾真、鲜于振、张大超、孙喜、庞思、李经、郑彦、郭显，滑溉上石。兴安□□（以下剥蚀）。

经略紫微②张公，蓬莱③主也。分阃炎方，坐清雅俗，公余尝为山水游，岂快目于玉簪罗带之奇，殆将徜徉物表，遐策飞鸾，高举相从，一笑间尔。乾道改元九月，适访南溪山刘仲远隐真岩，见刘图像，书此以遗。刘即桂林人也，元丰

---

① 张孝祥（1132—1196）：字安国，号于湖，安徽历阳乌江（今和县）人，绍兴二十四年（1154）进士，廷试第一。乾道元年（1165）至桂林，以集贤殿修撰出知静江府，兼广南西路经略安抚使，治有声绩。著有《于湖集》传于世。

张孝祥尤以文翰为当世所歆羡，至不敢名，但称紫微公云。时有张维，字仲钦，福建延平人，著有《鱼乐轩吟稿》。张孝祥帅桂，以维为提点刑狱，两人相得甚欢，及维代孝祥经略广西，改玩珠洞为还珠洞，题中隐山下洞为张公洞，以致恋别孝祥之意（据《宋史·张孝祥传》及《粤西文载》）。

关于张孝祥的籍贯问题。孝祥自己曾经说过："某家世历阳之东鄙……唐末远祖自若湖徙家，盖文昌之后，文昌讳籍，见于《唐书》，乌江人也。"再从他在广西和桂林石刻十七件之中，有五件他自己署名"历阳张孝祥"。据《安徽历代文学家小传》谓孝祥为唐代著名诗人张籍的七世孙。他自己也屡称历阳人，则张孝祥是安徽人，已是无容争辩的事实。但明人杨慎《词品序》及毛晋《于湖词跋》，竟谓孝祥是"蜀之简州人……"以及刘甲《蜀中人物志》，则又说孝祥是温江人，不知何所根据？兹据专家考证，认为"都是不正确的"。

最近，1980 年第 4 期《星星诗刊》，仍依杨慎、毛晋等之谬说，因讹传讹，亦以张祥为简州人，编入《四川历代诗人六十家（上）》这一栏目里。呜呼！史料之运用，不可不慎！

② 紫微：星名。《宋史·天文志》："紫微，在北斗北，左右环列，翊卫之象也。"此处用以尊称孝祥之才德与地位。

③ 蓬莱：仙山也，亦称蓬壶、蓬瀛，相传在渤海中。

间尸解久矣，今复山谷增辉，则斯岩之显，固若有待。噫噫！神仙不世出，仙才不常有，紫微以仙才而为刘仙赞，斯岩又以仙名之，胜□□□端□偶也。二年□□□□庚申，榕溪（以下剥蚀）。

上刻摩崖在南溪山刘仙岩，全高二尺，宽一尺五寸。额真书，径一寸五分；画像半身，高一尺五寸；像半身，高一尺五寸；赞真书，径六分；滑溉记在像左侧，真书径三分：榕溪跋在像下方，真书径四分。

孝宗乾道元年乙酉，公元一一六五年。

据《粤西金石略》引刘玉麟曰：张孝祥书，颇类苏玉局；下方跋语楷书，尤近十三行；旁侧题名小楷，甚似赵吴兴。刘仙岩中碑刻，当以此为第一。

二、与张维等六人五炁岩题名（存）

提点刑狱公事延平张维，经略安抚使历阳张孝祥，以会庆节[①]祝圣寿于西山资庆寺[②]。饭已，登超然亭[③]，遂游中隐岩、白龙洞、刘公岩以归。客长乐郑颢、江文叔、黄杲，临川吴镃俱来。乾道元年九月廿二日。

① 据《宋史·孝宗纪》，帝以建炎元年（1127）十月戊寅生于秀州，绍兴三十二年（1162）即帝位，八月庚寅，以生日为“会庆节”。按：此刻可匡正《宋史》之误有二处：（甲）刻文谓祝圣寿于九月廿二日，而史称十月者，误；（乙）又以长历推之，建炎元年九月丁亥朔二十二日戊申，史称为戊寅者，亦误。盖史既差后一月，则十月为丁巳朔，二十二日为戊寅矣（《参广西金石略》）。

② 资庆寺：在西山区千山上，北宋建，米芾任临桂县尉时，尝久住寺中，与诗僧绍言有唱和。

③ 超然亭：在西山，建于宋代，亭久废，遗址无考。

上摩崖在南溪山五炁岩。高一尺六寸，宽六尺，行楷书十四行，行四字，径三寸。笔法极为遒劲，保存十分完好，无丝毫残损剥蚀，至可珍贵。

孝宗乾道元年乙酉，公元一一六五年。

三、与林得之等六人还珠洞题名（存）

林得之置酒喜丰堂[①]，刘子思、滕子昭、蔡济忠、林德光、张安国同集。乾道元年腊日。

上摩崖在伏波山还珠洞。高一尺五寸，宽九尺六寸，行楷书十六行，行二字，径五寸。

四、朝阳亭记[②]（存）

丙戌上巳[③]，余与张仲钦、朱元顺来游水月洞，仲钦酷爱山水之胜，至晚不能去。僧了元识公意，即其上为亭，面山俯江，据登揽[④]之会。五月晦，余复偕两贤与郭道深来，水

① 在伏波山下，宋代之风景建筑，有四堂四亭：八桂堂，正夏堂，进德堂，喜丰堂；癸水亭，所思亭，月光亭，蒙亭。均在山下，为一时游观之盛。

② 《朝阳亭记》与《朝阳亭诗》，本是一事而分刻两幅，相距不盈尺，但《粤西金石略》（以下简称《金石略》）将其割裂分录两处，并将“朝阳亭记”标为题名，似未妥当。建康本有朝阳亭，为张维所筑，维与孝祥有诗唱和，今孝祥拟将桂林水月洞建亭亦以朝阳命名，洞亦改称朝阳洞，并题记及用建康原韵赋诗纪之。据《建康志》，维有和诗并记《留守舍人张公安国，闻维筑亭，为题其榜曰朝阳，既去而亭成，复为赋诗次韵》：日边清切以文鸣，立对朝阳欲问程。笔落春生变寒谷，诗来将喜破愁城。檐前水到乘槎便，“天际山横与槛平。准拟公归道过此，小留觞咏集簪缨”。

③ 即阴历三月上旬之巳日。据《后汉书·礼仪志》，自古有修禊之俗。自魏以后但用三月三日，不复用巳日。见《晋书·礼志》。民国十九年（1930）改以阳历三月三日为修禊之长，并废上巳之称。

④ 一作“揽”，引取也。

潦方张[①]，朝日在牖，下凌倒景[②]，凉风四集。仲钦欣然举酒属余曰："兹亭由我而发，盍以名之？"余与仲钦，顷同官建康[③]，盖尝名其亭曰朝阳，而为之诗，非独以承晨曦之光，惟仲钦之学业，足以凤鸣于天朝也。今亭适东乡[④]，敢献亭之名亦以朝阳，而岩曰朝阳之岩，洞曰朝阳之洞，元顺、道深，合辞称善，即书岩石记其所以。张孝祥记。

五、朝阳亭诗并序（存）

谨赋仲钦朝阳亭，亭在建康。

便合朝阳作凤鸣，江亭聊此驻修程。南瞻御路临双阙，东望仙家接五城[⑤]。日上白门[⑥]兵气静，春归淮浦暗潮平。遥怜幕府文书省，时下沧浪自濯缨。

明年[⑦]，余为桂州，仲钦以常参官十六人荐，为广西提点刑狱公事。又明年，余罢去，仲钦直秘阁，实代余。盖仲钦尝游朝阳岩而乐之，于余之行也，仲钦置酒岩上，诸侯宾客咸集，顾不可以无语，乃赓建康之诗以记余与仲钦事契如此，为岭表异日之雄观云。

空岩相望一牛鸣，不要邮签报水程。天接海光通外

① 《金石略》误作"水源方张"。

② 景：即"影"字。

③ 晋改建业为建邺；后避愍帝讳改称建康，隋废，今南京市。

④ 乡：亦作"向"。

⑤ 五城：即五国城，城在黑龙江省依兰县境。靖康二年（1127），微、钦二帝被金兵掳去软禁之地，后徽宗死葬于此。孝祥此诗，对国家重大耻辱，深寓忧愤之情！

⑥ 白门：即今南京市。

⑦ 明年：指乾道元年（1165），因上一年为隆兴二年（1164），孝祥尚在建康，即奉帅桂之命。

徽，地连冈势[①]扶重城。丝纶[②]叠至龙恩重，绣斧[③]前驱蚤雾平。凤阁鸾台有虚位，请君从此振朝缨。

饥肠得酒作雷鸣，痛饮狂歌不自程。坐上波澜生健笔[④]，归来钟鼓动岩城[⑤]。不应此地淹鸿业，盍与吾君致太平。伏枥壮心犹未已[⑥]，须君为我请长缨[⑦]。

上摩崖共二石，在象鼻山水月洞，上一幅为记，高九尺，宽七尺五寸，行草书，字径四寸五分；左一幅为诗，高七尺五寸，宽四尺五寸，行草书，径四寸。

此朝阳亭，是指张维在建康所筑者，诗第一首则为孝祥在建康所赋，第二、三首方指桂林之朝阳亭。建康，今南京市。

六、屏风山题诗（毁）

高岩划天□，仄径通乳穴。隈堆□□归，□□□玉阙。外有虎豹蹲，内恐蛟蜃蛰。东荣俯雷电，西出挟日月。万□□微风，六月不知热。但觉骇心目，未易□笔舌。平生山水趣，岭海最奇崛。□洞俯□□，未庆屐齿折。晚乃游此□，余地皆仆妾。同来六七士，嗜好颇□□。举酒酹山中，慰□久淹灭。

丙戌六月初得此岩，赋以寄兴。张安国题。

---

① 地连冈势：《金石略》作“地连冈执”，误。

② 丝纶：本泛指锦绣珍贵之品，后专用于朝廷所颁诏书，称丝纶。

③ 据《汉书·武帝纪》，泰山多盗，阻路攻城，道途梗塞，乃遣使者暴胜之等，率师穿绣衣，杖斧钺，分部逐捕之。杨万里诗“绣斧光华谁不羡，一贤去国欠人留”。

④ “生健笔”三字，《金石略》讹脱。

⑤ 《金石略》“归来”误作“归东”，“钟鼓”误作“钲鼓”，“岩”字脱。

⑥ 《金石略》脱“伏枥”二字，又脱“犹未已”三字。

⑦ “须君”二字脱，又脱“长”字。

上摩崖在屏风山程公岩，诗草书径三寸，已毁，兹据旧拓本校录。

孝宗乾道二年丙戌，公元一一六六年。

七、与张维[①]登七星山唱和诗二首（毁）

登七星山赋呈提刑仲钦览

历阳张孝祥

魁杓[②]历历控云岚，地阔天虚万象涵。不与天公管喉舌，犹堪岳立镇湘南。

次韵同经略舍人登七星山

剑津张维

列岫凌虚滃翠岚，龙泓澄澈七星涵。岩瞻好向西湖看，飞去何妨自岭南。

上摩崖在普陀山[③]。高三尺，宽五尺，行书径二寸八分。

此诗刻石时间，约在乾道元、二年之间，公元一一六五——一六六年。

此刻历劫，是在民国二十七年九月二十六日，查当时我的访碑日记：普陀山登山路旁，有宋代张孝祥、张维的《登七星山唱和诗》，今日亲见为广西通志馆建屋之承包商大来建筑公司工人开山取石炸毁，怃然久之！兹据旧拓本校录。

① 见本文第一条注，并参《宋诗纪事》及《南宋制抚年表》。

② 魁：为北斗之首。杓：斗柄也。

③ 张孝祥与张维唱和诗，刻地在普陀山，《金石略》作栖霞洞，误。又，明代张鸣凤所著《桂胜》，尝录桂林朝阳亭诗二首，亦有讹误达七字，兹不列举。

八、与张维等三人清秀山题名（存）

张仲钦、郭道深、张安国同游朱元顺清秀岩丙戌季夏。

上摩崖在清秀山。高二尺四寸，宽二尺一寸，真书径三寸。

与前（四）朝阳亭中之僧了元同为一人，是云峰寺住持，朱元顺、郭道深分别住中隐山，及南溪山大道观的道士，皆能诗。

九、为千山观书匾额李曾伯镌（存）

千山观

历阳张孝祥书　河内李曾伯镌

上摩崖在西山千山观旧址。高二尺五寸，宽六尺五寸，题字真书横列，字径二尺三寸，款真书径三寸。

此刻约在乾道元、二年之间所书。千山观，宋建，遗址可寻。

张孝祥所书，匾额三大字，以后九十余年，为制抚李曾伯钩勒上石，现尚完好，屹立在荒烟蔓草之中。

附一：张维题“张公洞”三大字并记（存）

张公洞

环桂之郊，岩洞二十有一，皆人迹所至者。独佛岩之下有洞焉，虚明而邃幽，过之者弗顾，岂游人慕佛岩而来，穷其足力，兴尽则汲汲而去，虽欲一顾，有所不暇耶？抑视之如苦李，以为不足嗜耶？乾道元年，余承乏按刑，尝同前使君紫微公幽寻得之，相语曰：斯洞蔽于□，今自吾人发，盍立亭于洞之前，俾来游者指为张公洞，可乎？明年使君去，予实继之。又明年，治中从事，因人心之去思也，于是大书以表之。十二月乙卯，延平张维记，同里曹总书。

上摩崖在中隐山下洞。高三尺六寸，宽九尺。张公洞三大字隶书横列，径三尺二寸。记隶书，径三寸。

孝宗乾道三年丁亥，公元一一六七年。

附二：张维游朝阳洞次孙机宜诗（存）

游朝阳洞次孙机宜韵广南西路经略安抚使张维

绿野年来喜有秋，行春到处小淹留。朝阳亭上初披雾，水月岩中更枕流。竹径不容周俗驾，桃园还泊晋渔舟。鳌头自愧非元老，滥总师干乏壮犹。

再次前韵

乘轺初至忆前秋，岂意持麾尚此留。立屋得僧成喜宴，游山如谢见风流。劝酬同把菊花盏，来往自操莲叶舟。向晚洞门烟渐锁，只应归兴更夷犹。

上摩崖在象鼻山水月洞。高一尺五寸，行书径一寸。

按《广西金石略》及《粤西文载》定为张自明诗，皆误。

张孝祥在桂两年，游踪以刘仙岩、水月洞为最，题刻除上述九件外，尚有简短题名凡六件，刻于刘仙岩、穿云岩、冷水岩、清秀岩等处，兹不备录。

张孝祥除桂林诸刻外，外县亦有二件：

（一）在桂北百里外之兴安县乳洞，有“三清三洞”四大字摩崖，真书，径二尺，款署“于湖居士书”，现尚完好。

（二）在桂林西北四百里之融州（今融水县）真仙岩（又称老君洞），有“天下第一真仙之岩”八大字匾及刻石（为一式分木、石两刻），真书径一尺二寸，款署“历阳张孝祥书”。在抗日战争期间，因建兵工厂于岩内，均被毁。

综上计之，张孝祥留刻粤西者，桂林十四件，存疑一件。兴安一件，融州一件，共十七件。此十七件之中，未见著录者凡十件。

张孝祥于文学上的成就，以词为最著，但于诗文和书法造诣也很高。单论他的书法，出于鲁公之门而各体俱工，所作擘窠书尤精绝。宋元以来论书法者，称其笔势奇伟。庐山玉渊潭存“玉渊”二大字刻石，至留桂诸刻，则更见大观。其于诗文，谢尧仁尝评：有“凌轹坡仙之意，纵横兀傲，亦自不凡”。

张孝祥的政治思想，当南渡之初，和战两派各执一是。孝祥是属从于张浚的“恢复派”的，但他反对轻举妄动，要先立自治之策。因此有人误解他对于和战之论，两持其说。据《宋史》本传：“渡江初，大议惟和战，张浚主复仇，汤思退祖秦桧之说力主和，孝祥出入二人之门而两持其说，议者惜之。”

首先看宋人陆世良所撰《宣城张氏信谱传》，曾为孝祥作公正之辩护：“公始登第，出（汤）思退之门。及魏公（指张浚）志在恢复，公力赞相，且与敬夫（张栻字）志同道合，故魏公屡荐公，遂不为思退所悦。或者因公召对‘要先立自治之策以应之’等语，谓公出入二相之门，两持其说，岂知公者哉！”

孝祥当登第之初，即上疏亟言岳飞之冤，请表彰其忠义，播告中外。以后一直刚正不阿，如反对秦桧，调和将相，一致对外，从不改变主张“恢复”之志。因此，张浚罢相，孝祥不久亦落职；而汤思退被贬，孝祥即得起用。如此显然不是“出入两相之门”，而“两持其说”也。

从孝祥历任他郡的声绩来看，他都是“民怀其德”的，举其善政而言，如在抚州禁卖假药；在平州锄抑强暴；在建康请赈济水灾；在桂林提倡文化，修建风景，使人热爱锦绣河山；在潭州平反冤狱；在荆州筑金堤以防水患，置万盈仓以储漕运。故王十朋挽诗有“遗爱六州棠”之句，盖即指此，当非虚誉。

他胸怀磊落的爱国思想，反映在文学作品上最多，尤以词的成就更高。宋人谢尧仁序《于湖集》云：“先生胸次笔力，人皆以为胜于东坡。”评价之高，正因深寓着崇高爱国的思想感情。又汤衡序《于湖词》云：“尝获从公游，见公平昔为词，未尝著稿，笔酣兴健，顷刻即成，初若不经意，反复究观，未有一字无来处。”孝祥学问渊博，才华惊人，可以想见矣。当孝祥体察时势，见当权者实无意“恢复”，反而遣使往返于金营，奴颜婢膝，苟且偷安，不以为耻，孝祥感到非常气愤！因作《六州歌头》词。其词云：

> 长淮望断，关塞莽然平。征尘暗，霜风劲，悄边声。黯销凝。追想当年事，殆天数，非人力，洙泗上，弦歌地，亦膻腥。隔水毡乡，落日牛羊下，区脱纵横。看名王宵猎，骑火一川明。笳鼓悲鸣，遣人惊。　念腰间箭，匣中剑，空埃蠹，竟何成！时易失，心徒壮，岁将零。渺神京。干羽方怀远，静烽燧，且休兵。冠盖使，纷驰骛，若为情？闻道中原遗老，常南望、羽葆霓旌。使行人到此，忠愤气填膺。有泪如倾。

抒发了忧国忧民，感慨万端的激烈感情。

谢尧仁在《于湖集》序中，极赞孝祥有“雄略远志，其欲扫开河、洛之氛祲，荡洙、泗之膻腥者，未尝一日而忘胸中”。观其所作，如《送魏公》及《送谢倅之临安》等作，更有句云：“拥貔貅万骑……飞箭天山。……休遣沙场虏骑，尚余匹马空还。”“君王自神武，一举朔庭空。”“好把文经武略，换取碧幢红旆，谈笑扫胡尘。”“万里中原烽火地，一樽浊酒戍楼东。”“欲吐平生孤愤，壮气秋横。”他对临安小朝廷，拥兵不战，终日歌舞升平，也极尽讽刺云：“十万貔貅环武帐，三千珠黛入歌筵。功成去作地行仙。”

孝祥心地光明，如由桂林罢官北归，过洞庭湖所作《念奴娇》词有云：“因念岭表经年，孤光自照，肝胆皆冰雪。”

总之，孝祥胸怀磊落，满腔忠愤爱国之情，跃然纸上。

历代对孝祥的评价，如宋代魏了翁评语：“最为杰特，岂知世有紫微、青琐哉。”清王闿运：“飘然有凌云之气，觉东坡《水调》有尘心。”清宋翔风：“安国所陈先立自治之策，可谓深知”“恢复”之本计。

乾道元、二年在桂林诸作，如《南歌子·过严关》云：“路尽湘江水，人行瘴雾间。昏昏西北度严关。天外一簪初见、岭南山。　北雁连书断，秋霜点鬓斑。此行休问几时还。唯拟桂林住处、过春残。”孝祥想起远来瘴乡，北方失地未复，书信断绝，此作两提北地，深寓怀念失土之情，何日方能返回北方？不堪问矣。又如水月洞《朝阳亭诗》有云：“南瞻御路临双阙，东望仙家接五城。日上白门兵气静，春归淮浦暗潮平。”是怀念徽、钦二帝被囚在东北的五国城，及愿望建康、江淮一带烽烟平静。又如：“归来钟鼓动岩城……盍与吾君致太平。伏枥壮心犹未已，须君为我请长缨。”及张维和《登七星山诗》有云：“岩瞻好向西湖看，飞去何妨自岭南。”也是描摹孝祥对临安京师的向往之情，时欲自岭南飞去，有所图报也。

综上所述，孝祥之爱国思想，他的恢复主张与张浚的主战，观点是完全一致的。因此，“和战两持其说”之论，可以休矣。《宋史》所载，殊欠公允，今本实事求是之旨，应予平反，恢复他的本来面目！

（原载《广西师范学院学报》1982年第2期）

论文索引

宛敏灏：《张孝祥年谱》，《安徽史学通讯》1959（Z1）。

宛敏灏：《〈张孝祥年谱〉补正》，《安徽史学通讯》1959（06）。

相隆本：《表里俱澄澈，物我为一体——就张孝祥词〈念奴娇·过洞庭〉的意境问题与俞平伯先生商榷》，《齐鲁学刊》1980（05）。

韩酉山：《张孝祥若干事迹考略》，《江淮论坛》1981（02）。

刘强：《试论南宋爱国词人张孝祥的主要成就》，《安徽大学学报》1981（03）。

林半觉：《南宋爱国词人张孝祥桂游石刻研校》，《广西师范大学学报（哲学社会科学版）》1982（02）。

李元洛：《词家射雕手——读张孝祥〈六州歌头〉》，《文史知识》1982（09）。

李一飞：《张孝祥事迹、著作系年》，《湘潭师专学报（社会科学版）》1983（04）。

缪钺：《灵溪词说（续七）——论张孝祥词》，《四川大学学报（哲学社会科学版）》1984（01）。

李一飞：《张孝祥事迹、著作系年（二）》，《湘潭师范学院学报（社会科学版）》1984（01）。

李培根：《神采高骞兴会洋溢——谈张孝祥的〈念奴娇·过洞庭〉》，《固原师专学报（社会科学版）》1984（01）。

刘强：《张孝祥是否因忤秦桧而下狱？》，《安徽大学学报》1984（03）。

曹济平：《张孝祥被诬入狱之说不可信》，《文学遗产》1984（03）。

杨海明：《被“宇宙意识”升华过的人格美、艺术美——张孝祥〈念奴娇·过洞庭〉赏析》，《文史知识》1986（01）。

李一飞：《论张孝祥词》，《社会科学家》1986（02）。

庄严：《孤云横逸气大江涌豪情——试论张孝祥诗词艺术与审美特点》，《渤海学刊》1986（Z1）。

徐蜀江：《南宋爱国词人张孝祥籍贯问题辨析》，《内江师范学院学报》1987（01）。

李一飞：《张孝祥知抚州年月考辨》，《赣南师范学院学报》1987（01）。

楼祖民：《张孝祥出生地小考》，《宁波师院学报（社会科学版）》1987（02）。

宛敏灏：《张孝祥怀念弃妇词考释》，《安徽师范大学学报（哲学社会科学版）》1988（02）。

李一飞：《〈张孝祥年谱〉辨误》，《吉首大学学报（社会科学版）》1989（03）。

姜书阁：《南宋词人张孝祥生卒年考》，《长沙水电师院学报（社会科学版）》1990（02）。

祖保泉：《〈张孝祥词笺校〉读后》，《江淮论坛》1992（01）。

李一飞：《张孝祥词创作历程述评》，《云梦学刊》1993（04）。

刘锋焘：《张孝祥〈六州歌头〉赏析》，《中文自修》1994（05）。

郑英武：《心如冰雪表里俱澄澈——读张孝祥〈念奴娇·过

洞庭〉》，《阅读与写作》1994（07）。

李一飞：《张孝祥诗自叙生平》，《中国典籍与文化》1994（04）。

何宗思：《心迹喜双清表里俱澄澈——张孝祥〈念奴娇·过洞庭〉旷达境界赏析》，《阅读与写作》1995（03）。

童力群：《张孝祥乾道五年八月十日在世考》，《鄂州大学学报》1996（03）。

彭国忠：《张孝祥诗歌新补》，《文教资料》1996（05）。

裴善明：《试论张孝祥词风特色》，《江淮论坛》1997（05）。

傅明善：《坚定的抗战者清醒的思想者——论张孝祥的政治品格》，《宁波大学学报（人文科学版）》1998（03）。

夏国荣：《景情融会物我合一——张孝祥〈念奴娇·过洞庭〉词赏析》，《语文月刊》2000（03）。

傅明善：《初论张孝祥词风的嬗变》，《宁波大学学报（人文科学版）》2000（01）。

于子静：《张孝祥与绍兴二十四年进士考试》，《柳州职业技术学院学报》2001（01）。

翟庆萱：《清旷豪雄两擅场苏辛之际此津梁——张孝祥的词作特色》，《文史杂志》2001（02）。

苏勇强：《张孝祥及其词风》，广西师范大学硕士学位论文，2001。

彭国忠：《张孝祥文集四十卷本版本述略——兼与辛更儒先生商榷》，《文教资料》2001（03）。

吴婕：《张孝祥〈念奴娇·过洞庭〉赏析》，《芜湖职业技术学院学报》2001（03）。

罗敏中：《张孝祥的湘南之旅和中兴之梦》，《理论与创作》2002（01）。

李翰：《明月襟怀宇宙气象——李白、张孝祥洞庭题咏比较赏析》，《文史知识》2002（04）。

《张孝祥的洞庭诗文及其尊屈倾向》，《云梦学刊》2002（03）。

熊洪斌：《疾涩论稿（下）题记：张孝祥〈念奴娇〉词云："悠悠心会，妙处难与君说。"》，《黔西南民族师范高等专科学校学报》2002（02）。

罗敏中：《论张孝祥的爱国诗文》，《中国文学研究》2002（02）。

葛立云：《文章翰墨当代独步——芜湖状元张孝祥》，《青苹果》2002（Z1）。

冯亚非：《"肝胆皆冰雪"——宋代词人张孝祥人格精神评议》，《天津市工会管理干部学院学报》2002（03）。

郭齐：《张孝祥卒年确考》，《宋代文化研究》2002（00）。

孔妮妮：《张孝祥诗歌创作新探》，《江淮论坛》2002（06）。

陈春霞：《张孝祥思想及创作研究》，陕西师范大学硕士学位论文，2003。

张璐璐：《论张孝祥词对苏辛词风的过渡作用》，《乐山师范学院学报》2003（05）。

辛更儒：《略论张孝祥〈六州歌头〉的写作时间》，《中国典籍与文化》2003（02）。

彭国忠：《关于张孝祥生平和创作几个问题的考辩》，《安徽师范大学学报（人文社会科学版）》2003（06）。

常效东：《论张孝祥词的美学特征》，《榆林学院学报》2004（01）。

解少华，周红：《洞庭澄澈之美肝胆透明之洁——读张孝祥〈念奴娇·过洞庭〉》，《中共郑州市委党校学报》2004（02）。

安正发：《从赠答唱和词看张孝祥的思想倾向》，《沙洋师范高等专科学校学报》2004（03）。

刘来春：《论张孝祥及其〈于湖词〉》，《中国韵文学刊》2004（02）。

张勇：《孤轮独照江山尽，长啸一声天地宽——试析张孝祥〈念奴娇·过洞庭〉的禅意美》，《学语文》2004（05）。

舒朋：《张孝祥“入狱”辨》，《首都师范大学学报（社会科学版）》2005（01）。

李静：《张孝祥为官江淮时交游与词的创作论略》，《学术交流》2005（03）。

李静：《张孝祥的临安交游与词的创作论略》，《求是学刊》2005（03）。

黎鲜：《张孝祥词研究》，广西师范学院硕士学位论文，2005。

傅克斌：《缘情布景心物交融——读张孝祥〈念奴娇·过洞庭〉》，《语文学刊》2005（18）。

宗顶侠：《张孝祥词的传播与接受》，《安庆师范学院学报（社会科学版）》2005（06）。

张顺：《浅谈张孝祥对陶渊明的接受》，《苏州教育学院学报》2005（04）。

蒋太福：《执政为民者的心声——简释张孝祥几首兴安诗》，《中共桂林市委党校学报》2006（02）。

汪大白：《论时知心披文入情——重读张孝祥后期两首〈念奴娇〉》，《名作欣赏》2006（16）。

黎鲜：《张孝祥在广西桂林的词创作》，《广西民族学院学报（哲学社会科学版）》2006（S1）。

徐晖：《张孝祥是“三元”及第吗？》，《语文学刊》2006（S2）。

司亚飞：《孤光肝胆照忠愤气填膺——张孝祥〈六州歌头〉

主题解读》，《中学语文》2007（03）。

吴莺莺：《南宋爱国词人张孝祥》，《合肥学院学报（社会科学版）》2007（02）。

赵建华：《清旷豪雄两擅场——论张孝祥之词品兼及人品》，《新余高专学报》2007（02）。

吴婕：《从张孝祥词风的嬗变看江南士风在豪放词形成期的影响》，《安徽文学》（下半月）2007（05）。

岳毅平：《张孝祥对苏轼词的继承》，《阜阳师范学院学报（社会科学版）》2007（03）。

徐晖：《论张孝祥的词》，内蒙古师范大学硕士学位论文，2007。

张璐璐：《浅论张孝祥词作》，《文教资料》2007（31）。

李山岭：《张孝祥词学思想初探》，《四川文理学院学报》2007（06）。

于莎雯：《水云词客驭风仙——试论张孝祥水景词》，《安徽文学》（下半月）2007（11）。

张雪晴：《张孝祥词研究》，贵州大学硕士学位论文，2008。

李山岭：《张孝祥与辛弃疾词之关系考论》，重庆师范大学硕士学位论文，2008。

王洪岩，何尊沛：《张孝祥词风成因新论》，《内蒙古电大学刊》2008（06）。

陈春霞：《张孝祥的禅宗思想及禅学渊源》，《中南大学学报（社会科学版）》2008（05）。

刘广祥：《写景抒情喻志——张孝祥〈西江月·问讯湖边春色〉主题解读》，《开封教育学院学报》2008（04）。

雅敏：《境界空阔情思豪迈——张孝祥〈念奴娇·过洞庭〉赏读》，《中学生优秀作文》（中考专刊）2009（Z1）。

傅承烈：《张孝祥籍贯考》，《文史杂志》2009（01）。

孙延辉:《张孝祥诗歌研究》,西南大学硕士学位论文,2009。

黎鲜:《论儒佛道思想对张孝祥词的影响》,《经济与社会发展》2009,7(05)。

黎鲜,石天飞:《论张孝祥词创作的阶段性心态》,《山花》,2009(18)。

陈春霞:《困境中的选择和坚守——张孝祥的理学思想与渊源》,《辽宁工程技术大学学报(社会科学版)》2009,11(06)。

陶明香:《论张孝祥绝句的情思蕴涵》,《盐城师范学院学报(人文社会科学版)》2010,30(02)。

吴晓纯:《审美的超越、人格的升华——论张孝祥的〈念奴娇·过洞庭〉》,《中国科教创新导刊》2011(06)。

黄彦伟,许菊芳:《张孝祥水景词探论》,《湖北经济学院学报(人文社会科学版)》2011,8(05)。

张硕:《论张孝祥词意象》,中国海洋大学硕士学位论文,2011。

邵新:《吾身渺渺过洞庭会得美景天地宽——解读张孝祥词〈念奴娇·过洞庭〉的诗意美》,《新西部》(下旬,理论版)2011(05)。

黄馨慧:《简析张孝祥在桂林的爱国诗创作》,《安徽文学》(下半月)2011(08)。

金文凯:《论张孝祥的记体散文》,《清华大学学报(哲学社会科学版)》2011,26(06)。

孙洪杰:《还原真实的张孝祥》,《新闻爱好者》2012(05)。

潘天英:《20世纪以来张孝祥研究综述》,《文教资料》2012(12)。

孙洪杰:《孤光自照肝胆皆冰雪——张孝祥其人》,《名作欣赏》2012。

王蕾:《张孝祥〈念奴娇·过洞庭〉赏析》,《古典文学知识》，2012。

张耘启：《张孝祥词中的“洞庭”意向——以〈念奴娇·过洞庭〉为例》，《文教资料》2012（33）。

孙径舟：《张孝祥书法嬗变探微》，《大众文艺》2012（24）。

李亮伟：《论张孝祥山水词》，《宁波大学学报（人文科学版）》2013（04）。

杨发宁：《浅析江西诗派对张孝祥诗歌创作的影响》，《才智》2013（20）。

张孝祥：《南宋张孝祥行书适闻帖》，《中国书法》2013（08）。

张孝祥：《南宋张孝祥行书〈休祥帖〉〈台眷帖〉》，《中国书法》2013（08）。

杨勇：《肝胆皆冰雪——南宋张孝祥其人其书》，《中国书法》2013（08）。

杨发宁：《张孝祥对杜甫诗歌的接受刍论》，《剑南文学（经典教苑）》，2013。

田营营：《张孝祥与南宋初年文学环境》，鲁东大学硕士学位论文，2014。

吕蕊：《论张孝祥豪放词的风格》，《青年作家》2014（24）。

辛更儒：《南宋爱国词人张孝祥子张同之事迹考释》，《中国典籍与文化》2015（02）。

王琨：《历代张孝祥词批评研究》，《牡丹江师范学院学报》2015。

崔莹：《以“境界层深创构”理论解读张孝祥的〈念奴娇·过洞庭〉》，《语文知识》2015（09）。

孟宝跃，高玥：《关于张孝祥书法的几个问题》，《南京艺术学院学报（美术与设计）》2015（06）。

刘师嘉：《论张孝祥词对屈骚的接受》，《安徽文学（下半月）》2015（12）。

高玥，孟宝跃：《张孝祥书法风格成因管窥》，《淮北师范大学学报（哲学社会科学版）》2015（06）。

王大禾：《张孝祥〈水调歌头·金山观月〉》，《东方艺术》2016（04）。

丰家喜：《苏轼与张孝祥词创作倾向比较研究》，《信阳农林学院学报》2016（01）。

叶新源，汪文琴，李昕：《刍议张孝祥词题材内容与情感特征》，《赣南师范学院学报》2016（02）。

金亦丹：《张孝祥婉约词探微》，《常熟理工学院学报》2017（01）。

陈小辉：《〈全宋诗〉之张嵲、张孝祥、戴复古、邓林诗重出考辨》，《三峡大学学报》2017（39）。

朱伟健：《张孝祥诗歌用韵研究》，华中师范大学硕士学位论文，2017。

江梅玲：《“孤光自照澄澈博大”——张孝祥〈念奴娇·过洞庭〉赏析》，《名作欣赏》2017（23）。

金亦丹：《张孝祥婉约词探微》，《常州工学院学报（社科版）》2017（04）。

川雪：《洞庭表里俱澄澈——张孝祥〈念奴娇·过洞庭〉赏析》，《读写月报》2017（26）。

李慧：《张孝祥诗歌研究》，辽宁师范大学硕士学位论文，2018。

丁楹：《历史漩涡中的南宋迁岭文人张孝祥》，《古典文学知识》2018（04）。

沈文凡，王慷：《宛敏灏先生〈张孝祥词校笺〉读后》，《滁州职业技术学院学报》2018（04）。

洪厚甜：《张孝祥〈西江月·黄陵庙〉》，《艺术品》2019（04）。

孙玖一：《张孝祥书法研究》，河南大学硕士学位论文，2019。

张美丽：《论张孝祥对苏轼词的接受和推重》，《学术交流》2020（02）。

何燕：《文学地理学视域下张孝祥词的创作》，《柳州职业技术学院学报》2020（04）。

刘隆有：《张孝祥：天赋异禀　惊世奇才》，《文史天地》2020（09）。

吴娟：《张孝祥〈于湖词〉版本源流考》，《图书馆杂志》2020（09）。

叶官谋：《宋代文学家张孝祥在广西的石刻诗文论略》，《语文学刊》2020（05）。

商宇琦：《张孝祥〈六州歌头〉系年新考》，《宋代文化研究》2020（01）。

莫砺锋：《张孝祥为何诗不如词》，《中国韵文学刊》2021（02）。

孙鹏：《张孝祥词》，《安阳师范学院学报》2021（02）。

陈雪峰，王宁宁：《妙处试与君说——张孝祥〈念奴娇·过洞庭〉细读与教学》，《语文月刊》2021（05）。

谭佳妮：《张孝祥在“苏辛”词风中的过渡作用——以〈念奴娇·过洞庭〉为例》，《中学语文教学参考》2021（30）。

凌丽：《论张孝祥词中之“冷”》，《乐山师范学院学报》2022（03）。

张孝祥：《南宋张孝祥〈泾川帖〉》，《书法》2022（06）。

王小碟，熊言安：《张孝祥〈念奴娇·过洞庭〉新探》，《语文建设》2022（15）。